D1720867

39,90 Euro

RECHTSWISSENSCHAFT IM GARDEZ!

Herausgegeben von
Eberhard Schilken
und
Caroline Meller-Hannich

Band 32

Gardez! Verlag
Remscheid

Lars Mortsiefer

Datenschutz im Anti-Doping-Kampf

Grundlagen und Spannungsfelder

Gardez! Verlag
Remscheid

Bibliografische Information der Deutschen Nationalbibliothek
Die Deutsche Nationalbibliothek verzeichnet diese Publikation in der
Deutschen Nationalbibliografie; detaillierte bibliografische Daten sind im
Internet über http://dnb.d-nb.de abrufbar.

© 2010 Michael Itschert, Gardez! Verlag
Richthofenstraße 14, 42899 Remscheid
Tel. 0 21 91/4 61 26 11, Fax 0 21 91/4 61 22 09
E-Mail: info@gardez.de
Internet: www.gardez.de
Alle Rechte vorbehalten.

Printed in Germany.

ISBN 978-3-89796-222-4

Vorwort

Die vorliegende Arbeit wurde im Sommersemester 2010 von der Rechts- und Staatswissenschaftlichen Fakultät der Rheinischen Friedrich-Wilhelms-Universität Bonn als Dissertation angenommen.

Mein herzlicher Dank gilt zunächst meinem Doktorvater Prof. Dr. Eberhard Schilken, der mit die Möglichkeit gab in der fachübergreifenden Thematik des Anti-Doping- und des Datenschutzrechts wissenschaftlich zu forschen und diese Arbeit zu erstellen. Herr Professor Schilken ließ mir dabei immer die erforderlichen Freiheiten, stand aber gleichzeitig jeder Zeit helfend und beratend zur Seite wenn dies erforderlich war. Schließlich danke ich ihm auch für die schnelle Erstellung des Erstgutachtens.

Ferner bedanke ich mich bei Herrn Prof. Dr. Dr. Herbert Fiedler für die Erstellung des Zweitgutachtens.

Des Weiteren danke ich meinem Arbeitgeber, der Nationalen Anti Doping Agentur Deutschland (NADA). Erst die Tätigkeit als Justitiar der NADA legte den Grundstein für den Zugang zum Thema der Dissertation. Der tägliche Umgang mit dem Anti-Doping-Recht sowie die Übernahme der Aufgabe des Datenschutzkoordinators der NADA im Jahr 2009 haben mir die wissenschaftliche Aufarbeitung der Thematik zudem wesentlich erleichtert.

Ferner gilt ein ganz besonderer Dank meinem Vater, Gunder Mortsiefer und meiner Mutter, Angelika Mortsiefer, die leider viel zu früh verstorben ist.

Mein größter Dank gilt allerdings Tina Michalski. Nur mit ihrer unermüdlichen Geduld, Motivation und Liebe konnte diese Arbeit gelingen.

Ihr und meinen Eltern ist diese Arbeit gewidmet.

Bonn, im September 2010   Lars Mortsiefer

I

Inhalt

V

VII

Abkürzungen

a. A.	andere Ansicht
Abl. EG	Amtsblatt der Europäischen Gemeinschaft
Abl. EU	Amtsblatt der Europäischen Union
Abs.	Absatz
ADAMS	Anti Doping Administration and Management System
AFLD	Agence Française de Lutte contre le Dopage (französische Anti-Doping-Organisation)
Alt.	Alternative
AMG	Arzneimittelgesetz
Art.	Artikel
Aufl.	Auflage
BayObLG	Bayerisches Oberstes Landesgericht
BayObLGZ	Entscheidungen des Bayerischen Obersten Landesgerichts
BDSG	Bundesdatenschutzgesetz
BfDI	Bundesbeauftragter für den Datenschutz und die Informationsfreiheit
BGB	Bürgerliches Gesetzbuch
BGBl.	Bundesgesetzblatt
BGHZ	Entscheidungen des Bundesgerichtshofs in Zivilsachen
BMI	Bundesministerium des Innern
BT-Drucks.	Bundestagsdrucksache
BVerfG	Bundesverfassungsgericht
BVerfGE	Entscheidungen des Bundesverfassungsgerichts
BVerwG	Bundesverwaltungsgericht
BVerwGE	Entscheidungen des Bundesverwaltungsgerichts
bzw.	beziehungsweise
CAS	Court of Arbitration For Sport
CR	Computer und Recht
DB	Der Betrieb – Wochenschrift für Betriebswirtschaft, Steuerrecht, Wirtschaftsrecht, Arbeitsrecht
d. h.	das heißt
ders.	derselbe
dies.	dieselbe / dieselben

Diss.	Dissertation
DLV	Deutscher Leichtathletik-Verband
DOSB	Deutscher Olympischer Sportbund
DÖV	Die öffentliche Verwaltung – Zeitschrift für Verwaltungsrecht und Verwaltungspolitik
DPA	Deutsche Presse-Agentur
Drucks.	Drucksache
DuD	Datenschutz und Datensicherheit – Recht und Sicherheit in Informationsverarbeitung und Kommunikation
DVBl.	Deutsches Verwaltungsblatt
EG	Europäische Gemeinschaft
EMRK	Europäische Menschenrechtskonvention
EU	Europäische Union
EuGH	Gerichtshof der Europäischen Gemeinschaften
f., ff.	folgende, fortfolgende
FAZ	Frankfurter Allgemeine Zeitung
FS	Festschrift
GewA	Gewerbearchiv – Zeitschrift für Gewerbe und Wirtschaftsverwaltungsrecht
GG	Grundgesetz
ggf.	gegebenenfalls
GRUR	Gewerblicher Rechtsschutz und Urheberrecht – Zeitschrift der Deutschen Vereinigung für Gewerblichen Rechtsschutz und Urheberrecht
h.L.	herrschende Lehre
h.M.	herrschende Meinung
Habil.	Habilitation
Hrsg.	Herausgeber
IBF	International Boxing Federation
i. S. d.	im Sinne des/r
ISU	International Skating Union
i. S. v.	im Sinne von
i. V. m.	in Verbindung mit
ISPP	International Standard for the Protection of Privacy and Personal Information

JA	Juristische Arbeitsblätter – Zeitschrift für Studenten und Referendare
JuS	Juristische Schulung – Zeitschrift für Studium und praktische Ausbildung
Jura	Juristische Ausbildung
JZ	Juristenzeitung
lit.	Litera (lateinisch), Buchstabe
M.M.	Mindermeinung
MDR	Monatsschrift für Deutsches Recht – Zeitschrift für die Zivilrechtspraxis
MüKo	Münchener Kommentar
m. w. N.	mit weiteren Nachweisen
NADA	Nationale Anti Doping Agentur Deutschland
NADA-Code/ NADC	Nationaler Anti Doping Code der NADA
NRW	Nordrhein-Westfalen
NJW	Neue Juristische Wochenschrift
NJW-RR	NJW Rechtsprechungs-Report
Nr.	Nummer
NStZ	Neue Zeitschrift für Strafrecht
NVwZ	Neue Zeitschrift für Verwaltungsrecht
NZG	Neue Zeitschrift für Gesellschaftsrecht
OLG	Oberlandesgericht
OLGZ	Entscheidungen der Oberlandesgerichte einschließlich der freiwilligen Gerichtsbarkeit
OVG	Oberverwaltungsgericht
PolG NRW	Polizeigesetz des Landes Nordrhein-Westfalen
RGZ	Entscheidungen des Reichsgerichts in Zivilsachen
RL	Richtlinie
Rn.	Randnummer
S.	Seite
SGb	Die Sozialgerichtsbarkeit – Zeitschrift für das aktuelle Sozialrecht

Slg.	Amtliche Sammlungen der Entscheidungen des EUGH
SpuRt	Zeitschrift für Sport und Recht
StGB	Strafgesetzbuch
StPO	Strafprozessordnung
SZ	Süddeutsche Zeitung
TAS	Tribunal Arbitral Du Sport
TDDSG	Teledienstdatenschutzgesetz (ehemaliges)
TDSV	Telekommunikationsdienstunternehmen-Datenschutzverordnung (ehemalig)
TKG	Telekommunikationsgesetz
TMG	Telemediengesetz
u. a.	und andere, und anderes, unter anderem
UCI	Union Cycliste International
UNESCO	United Nations Educational, Scientific and Cultural Organization
vgl.	vergleiche
VwVfG	Verwaltungsverfahrensgesetz
VwVG NRW	Verwaltungvollstreckungsgesetz des Landes Nordrhein-Westfalen
VwGO	Verwaltungsgerichtsordnung
WADA	World Anti-Doping Agency
WBA	World Boxing Association
WBC	World Boxing Council
WBO	World Boxing Organization
WM	Wertpapier-Mitteilungen, Zeitschrift für Wirtschafts- und Bankrecht
z. B.	zum Beispiel
ZGR	Zeitschrift für Unternehmens- und Gesellschaftsrecht
ZHR	Zeitschrift für das gesamte Handelsrecht und Wirtschaftsrecht
zit.	zitiert
ZPO	Zivilprozessordnung
ZRP	Zeitschrift für Rechtspolitik
z. T.	zum Teil
ZZPInt.	Zeitschrift für Zivilprozessrecht International

Einleitung

Immer wieder – zumeist im Zusammenhang mit großen internationalen oder nationalen Sportveranstaltungen und Wettkämpfen – rückt das Thema Doping im Spitzensport in den Mittelpunkt medialer Berichterstattung. Aktuelle Dopingfälle zeigen, dass das Thema Doping und Dopingbekämpfung auch über den Sport hinaus kontrovers diskutiert wird.[1] Die für den nationalen und internationalen Kampf gegen Doping im Sport zuständigen Organisationen und Institutionen reagieren darauf, in dem sie die rechtlichen und tatsächlichen Grundlagen der Dopingbekämpfung einheitlicher und effektiver gestalten wollen.

Dabei ist schon die Einnahme verbotener Substanzen zur Steigerung der körperlichen oder geistigen Leistungsfähigkeit im Sport so alt wie die sportlichen Wettkämpfe selbst. Ebenso kann eine durchaus proportionale Fortentwicklung von Praktiken und Methoden zur illegalen Leistungssteigerung festgestellt werden. Spektakuläre Dopingfälle in der Vergangenheit[2] haben gezeigt, dass Athleten[3] vielfach anabole Steroide oder Stimulanzien zur illegalen Leistungssteigerung verwendeten. In den letzten Jahren änderte sich diese Praxis. Nicht zuletzt veranschaulichten die aufgedeckten Dopingfälle, zum Beispiel im Radsport, aufkommende neue Methoden des Dopings. Fälle des EPO- oder Blutdopings nahmen zu. Allerdings konnten die Dopingjäger 2008 auch erhebliche Erfolge bei der Aufklärung dieser Dopingverstöße feiern. So gelang es, den zunächst Drittplazierten der Tour de France, den Österreicher Bernhard Kohl[4], durch nachträgliche Blutanalysen und Anwendung einer

---

[1] Deutlich wurde dies zuletzt am Fall der deutschen Eisschnellläuferin Claudia Pechstein; siehe dazu unter anderem den Artikel „Dopingfall Claudia Pechstein – Das Geheimnis des Blutes" in *SZ* vom 11. März 2010, abrufbar unter http://www.sueddeutsche.de/sport/506/505695/text/, letzter Aufruf am 18. März 2010.

[2] Zum Beispiel der Dopingfall des Radrennfahrers Tom Simpson, der mit Amphetamin und Alkohol gedopt 1967 im Rahmen der Tour de France bei einer Bergetappe am Mount Ventoux infolge einer akuten Dehydration verstarb. Oder der Fall des kanadischen Leichtathleten und 100m-Sprinters Ben Johnson, der 1988 bei den Olympischen Spielen in Seoul des Dopings mit dem anabolen Steroid Stanozolol überführt wurde. Oder schließlich der Fall der US-Sprinterin Marion Jones, die 2007 gestand, während der Olympischen Spiele 2000 in Sydney Tetrahydrogestrin (THG), ein anaboles Steroid eingenommen zu haben.

[3] Die männliche Bezeichnung „Athlet" bezieht sich im Folgenden auf die männlichen und weiblichen Personen- und Funktionsbezeichnungen gleichermaßen.

[4] Siehe zum Fall Bernhard Kohl unter anderem die Meldung im Radsportportal „Radsport-News" vom 24. November 2008 abrufbar unter http://www.radsport-news.com/sport/sportnews_53860.htm, letzter Aufruf am 18. März 2010.

neuen Testmethode des Dopings zu überführen.[5] Der entscheidende Durchbruch in der Dopingbekämpfung blieb jedoch bislang aus.

Die Antworten von Politik, Gesellschaft und nicht zuletzt des Sports selbst auf Dopingfragen waren von Anfang an uneinheitlich und sind dies nach wie vor: Angefangen von den ersten Versuchen, Verbote einzuführen, ohne aber ein System für den Nachweis und die Sanktionierung zu etablieren, über staatliche Systeme, die das flächendeckende Doping unterstützen und fördern, bis hin zum gegenwärtigen System überwiegender sozialer und sportlicher Ächtung von Dopingsündern.

Das gegenwärtige System zum Nachweis des Dopings basiert maßgeblich auf der Durchführung von Urin- und Blutproben innerhalb und vor allem außerhalb sportlicher Wettkämpfe. Allerdings stellt nicht nur der Nachweis einer verbotenen Substanz in der Urin- oder Blutprobe eines Athleten einen Dopingverstoß dar. Der Codex der Welt-Anti-Doping-Agentur (WADA) und die Regelungen der Nationalen Anti Doping Agentur Deutschland (NADA) haben den Dopingbegriff entsprechend definiert. Eine Reihe weiterer Tatbestände, bei deren Verwirklichung ein sanktionsfähiger Dopingverstoß gegeben ist, sind hinzugekommen. So ist beispielsweise der Gebrauch oder der versuchte Gebrauch einer verbotenen Substanz oder einer verbotenen Methode durch einen Athleten geeignet, den Tatbestand eines Dopingverstoßes zu erfüllen.

Damit trägt die Dopingbekämpfung den mutmaßlich schneller umsetzbaren und technisch anspruchsvolleren Möglichkeiten der Leistungssteigerung zumindest in Ansätzen Rechnung. Dennoch bleibt fraglich, ob die Einführung neuer Nachweismethoden mit den eingesetzten Mitteln und Praktiken von dopenden Athleten und deren Hintermännern nicht Schritt halten kann. Die kriminelle Energie, Leistungen zu manipulieren, ist enorm[6]. Forschungsergebnisse haben gezeigt, dass gezielte Einnahmen gering dosierter verbotener Substanzen überhaupt nur noch 12 bis 18 Stunden im Urin des Athleten

---

[5] Im Wege der neuen Analysemethode konnte die Substanz CERA (Continuous Erythropoiesis Receptor Activator), einer Modifikation des bisher auf dem Markt befindlichen gentechnisch hergestellten rekombinanten Erythropoietin (rEPO) nachgewiesen werden.
Zur Substanz und zum Nachweisverfahren siehe auch http://www.dshs-koeln.de/biochemie/rubriken/00_home/00_cer.html, letzter Aufruf am 18. März 2010.
[6] Siehe dazu nochmals das Beispiel der US-Leichtathletin Marion Jones, der es gelang in über 200 durchgeführten Blut- und Urinproben nicht „positiv" getestet zu werden. Ebenso der Radsportler Bernhard Kohl, der im Rahmen seines Geständnisses auch einräumte, verbotene Mittel eingenommen zu haben, die in unzähligen Dopingproben nicht aufgefallen sind.

nachweisbar sind.[7] Inzwischen ist zu befürchten, dass sich die Abbauzeiten der Substanzen weiter verkürzt haben.

Mit der Einführung innovativer Anti-Doping-Programme[8] und dem Versuch, neue – auch indirekte – Nachweismethoden zu etablieren, ist die systematische Anti-Doping-Bekämpfung nicht nur in medizinisch-technischer, sondern auch in rechtlicher Sicht interessanter geworden[9]. Es ist festzustellen, dass die zunehmenden Kontroll- und Überprüfungstätigkeiten der Dopingjäger geeignet sind, eine Vielzahl gesetzlich abgesicherter Rechte der Athleten zu tangieren. Gerade grundrechtlich geschützte Rechte wie das Recht auf körperliche Unversehrtheit, die Berufsfreiheit oder das allgemeine Persönlichkeitsrecht rücken dabei immer stärker in den Mittelpunkt.

Diese Arbeit geht der Frage nach, inwieweit der Kampf gegen Doping in das allgemeine Persönlichkeitsrecht in der Ausgestaltung des Rechts auf informationelle Selbstbestimmung und des Datenschutzes eingreift. Personenbezogene Daten[10] der Athleten werden erhoben, verarbeitet oder genutzt. Bereits mit der Abgabe einer Urin- oder Blutprobe im Rahmen von Dopingkontrollen werden Daten erhoben, verarbeitet und genutzt.[11] Werden dabei datenschutzrechtliche Grundsätze nicht eingehalten, können Persönlichkeitsrechte der Athleten betroffen sein. Dopingkontrollen, die außerhalb von Wettkämpfen, im Training oder in der Freizeit der Athleten durchgeführt werden, machen es zudem erforderlich, dass sich die Athleten bestimmten Meldepflichten unterwerfen und den Anti-Doping-Organisationen regelmäßig Informationen über ihren Aufenthaltsort und ihre Erreichbarkeit übermitteln. Nur so können diese unangekündigte Dopingkontrollen vornehmen.

---

[7] Siehe dazu *Ashenden/Varlet-Marie/Lasne/Audren*, Effects of microdose recombinant human erypoeithin, Haematologica 2006, 91 (8), S. 1143 (1144).
[8] Zum Beispiel der sog. Biologische Pass des internationalen Radsportverbandes UCI, siehe hierzu: http://www.uci.ch/Modules/BUILTIN/getObject.asp?MenuId=MjI0NQ&ObjTypeCode=FILE&type=FILE&id=NDY4MjA&LangId=1, letzter Aufruf am 18. März 2010; siehe dazu ausführlich *Emanuel*, SpuRt 2009, S. 195 (196).
[9] Zum Fall des indirekten Nachweises ist maßgeblich das Verfahren gegen die deutsche Eisschnellläuferin Claudia Pechstein anzuführen. Siehe dazu TAS/CAS, Urteil vom 25.11.2009, abrufbar unter http://www.tas-cas.org/recent-decision, letzter Aufruf am 18. März 2010.
[10] Zum Begriff der personenbezogenen Daten, vgl. § 3 Abs. 1 BDSG.
[11] Siehe dazu den Artikel „Datenschutz gefährdet Dopingkontrollsystem" in *Welt Online* vom 12. Februar 2009, abrufbar unter http://www.welt.de/welt_print/article3190561/Datenschutz-gefaehrdet-Dopingkontrollsystem.html, letzter Aufruf am 18. März 2010.

Schließlich werden künftig im Rahmen von klinischen Studien[12] verstärkt Blut- und Steroidprofile von Athleten erstellt. Über einen längeren Zeitraum können Ergebnisse von Urin- und Blutuntersuchungen somit als Nachweis von Dopingverstößen der Athleten herangezogen werden.[13] Gleichzeitig wird aber auch eine Vielzahl von personenbezogenen Daten gespeichert.

Kern der folgenden Untersuchung ist es, vor allem die rechtlichen Schnittstellen und die Spannungsfelder zwischen der Dopingbekämpfung und dem Datenschutz näher zu beleuchten. Die für den Sport aktuellen Regelwerke der Welt-Anti-Doping Agentur (WADA) und das darauf basierende deutsche Regelwerk einerseits und die Vorgaben des Bundesgesetzgebers und der Europäischen Union zum Datenschutz andererseits bilden dabei die Grundlage der Prüfung.

Beide Rechtsgebiete können schließlich nicht isoliert voneinander betrachtet werden. Nach einem kurzen Überblick über die Struktur des deutschen Sportverbands- und Vereinswesens sowie Ausführungen zu den rechtlichen Konstruktionen, durch die Anti-Doping-Regelwerke für die Athleten verbindlich werden, sollen die maßgeblichen datenschutzrechtlichen Grundlagen dargestellt werden. Maßgebend ist die Frage, ob und inwieweit die beiden unterschiedlichen Materien Anti-Doping-Recht und Datenschutzrecht zu vereinen sind.

Kann ein effektiver Dopingkampf, der maßgeblich auf das Verarbeiten und Nutzen von Daten angewiesen ist, überhaupt funktionieren, ohne dass dabei zwangsläufig gegen datenschutzrechtliche Belange eines Betroffenen verstoßen wird?

Diese Frage steht im Mittelpunkt der Analyse. Der erste Teil gibt einen Überblick über die rechtlichen Grundlagen der nationalen und internationalen Dopingbekämpfung und führt gleichzeitig in die datenschutzrechtlichen Besonderheiten der Dopingbekämpfung ein. Im zweiten Teil der Arbeit werden die Schnittstellen herausgearbeitet, an denen der Konflikt zwischen Dopingbekämpfung und Datenschutz besonders ausgeprägt zu sein scheint.

---

[12] Zum Beispiel Longitudinalstudien oder auch Längsschnittuntersuchung; diese Studien sind klinische Untersuchungen bei denen auf verschiedene Zeitpunkte bezogene Informationen eines Probanden ausgewertet werden; siehe auch *Gabler* Wirtschaftslexikon, Stichwort Längsschnittuntersuchung, online unter http://wirtschaftslexikon.gabler.de/Archiv/11301/laengsschnittuntersuchung-v5.html, letzter Aufruf am 18. März 2010.

[13] Siehe Fn. 7.

Aufgrund der Komplexität beider Rechtsgebiete und der aufgeworfenen Fragestellung ist es unvermeidbar, die Darstellung an einigen Stellen auf einzelne, wesentliche Problemschwerpunkte zu beschränken. Dies erfolgt zu Lasten der Vollständigkeit, ist aber erforderlich, um den Umfang der Arbeit nicht ins Unermessliche steigen zu lassen.

1. Teil: Rechtliche Grundlagen der Dopingbekämpfung

Die rechtlichen Grundlagen der Dopingbekämpfung sind eng verbunden mit der Organisationsstruktur des nationalen und internationalen Sports. Diese bildet nicht nur die maßgebliche Basis für die Sportausübung, sondern auch den institutionellen Rahmen[14], in dem die Dopingproblematik gesehen werden muss. Demzufolge soll zunächst ein kurzer Überblick über Grundlagen des „Systems Sport" und der Herausbildung der Regeln gegen Doping gegeben werden.

A. Systematik des Sports

I. Historie
Die institutionellen Rahmenbedingungen des Sports gehen zurück auf den Anfang des 19. Jahrhunderts.[15] Der Berliner Gymnasiallehrer Friedrich Ludwig Jahn[16] war es, der eine Volksbewegung begründete, die sich dem „Turnen" im Sinne von Laufen, Springen, Werfen, Klettern, Schwimmen, Ringen, Wandern und Spielen verschrieben hatte.[17] 1811 eröffnete Jahn den ersten „Turnplatz" und es wurden für jedermann zugängliche Turnvereine gegründet.[18] Die Eröffnung einer Turnanstalt am 2. September 1816 in Hamburg gilt als Gründung des ältesten deutschen Sportvereins.[19] Der Sportverein bildet seitdem die maßgebliche Basis des organisierten Sports in Deutschland. Mit Einführung des Bürgerlichen Gesetzbuches (BGB) im Jahre 1900 erhielt auch das Vereinsrecht eine (zivilrechtliche) Grundlage. Seither erfolgt die Organisation der Sportvereine als nicht wirtschaftliche Vereine im Sinne der §§ 21 ff. BGB.

Die Entwicklung der Sportorganisation setzte sich schließlich fort. Auf dem Turntag in Hanau schlossen sich im April 1848 zunächst 42 Turngemeinschaften zu einem Turnerbund zusammen.[20] Im Jahre 1861 wurde der Deutsche Turnerbund als erster deutscher Fachverband gegründet.[21]

---

[14] *Kotzenberg*, Die Bindung des Sportlers an private Dopingregeln und private Schiedsgerichte (2007), S. 21.
[15] *Prokop*, Grenzen der Dopingverbote (2000), S. 33.
[16] „Turnvater" Friedrich Ludwig Jahn (* 11. August 1778 in Lanz; † 15. Oktober 1852 in Freyburg [Unstrut]).
[17] *Prokop*, Grenzen der Dopingverbote (2000), S. 33.
[18] *Langenfeld*, in: Digel/Dickhuth (Hrsg.), Sport im Verein und Verband (1988), S. 18 (20).
[19] vgl. *Niese*, Sport im Wandel (1997), S. 5; *Prokop*, Grenzen der Dopingverbote (2000), S. 33.
[20] *Niese*, Sport im Wandel (1997), S. 5.
[21] *Prokop*, Grenzen der Dopingverbote (2000), S. 34.

Nach diesem Vorbild schlossen sich auch die Vereine anderer Sportarten zu Fachverbänden zusammen. Heute regeln die Sport(fach)verbände[22] auf nationaler Ebene alle grundsätzlichen Angelegenheiten ihrer Sportart.[23] Sie vertreten die Fachsportarten in den Weltsportverbänden, veranstalten die Deutschen Meisterschaften, bilden die Spitzenkader aus, nominieren die Vertretungen für Länderkämpfe, Welt- und Europameisterschaften, sind für die Weiterentwicklung der Regelwerke verantwortlich und unterhalten Bundesleistungszentren.[24]

II. Struktur der Sport(fach)verbände und -vereine in Deutschland

Auf örtlicher Ebene sind die Athleten nach wie vor, je nach ausgeübter Sportart, in Vereinen organisiert. Zunächst waren die Vereine Mitglieder ihrer Sport(fach)verbände. Mit der fortschreitenden Institutionalisierung des Sports traten Kreis-, Bezirks- oder Landessportverbände an die Stelle der Sport(fach)verbände.[25] Die Landessportverbände haben die Aufgabe, den Sportbetrieb innerhalb des jeweiligen Bundeslandes zu organisieren, Lehrgänge für Wettkämpfe in den Landesleistungszentren abzuhalten und den Freizeitsport zu koordinieren.[26] Die Landessportverbände wurden schließlich Mitglieder der nationalen Sport(fach)verbände, und die Vereine wurden Mitglieder ihrer Landesfachverbände.[27] Diese stufen- oder pyramidenförmige[28] Anordnung der Landesverbände zwischen den übergeordneten Sport(fach)verbänden und den untergeordneten Vereinen besteht bis heute fort.[29]

---

[22] Soweit von Sport(fach)verbänden die Rede ist, bezieht sich diese Bezeichnung auf die Bundessportfachverbände bzw. Spitzenverbände als Dachverbände.

[23] Allgemein zu den Aufgaben der Verbände siehe *Reichert*, Vereins- und Verbandsrecht, Rn. 42; *Stöber*, Handbuch zum Vereinsrecht, Rn. 871 ff.

[24] *Summerer*, in: Fritzweiler/Pfister/Summerer, Praxishandbuch Sportrecht, 2. Aufl., 2.Teil, Rn. 25.

[25] Vgl. auch *Prokop*, Grenzen der Dopingverbote (2000), S. 35.

[26] *Summerer*, in: Fritzweiler/Pfister/Summerer, Praxishandbuch Sportrecht, 2. Aufl., 2.Teil, Rn. 24.

[27] Dies hat aber nicht zwangsläufig zur Folge, dass die Vereine nicht mehr Mitglieder ihrer Sport(fach)verbände sind. So sind etwa nach § 3 der Satzung des Deutschen Hockey Bundes (DHB) die Vereine neben den Landesfachverbänden weiterhin Mitglieder des DHB.

[28] *Summerer*, in: Fritzweiler/Pfister/Summerer, Praxishandbuch Sportrecht, 2. Aufl., 2.Teil, Rn. 25; vgl dazu auch *Reichert*, Vereins- und Verbandsrecht, Rn. 5206 ff.

[29] Eine graphische Darstellung findet sich bei *Summerer*, Internationales Sportrecht (1990), S. 105; *ders.* in: Fritzweiler/Pfister/Summerer, Praxishandbuch Sportrecht, 2. Aufl., 2.Teil, Rn. 34.

8

1950 gründeten die Landessportbünde und die Sport(fach)verbände den Deutschen Sportbund (DSB). Der DSB war die erste Dachorganisation[30] des privatautonom organisierten deutschen Sports. Allerdings wird die Ausübung der einzelnen Sportarten auch weiterhin nicht zentralistisch von dem Dachverband kontrolliert, sondern von den verschiedenen Sport(fach)verbänden eigenverantwortlich organisiert und verwaltet.[31]

Eine Sonderstellung nahm das Nationale Olympische Komitee (NOK) für Deutschland ein. Das NOK, das im Wesentlichen aus Vertretern der Sport(fach)verbände zusammengesetzt war, hatte die Aufgabe, die Teilnahme des Deutschen Sports an den Olympischen Spielen zu organisieren und vorzubereiten.

Im Wege einer Strukturreform in den Jahren 2005 und 2006 wurden die Aufgabenbereiche des DSB und des NOK gebündelt. Die Neuorganisation mündete schließlich in eine Fusion der beiden Organisationen und am 20. Mai 2006 in die Gründung des Deutschen Olympischen Sportbunds (DOSB).[32] Der DOSB ist ein eingetragener Verein mit Sitz in Frankfurt am Main. Er verfolgt ausschließlich gemeinnützige Zwecke. Er ist mit 27,5 Millionen Mitgliedschaften in 91.000 Turn- und Sportvereinen die größte Personenvereinigung und somit auch die größte Sportfamilie Deutschlands. Seine Mitglieder sind in 97 Verbänden organisiert.[33] Der DOSB und die einzelnen Landessportbünde stehen außerhalb der jeweiligen von ihnen anerkannten Fachverbandspyramiden.[34] Sie dienen der Unterstützung der Sport(fach)verbände und nehmen eine Mittelstellung zwischen Staat und den privaten Sport(fach)verbänden ein, um so beispielsweise bei der Verteilung von Fördergeldern mitzuwirken.[35] Dem DOSB obliegen zudem alle Zuständigkeiten, Rechte und Pflichten eines Olympischen Komitees, wie sie ihm durch das Internationale Olympische Komitee (IOC) und die Olympische Charta übertra-

---

[30] Der Dachverband oder Vereinsverband (zum Begriff u.a. *MüKo/Reuter*, BGB, § 21, Rn. 119 f.; *Reichert*, Vereins- und Verbandsrecht, Rn. 2663) ist ein rechtsfähiger oder nichtrechtsfähiger Verein, dessen Mitglieder Körperschaften des privaten oder des öffentlichen Rechts sind. Vgl. dazu *Steinbeck*, Vereinsautonomie (1999), S. 9.
[31] *Niese*, Sport im Wandel (1997), S. 10.
[32] *Summerer*, in: Fritzweiler/Pfister/Summerer, Praxishandbuch Sportrecht, 2. Aufl., 2.Teil, Rn. 27.
[33] *Summerer*, in: Fritzweiler/Pfister/Summerer, Praxishandbuch Sportrecht, 2. Aufl., 2.Teil, Rn. 27. Gegenwärtig sind dies: 16 Landessportbünde, 61 Sport(fach)verbände (34 Olympische und 27 Nicht-olympische Sport(fach)verbände), 20 Sportverbände mit besonderen Aufgaben, zwei IOC-Mitglieder und 15 persönliche Mitglieder; siehe: http://www.dosb.de/de/organisation/mitgliedsorganisationen/, letzter Aufruf am 18. März 2010.
[34] *Summerer*, Internationales Sportrecht (1990), S. 105; Vieweg, JuS 1983, S. 325 (326).
[35] *Summerer*, in: Fritzweiler/Pfister/Summerer, Praxishandbuch Sportrecht, 2. Aufl., 2.Teil, Rn. 27.

gen sind, so vor allem die ausschließliche Zuständigkeit, die Teilnahme der Bundesrepublik Deutschland an den Olympischen Spielen sicherzustellen.[36]

III. Rechtliche Grundlagen des Vereins- und Verbandsrechts in Deutschland

Sowohl der DOSB als auch die den Vereinen übergeordneten Verbände sind auf der gleichen rechtlichen Grundlage der örtlichen Vereine konzipiert.[37] Nach der juristischen Begriffsbestimmung ist der Verband ein Verein im Sinne der §§ 21 ff. BGB,[38] der – unabhängig von der rechtlichen Qualität seiner Mitglieder – eine die übrigen Vereine überragende Organisation aufweist und in der Regel eine bedeutende Stellung im wirtschaftlichen, sozialen oder gesellschaftlichen Bereich innehat.[39] Obwohl Sportvereine und Sportverbände heute andere Positionen einnehmen als sie den Vorstellungen des Gesetzgebers bei der Kodifikation des Vereinsrechts im Bürgerlichen Gesetzbuch zugrunde lagen, bildet der nichtwirtschaftliche Verein im Sinne der §§ 21 ff. BGB somit den rechtlichen Rahmen in der hierarchischen Sportorganisation des Vereins- und Verbandswesens in Deutschland.[40]

Die Organisationsform des rechtsfähigen Vereins im Sinne der §§ 21 ff. BGB verleiht den Vereinen und Verbänden in Deutschland eine durch das Grundgesetz in Art. 9 Abs. 1 GG abgesicherte Autonomie.[41] Die Grenzen und Inhalte der Verbandsautonomie sind weitgehend abgesteckt.[42] Sie umfasst inhaltlich sowohl das Recht zur eigenen Rechtsetzung, insbesondere durch Satzung, als auch das Recht zur Selbstverwaltung durch Anwendung der selbstgesetzten Regeln im Einzelfall.[43] Das Recht zur Selbstverwaltung verleiht den

---

[36] § 2 Abs. 2 der DOSB-Satzung, abrufbar auf der Homepage des DOSB unter http://www.dosb.de/de/service/download-center/verbands-statuten/, letzter Aufruf am 18. März 2010.

[37] *Reimann*, Athletenvereinbarung (2003), S. 31.

[38] *Niese*, Sport im Wandel (1997), S. 17; *Prokop*, Grenzen der Dopingverbote (2000), S. 39.

[39] *BayObLG*, DB 1974, S. 1857; *Reichert*, Vereins- und Verbandsrecht, Rn. 5207.

[40] *Kotzenberg*, Die Bindung des Sportlers an private Dopingregeln und private Schiedsgerichte (2007), S. 23; vgl. dazu auch *Busse*, SGb 1989, S. 537 (538).

[41] *Reichert*, Vereins- und Verbandsrecht, Rn. 346 ff.

[42] Umstritten sind dahingehend nur, ob die Vereinsautonomie aus den Vorschriften des BGB (so RGZ 49, 150 ff.), aus Gewohnheitsrecht [so *Larenz*, in: GS für Dietz (1973), S. 45 (49)] oder direkt aus der Funktion des Art. 9 Abs. 1 GG als Doppelgrundrecht abzuleiten ist [so *Scholz*, in: Maunz/Dürig, GG, Art. 9, Rn. 77]; umfassend dazu: *Steinbeck*, Vereinsautonomie (1999), S. 33 ff.; *Stommel*, Vereinsgerichtsbarkeit (2002), S. 26 ff.

[43] *RGZ* 49, 150 (154); 151, 229 (232); *BGHZ* 29, 352 (355); *Buchberger*, SpuRt 1996, S. 122; *Busse*, SGb 1989, S. 537 (537); *Vieweg*, JuS 1983, S. 825 (826); *Schmidt*, Gesellschaftsrecht, § 24 V 3 c) knüpft hingegen die Berechtigung zur Verhängung von Vereinsstrafen nur an die Satzungsautonomie, nicht originär an die Vereinsautonomie.

Sportvereinen und Sportverbänden die Macht, Vereins- bzw. Verbandsstrafen gegenüber ihren Mitgliedern auszusprechen und diese durchzusetzen.[44] Bei den meisten Sport(fach)verbänden fallen die Durchführung von Sanktionsverfahren und die Festlegung des Strafmaßes in die Zuständigkeit verbandseigener Rechtsorgane.[45]

IV. Internationaler Vergleich

Um einen internationalen Leistungsvergleich zu ermöglichen und diesen nach einheitlichen Regeln durchführen zu können, gründeten die nationalen Sport(fach)verbände ihrerseits regionale (kontinentale) und weltweite internationale Sport(fach)verbände.[46] Die internationalen Sport(fach)verbände weisen eine körperschaftliche Organisation auf, ohne dass ihnen Völkerrechtssubjektivität zukommt.[47] Definiert werden können sie als körperlich strukturierte, gegenüber ihren Trägern verselbständigte Organisationen, die keinem beherrschenden Einfluss von Staaten und/oder zwischenstaatlichen Organisationen unterliegen, sondern vorwiegend von Privaten gegründet und getragen werden.[48] Sie verfügen ebenso wie die nationalen Sport(fach)verbände in Deutschland aufgrund ihrer körperschaftlichen Strukturen über eine Autonomie, die sie mit dem Recht ausstattet, gegenüber ihren Mitgliedern Verbandsstrafen zu verhängen.[49] Mitglieder der internationalen Spitzenverbände sind die jeweiligen Sport(fach)verbände der Länder.[50] Die internationalen Sport(fach)verbände stehen an der Spitze der Verbandspyramide ihrer jeweiligen Sportart.[51] Ihnen allein obliegt grundsätzlich die Festlegung der Regelwerke ihrer Sportart.[52] Bei nationalen oder internationalen

---

[44] *RGZ* 49, 150 (154); 151, 229 (232); *BGH* JZ 1995, S. 461 (462) (Reiter-Urteil) mit Anmerkungen von *Pfister; Buchberger,* SpuRt 1996, S. 122; *Vieweg,* JuS 1983, S. 825 (826).
[45] Zum Beispiel beim Bund Deutscher Radfahrer (BDR) ist das Bundessport- und Schiedsgericht für die erstinstanzliche Entscheidung über Sanktionen bei Verstößen der Athleten gegen die Anti-Doping-Bestimmungen des Verbandes zuständig. Siehe § 6 der geltenden Rechts- und Verfahrensordnung des BDR in Verbindung mit Art. 12.1.2 des Anti-Doping-Codes des BDR; http://www.rad-net.de/html/verwaltung/reglements/bdr-adc_2009-03-21.pdf, letzter Aufruf am 18. März 2010.
[46] Vgl. den Überblick über die Gründung Internationaler Sportverbände in *Vieweg,* Normsetzung (1990), S. 53; auch *Pfister,* in: Fritzweiler/Pfister/Summerer, Praxishandbuch Sportrecht, 2. Aufl., Einleitung, Rn. 13.
[47] *Reichert,* Vereins- und Verbandsrecht, Rn. 6361; *Summerer,* Internationales Sportrecht (1990), S. 30 ff.
[48] *Reichert,* Vereins- und Verbandsrecht, Rn. 6367; *Vieweg,* Normsetzung (1990), S. 28.
[49] *Reuter,* Einbindung des nationalen Sportrechts in internationale Bezüge (1987), S. 53 (58 ff.); *Baecker,* NJW 1984, S. 906.
[50] *Summerer,* Internationales Sportrecht (1990), S. 105.
[51] *Heß,* ZZPInt 1996, S. 371 (372).
[52] *Prokop,* Grenzen der Dopingverbote (2000), S. 43.

11

Sport(fach)verbänden, die olympische Sportarten repräsentieren, müssen die jeweiligen Regelwerke zudem den Vorgaben der vom Internationalen Olympischen Komitee (IOC) verfassten Olympischen Charta entsprechen.[53] Das IOC wiederum ist ein rechtsfähiger eingetragener Verein nach schweizerischem Recht mit Sitz in Lausanne. Es verfügt über keinen hierarchischen Unterbau und steht selbstständig neben den einzelnen Sport(fach)verbänden. Mitglieder des IOC sind natürliche Personen aus Staaten, in denen ein Nationales Olympisches Komitee existiert.[54]

V. Ein-Platz-Prinzip

Zur verbindlichen Festlegung einheitlicher Regeln durch den internationalen Sport(fach)verband im Sinne eines hierarchischen Aufbaus[55] dient das sogenannte Ein-Platz-Prinzip. Dies bedeutet, dass es für jede Sportart lediglich einen Weltfachverband geben soll, der für ein bestimmtes Territorium nur jeweils einen zuständigen Sport(fach)verband aufnimmt.[56] Die internationalen Sport(fach)verbände fordern von ihren Mitgliedern, den Sport(fach)verbänden der Länder, dass sie für ihren räumlichen Zuständigkeitsbereich ebenfalls das Ein-Platz-Prinzip durchsetzen.[57] Dies hat zur Folge, dass für jede Sportart nur ein nationaler Sport(fach)verband bestehen darf.[58] Die gleiche Forderung stellen das IOC für alle olympischen Sportarten[59] und der DOSB[60] für die ihm angegliederten deutschen Sport(fach)verbände. Durch das Ein-Platz-Prinzip nehmen die Sport(fach)verbände gegenüber den Athleten eine Monopolstellung ein.[61] Die Athleten sind auf ihren jeweiligen Sport(fach)verband ange-

---

[53] Regel 29 Abs. 2 OC der Olympischen Charta (2007).
[54] *Hohl*, Nominierung (1992), S. 18.
[55] *Pfister*, in: Fritzweiler/Pfister/Summerer, Praxishandbuch Sportrecht, 2. Aufl., Einleitung, Rn. 14.
[56] *Pfister*, in: Fritzweiler/Pfister/Summerer, Praxishandbuch Sportrecht, 2. Aufl., Einleitung, Rn. 14; *Heß*, ZZPInt 1996, S. 371 (374). Eine Ausnahme zum Ein-Platz-Prinzip gibt es jedoch im Boxsport. Während der Amateurboxsport über einen einheitlichen nationalen Sport(fach)verband (Deutscher Amateurboxsportverband) verfügt, existieren im Profi-Boxsport zahlreiche Weltverbände, die einen Weltmeister ermitteln. Zu nennen sind insoweit die bekanntesten: WBA, WBC, IBF und WBO.
[57] *Pfister*, in: Fritzweiler/Pfister/Summerer, Praxishandbuch Sportrecht, 2. Aufl., Einleitung, Rn. 14.
[58] *Adolphsen*, Dopingstrafen (2003), S. 43; *Heß*, in: Juristische Studiengesellschaft Karlsruhe (Hrsg.); Aktuelle Rechtsfragen des Sports (1999), S. 1 (7).
[59] Siehe die Durchführungsbestimmungen zu den Regeln 28 und 29 (Ziff. 2.3) der Olympischen Charta.
[60] § 5 Nr. 2 DSB-Satzung regelte, dass für jedes Fachgebiet nur ein Spitzenverband in den DSB aufgenommen wird. Ähnliches ergibt sich auch aus § 6 Abs. 2 der DOSB-Satzung in Verbindung mit § 4 der DOSB-Aufnahmeverordnung, abrufbar auf der Homepage des DOSB unter http://www.dosb.de/de/organisation/dosb-textsammlung, letzter Aufruf am 18. März 2010.
[61] *Vieweg*, JuS 1983, S. 825 (826).

wiesen, wenn sie an einem Wettkampf, Turnier oder Spiel teilnehmen wollen. Im Hinblick auf die organisierte Ausübung ihrer Sportart ist den Athleten eine autonome Wahrnehmung ihrer eigenen Interessen damit nicht möglich[62]. Soweit sie an der kommerziellen Ausübung des Sports teilnehmen sind sie zwangsläufig aufgefordert, sich den Regeln des jeweiligen Sport(fach)verbandes zu unterwerfen. Das Ein-Platz-Prinzip stellt daher eine tragende Maxime des nationalen und internationalen Sportverbandswesens dar.

B. Entwicklung der Anti-Dopingregeln

I. Medizinischer Kodex des IOC

Als erste überfachverbandliche Sportorganisation verabschiedete das IOC im Jahr 1967 Anti-Doping-Bestimmungen.[63] Auf der Grundlage der Regel 48 der Olympischen Charta wurde ein „Medizinischer Kodex" entwickelt, der den Inhalt und den Ablauf der Dopingbekämpfung durch das IOC regelte.[64] Allerdings fehlte eine klare Definition des Dopingbegriffs. Vielmehr wurde nur auf die Verwendung und Anwendung verbotener Wirkstoffe und Methoden abgestellt.[65] Erst mit Wirkung zum 1. Januar 2000 wurde dieser medizinische Kodex vom Anti-Doping-Code (ADC) als Rechtsgrundlage für Anti-Doping-Bestimmungen abgelöst. Das IOC definierte in Art. 2 des ADC den Begriff des Doping als

> „1. Die Verwendung eines Hilfsmittels (Wirkstoff oder Methode), das potentiell schädlich für die Gesundheit des Sportlers/der Sportlerin und/oder leistungssteigernd wirken kann, oder

> 2. Die Existenz eines verbotenen Wirkstoffs im Körper eines Sportlers/einer Sportlerin oder der Nachweis seiner Verwendung bzw. der Nachweis des Einsatzes einer verbotenen Methode. "

Dies entspricht auch der Definition der Weltkonferenz des IOC gegen Doping in der „Lausanner Erklärung zum Doping im Sport" von 1999.[66] Allerdings führte vor allem die abstrakte Definition des Dopings in der ersten Ziffer zu

---

[62] *Pfister*, in: Fritzweiler/Pfister/Summerer, Praxishandbuch Sportrecht, 2. Aufl., Einleitung, Rn. 16.
[63] *BT-Drucks.* 12/4327, S. 25.
[64] *Donike/Rauth*, Dopingkontrollen, S. 128.
[65] *Prokop*, Grenzen der Dopingverbote (2000), S. 82; *Longrée*, Dopingsperre (2003), S. 41; *Haas/Prokop*, SpuRt 2000, S. 5 (6).
[66] Siehe Anhang 1 in: Doping-Forum 2000, S. 157 ff.

erheblichen Anwendungsschwierigkeiten.[67] Insbesondere die Formulierung „potentiell schädlich" warf die Frage auf, ob die Regelung dem Bestimmtheitserfordernis entsprechen kann.[68]

II. Nationale Entwicklung der Anti-Dopingregeln
Dennoch blieb die Bekämpfung des Dopings sowohl national als auch international bis zum Jahr 2000 noch „Stückwerk".[69] Gerade die nationalen Sport(fach)verbände hatten eigene, zumeist unterschiedliche Regelungen und verhängten uneinheitliche Sanktionen. Es gab keine einheitliche Definition des Dopings, die weltweite Gültigkeit erlangt hätte. Auf nationaler Ebene definierte der DSB den Begriff des Dopings erstmals 1977 innerhalb seiner „Rahmenrichtlinien zur Bekämpfung des Dopings". Danach war Doping

> *(1.) „der Versuch einer unphysiologischen Steigerung der Leistungsfähigkeit des Sportlers durch Anwendung (Einnahme, Injektion oder Verabreichung) einer Dopingsubstanz durch den Sportler oder einer Hilfsperson (z.B. Mannschaftsleiter, Trainer, Betreuer, Arzt, Pfleger oder Masseur) vor einem Wettkampf oder während eines Wettkampfes und für die anabolen Hormone auch im Training.*

> *(2.) Dopingsubstanzen im Sinne dieser Richtlinien sind insbesondere Phnylethaminderivative (Weckamine, Ephedrine, Adrenalinderivate), Narkotika, Analeptika (Kampfer und Strychninderivate) und anabole Hormone. "*

Die Begriffsbestimmung wurde sodann in den Folgejahren mehrfach verändert.[70] Doch auch die letzte Fassung aus dem Jahre 1999 führte zu Handhabungs- und Anwendungsproblemen. Der DSB erklärte den Zweck der Leistungssteigerung zum Tatbestandsmerkmal und stellte damit auf ein subjektives Element und damit auf eine kaum nachzuweisende innere Motivation des Athleten ab.[71]

---

[67] *Longrée*, Dopingsperre (2003), S. 43; *Haas/Prokop*, SpuRt 2000, S. 5 (6).

[68] *Longrée*, Dopingsperre (2003), S. 43.

[69] *Summerer*, in: Fritzweiler/Pfister/Summerer, Praxishandbuch Sportrecht, 2. Aufl., 2.Teil, Rn. 209.

[70] *Prokop*, Grenzen der Dopingverbote (2000), S. 84, dazu auch *Haug*, Die Geschichte des Dopinggeschehens und der Dopingdefinitionen in Nickel/Rous, Anti-Doping-Handbuch (2009), Bd. 1, S. 34 (44 ff.).

[71] Vgl. dazu § 2 Abs. 1 „Doping ist der Versuch der Leistungssteigerung durch die Anwendung (Einnahme, Injektion oder Verabreichung) von Substanzen der verbotenen Wirkstoffgruppen oder durch die Anwendung verbotener Methoden (z.B. Blutdoping); *Kotzenberg*, Die Bindung des Sportlers an private Dopingregeln und private Schiedsgerichte (2007), S. 28.

III. Internationale Entwicklung der Anti-Dopingregeln – Dopingdefinition

1. Europarats-Abkommen gegen Doping im Sport

Den ersten Ansatz einer allgemein maßgeblichen Definition lieferte das bis heute rechtsverbindliche Europarats-Übereinkommen gegen Doping im Sport vom 16. November 1989[72]. In Art. 2 Abs. 1 heißt es:

> *„a) Doping im Sport bedeutet die Verabreichung pharmakologischer Gruppen von Dopingwirkstoffen oder Methoden an Sportler und Sportlerinnen oder die Anwendung solcher Wirkstoffe oder Methoden durch diese Personen;*
>
> *b) pharmakologische Gruppen von Dopingwirkstoffen oder Dopingmethoden bedeuten vorbehaltlich des Abs. 2 (Anmerkung: Abs. 2 bezieht sich auf eine Wirkstoff- und Methodenliste im Anhang der Konvention) diejenigen Gruppen von Dopingwirkstoffen oder Dopingmethoden, die von den betreffenden internationalen Sportorganisationen verboten wurden und in Listen aufgeführt sind, welche gem. Art. 11.1 b von der beobachtenden Begleitgruppe bestätigt wurden;*
>
> *c) Sportler und Sportlerinnen sind Personen, die regelmäßig an Sportveranstaltungen teilnehmen. "*

Das Übereinkommen stellt das erste völkerrechtlich verbindliche Regelwerk zur Dopingbekämpfung dar. Ihm kam zentrale Bedeutung für die internationale Zusammenarbeit der Staaten zur Eindämmung des Dopings zu.[73] Der Deutsche Bundestag verabschiedete am 2. März 1994 gemäß Art. 59 Abs. 2 Satz 1 GG das Zustimmungsgesetz zum Übereinkommen des Europarats gegen Doping, das am 12. März 1994 in Kraft getreten ist.[74]

2. WADA-Code – erste Fassung 2003

Mit Gründung der Welt-Anti-Doping-Agentur (WADA) am 10. November 1999 wurde schließlich die weltweite Harmonisierung der Anti-Doping-Regelwerke weiter vorangebracht. Der Sport hat sich entschlossen, eine Institution zu gründen, die ausschließlich für die weltweite Dopingbekämpfung im

---

[72] In Kraft getreten am 1. März 1990, abrufbar unter
http://conventions.coe.int/Treaty/ger/Treaties/Html/135.htm, letzter Aufruf am 18. März 2010.
[73] *J. Schmidt*, Internationale Dopingbekämpfung (2009), S. 23.
[74] *BGBl.* 1994 II, S. 334.

Sport zuständig sein sollte und einheitliche Maßstäbe zur Umsetzung dieses Zweckes etablierte. Die WADA ist eine Stiftung schweizerischen Rechts mit Dienstsitz in Montreal/Kanada. Stifter ist das Internationale Olympische Komitee (IOC). Die Stiftungsaufsicht wird nach Art. 19 des Stiftungsstatuts von dem Schweizer Innenministerium wahrgenommen. Nach Art. 4 des Stiftungsstatuts ist der Stiftungszweck darauf angelegt, den Kampf gegen Doping auf internationalem Niveau zu fördern und zu koordinieren[75]. Die WADA stellt dazu eine verbindliche Liste der im Sport verbotenen Substanzen und Methoden, die sog. Verbotsliste („Prohibited List")[76] auf und aktualisiert diese mindestens einmal jährlich[77]. Sie hat zudem einheitliche Standards für die Dopinganalytik sowie eine Akkreditierung von Kontrolllabors eingeführt[78].

Im Rahmen der zweiten Weltkonferenz gegen Doping im Sport am 5. März 2003 in Kopenhagen wurde der WADA-Code sodann per Akklamation von den Staaten und den internationalen Sport(fach)verbänden angenommen. Im Juni 2003 hat die WADA schließlich den ersten Entwurf eines weltweiten Anti-Doping-Regelwerks, den WADA-Code[79], vorgestellt. Am 1. April 2004 löste der WADA-Code dann den bisher geltenden Anti-Doping-Code des Internationalen Olympischen Komitees (IOC) als Rahmenregelwerk ab.[80] Der WADA-Code stellt seitdem das für die Olympischen Spiele allein maßgebliche Dopingreglement dar.[81] Adressaten des WADA-Codes sind das IOC, die Nationalen Olympischen Komitees (NOK), die internationalen Sport(fach)verbände und die mit der Dopingbekämpfung befassten Ministerien.[82] In Kopenhagen haben bereits 51 Regierungsvertreter den WADA-Code unterzeichnet, darunter auch der damalige Bundesinnenminister Otto Schily für Deutschland.[83] Bis Ende 2005 haben nahezu alle internationalen

---

[75] Siehe WADA-Statutes abrufbar unter http://www.wada-ama.org/Documents/About_WADA/Statutes/WADA_Statutes_2009_EN.pdf, letzter Aufruf am 18. März 2010.

[76] Abrufbar über die Homepage der NADA unter www.nada-bonn.de, letzter Aufruf am 18. März 2010.

[77] Abrufbar auf der Homepage der NADA unter: http://www.nada-bonn.de/fileadmin/user_upload/nada/Downloads/Listen/2010_Prohibited_List_FINAL_EN_Web.pdf, letzter Aufruf am 18. März 2010.

[78] *Haas/Prokop*, SpuRt 2000, S. 5; *Netzle*, SpuRt 2003, S. 186; *Petri*, SpuRt 2003, S. 183 u. S. 230.

[79] Ausführlich zu den Bestimmungen des WADA-Codes 2003 siehe *Kern*, Internationale Dopingbekämpfung (2006), S. 221 ff.; *Petri*, SpuRt 2003, S. 183 ff.; *Teitler*, Causa Sport 2007, S. 395 ff.

[80] *Netzle*, SpuRt 2003, S. 186 ff.

[81] *Netzle*, SpuRt 2003, S. 186 (187); siehe auch Regel 44 der Olympischen Charta.

[82] *Netzle*, SpuRt 2003, S. 186 (187).

[83] Mittlerweile haben 192 Staaten die Kopenhagener Erklärung gezeichnet. Mehr als 570 Sportverbände und Organisationen haben zudem den WADA-Code angenommen. Eine aktuelle Übersicht findet sich unter http://www.wada-ama.org/en/World-Anti-Doping-Program/Sports-and-Anti-Doping-Organizations/The-Code/Code-Acceptance/, letzter Aufruf am 18. März 2010.

Sport(fach)verbände und NOKs den WADA-Code angenommen und sich zur Umsetzung verpflichtet. Für die Staaten, die Sport(fach)verbände und die privatrechtlich organisierten Anti-Doping-Organisationen handelt es sich um eine Richtlinie, welche nicht unmittelbar anwendbar ist, sondern in geeigneter Form in das staatliche Recht bzw. das Verbandsrecht übernommen werden soll.[84]

3. Das Übereinkommen der UNESCO gegen Doping im Sport

Unter maßgeblichem Einfluss des Europarats-Übereinkommens gegen Doping und dem Willen der Teilnehmer an der Kopenhagener Konferenz, bis zu den damals bevorstehenden Olympischen (Winter-) Spielen in Turin 2006 ein einheitliches und die teilnehmenden Staaten bindendes Anti-Doping-Regelwerk zu erstellen, erarbeitete die UNESCO das Übereinkommen gegen Doping im Sport. Am 19. Oktober 2005 hat die Generalkonferenz der UNESCO das Übereinkommen angenommen. Am 1. Februar 2007 ist das Übereinkommen der UNESCO gegen Doping im Sport in Kraft getreten. Das UNESCO-Übereinkommen stellt den ersten weltumspannenden völkerrechtlichen Vertrag gegen Doping im Sport dar.[85] Um die völkerstaatliche Verbindlichkeit zu gewährleisten[86], müssen die einzelnen Mitgliedsstaaten das Abkommen ratifizieren. Deutschland hat dieses Abkommen im Januar 2007 endgültig anerkannt. Das deutsche Zustimmungsgesetz zur UNESCO-Konvention gegen Doping im Sport vom 26. März 2007 ist am 30. März 2007 in Kraft getreten.[87] Insgesamt haben bislang 102 Staaten weltweit das Übereinkommen unterzeichnet.[88]

Art. 2 des Übereinkommens macht deutlich, dass die Begriffsbestimmungen im Zusammenhang mit dem WADA-Code zu sehen sind. Die nachfolgenden Definitionen sind überwiegend an die Bestimmungen des WADA-Codes angeglichen. Das UNESCO-Übereinkommen bezieht sich nach der Definition in Art. 2 Abs. 2 Nr. 6 auf den WADA-Code in der Fassung vom 5. März 2005,

---

[84] *Netzle*, SpuRt 2003, S. 186 (187); so auch *Adolphsen,* in: Eimer (Hrsg.), Beiträge zum 3. Sportrechtskongress Bonn (2004), S. 333 (334) und *J. Schmidt*, Internationale Dopingbekämpfung (2009), S. 86 ff.

[85] *J. Schmidt*, Internationale Dopingbekämpfung (2009), S. 73.

[86] *DPA* vom 27. Oktober 2005.

[87] *BGBl.* 2007 II, S. 354.

[88] Ein Überblick über die aktuellen Vertragsparteien findet sich auf der Homepage der WADA unter http://www.wada-ama.org/en/World-Anti-Doping-Program/Governments/UNESCO-International-Convention-against-Doping-in-Sport/Ratifications/, letzter Aufruf am 18. März 2010; zum UNESCO-Übereinkommen ausführlich auch *J. Schmidt*, Internationale Dopingbekämpfung (2009), S. 73 ff.

der als Anhang dem Übereinkommen beigefügt ist.[89] Art. 4 des Übereinkommens bezieht sich sodann auf die zentrale Frage nach der Verbindung zwischen der UNESCO-Konvention und dem WADA-Code. Eines der Hauptziele des Übereinkommens war es, die privatrechtlichen Normen des WADA-Codes für die Staaten, die sich aufgrund statuierender Prinzipien ihrer nationalen Verfassungen nicht der Regelungshoheit einer privatrechtlichen Organisation, wie der WADA unterwerfen können, juristisch anwendbar zu machen.[90] Gemäß Art. 4 Abs. 1 Satz 1 verpflichten sich die Vertragsstaaten, den Grundsätzen des WADA-Codes zu folgen, um die gemäß Art. 5 des Übereinkommens vorgesehenen Maßnahmen zur Dopingbekämpfung im Sport umzusetzen. Durch Art. 4 Abs. 2 wird jedoch das Verhältnis zwischen UNESCO-Übereinkommen und WADA-Code präzisiert. Weder der WADA-Code noch die als Anhang zum Übereinkommen aufgeführten „International Standards" der WADA für Labore und Kontrollen sind Bestandteil des Übereinkommens (siehe Art. 4 Abs. 2 Satz 1), sondern lediglich zu Informationszwecken aufgeführt. Völkerrechtlich verbindliche Verpflichtungen ergeben sich aus diesen Anhängen nicht.[91] Anders verhält es sich mit den Anlagen I und II zum Übereinkommen, die sich auf die WADA-Verbotsliste („Prohibited List") und den internationalen Standard zur Erteilung Medizinischer Ausnahmegenehmigungen beziehen. Diese sind gemäß Art. 4 Abs. 3 für die Vertragspartner verbindlich. Das UNESCO-Übereinkommen erhebt die als Privatrecht gesetzten Regeln der WADA partiell in den Rang des Völkerrechts. Damit statuiert das Übereinkommen, im Gegensatz zum Europarats-Übereinkommen, eine andere, neue Rechtsqualität. Ein völkerrechtlicher Vertrag verbindet somit privatrechtlich gesetzte Normen mit klassischen völkerrechtlichen Rechtssätzen.[92] Folglich ergibt sich aus Art. 4 Abs. 1 des Übereinkommens eine Quasi-Bindung[93] an den WADA-Code.

IV. Umsetzung des WADA-Codes in Deutschland

Mit der Ratifizierung des UNESCO-Übereinkommens gegen Doping im Sport und der Anerkennung des WADA-Codes als maßgebliches Anti-

---

[89] Bei Widersprüchen zwischen Übereinkommen und WADA-Code sind gemäß Konkurrenzklausel in Art. 2 Abs. 2 Satz 1 die Bestimmungen des Übereinkommens maßgebend. Die Klausel ermöglicht es den Staaten, das Übereinkommen im Einklang mit den jeweiligen Verfassungen als für sich verbindlich anzuerkennen. Siehe auch *Kern*, Internationale Dopingbekämpfung (2006), S. 164 ff.; *J. Schmidt*, Internationale Dopingbekämpfung (2009), S. 84.

[90] Siehe hierzu ausführlich, *J. Schmidt*, Internationale Dopingbekämpfung (2009), S. 84 ff.

[91] *Steiner* in: Tettinger/Vieweg, Gegenwartsfragen des Sportrechts, S. 133.

[92] *J. Schmidt*, Internationale Dopingbekämpfung (2009), S. 89.

[93] *J. Schmidt*, Internationale Dopingbekämpfung (2009), S. 84; siehe auch *Latty*, La lex sportiva (2007), S. 398.

Doping-Regelwerk ist die Verpflichtung Deutschlands verbunden, den WADA-Code in nationales Recht umzusetzen. Dabei betreffen die Umsetzungsmaßnahmen, die im UNESCO-Übereinkommen gegen Doping im Sport aufgestellt sind, völkerrechtliche Verpflichtungen der Bundesrepublik Deutschland.[94] Der Schwerpunkt der Umsetzungsmaßnahmen in Deutschland liegt in der Ergreifung finanzieller Maßnahmen zur Dopingbekämpfung. Dies erfolgt in erster Linie durch die Unterstützung der Sport(fach)verbände im Wege der Sportförderung.[95] Die konkreten Aufwendungen von Bund und Ländern beschränken sich aber nicht nur auf den Einsatz staatlicher Finanzmittel zur Unterstützung der Sport(fach)verbände. Auch die Unterstützung institutioneller Einrichtungen zur Dopingbekämpfung im Sport wird maßgeblich gefördert.

1. Nationale Anti Doping Agentur Deutschland (NADA)
Als maßgebliche Koordinierungsstelle zur Umsetzung des WADA-Codes und als deutsches Gegenstück zur WADA wurde Ende des Jahres 2002 die Nationale Anti Doping Agentur Deutschland (NADA) als Stiftung des Bürgerlichen Rechts mit Dienstsitz in Bonn gegründet.[96] Die Bundesrepublik hat sich damit bei der Umsetzung einzelner völkerrechtlicher Verpflichtungen für eine Verantwortungsteilung mit privaten Akteuren in der Dopingbekämpfung entschieden.[97] Nach dem sogenannten Stakeholder-Prinzip[98] finanziert, hat die NADA zum 1. September 2003 die Aufgaben der vorherigen Anti-Doping-Kommission des Deutschen Sportbundes (DSB) und des NOK übernommen. Die NADA ist damit die maßgebliche Instanz für die Dopingbekämpfung in

---

[94] Dazu ausführlich *J. Schmidt*, Internationale Dopingbekämpfung (2009), S. 128 ff.; siehe auch Kemper, Die Rolle des Staates bei der Dopingbekämpfung in Nickel/Rous (Hrsg.) Anti-Doping-Handbuch (2009), Bd. 1, S. 243 ff.

[95] *Nolte*, Staatliche Verantwortung im Bereich Sport (2004), S. 340; auch *J. Schmidt*, Internationale Dopingbekämpfung (2009), S. 146 ff.; zur finanziellen Förderung des siehe auch *Humberg*, Förderung des Hochleistungssports durch den Bund (2006); *ders*, GewA 2006, S. 462 ff.

[96] Zur Gründung der NADA siehe auch *Niese*, Stiftung Nationale Anti-Doping Agentur, Schiedsgerichtsbarkeit im Sport, S. 69; *Weber*, Stiftung Nationale Anti-Doping-Agentur in: Nolte (Hrsg.), Persönlichkeitsrechte im Sport (2006), S. 71 ff.

[97] *J. Schmidt*, Internationale Dopingbekämpfung (2009), S. 152.

[98] Als Stakeholder (Anspruchsberechtigter) wird eine Person oder Gruppierung bezeichnet, die ihre berechtigten Interessen wahrnimmt. Das Stakeholder-Prinzip, das sich in erster Linie aus der Betriebswirtschaft entwickelt hat, versucht das Unternehmen oder die Organisation in seinem gesamten sozialökonomischen Kontext zu erfassen und die Bedürfnisse der unterschiedlichen Anspruchsgruppen in Einklang zu bringen; siehe *Gabler* Wirtschaftslexikon, Stichwort Stakeholderansatz online unter http://wirtschaftslexikon.gabler.de/Definition/stakeholder-ansatz.html, letzter Aufruf am 18. März 2010.

Deutschland. Als unabhängiges Kompetenzzentrum[99] ist die NADA dieser Aufgabe durch ihre Stiftungsverfassung verpflichtet. Die NADA verfolgt die Förderung des Sports. Sie will das Fair Play durch geeignete pädagogische, soziale, medizinische, wissenschaftliche und sportliche Maßnahmen fördern.[100] Dafür tritt die NADA insbesondere durch Einrichtung eines Doping-Kontroll-Systems innerhalb und außerhalb von Wettkämpfen sowie dessen Stabilisierung und Fortentwicklung durch Erstellung und Durchsetzung der Kontrollmechanismen, Analyseverfahren, Dopingverbote, Sanktionskataloge und Disziplinarverfahren ein. Des Weiteren umfasst der Stiftungszweck die Förderung der Zusammenarbeit mit den mit Dopingfragen befassten wissenschaftlichen, politischen und sonstigen Institutionen und Sportorganisationen, die Dopingprävention sowie die Förderung der internationalen Zusammenarbeit auf dem Gebiet der Dopingbekämpfung.[101]

Ferner steht die NADA Athleten und Sport(fach)verbänden beratend und unterstützend zur Seite, indem sie Präventions- und Fortbildungsveranstaltungen durchführt, Vorträge bei Kaderschulungen und sonstigen Lehrgängen der Athleten hält, Musterformulare überlässt und als ständiger kompetenter Ansprechpartner zur Verfügung steht. Hinzu kommt, dass die NADA als Anlauf- und Auskunftsstelle für die Beratung der Athleten, Sportärzte und Sport(fach)verbände in Bezug auf medizinische Anfragen, insbesondere zur Vereinbarkeit von Medikamenten mit dem NADA-Code und seiner Ausführungsbestimmungen[102], bereit steht.

Organisatorisch verfügt die Stiftung über einen Vorstand, der die NADA nach außen vertritt. Dem Vorstand gehören sechs Personen an, fünf ehrenamtliche Mitglieder und ein hauptamtliches, geschäftsführendes Mitglied. Des Weiteren werden die Geschäfte des NADA-Vorstands durch das Kuratorium, das Aufsichtsratsorgan und oberstes Organ der NADA, überwacht.[103]

---

[99] Siehe das Geleitwort zum NADA-Code 2009, S. 4, abrufbar auf der Homepage der NADA unter www.nada-bonn.de, letzter Aufruf am 18. März 2010.
[100] § 2 Abs. 2 der NADA-Stiftungsverfassung (Stand: 9. September 2008).
[101] § 2 Abs. 2 Satz 2 Ziff. 1 – 7 der NADA-Stiftungsverfassung (Stand: 9. September 2008); siehe dazu auch *Spitz*, Die Nationale Anti Doping Agentur, in: Nickel/Rous (Hrsg.) Anti-Doping-Handbuch (2009), Bd. 1, S. 80 (81 ff.).
[102] Vgl. *Spitz*, Die Nationale Anti Doping Agentur, in: Nickel/Rous (Hrsg.) Anti-Doping-Handbuch (2009), Bd. 1, S. 80 (81 ff.); *Weber*, Stiftung Nationale Anti-Doping-Agentur, in: Nolte (Hrsg.), Persönlichkeitsrechte im Sport (2006), S. 79 f.
[103] § 9 Abs. 6 Ziff. 1 NADA-Stiftungsverfassung (Stand: 9. September 2008).

Das Kuratorium der NADA besteht aus neun Personen[104] und setzt sich aus Vertretern des organisierten Sports, von Bund und Ländern und Vertretern der sog. Wirtschaftspartner zusammen.[105] Zudem ist im Jahr 2008 ein Präsidialausschuss[106] etabliert worden. Dieser besteht aus drei Mitgliedern des Kuratoriums und dient der beratenden Unterstützung des Kuratoriums.

2. NADA-Code

Am 8. Oktober 2004 hat die NADA auf der Grundlage des WADA-Codes erstmals ein umfangreiches nationales Antidopingregelwerk, den NADA-Code, erstellt. Dieser umfasste die zwingenden Vorschriften des WADA-Codes, die von der WADA erlassenen detaillierten Verhaltensanweisungen, den sogenannten International Standards, sowie die Bestimmungen der Rahmenrichtlinien der Vorgängerorganisation, der Anti-Doping-Kommission (ADK), soweit diese übernommen werden konnten. Bestandteil war ferner die Liste verbotener Wirkstoffe und Methoden der WADA („Prohibited List"). Das Regelwerk gliederte sich in vier Teile[107] mit 17 Artikeln und sieben Anhänge. Zum 1. Januar 2006 hat die NADA eine überarbeitete Fassung des deutschen NADA-Codes herausgebracht.

V. WADA-Code – zweite Fassung 2009

1. Inhaltliche Veränderungen

Die WADA hat bereits eine zweite Fassung des WADA-Codes auf den Weg gebracht und veröffentlicht. Erstmals im November 2007 in Madrid vorgestellt, ist der WADA-Code 2009 zum 1. Januar 2009 in Kraft getreten. Im Gegensatz zum alten Regelwerk ist der neue WADA-Code detaillierter und präziser. Neben den vier Teilen mit insgesamt 25 Artikeln enthält der WADA-Code 2009 nunmehr fünf „International Standards" als Ausführungs-

---

[104] § 9 Abs. 1 der NADA-Stiftungsverfassung (Stand: 9. September 2008).

[105] § 9 Abs. 2 der NADA-Stiftungsverfassung (Stand: 9. September 2008). Der Bund und die Länder werden dabei vertreten durch den/die Bundesminister(in) oder eine von ihr/ihm benannte Person des Ministeriums, den/die Vorsitzende(n) der Sportministerkonferenz der Länder. Vorsitzender des Kuratoriums ist Hanns Michael Hölz, Managing Director der Deutschen Bank. Zur weiteren Zusammensetzung siehe den Geschäftsbericht 2008 der NADA vom 30. April 2009, abrufbar unter http://www.nada-bonn.de/, letzter Aufruf am 18. März 2010.

[106] § 9 Abs. 13 der NADA-Stiftungsverfassung (Stand: 9. September 2009). Zur aktuellen Zusammensetzung siehe http://www.nada-bonn.de/nada/kuratorium/, letzter Aufruf am 18. März 2010, dazu auch *Spitz*, Die Nationale Anti Doping Agentur, in: Nickel/Rous (Hrsg.) Anti-Doping-Handbuch (2009), Bd. 1, S. 80 (82).

[107] Teil I: Allgemeiner Teil mit Definitionen des Dopings; Teil II: Dopingkontrollverfahren; Teil III: Ergebnismanagement, Sanktionen und Rechtsmittel; Teil IV: Sonstiges.

bestimmungen. Darunter auch die überarbeitete Liste verbotener Substanzen und Methoden („Prohibited List") sowie erstmals einen Internationalen Standard zum Schutz der Privatsphäre und personenbezogener Informationen[108]. Darüber hinaus sieht der WADA-Code 2009 zusätzlich zu den einzelnen Artikeln sogenannte „comments"[109] vor. Diese ergänzen die einzelnen Bestimmungen unmittelbar. Sie illustrieren anhand von Vertiefungen und Beispielen maßgeblich den Inhalt und die Aufgabe des jeweiligen in Bezug genommenen Artikels des WADA-Codes 2009. Die „comments" sind wesentlicher Bestandteil des WADA-Codes.[110]

Um eine weltweite Harmonisierung der Regelwerke zu gewährleisten, sieht die WADA vor, dass die überwiegende Anzahl der Bestimmungen des WADA-Codes 2009 zwingend und nach Möglichkeit wortgetreu von den internationalen Sport(fach)verbänden oder den nationalen Anti-Doping-Organisationen zu übernehmen und umzusetzen sind[111].

---

[108] International Standard for the Protection of Privacy and Personal Information (ISPP), abrufbar auf der Homepage der WADA unter http://www.wada-ama.org/en/World-Anti-Doping-Program/Sports-and-Anti-Doping-Organizations/International-Standards/International-Standard-for-the-Protection-of-Privacy-and-Personal-Information-/, letzter Aufruf am 18. März 2010.

[109] Comments = Kommentare, Erläuterungen.

[110] Eine Übersicht über die Änderungen, Neuerungen und Modifizierungen des WADA-Codes 2009 zum vorherigen Regelwerk findet sich bei *Jakob/Berninger*, Die wichtigsten Änderungen des WADA-Codes, SpuRt 2008, S. 61 f.

[111] Vgl. insoweit Art. 23.2.2 des WADA-Codes 2009: "The following Articles (and corresponding Comments) as applicable to the scope of the anti-doping activity which the Anti-Doping Organization performs must be implemented by Signatories without substantive change (allowing for any non-substantive changes to the language in order to refer to the organization`s name, sport, section numbers, etc.):
- Article 1 (Definition of Doping)
- Article 2 (Anti-Doping Rule Violations)
- Article 3 (Proof of Doping)
- Article 4.2.2 (Specified Substances)
- Article 4.3.3 (WADA`s Determination of the Prohibited List)
- Article 7.6 (Retirement from Sports)
- Article 9 (Automatic Disqualification of Individual Results)
- Article 10 (Sanctions on Individuals)
- Article 11 (Consequences to Teams)
- Article 13 (Appeals) with the exception of 13.2.2 and 13.5
- Article 15.4 (Mutual Recognition)
- Article 17 (Statute of Limitations)
- Article 24 (Interpretation of the Code)
- Appendix 1 – Definitions
No additional provision may be added to a Signatory`s rules which changes the effect of Articles enumerated in this Article."

Der WADA-Code 2009 zeichnet sich zudem dadurch aus, dass flexiblere Sanktionsrahmen, die Neuordnung sogenannter „specified substances"[112] sowie Modifizierungen bei der Kronzeugenregelung zur verbesserten Handhabung des Regelwerks beigetragen haben. Disziplinarorgane der Verbände oder Schiedsgerichte können anhand der Bestimmungen des WADA-Codes 2009 den Einzelfall angemessener würdigen und – im Rahmen der Vorgaben – individuellere Sanktionen und Strafen verhängen.

Eine weitere nicht unerhebliche Änderung ist schließlich, dass der WADA-Code 2009 nunmehr sowohl Minimal- als auch Maximalstandard ist.[113] Die Unterschreitung der WADA-Vorgaben ist ebenso unzulässig wie die Festlegung strengerer Regelungen.

2. Nationale Umsetzung des WADA-Codes 2009 – NADA-Code 2009
Die NADA hat daher auf der Basis des WADA-Codes 2009 ihr Anti-Doping-Regelwerk, den NADA-Code, im Jahr 2008 ebenfalls revidiert. Der NADA-Code 2009 (NADC) trat zusammen mit dem WADA-Code 2009 zum 1. Januar 2009 in Kraft. Das neue Regelwerk beinhaltet 18 Artikel die – soweit gemäß WADA-Code 2009 vorgegeben – wortgetreu übernommen wurden. In acht Anhängen wurden neben den fünf „International Standards" der WADA auch die Begriffsbestimmungen und Kommentierungen in dem Regelwerk umgesetzt. Der „International Standard for Testing"[114] ist im NADA-Code durch den Standard für Dopingkontrollen und den Standard für Meldepflichten noch einmal unterteilt worden. Der Standard für Dopingkontrollen um-

---

[112] Bei „specified substances" handelt es sich um Substanzen und Wirkstoffe, die von der WADA auf der Verbotsliste („Prohibited List") geführt werden. Bislang wurden nur einige wenige Substanzen als „specified" klassifiziert. Gemäß dem WADA-Code 2009 gelten nunmehr alle Substanzen und Wirkstoffe auf der Verbotsliste als „specified substances" mit Ausnahme von Anabolika, Hormonen und speziellen Stimulanzien. Bei Nachweis einer solchen speziellen Substanz oder eines speziellen Wirkstoffes kann die Strafe für den Dopingverstoß reduziert werden, wenn der Athlet nachweist, dass die Substanz bzw. der Wirkstoff ohne sein Verschulden oder nur mit leichter Fahrlässigkeit in seinen Körper gelangt ist, siehe dazu *Jakob/Berninger*, Die wichtigsten Änderungen des WADA-Codes, SpuRt 2008, S. 61 (61).

[113] *Jakob/Berninger*, Die wichtigsten Änderungen des WADA-Codes, SpuRt 2008, S. 61 (61).

[114] Hierbei handelt es sich um Leitlinien der WADA, in dem der genaue technische Ablauf einer Dopingkontrolle statuiert wird. Das Dopingkontrollverfahren beginnt bereits mit der Aufstellung eines genauen Dopingkontrollplans durch die jeweilige Anti-Doping Organisation, führt weiter über die Kontaktaufnahme des Kontrolleurs mit den Athleten und endet schließlich mit Vorgaben zur konkreten Durchführung der Dopingkontrolle und der ordnungsgemäßen Verpackung und Versendung der Probe an das WADA-akkreditierte Labor, das die Dopingprobe analysiert. Dieser und die weiteren „International Standards" sind abrufbar auf der Homepage der WADA unter http://www.wada-ama.org/en/World-Anti-Doping-Program/Sports-and-Anti-Doping-Organizations /International-Standards/, letzter Aufruf am 18. März 2010.

fasst dabei die wesentlichen Vorgaben und Richtlinien zum Ablauf einer Dopingkontrolle, während der Standard für Meldepflichten die Regelungen zur Meldepflicht[115] der Athleten und zum Testpoolsystem im Rahmen des Dopingkontrollsystems des „International Standards for Testing" enthält. Aufgrund der Wichtigkeit der Vorschriften sowie aus Übersichtlichkeits- und Verständlichkeitsgründen[116] sind diese Regelungen von der NADA noch einmal explizit herausgenommen und in eigenen Ausführungsbestimmungen dargestellt worden.

VI. Doping-Definition gemäß WADA- und NADA-Code

Sowohl der WADA-Code 2009 als auch der aktuelle NADA-Code 2009 definieren im ersten Artikel des Regelwerks Doping als „das Vorliegen eines oder mehrerer nachfolgend in Art. 2.1 bis Art. 2.8 festgelegten Verstöße gegen Anti-Doping-Bestimmungen. Verstöße sind demnach die Folgenden:

Art. 2.1:
Das Vorhandensein einer Verbotenen Substanz, ihrer Metaboliten oder Marker in der Probe eines Athleten.

Art. 2.2:
Der Gebrauch oder der Versuch des Gebrauchs einer Verbotenen Substanz oder einer Verbotenen Methode durch einen Athleten.

Art. 2.3:
Die Weigerung oder das Unterlassen ohne zwingenden Grund, sich nach entsprechender Aufforderung einer, gemäß anwendbaren Anti-Doping-Bestimmungen zulässigen Probenahme zu unterziehen, oder jede anderweitige Umgehung einer Probenahme.

Art. 2.4:
Der Verstoß gegen anwendbare Vorschriften zur Verfügbarkeit des Athleten für Trainingskontrollen, einschließlich Meldepflichtversäumnisse und Versäumte Kontrollen, die auf der Grundlage von Bestimmungen festgestellt wurden, die dem International Standard for Testing entsprechen. Jede Kombination von drei Versäumten Kontrollen und/ oder Meldepflichtversäumnissen innerhalb eines Zeitraumes von 18 Monaten, die von für den Athleten zuständigen Anti-Doping-

---

[115] Dazu ausführlich unter 1. Teil C. IV. 4.
[116] Siehe Einleitung zum Standard für Meldepflichten, abrufbar auf der Homepage der NADA unter www.nada-bonn.de, letzter Aufruf am 18. März 2010.

Organisationen festgestellt wurden, stellt einen Verstoß gegen Anti-Doping-Bestimmungen dar.

Art. 2.5:
Die Unzulässige Einflussnahme oder der Versuch der Unzulässigen Einflussnahme auf irgendeinen Teil des Dopingkontrollverfahrens.

Art. 2.6:
Der Besitz Verbotener Substanzen und Verbotener Methoden.

Art. 2.7:
Das Inverkehrbringen oder der Versuch des Inverkehrbringens von einer Verbotenen Substanz oder einer Verbotenen Methode.

Art. 2.8:
Die Verabreichung oder der Versuch der Verabreichung an Athleten von Verbotenen Methoden oder Verbotenen Substanzen Innerhalb des Wettkampfs, oder Außerhalb des Wettkampfs die Verabreichung oder der Versuch der Verabreichung an Athleten von Methoden oder Substanzen, die Außerhalb des Wettkampfs verboten sind, sowie jegliche Unterstützung, Aufforderung, Hilfe, Mithilfe, Verschleierung oder sonstige Beteiligung bei einem Verstoß oder einem Versuch eines Verstoßes gegen Anti-Doping-Bestimmungen.

Die Anti-Doping-Bestimmungen des WADA- bzw. NADA-Codes in der aktuellen Fassung bilden die gegenwärtig maßgebliche Grundlage zur inhaltlichen Bestimmung des Dopingbegriffes. Statt einer umfassenden Einzeldefinition spaltet sich der Dopingbegriff in unterschiedliche Tatbestände auf. Das Anti-Doping-Regelwerk wird damit einer Vielzahl unterschiedlicher Sachverhalte gerecht, die allesamt mit dem Grundgedanken des Leistungs- und Wettkampfsport und den Geboten von Toleranz und Fair Play nicht vereinbar sind.

VII. Verbindlichkeit des NADA-Codes in Deutschland

1. Keine Verbindlichkeit „qua legis"
Die Verbindlichkeit des NADA-Codes für die Sport(fach)verbände und die Athleten in Deutschland ergibt sich jedoch nicht automatisch – qua legis – mit der Einführung des Regelwerks durch die NADA. Auch das nationale Anti-Dopingregelwerk der NADA statuiert – ähnlich wie der WADA-Code – lediglich privatrechtliche Rechtsvorschriften. Gesetzesrang kommt den Vor-

25

schriften und Ausführungsbestimmungen nicht zu.[117] Die Vereins- oder Verbandssatzung kann deshalb wegen des Rechtssetzungsmonopols des demokratisch legitimierten Staates nicht als originäre Rechtsquelle angesehen werden.[118] Es bedarf der konkreten Anerkennung und Umsetzung des Regelwerks durch die nationalen Sport(fach)verbände und der Festsetzung besonderer rechtsgeschäftlicher Grundlagen, um eine rechtsverbindliche Wirkung für die Athleten herbeizuführen. Dies folgt aus der Normsetzungsautonomie im deutschen Sportverbandswesen[119] und gebietet die Privatautonomie der Sport(fach)verbände und -vereine als eingetragene Vereine des Privatrechts gemäß § 21 ff. BGB.[120]

2. Individualvertragliche Bindung

Grundlage für diesen „Transferakt" durch die Sport(fach)verbände und maßgeblicher Ausgangspunkt der rechtlichen Verbindung zwischen ihnen und der NADA bildet eine individualvertragliche Vereinbarung. In der sogenannten „Vereinbarung über die Organisation und Durchführung von Dopingkontrollen"[121] zwischen der NADA und den deutschen Sport(fach)verbänden halten die Parteien die zentralen Elemente der gemeinsamen Zusammenarbeit im Anti-Doping-Kampf in Deutschland fest. Die Verpflichtung zum Vertragsschluss statuierte Art. 16.1 des alten NADA-Codes (2006) und ist nunmehr in Art. 18.3 des NADA-Codes 2009 festgehalten.

Maßgeblicher Inhalt dieser Vereinbarung ist, wie aus Art. 18.3 NADA-Code 2009 ersichtlich wird, dass sich die Sport(fach)verbände zur unverzüglichen Umsetzung des NADA-Codes und seiner Ausführungsbestimmungen in ihre Verbandsregelwerke verpflichten und den NADA-Code für ihren Geltungsbereich als verbindlich anerkennen. Darüber hinaus verpflichten sich die Sport(fach)verbände dazu, die ihnen angehörigen, beziehungsweise nachgeordneten Verbände, Vereine, Athleten und sonstige Beteiligte an den NADA-Code zu binden. Ebenso ist dafür Sorge zu tragen, dass eine Anpassung der jeweiligen Verbandsregelwerke an die geänderten Fassungen des NADA-Codes unverzüglich erfolgt. Im Gegenzug verpflichtet sich die NADA dazu,

[117] Vgl. *Pfister*, SpuRt 1996, 48 (48).
[118] *Petri*, Dopingsanktion (2004), S. 62; siehe auch *Flume*, Juristische Person (1983), § 91, S. 318.
[119] *Soyez*, Verhältnismäßigkeit des Dopingkontrollsystems (2002), S. 23.
[120] Siehe dazu auch die Ausführungen unter 1. Teil A, II.
[121] *Summerer*, in: Fritzweiler/Pfister/Summerer, Praxishandbuch Sportrecht, 2. Aufl., 2.Teil, Rn. 213 spricht insoweit von „sog. Trainingskontrollvereinbarungen". Dieser Begriff ist insofern missverständlich, da die Vereinbarung allgemeine Grundlage für die Organisation und Durchführung sämtlicher Dopingkontrollen sein kann, die die NADA in Abstimmung mit dem Sport(fach)verband plant und durchführt.

Dopingkontrollen außerhalb des Wettkampfes („Trainingskontrollen") in mit dem jeweiligen Sport(fach)verband abgestimmtem Umfang zu organisieren und durchzuführen.[122]

3. Anbindung der Athleten an die Anti-Doping-Regelwerke

Zwar ergibt sich die Bindung der Athleten an bestehende allgemeingültige Rechtsnormen, auf deren Grundlage eine Sanktionierung wegen eines Dopingverstoßes erfolgen kann, schon aus dem Geltungsanspruch staatlicher Gesetzgebungstätigkeit.[123] Mit Inkrafttreten wird die gesetzliche Norm innerhalb ihres Geltungsbereichs dann unmittelbar verbindlich,[124] so dass im Einzelfall die Einnahme oder der Besitz von Dopingmitteln in Deutschland beispielsweise eine Straftat nach den §§ 6a, 95 AMG oder nach § 29 Abs. 1 BtMG[125] darstellen kann. Die individualvertragliche Vereinbarung zwischen dem Sport(fach)verband und der NADA statuiert hingegen keine automatische Anbindung der Athleten an sein Anti-Doping-Regelwerk. Dieses ist ebenfalls ausschließlich privater Rechtsnatur. Auch mit der Umsetzung des NADA-Codes in sein Verbandsregelwerk gewährleistet der Sport(fach)verband noch nicht, dass der Athlet diesem unmittelbar unterliegt. Zumeist ist der Athlet durch Vereinsbeitritt nur Mitglied eines Sportvereins. Er unterwirft sich damit den Satzungen und Ordnungen des Vereins. Die Rechte und Pflichten sind jedoch der Privatautonomie entsprechend auf das Rechtsverhältnis zwischen Verein und Athlet beschränkt.[126] Eine darüber hinausgehende unmittelbare Anbindung an den übergeordneten Sport(fach)verband ist nicht gegeben. Es obliegt daher dem Sport(fach)verband sicherzustellen, dass seine Anti-Doping-Regelwerke für die Athleten, die Dopingkontrollen außerhalb des Wettkampfes unterliegen sollen, verbindlich werden.

---

[122] Im Jahr 2008 hat die NADA insgesamt 8.000 Trainingskontrollen durchgeführt, siehe Jahresbericht 2008 der NADA vom 30. April 2009, abrufbar auf der Homepage der NADA unter http://www.nada-bonn.de/, letzter Aufruf am 18. März 2010; siehe auch 1. Teil C. I.

[123] *Kotzenberg*, Die Bindung des Sportlers an private Dopingregeln und private Schiedsgerichte (2007), S. 32.

[124] Vgl. *Haas*, in: Juristische Studiengesellschaft Hannover (Hrsg.), Die rechtlichen und organisatorischen Grundlagen der Dopingbekämpfung, S. 15.

[125] Dazu ausführlich: *Schild*, Sportstrafrecht (2002), S. 172 ff.; *Otto*, SpuRt 1994, S. 10 (15); *Körner*, ZRP 1989, S. 418 (419).

[126] *Reichert*, Vereins- und Verbandsrecht, Rn. 650; *Lukes* in: FS Westermann (1974), S. 325; *Vieweg*, Zivilrechtliche Beurteilung der Blutentnahme zum Zwecke der Dopingkontrolle, S. 101.

a.) Mittelbare Mitgliedschaft durch Vereinszugehörigkeit

Die frühere Rechtsprechung[127] bejahte eine unmittelbare Bindungswirkung der satzungsmäßigen Ordnungen des Sport(fach)verbandes für Vereinsmitglieder. Dabei wurde vertreten, dass sich durch den Beitritt des Vereins zum Sport(fach)verband auch die Mitglieder des Einzelvereins der Satzung des Sport(fach)verbandes unterwerfen und deren Regeln dadurch unmittelbar gegenüber den Athleten Geltung erlangen würden.[128] Dabei wurde auf ein zwischen dem Sport(fach)verband und dem Athleten bestehendes „mittelbares Mitgliedschaftsverhältnis"[129] abgestellt. Eine derartige Unterwerfung der Athleten unter die Satzungsgewalt des Sport(fach)verbandes im Rahmen einer durch konkludentes Verhalten begründeten Quasi-Mitgliedschaft entbehrt jedoch jeder rechtlichen Grundlage.[130] Die Erstreckung der Verbandsregeln auf den Athleten ohne Begründung einer unmittelbaren Mitgliedschaft führt zu einer unzulässigen Umgehung der Regeln über den Vertragsschluss.[131] Die Willenserklärung, die ein Vereinsmitglied bei seinem Vereinsbeitritt abgibt, ist mit herkömmlichen Auslegungsmethoden kaum dahingehend auszulegen, dass es sich zugleich allen, sich möglicherweise ändernden Vorschriften derjenigen Verbände unterwirft, in denen sein Verein selbst Mitglied ist.[132] Die Bindungswirkung über die Figur der mittelbaren Mitgliedschaft ist daher abzulehnen. Die Zugehörigkeit eines Athleten zum Verein eröffnet nicht zugleich den Geltungsbereich der privaten Anti-Doping-Regelungen der Sport(fach)verbände.

b.) Doppelmitgliedschaft

Auch eine Doppelmitgliedschaft des Athleten sowohl im Verein als auch im Sport(fach)verband durch ausdrückliche Festlegung in der Vereinssatzung ist

---

[127] *RGZ* 143, 1 (5); *OLG Karlsruhe* OLGZ 1970, 300 (303).

[128] Vgl. *OLG Karlsruhe* OLGZ 1970, 300 (304). Ausführlich zu dem vom OLG Karlsruhe entschiedenen Einzelfall siehe auch *Kotzenberg*, Die Bindung des Sportlers an private Dopingregeln und private Schiedsgerichte (2007), S. 33.

[129] Zum Begriff der mittelbaren Mitgliedschaft siehe: *Summerer*, in: Fritzweiler/Pfister/Summerer, Praxishandbuch Sportrecht, 2. Aufl. 2. Teil, Rn. 106; *Adolphsen*, Dopingstrafen (2003), S. 62 ff., der jedoch darauf hinweist, dass die Rechtsfigur der mittelbaren Mitgliedschaft nur Bedeutung erlangt, wenn die Satzung des Mitgliedsvereins weder auf das Verbandsrecht verweist noch wortgleiche Bestimmungen enthält.

[130] *BGHZ* 105, 306 (311); *Meinberg/Olzen/Neumann* in: Schild, Rechtliche Fragen des Dopings, S. 68; *Lukes* in FS Westermann (1974), S. 325 (332f.).

[131] *Kotzenberg*, Die Bindung des Sportlers an private Dopingregeln und private Schiedsgerichte (2007), S. 34.

[132] *Adolphsen*, Dopingstrafen (2003), S. 63.

28

zwar rechtlich zulässig[133], aber im deutschen Sportverbandswesen nicht vorgesehen.[134]

c.) Unmittelbare Mitgliedschaft

Weiterer Ansatzpunkt wäre eine unmittelbare Mitgliedschaft der Athleten (nur) im Sport(fach)verband. Der unmittelbare Beitritt des Athleten in einen Sport(fach)verband kann, den Regeln über den Vereinsbeitritt entsprechend, durch den Abschluss eines Aufnahmevertrages[135] erfolgen. Unabhängig von der Frage, ob es sich bei dem Aufnahmevertrag um einen gegenseitigen Vertrag i. S. d. §§ 320 ff. BGB handelt[136], oder ob wegen der fehlenden Verknüpfung von Leistung und Gegenleistung vom Vorliegen eines unvollkommen zweiseitigen Vertrages ausgegangen werden muss[137], basiert die vertragliche Mitgliedschaft dann auf den entsprechenden Willenserklärungen der Vertragsparteien. So könnte beispielsweise in der Teilnahme an einem nationalen oder internationalen Wettbewerb auch eine Beitrittserklärung des Athleten und in der Zulassung zum Wettkampf oder Spielbetrieb die korrespondierende Aufnahmeerklärung des ausrichtenden Sport(fach)verbandes liegen.[138]

Die direkte Mitgliedschaft der Athleten in den Sport(fach)verbänden hätte den Vorteil, dass es zu einer Bindung der betroffenen Athleten an die Dopingregeln des jeweiligen Sport(fach)verbandes käme.[139] Folglich könnten die Sport(fach)verbände ihre Sanktionsgewalt unmittelbar gegenüber den mitgliedschaftlich gebundenen Athleten ausüben, während diese aufgrund der Verbandsmitgliedschaft das Recht haben, an den Satzungsbestimmungen und damit auch dem verbindlichen Sanktionskatalog mitzuwirken. Aus der Mitgliedschaft erwächst das Mitwirkungsrecht der Mitglieder.[140] Die „basisde-

---

[133] Zur doppelten satzungsmäßigen Grundlage siehe *BGHZ* 28, 131 (134); *BGHZ* 105, 306 (311f.); *Reichert*, Vereins- und Verbandsrecht, Rn. 683ff; *Meinberg/Olzen/Neumann* in: Schild, Rechtliche Fragen des Dopings, S. 66 f.; *Beuthien*, ZGR 1989, S. 255 (261 f.).
[134] *Meinberg/Olzen/Neumann* in: Schild, Rechtliche Fragen des Dopings, S. 67; *Soyez*, Verhältnismäßigkeit des Dopingkontrollsystems (2002), S. 24.
[135] *BGHZ* 101, 193; *Palandt/Ellenberger*, BGB, § 38 Rn. 4; *Summerer* in: Fritzweiler/Pfister/Summerer, Praxishandbuch Sportrecht, 2. Aufl. 2. Teil, Rn. 146.
[136] So *Summerer* in: Fritzweiler/Pfister/Summerer, Praxishandbuch Sportrecht, 2. Aufl. 2. Teil, Rn. 150, der die §§ 320 ff. BGB – wenn auch mit Einschränkungen – für anwendbar hält, da es sich bei dem Aufnahmevertrag um einen vom gemeinsamer Zwecksetzung dominierten Gesellschaftsvertrag handele. Zudem ziele der Vereinsbeitritt auch auf die schuldrechtlichen Komponenten der Satzung ab, so dass in diesen Teilen ein Verhältnis von Leistung und Gegenleistung bestehe.
[137] So die überwiegende Ansicht: *RGZ* 100, 3; *MüKo/Reuter*, BGB, § 38 Rn. 17; *Palandt/Ellenberger*, BGB, § 38 Rn. 4; *Pfister* in: FS für Lorenz (1991), S. 184.
[138] *Luke* in: FS für Westermann (1974), S. 325 (330); *Heermann*, NZG 1999, S. 325.
[139] *Vieweg*, Normsetzung (1990), S. 336.
[140] *MüKo/Reuter*, BGB, vor § 21 Rn. 115 und § 38 Rn. 34.

mokratische Legitimation" würde zu einer optimalen Beachtung der Interessen der Athleten führen.[141]

Allerdings ist die unmittelbare Anbindung der Athleten an den übergeordneten Sport(fach)verband nicht interessengerecht und deshalb in Deutschland nicht praktikabel. Sowohl der Wille des beitretenden Athleten als auch des jeweiligen Sport(fach)verbandes müsste Ausgangspunkt dieses Modells sein. Schon die historische Entwicklung des organisierten Sports spricht gegen den Willen der Sport(fach)verbände, alle Athleten unmittelbar anbinden zu wollen. Diese war durch Zusammenschlüsse von Sportvereinen zu jeweils übergeordneten Verbänden bzw. von Verbänden zu diesen übergeordneten Sport-(fach)verbänden geprägt.[142] Eine Mitgliedschaft von Einzelpersonen in den Sport(fach)verbänden wurde dabei gar nicht in Erwägung gezogen. Das belegen auch die Satzungen verschiedener Sport(fach)verbände, nach denen die Mitgliedschaft in einem Dachverband in der Regel nur Personenvereinigungen in der Rechtsform des eingetragenen Vereins offen steht.[143] Oftmals ist die Mitgliedschaft einer natürlichen Person nur in Form einer außerordentlichen Mitgliedschaft z.B. als Ehrenmitglied möglich.[144] Nicht zuletzt aufgrund der Tatsache, dass Vereine, nachgeordnete Verbände und Sport(fach)-verbände unterschiedliche Zwecke verfolgen und verschiedene Aufgaben und Funktionen wahrnehmen, liegt eine unmittelbare Anbindung der Athleten nicht im Interesse der Sport(fach)verbände.[145]

d.) Umsetzung der Anti-Doping-Regelwerke durch Verweisung
Neben dem Erwerb der unmittelbaren Mitgliedschaft können die Athleten an die Anti-Doping-Regeln der Sport(fach)verbände aber auch gebunden werden, indem die von den Sport(fach)verbänden erlassenen Regelwerke entlang der jeweiligen Ebenen der Verbandspyramide bis hin zu den Vereinen an die Athleten weitergeleitet werden. Satzungsbestimmungen eines übergeordneten Verbandes sind gegenüber mittelbaren Mitgliedern[146] aber nur dann bindend, wenn sie lückenlos auch in der Satzung der nachgeordneten Vereine und Ver-

---

[141] *Beuthien*, ZGR 1989, S. 255 (256); *Daigfuß*, Verhältnis von Vereinsmitgliedern und Nichtvereinsmitgliedern (1995), S. 28.
[142] *Reimann*, Athletenvereinbarung (2003), S. 86; dazu auch die Ausführungen in 1. Teil A I und II.
[143] So geregelt zum Beispiel in § 8 Abs. 1 der Satzung (Stand: Mai 2009) des Deutschen Hockey Bundes oder § 6 Abs. 2 der Satzung (Stand: Oktober 2008) des Deutschen Handball Bundes.
[144] Exemplarisch: § 6 Abs. 3 der Satzung (Stand: Oktober 2008) des Deutschen Handball Bundes abrufbar unter http://www.dhb.de/fileadmin/redakteure/03_downloads/A-DHB_Satzung_04102008.pdf, letzter Aufruf am 18. März 2010.
[145] Dazu auch die Ausführungen in 1. Teil A I und II.
[146] Zum Begriff vgl. *Reichert*, Vereins- und Verbandsrecht, Rn. 709 ff. und *Summerer* in: Fritzweiler/Pfister/Summerer, Praxishandbuch Sportrecht, 2. Aufl. 2. Teil, Rn. 106.

bände verankert sind.[147] Finden die Regeln des Sport(fach)verbandes auf diesem Weg Eingang in die Satzungen der Sportvereine, sind die vereinsangehörigen Athleten nicht nur an die vom Verein ursprünglich selbst erlassenen Bestimmungen, sondern unmittelbar auch an die in die Vereinssatzung inkorporierten Verbandsregeln aufgrund ihrer Vereinsmitgliedschaft gebunden.[148] Ausgangspunkt dafür muss eine in den Satzungen der Vereine befindliche Verweisungsnorm[149] sein. Damit kann auf die Dopingregeln der Sport-(fach)verbände als Verweisungsobjekt verwiesen und das Anti-Doping-Regelwerk zum Bestandteil der Vereinssatzung erklärt werden.[150] Der Verein macht sodann die Verbandsregeln durch einen Beschluss der Mitgliederversammlung über die Aufnahme einer Verweisungsnorm zu einem Teil seiner eigenen Regelwerke.[151] Um mit Hilfe dieser Anbindungsmethode eine umfangreiche Übernahme der Anti-Doping-Regeln durch die Sportvereine zu erreichen, können die Sport(fach)verbände in ihrer Satzung eine Regel statuieren, die ihre Mitglieder verpflichtet, eine Verweisungsnorm auf ihre Anti-Doping-Regeln in die eigene Satzung aufzunehmen.[152] Da die Vereine in Deutschland im Normalfall Mitglieder der Landesfachverbände sind[153], könnten die Landesfachverbände jeweils in ihrer Satzung regeln, dass die nachgeordneten Vereine dazu verpflichtet sind, eine Verweisung auf die Anti-Doping-Regelwerke der Sport(fach)verbände aufzunehmen.[154] Werden die Verbandsregeln in dieser Art und Weise Bestandteil der Satzungen der Vereine, sind die vereinsangehörigen Athleten unmittelbar an die in der Vereinssatzung statuierten Anti-Doping-Regelungen der Sport(fach)verbände gebunden. Die Anbindung der Athleten an die Anti-Doping-Regelwerke des Sport(fach)verbandes durch die nachgeordneten Verbände und Vereine kann dabei durch Verweisungen auf (Fremd-) Ordnungen sichergestellt werden. Dies erfolgt durch eine statische Verweisung oder dynamische Verweisung.

---

[147] *BGH* NJW 1958, S. 1867; *BayObLGZ* 1986, 528 (534); *OLG Frankfurt* GRUR 1985, S. 992; *Vieweg*, Normsetzung (1990), S. 335f.; *Burmeister*, DÖV 1978, S. 9.

[148] *BGH* NJW 1995, S. 583 (585), *BayObLGZ* 1986, 528 (534), *OLG Frankfurt*, SpuRt 1994, S. 87 (88); *Lindemann*, SpuRt 1994, S. 17 (20), *Pfister*, JZ 1995, S. 464 (465); *Schlosser*, Vereins- und Verbandsgerichtsbarkeit (1972), S. 80.

[149] *Vieweg*, Normsetzung (1990), S. 336 ff.; *ders.* NJW 1991, S. 1511 (1514); *Reimann*, Athletenvereinbarung (2003), S. 42.

[150] *Fenn*, SpuRt 1997, S. 77 ff.; *Reimann*, Athletenvereinbarung (2003), S. 42; *Vieweg*, Normsetzung (1990), S. 336ff.

[151] *Reimann*, Athletenvereinbarung (2003), S. 42.

[152] *Vieweg*, Normsetzung (1990), S. 341.

[153] *Kotzenberg*, Die Bindung des Sportlers an private Dopingregeln und private Schiedsgerichte (2007), S. 37.

[154] So auch schon *BGHZ* 28, 134; *OLG Frankfurt* GRUR 1985, S. 1992; *MüKo/Reuter*, BGB, § 25 Rn. 122; *Vieweg*, Normsetzung (1990), S. 341.

aa.) Statische Verweisung

Eine statische Verweisung liegt vor, wenn der nachgeordnete Verein in der eigenen Satzung die Regeln und Bestimmungen des übergeordneten Sport(fach)verbandes für unmittelbar verbindlich erklärt.[155] Die Regelwerke werden dann in ihrer derzeit gültigen Fassung zum Bestandteil der Vereinssatzung gemacht.[156] Diese Form der Umsetzung ist aufgrund des Selbstverwaltungsrechts und der umfassenden Regelungsautonomie der Vereine und Verbände dem Grunde nach zulässig und möglich. In formeller Hinsicht muss der Verein die Änderung der Satzung lediglich gemäß § 71 Abs. 1 BGB im Vereinsregister eintragen lassen. Unzulässig und ohne rechtliche Bindungswirkung für das mittelbare Mitglied ist eine solche Generalverweisung nur, wenn versäumt wird, die Satzung des übergeordneten Sport(fach)verbandes ausdrücklich zu benennen und die „übernommenen" Bestimmungen im Einzelnen aufzuführen.[157] Eine statische Verweisung muss widerspruchsfrei und verständlich gefasst sein und die einzelnen, in Bezug genommenen Regelungen des Verbandes bestimmt bezeichnen.[158] Es genügt nicht, dass die Vereinssatzung auf Doping-Rahmenrichtlinien eines übergeordneten Verbandes lediglich verweist. Vielmehr müssen die wesentlichen Kernbestimmungen wörtlich aufgeführt werden.[159]

Im Bereich der Anti-Doping-Regelungen ist eine statische und starre Verankerung in die Vereinssatzung zumeist unpraktikabel.[160] Insbesondere die voranschreitende wissenschaftliche Entwicklung und Forschung machen eine regelmäßige und flexible Anpassung der Anti-Doping-Regelwerke notwendig.[161] Maßgeblich werden bei der statischen Verweisung aber nur diejenigen Anti-Dopingregeln wirksamer Bestandteil der Satzungs- und Verbandsregelwerke, die am Tage des jeweiligen Satzungsbeschlusses der Mitgliedsvereine gültig waren. Sollte der Sport(fach)verband die zu übernehmenden Dopingre-

---

[155] *Summerer,* in: Fritzweiler/Pfister/Summerer, Praxishandbuch Sportrecht, 2. Aufl., 2. Teil, Rn. 154.

[156] *Blum/Ebeling,* in: FS für Fenn (2000), S. 85 (87).

[157] *Summerer,* in: Fritzweiler/Pfister/Summerer, Praxishandbuch Sportrecht, 2. Aufl., 2. Teil, Rn. 154.

[158] *OLG Hamm,* NJW-RR 1988, 183.

[159] *Summerer,* in: Fritzweiler/Pfister/Summerer, Praxishandbuch Sportrecht, 2. Aufl. 2. Teil, Rn. 154.

[160] So auch *Kotzenberg,* Die Bindung des Sportlers an private Dopingregeln und private Schiedsgerichte (2007), S. 38.

[161] Dies verdeutlicht auch die Liste der verbotenen Substanzen und Methoden der WADA („Prohibited List"). Die Liste ist regelmäßig, mindestens jedoch einmal im Jahr durch die WADA zu aktualisieren; siehe dazu Anmerkung zu Art. 4.1 des WADA-Codes, abrufbar unter http://www.wada-ama.org/en/World-Anti-Doping-Program/Sports-and-Anti-Doping-Organizations/The-Code, letzter Aufruf am 18. März 2010.

gelungen danach ändern, müssten alle nachgeordneten Verbände und Vereine ihre Satzungen durch Beschluss der Mitgliederversammlung zeitnah und einheitlich[162] ändern, damit das geänderte Regelwerk Wirkung gegenüber den Athleten entfaltet.[163] Weil Mitgliederversammlungen, wenngleich turnusmäßig, aber nur in zeitlich größeren Abständen einberufen werden, ist schon eine gleichzeitige Übernahme der Regelungen in den Vereinen nahezu unmöglich.[164] Dies hat zur Folge, dass zwangsläufig uneinheitliche Anti-Doping-Regeln gelten und die maßgeblich angestrebte Allgemeinverbindlichkeit der Regelungen verfehlt wird.

bb.) Dynamische Verweisung
Eine dynamische Verweisung liegt vor, wenn der nachgeordnete Verein Satzungen und Ordnungen des übergeordneten Verbandes in ihrer „jeweils geltenden" Fassung zum Bestandteil des eigenen Regelwerks macht.[165] Im Gegensatz zur statischen Verweisung bedarf es bei der dynamischen Verweisung keiner ausdrücklichen Anpassung der Satzungen durch Beschlüsse der Mitgliederversammlungen, falls es zu Änderungen der Anti-Doping-Regelwerke des Sport(fach)verbandes oder des internationalen Verbandes kommt. Die Anti-Doping-Regelungen des nationalen oder internationalen Sport(fach)-verbandes gelten automatisch in ihrer aktuellen Fassung für die Vereine, die eine dynamische Verweisungsnorm in ihre Satzung aufgenommen haben.[166] Grundsätzlich gewährleistet die dynamische Verweisung damit die für eine effiziente Dopingbekämpfung einheitliche Geltung von Dopingbestimmungen.[167] Die Aufnahme einer dynamischen Verweisung hat allerdings auch zur Folge, dass sich der Verwender einer solchen Verweisung, wenn das Verweisungsobjekt von einer anderen (juristischen) Person inhaltlich bestimmt wird, in mehr oder weniger einschneidenden Bereichen seiner Autonomie entäußert.[168] Der Verweisende überträgt bei der dynamischen Verweisung seine Regelungsmacht und -zuständigkeit auf einen Dritten, ohne Einfluss auf diesen Dritten nehmen zu können, wenn dieser das Verweisungsobjekt ändert.[169] Demzufolge könnte die Verankerung einer dynamischen Verweisung den

---

[162] *Adolphsen*, Dopingstrafen (2003), S. 72.
[163] Vgl. *Vieweg*, Normsetzung (1990), S. 343 ff.
[164] *BGH* NJW 1995, S. 583 (585).
[165] *Blum/Ebeling*, in: FS für Fenn (2000), S. 85 (87).
[166] *Summerer*, in: Fritzweiler/Pfister/Summerer, Praxishandbuch Sportrecht, 2. Aufl. 2. Teil, Rn. 156.
[167] *Kotzenberg*, Die Bindung des Sportlers an private Dopingregeln und private Schiedsgerichte (2007), S. 39.
[168] Vgl. *OLG Hamm* NJW-RR 1988, S. 183 (184); *Reimann*, Athletenvereinbarung (2003), S. 94.
[169] *Blum/Ebeling*, in: FS für Fenn (2000), S. 85 (88).

Grundsätzen der Vereinsautonomie entgegenstehen, nach denen der Verein die wesentlichen Grundentscheidungen selbst treffen muss und diese nicht von vereinsfremden Dritten getroffen werden dürfen.[170] Die Zulässigkeit von dynamischen Verweisungen ist daher umstritten.[171]

Dynamische Verweisungen werden häufig als Verstoß gegen die Regeln des deutschen Vereinsrechts gewertet.[172] Danach müssten Satzungsänderungen gemäß § 33 BGB durch Mitgliederversammlung beschlossen und zu ihrer Wirksamkeit gemäß § 71 Abs. 1 Satz 1 BGB im Vereinsregister eingetragen werden. Bei Aufnahme einer dynamischen Verweisung werde die aufgrund einer Änderung des Verweisungsobjekts erfolgte Satzungsumgestaltung nicht im Vereinsregister eingetragen. Damit sei ein Verstoß gegen § 71 Abs. 1 Satz 1 BGB gegeben.[173] Zudem verlange § 71 Abs. 1 Satz 3 BGB die Vorlage des satzungsändernden Beschlusses der Mitgliederversammlung beim Registergericht. Da ein solcher Beschluss bei einer dynamischen Verweisung fehle, sei ebenfalls ein Verstoß gegen § 71 Abs. 1 Satz 3 BGB anzunehmen.[174]

Dem wird jedoch entgegengehalten, dass das Erfordernis der Eintragung jeglicher Satzungsänderung nicht zur materiellen Unwirksamkeit dynamischer Verweisungen führe und lediglich ein konstitutives Formerfordernis bestehe, das bei jeder Satzungsänderung einzuhalten sei.[175] Allerdings wird auch von den Vertretern dieser Ansicht angemerkt, dass die durch die dynamische Verweisung geänderte Regelung erst wirksam wird, wenn sie beim Vereinsregister angemeldet und dort eingetragen wurde. Der durch die dynamische Verweisung entstehende Praktikabilitätsvorsprung gegenüber der statischen

---

[170] *Steinbeck*, Vereinsautonomie (1999), S. 89 ff. und S. 172 ff.; *Haas/Prokop*, SpuRt 1998, S. 15 (18).

[171] Die Zulässigkeit verneinend: *BGHZ* 128, 93 (100); *BGH* NJW-RR 1989, S. 376; *BGH* NJW 1995, S. 46; *OLG Hamm* NJW-RR 1998, S. 183 (184); *Reuter*, Einbindung des nationalen Sports in internationale Bezüge (1987), S. 53 (57); *Prokop*, Grenzen der Dopingverbote (2000), S. 225 f.; *Summerer,* in: Fritzweiler/Pfister/Summerer, Praxishandbuch Sportrecht, 2. Aufl. 2. Teil, Rn. 156f.; *Reichert*, Vereins- und Verbandsrecht, Rn. 6369.
Die Zulässigkeit (eher) bejahend: *Reimann*, Athletenvereinbarung (2003), S. 104; *Schmidt*, Gesellschaftsrecht, § 5 I 3; *Wiedemann* in: FS für Schilling (1973), S. 105 ff.

[172] *BGHZ* 128, 93 (100); *MüKo/Reuter*, BGB, vor § 21 Rn. 121; *Steinbeck*, Vereinsautonomie (1999), S. 173 ff.; *Haas/Prokop*, SpuRt 1998, S. 15 (16); *Heermann*, NZG 1999, S. 325 (326).

[173] *Steinbeck*, Vereinsautonomie (1999), S. 174.

[174] *Summerer,* in: Fritzweiler/Pfister/Summerer, Praxishandbuch Sportrecht, 2. Aufl. 2. Teil, Rn. 156; *Schaible*, Der Gesamtverein (1992), S. 41.

[175] *Steinbeck*, Vereinsautonomie (1999), S 173 ff.; *Blum/Ebeling* in: FS für Fenn (2000), S. 85 (111).

Verweisung wird durch eine zeitliche Verzögerung der Änderungseintragung konterkariert.[176]

In materieller Hinsicht wird ausgeführt, dass dynamische Verweisungen gegen die Satzungshoheit des verweisenden Verbandes oder Vereins verstoßen[177]. Teilweise wird in der Verankerung einer dynamischen Verweisung eine mit der Privatautonomie nicht zu vereinbarende Regelungsmacht zu Lasten Dritter, konkret zu Lasten der dem verweisenden Verband oder Verein angehörenden Mitglieder gesehen.[178] Ferner erfolgt oftmals ein allgemeiner Hinweis auf den Verstoß gegen den Grundsatz der Vereinsautonomie.[179] Die Vereinsautonomie umfasst neben der Freiheit zur gemeinschaftlichen Entscheidung über den Vereinszweck, den Vereinsnamen, die Vereinsorganisation und die Entwicklung eigener sportethischer Vorstellungen auch die Freiheit, die selbst gestellten Aufgaben in eigener Kompetenz zu erfüllen.[180] Diese Kompetenz sei durch die Aufnahme einer dynamischen Verweisung in unzulässiger Weise eingeschränkt.[181]

Im Ergebnis lässt sich somit festhalten, dass die vereinsrechtlichen Vorschriften der Wirksamkeit dynamischer Verweisungen entgegenstehen. Sowohl die Einhaltung des konstitutiven Formerfordernisses als auch die materiellen Anforderungen an § 71 Abs. 1 Satz 3 BGB zeigen, dass die dynamische Verweisung grundsätzlich kein rechtlich zuverlässiges Hilfsmittel zur Umsetzung von Anti-Doping-Regeln in die Verbandsregelwerke darstellen kann.

cc.) Aufnahme einer dynamischen Verweisung in eine Nebenordnung
Fraglich ist jedoch, ob die gegenüber der Zulässigkeit dynamischer Verweisungen vorgebrachten Argumente bei der Implementierung[182] von Anti-Doping-Regelwerken zur Anwendung kommen, wenn die Verweisungsnorm sowohl von den Sport(fach)verbänden als auch von den nachgeordneten Verbänden und Vereinen in eine Vereins- oder Nebenordnung und nicht in die Satzung selbst aufgenommen wird. Im Rahmen der Vereinsautonomie haben

---

[176] So auch *Kotzenberg,* Die Bindung des Sportlers an private Dopingregeln und private Schiedsgerichte (2007), S. 41.

[177] *Palandt/Ellenberger,* BGB, § 33 Rn. 2; *Soergel/Hadding,* BGB, § 33 Rn. 7.

[178] *MüKo/Reuter,* BGB, § 33 Rn. 3ff.

[179] *Reichert,* Vereins- und Verbandsrecht, Rn. 297 und Rn. 418a.

[180] Siehe hierzu: BVerfGE 80, 244 (252); *Schmidt-Bleibtreu,* GG, Art. 9 Rn. 5; v. *Münch/Kunig/Löwer,* GG, Art. 9 Rn. 34 ff.; *Mestwerdt,* Doping – Sittenwidrigkeit und staatliches Sanktionsbedürfnis (1997), S. 190.

[181] BGH NJW-RR 1989, S. 376; BGHZ 128, 93 (100); BGH NJW 1995, S. 46; OLG Hamm NJW-RR 1998, S. 183 (184); *Reuter,* in: ders. (Hrsg.), Einbindung des nationalen Sports in internationale Bezüge (1987), S. 53 (57); *Prokop,* Grenzen der Dopingverbote (2000), S. 225 f.

[182] Zum Begriff der Implementierung siehe auch *Weber,* SchiedsVZ 2004, S. 193 (194).

Vereine die Möglichkeit, Regelungen, die das Vereinsleben betreffen, auch außerhalb der Satzung in Nebenordnungen zu treffen.[183] Im Unterschied zu Satzungsbestimmungen können diese leichter geschaffen und abgeändert werden.[184] Vereins- und Nebenordnungen müssen zu ihrer Gültigkeit nicht auf einem Beschluss der Mitgliederversammlung beruhen, sondern können von anderen Vereinsorganen, etwa dem Vorstand erlassen werden.[185] Voraussetzung für den Erlass von Vereins- und Nebenordnungen ist lediglich, dass die Zuständigkeit für deren Erlass in der Satzung festgeschrieben ist.[186] Änderungen von Vereins- und Nebenordnungen unterliegen damit nicht den vereinsrechtlichen Vorschriften des BGB über Satzungsänderungen.[187] Die bei einer Satzungsänderung gemäß § 71 Abs. 1 Satz 1 BGB erforderliche Anmeldung beim Registergericht ist ebenso entbehrlich wie die nach § 71 Abs. 1 Satz 3 BGB notwendige Vorlage eines Satzungsänderungsbeschlusses der Mitgliederversammlung. Erforderlich ist ausschließlich eine vereinsinterne Bekanntmachung der Vereins- und Nebenordnung.[188] Der Erlass von Vereins- und Nebenordnungen eignet sich damit vor allem für Bereiche, die schnell und flexibel geändert werden müssen und bei denen eine, aufgrund der notwendigen Einberufung, schwerfälligere Entscheidung der Mitgliederversammlung unpassend ist.[189] Zu berücksichtigen ist außerdem, dass ein Eingriff in die Vereinsautonomie durch dynamische Verweisungen nur in Betracht kommt, wenn ein Dritter Einfluss auf die Vereinssatzung nehmen kann.[190] Dies ist jedoch dann nicht der Fall, wenn die jeweilige Satzungsänderungskompetenz nach wie vor bei dem verweisenden Verband oder Verein bleibt und nicht in die Hände eines Dritten gelegt wird. Ist die dynamische Verweisung in einer Vereins- oder Nebenordnung enthalten, werden auch die mit der Verweisung übernommenen Regeln Bestandteil der Nebenordnung des Vereins oder Verbandes.[191] Die Vereinsmitglieder, als von der Vereinsautonomie geschützter Personenkreis[192], behalten damit das Recht, die wesentli-

[183] BGHZ 47, 172 (180 ff.); *Palandt/Ellenberger*, BGB, § 25 Rn. 6; *Soergel/Hadding*, § 25 Rn. 8.

[184] *Kohler*, Mitgliedschaftliche Regelungen (1992), S. 139 ff.; *Steinbeck*, Vereinsautonomie (1999), S. 118.

[185] *Heß* in: Juristische Studiengesellschaft Karlsruhe (Hrsg.), Aktuelle Rechtsfragen des Sports (1999), S. 1 (17).

[186] *MüKo/Reuter*, BGB, § 25 Rn. 7.

[187] *Kotzenberg*, Die Bindung des Sportlers an private Dopingregeln und private Schiedsgerichte (2007), S. 42.

[188] *Reichert*, Vereins- und Verbandsrecht, Rn. 327.

[189] *Adolphsen*, Dopingstrafen (2003), S. 74.

[190] *Steinbeck*, Vereinsautonomie (1999), S. 117 ff.

[191] Vgl. *Kotzenberg*, Die Bindung des Sportlers an private Dopingregeln und private Schiedsgerichte (2007), S. 42.

[192] BVerfGE 50, 270; *v. Münch/König/Löwer*, GG, Art. 9 Rn. 16; *Jarass/Pieroth*, GG, Art. 9 Rn. 8; *Pieroth/Schlink*, Grundrechte, Rn. 726.

chen Grundentscheidungen innerhalb der Satzung selbst zu treffen. Davon haben sie Gebrauch gemacht, indem sie das Recht zum Erlass von Nebenordnungen auf einen Dritten übertragen haben.[193]

Fraglich bleibt dann aber, ob Dopingregeln in zulässiger Weise in Nebenordnungen integriert werden können.[194] In den Vereins- bzw. Nebenordnungen dürfen nur solche Regelungen aufgenommen werden, die nicht zwingend in die Satzung gehören.[195] Die Reichweite des Satzungsvorbehalts ist im Einzelnen umstritten.[196] Unterschiedliche Auffassungen bestehen insoweit über die Aufgaben und Regelungsbereiche, die einer Vereins- bzw. Verbandssatzung zukommt. Nach einhelliger Meinung fallen die wesentlichen Grundentscheidungen unter den materiellen Regelungsgegenstand der Vereinsverfassung[197] und unterliegen damit dem Satzungsvorbehalt. Die Rechtsprechung[198] sowie die überwiegende Ansicht in der Literatur[199] legen den Begriff der Grundentscheidung zudem weit aus. Andere wiederum verfolgen eine restriktive Auslegung des Begriffs.[200] Unbestritten ist jedoch, dass die Satzung insbesondere die Rechte und Pflichten der Mitglieder und die Sanktionen im Falle von Pflichtverletzungen festlegen muss.[201] Die Konkretisierung der einzelnen Regelungsgegenstände – im Hinblick auf Verfahrensregeln – kann dagegen außerhalb der Satzung in einer Neben- bzw. Vereinsordnung geschehen.[202] Ebenso unbestritten ist, dass Straftatbestände und angedrohte Strafen im Bereich der Vereinsstrafen zumindest abstrakt in der Satzung festgelegt sein müssen.[203]

---

[193] So auch *Kotzenberg*, Die Bindung des Sportlers an private Dopingregeln und private Schiedsgerichte (2007), S. 42.

[194] *Adolphsen*, Dopingstrafen (2003), S. 76; *Steinbeck*, Vereinsautonomie (1999), S. 114 ff.

[195] *Steinbeck*, Vereinsautonomie (1999), S. 85 ff. und S. 111 ff.

[196] Dazu ausführlich *Grunewald*, ZHR 152 (1988), S. 242 (244 ff.).

[197] *BGHZ* 47, 172 (177); 105, 306 (313ff.); *Staudinger/Weick*, BGB, § 25 Rn. 3; *MüKo/Reuter*, BGB, § 25 Rn. 3, 6 ff.

[198] *RGZ* 125, 338 (340); *BGHZ* 47, 172 (178); 106, 67 (72 ff.); *OLG Frankfurt* WM 1985, S. 1466 (1468).

[199] *Staudinger/Weick*, BGB, § 25 Rn. 3; *Erman/Westermann*, BGB, § 25 Rn. 1 ff.; *RGRK/Steffen*, BGB, § 25 Rn. 1 ff.

[200] *Schlosser*, Vereins- und Verbandsgerichtsbarkeit (1972), S. 61 ff.; *Lukes*, NJW 1972, S. 121 (127); *Lohbeck*, MDR 1972, S. 381 ff.

[201] *RGZ* 125, 338 (340); *Staudinger/Weick*, BGB, § 35 Rn. 36; *Schmidt*, Gesellschaftsrecht, § 24 V 3. d.).

[202] *BGHZ* 47, 172 (177); *Staudinger/Weick*, BGB, § 35 Rn. 37; *Reichert*, Vereins- und Verbandsrecht, Rn. 2684.

[203] Vgl. *Prokop*, Grenzen der Dopingverbote (2000), S. 221; *Palandt/Ellenberger*, BGB, § 25 Rn. 13; *MüKo/Reuter*, BGB, § 25 Rn. 5; *Lukes*, NJW 1972, S. 121 (127).

Möglicherweise resultiert daraus auch, dass Anti-Doping-Tatbestände gemäß WADA- bzw. NADA-Code sowie den dort festgelegten Sanktionen ebenfalls dem Satzungsvorbehalt unterfallen und zwingend in die Satzung aufzunehmen sind. Bei einer Dopingsperre handelt es sich dem Grunde nach nicht um eine Vereinsstrafe. Wesentlicher Bestandteil der Vereinsstrafe ist, dass sie sich unmittelbar auf das Verhältnis zwischen Verein und Mitglied bezieht und eine aus diesem Verhältnis begründete Pflichtverletzung sanktioniert.[204] Sanktionen wegen eines Verstoßes gegen Anti-Doping-Bestimmungen beziehen sich dagegen nicht auf eine Pflichtverletzung der Athleten gegenüber dem Verein, sondern basieren auf einem Verstoß gegen das Gebot der Fairness, der Chancengleichheit und widerstrebt dem Sportsgeist, unabhängig von der jeweiligen Vereinsangehörigkeit. Dopingsanktionen sind daher vor allem Verbandsstrafen.[205] Auch die Sanktionierung eines Verstoßes gegen die Anti-Doping-Bestimmungen erfolgt grundsätzlich nicht durch das für die Sanktionierung im Verein verantwortliche Organ, sondern durch den nationalen oder internationalen Sport(fach)verband. Dieser bedient sich dazu eigener Disziplinarorgane oder eines Schiedsgerichts. Für den verweisenden Verein bedeutet dies im Ergebnis, dass sowohl die Tatbestände, die einen Verstoß gegen Anti-Doping-Bestimmungen statuieren, aber auch die Rechtsfolgen der Verstöße in Form abstrakter Sanktionen dem Satzungsvorbehalt unterliegen und demzufolge unmittelbar in die Satzung aufgenommen werden müssen. Anti-Doping-Regeln, die die Sanktionierung des Athleten konstituieren, sind damit grundsätzlich keine Regelungen, die von ihrer Natur her allein durch den Beschluss eines Vereinsorgans in einer Nebenordnung geregelt werden können.[206]

Grundlage für den Nachweis eines Verstoßes gegen Anti-Doping-Bestimmungen, zum Beispiel in Form des Vorhandenseins einer verbotenen Substanz in der Probe eines Athleten gemäß Art. 2.1 NADA-Code 2009 ist, dass die gefundene Substanz von der WADA in die Liste verbotener Substanzen und Methoden („Prohibited List") aufgenommen wurde und deren Einnahme somit verboten ist. Die „Prohibited List" bestimmt, welche Substanzen und Methoden im Anwendungsbereich des WADA- bzw. NADA-Codes verboten sind. Sie bildet die Grundlage des Verstoß- und Sanktionstatbestands. Damit kommt auch der „Prohibited List" ein Regelungscharakter zu, der nur in der Satzung des Verbandes selbst geregelt sein kann. Diese Ansicht wird durch die Rechtsprechung des BGH bestärkt. Danach können lediglich Nor-

---

[204] *Kotzenberg*, Die Bindung des Sportlers an private Dopingregeln und private Schiedsgerichte (2007), S. 44.
[205] *Petri*, Dopingsanktion (2004), S. 51 ff.
[206] *Kotzenberg*, Die Bindung des Sportlers an private Dopingregeln und private Schiedsgerichte (2007), S. 44; vgl. auch *Reichert*, Vereins- und Verbandsrecht, Rn. 6370.

men mit rein informellem Charakter in einer Vereins- bzw. Nebenordnung geregelt werden.[207] Die „Prohibited List" hat für die Erfüllung eines Verstoßes gegen Anti-Doping-Bestimmungen Tatbestandswirkung. Ihr Regelungsgehalt geht über den rein informellen Charakter einer Verbandsnorm hinaus. Folglich unterliegen sowohl die Anti-Doping-Tatbestände, die Sanktionsnormen sowie die „Prohibited List" dem Satzungsvorbehalt.

dd.) (Zwischen-) Ergebnis
Soweit die Statuierung dynamischer Verweisungen im Bereich der Anti-Doping-Regelwerke überhaupt zulässig ist[208], ist festzuhalten, dass die wesentlichen Bestimmungen des NADA-Codes, die Dopingtatbestände, die Liste verbotener Substanzen und Methoden („Prohibited List") sowie die Sanktionstatbestände maßgeblich in die Satzung aufgenommen werden müssen. Durch die individualvertragliche Verpflichtung der Sport(fach)verbände zur Umsetzung des NADA-Codes in Deutschland hat die Frage nach der Verankerung einer dynamischen Verweisung bezüglich der Anti-Doping-Regeln weiter an Bedeutung verloren. Die im Vordergrund stehende Aufgabe der Sport(fach)verbände den NADA-Code inhaltlich in die Verbandsregelwerke zu übernehmen, um die nationale Vereinheitlichung und Harmonisierung der Anti-Doping-Regelwerke voranzubringen, zeigt, dass die Sport(fach)verbände zumeist die gesamten Regelungen in die Verbandsregelwerke übernehmen.[209]

4. Individualvertragliche Anbindung der Athleten
Sowohl die vertragliche Verpflichtung der Sport(fach)verbände gegenüber der NADA, die Athleten, die für Dopingkontrollen außerhalb des Wettkampfes herangezogen werden sollen, an die wesentlichen Bestimmungen des NADA-Codes zu binden und die gleichzeitige Unsicherheit bezüglich der Zulässigkeit dynamischer Verweisungen im Verbandsrecht haben die Sport-(fach)verbände verstärkt veranlasst, die Athleten individualvertraglich den

---

[207] *BGHZ* 47, 172 (178).
[208] Einen ausführlichen Überblick über die diesbezüglich relevanten Abwägungskriterien bietet *Kotzenberg*, Die Bindung des Sportlers an private Dopingregeln und private Schiedsgerichte (2007), S. 47 ff., der die Anwendung einer dynamischen Verweisungen auf Dopingregeln bejaht.
[209] Dazu hat die NADA zusammen mit dem DOSB und dem Bundesministerium des Inneren (BMI) Ende des Jahres 2008 den Sportrechtsprofessor Martin Nolte mit der Erstellung eines Muster Anti-Doping-Codes beauftragt. Das Muster ermöglicht es den Sport(fach)verbänden, die wesentlichen Bestimmungen des NADA-Codes unmittelbar in eine Anti-Doping-Ordnung zu übernehmen. Der Muster Anti-Doping-Code sowie weitere hilfreiche Dokumente zur Umsetzung des NADA-Codes sind auf der Homepage der NADA abrufbar unter http://www.nada-bonn.de/downloads/muster-fuer-verbaende/, letzter Aufruf am   18. März 2010.

Regelwerken zu unterwerfen.[210] Mit Abschluss einer vertraglichen Vereinbarung werden die Athleten unmittelbar verpflichtet, die vom Sport(fach)verband oder von einer anderen privaten Institution, wie der NADA oder der WADA aufgestellten und vom Sport(fach)verband umgesetzten Anti-Doping-Regeln zu beachten. Die Zulässigkeit solcher rechtsgeschäftlicher Regelanerkennungsverträge[211] ist als Ausfluss der Vertragsfreiheit unbestritten.[212] Die Vorteile einer (individual-)vertraglichen Anbindung der Athleten an die Anti-Doping-Regeln sind zudem offensichtlich. Zum einen können sich die Sport(fach)verbände im Unterschied zu den satzungsrechtlichen Modellen ohne erhebliche Schwierigkeiten unmittelbar einen Überblick darüber verschaffen, welche Athleten tatsächlich an das Regelwerk gebunden sind[213] und dem Dopingkontrollsystem unterfallen. Innerhalb eines Vertrages zwischen Athleten und Verband können zum anderen, neben der Anerkennung von Dopingregeln, auch sämtliche Fragen geregelt werden, die das Verhältnis zwischen Sport(fach)verband und Athleten betreffen.[214] Das zwischen den beiden Parteien entstehende Vertragsverhältnis kann flexibel den Bedürfnissen des jeweiligen Einzelfalls angepasst werden.[215] Die Möglichkeiten der vertraglichen Bindung basieren dabei im Wesentlichen auf dem Modell des Melde- bzw. Nominierungsvertrags und der Lizenz bzw. Athletenvereinbarung und des Spielerpasses[216]. Die Modelle unterscheiden sich vor allem im

[210] So auch *Kotzenberg*, Die Bindung des Sportlers an private Dopingregeln und private Schiedsgerichte (2007), S.63; *Niese* in: Führungs- und Verwaltungsakademie des DSB (Hrsg.), Akademieschrift Nr. 49 (1997), S. 7 ff. Eine Muster-Athletenvereinbarung für (Landesfach-)Verbände findet sich ebenfalls auf der Homepage der NADA unter: http://www.nada-bonn.de/fileadmin/user_upload/nada/Downloads/Muster_fuer_Verbaende, letzter Aufruf am 18. März 2010.
[211] Den Begriff prägend *Pfister*, in: FS für Lorenz (1991), S. 171 (185); *ders.* JZ 1995, S. 464 (466).
[212] *BGH* NJW 1995, S. 583 (584ff.) („Reiter-Fall"); *Lukes* in: FS für Westermann (1974), S. 325 (330ff.); *Staudinger/Weick*, BGB, § 25 Rn. 11; *Soergel/Hadding*, BGB, § 25 Rn. 35; *Vieweg*, Normsetzung (1990), S. 344; *ders.* NJW 1991, S. 1511 (1516); *Schlosser*, Vereins- und Verbandsgerichtsbarkeit (1972), S. 7 ff.; *Reuter*, in: ders. (Hrsg.), Einbindung des Sports in internationale Bezüge (1987), S. 53 (55); *Steinbeck*, Vereinsautonomie (1999), S. 152 ff.; *Summerer*, in: Fritzweiler/Pfister/Summerer, Praxishandbuch Sportrecht, 2. Aufl., 2. Teil, Rn. 158; *Haas/Prokop*, SpuRt 1998, S. 15; *Heermann*, NZG 1999, S. 325 (326).
[213] *Kotzenberg*, Die Bindung des Sportlers an private Dopingregeln und private Schiedsgerichte (2007), S. 63.
[214] *Reimann*, Athletenvereinbarung (2003), S. 89.
[215] Dazu *Niese*, in: Führungs- und Verwaltungsakademie des DSB (Hrsg.), Akademieschrift Nr. 49 (1997), S. 8 (10ff.).
[216] Ein individuell ausgehandelter Einzelvertrag stellt eher die Ausnahme dar und bleibt wenigen Spitzensportlern vorbehalten. Nur bei diesen ist die einen enormen Aufwand verursachende Gestaltung in Betracht zu ziehen. Von vielen Verbänden ist ein solcher Einzelvertrag zudem nicht gewünscht, da er eine nicht gewollte „Sonderbehandlung" mit sich bringt. Als Beispiel für einen Individualvertrag dient der Vertrag zwischen Michael Schumacher mit dem Formel I-Veranstalter (so *Summerer,* in: Fritzweiler/Pfister/Summerer, Praxishandbuch Sportrecht, 2. Aufl., 2. Teil, Rn. 159).

Hinblick auf die Dauer der von den Verträgen ausgehenden Bindungswirkung.[217]

a.) Melde- bzw. Nominierungsvertrag

Innerhalb eines sogenannten Melde- oder Nominierungsvertrags erkennen die Athleten das Verbandsregelwerk und damit die Anti-Doping-Regeln lediglich für die Dauer eines Wettkampfes oder einer Wettkampfveranstaltung[218] als für sich verbindlich an.[219] Beim Meldevertrag[220], der teilweise auch als Nennungslösung[221] bezeichnet wird, verweist der Veranstalter als Vertragspartner in der Ausschreibung auf das für den konkreten Wettkampf maßgebliche Regelwerk. In der Meldung des Athleten liegt ein Antrag auf Abschluss eines Vertrages, den der Verband ausdrücklich durch eine Meldebestätigung oder auch konkludent beispielsweise durch Abbuchung des Startgeldes annimmt.[222] Beim Nominierungsvertrag wird der Athlet durch den jeweiligen Verband für einen bestimmten Wettkampf nominiert.[223] Die Athleten erklären die Annahme dieses Angebots zum Vertragsschluss ausdrücklich oder konkludent durch entsprechende Teilnahme an dem Wettkampf oder der Wettkampfveranstaltung.

Die Vorteile dieser Vertragsgestaltungen sind insbesondere darin zu sehen, dass die an einem Wettkampf teilnehmenden oder sich auf diesen vorbereitenden Athleten insgesamt der gleichen Wettkampfordnung des verantwortlichen Sport(fach)verbandes unterliegen.[224] Gerade bei internationalen Wettkampfveranstaltungen[225], die in Deutschland von einem deutschen Wettkampfveranstalter ausgerichtet werden, aber nach den Regeln und Vorschrif-

---

[217] *Adolphsen*, Dopingstrafen (2003), S. 88.
[218] Gemäß Definition des NADA-Codes 2009 sind unter dem Begriff Wettkampfveranstaltung „eine Reihe einzelner Wettkämpfe, die zusammen von einem Veranstalter durchgeführt werden" zu verstehen. Als Beispiel fügen sowohl NADA als auch WADA in ihren Anti-Doping-Codes die Olympischen Spiele, die FINA-Weltmeisterschaft (Schwimmen) oder die Panamerikanischen Spiele an.
[219] *Summerer*, in: Fritzweiler/Pfister/Summerer, Praxishandbuch Sportrecht, 2. Aufl., 2. Teil, Rn. 158 ff.; *Heermann*, NZG 1999, S. 325 (326 ff.).
[220] Vgl. *Longrée*, Dopingsperre (2003), S. 70.
[221] *Fenn*, SpuRt 1997, S. 77 (79).
[222] *Summerer*, in: Fritzweiler/Pfister/Summerer, Praxishandbuch Sportrecht, 2. Aufl., 2. Teil, Rn. 158 ff.; *Longrée*, Dopingsperre (2003), S. 70; *Lindemann*, SpuRt 1994, S. 17; *Fenn*, SpuRt 1997, S. 77 (79).
[223] *Longrée*, Dopingsperre (2003), S. 70.
[224] *Heermann*, NZG 1999, S. 325 (327).
[225] Zum Beispiel im Radsport. Die Teilnahme ist dabei nicht auf nationale Athleten beschränkt. Im Wettkampf wird der deutsche Meister (auch) unter Beteiligung internationaler Einzelteilnehmer oder Teams ermittelt.

ten eines internationalen Sport(fach)verbandes ablaufen[226], bietet sich die individual-vertragliche Anbindung der Athleten an. Diese können dann zeitlich beschränkt, aber umfassend an die jeweils maßgeblichen Anti-Doping-Regelwerke gebunden werden. Zudem besteht die ausreichende Rechtsklarheit dahingehend, welche Organisation im Falle eines möglichen Verstoßes gegen Anti-Doping-Bestimmungen das Ergebnismanagement-[227] und Sanktionsverfahren einleitet und durchführt.

Zu beachten ist jedoch, dass eine nur für die Dauer eines Wettkampfes oder einer Wettkampfveranstaltung befristete vertragliche Bindung der Athleten gerade im Profi- und Leistungssport regelmäßig nicht im Interesse der Anti-Doping-Organisationen sein kann. Zur Wahrung der Fairness und der Chancengleichheit ist es notwendig, eine Erklärung der Athleten einzuholen, die dem Regelwerk über den Zeitraum eines konkreten Wettkampfes hinaus Geltung verschafft und insbesondere während der Trainingsphase Wirkung entfaltet.[228] Gerade im Lichte der Dopingproblematik ist es erforderlich, nicht nur während eines Wettkampfes, sondern auch in den zwischen den Wettkämpfen liegenden Vorbereitungsphasen die Einnahme leistungssteigernder Dopingsubstanzen durch eine Bindung der Athleten an die Dopingbestimmungen zu verhindern.[229] Dadurch können die für eine effiziente und sinnvolle Dopingbekämpfung erforderlichen Trainingskontrollen gegenüber den einzelnen Athleten legitimiert werden. Nur Dopingkontrollen, die zu jeder Zeit und somit in Phasen der Regeneration und der Vorbereitung auf Wettkämpfe und Wettkampfveranstaltungen durchgeführt werden, sind ein wirksames Mittel, um die Einnahme von leistungssteigernden Substanzen und Methoden nachhaltig zu bekämpfen. Die Beschränkung auf die Wettkampfphase würde vielfach dazu führen, dass sich die Athleten – mehr oder weniger – professionell an die betreffenden Wettkämpfe „herandopen" könnten und eingenommene Mittel rechtzeitig absetzen, um den Nachweis im Rahmen einer Wett-

---

[226] Zum Beispiel die Schacholympiade 2008 in Dresden. Diese Wettkampfveranstaltung wurde vom Deutschen Schachbund zusammen mit der Stadt Dresden organisiert und durchgeführt. Aufgrund der Tatsache, dass es sich jedoch um einen internationalen Wettbewerb handelte, lag der Veranstaltung das Regelwerk des Internationalen Sport(fach)verbandes FIDE (Fédération Internationale des Échecs) und damit auch deren Anti-Doping-Richtlinien zu Grunde.

[227] Als Ergebnismanagement gemäß Art. 7.1.1 definiert der NADA-Code 2009 den Vorgang ab Kenntnis von einem von der Norm abweichenden oder atypischen Analyseergebnis oder von einem möglichen anderen Verstoß gegen Anti-Doping-Bestimmungen oder von einem möglichen Meldepflichtverstoß oder einer versäumten Kontrolle bis zur Durchführung eines Disziplinarverfahrens.

[228] *Haas/Adolphsen*, NJW 1995, S. 2146 (2147); *dies.*, NJW 1996, S. 2351.

[229] *OLG München* SpuRt 1996, S. 133 (134); *Haas/Adolphsen*, NJW 1995, S. 2146 (2147); *dies.*, NJW 1996, S. 2351; *Vieweg*, SpuRt 1995, S. 97 (99); *Reimann*, Athletenvereinbarung, S. 46.

kampfkontrolle zu verhindern.[230] Gleichzeitig könnten die Athleten aber in Trainingsphasen aufgrund der leistungsfördernden Mittel härter trainieren oder schneller regenerieren. Vor allem diesen Vorteil vor den Konkurrenten gilt es maßgeblich zu bekämpfen.

b.) Lizenz bzw. Athletenvereinbarung und Spielerpass

Eine andere Art, die Athleten vertraglich an die Verbandsregelwerke zu binden, stellt die Lizenz oder die Athletenvereinbarung dar. Aber schon die Begrifflichkeiten für diese Art der Vertragsgestaltung variieren.[231] Den verschiedenen Typenbezeichnungen liegt das gemeinsame System zu Grunde, den Athleten durch Abschluss eines Vertrages mit einem umfassenden Startrecht bzw. einer umfassenden Spielberechtigung auszustatten und ihn im Gegenzug dazu für die vereinbarte Vertragslaufzeit an die Regeln des Verbandes zu binden.[232] Dennoch kann grundsätzlich zwischen einem Regelanerkennungsvertrag und einem das Verhältnis zwischen Sport(fach)verband und Athleten umfassend bestimmenden Vertragszweck unterschieden werden.[233] Teilweise werden Regelanerkennungsverträge auch durch Ausstellung eines Spielerpasses abgeschlossen. Soweit der Verein für seine Athleten die für den Vertragsschluss notwendigen Anträge beim Sport(fach)verband stellt, handelt er hierbei als Stellvertreter des Athleten gemäß § 164 Abs. 1 Satz 1 BGB, so dass auch dann ein Vertrag zwischen Athlet und Sport(fach)verband zustande kommt, wenn der Athlet nicht persönlich mit dem Verband in Kontakt tritt.[234] Entscheidend für die Anbindung der Athleten ist jedoch, dass der Vertrag die Geltung des Verbandsregelwerkes einschließlich der Dopingbestimmungen enthält. Hinsichtlich der Dopingbestimmungen bedarf es insoweit eines ausdrücklichen Hinweises auf die maßgeblichen Bestimmungen der Anti-Doping-Regelwerke. Dazu gehören neben den einzelnen Tatbeständen der

---

[230] Die Abbauzeiten vereinzelter verbotener Substanzen werden immer kürzer. Siehe dazu auch die Ausführungen in der Einleitung.

[231] In der Leichtathletik etwa wurde bis 1995 der Begriff Athletenpass verwendet, der dann durch die sogenannte Athletenvereinbarung abgelöst wurde. Auch die Kadervereinbarung, die von einigen Verbänden zur Anbindung ihrer einem Auswahlkader (zumeist A-, B, oder D/C-Kader) angehörigen Athleten herangezogen wird, unterfällt diesem Vertragstyp. *Pfister,* in: FS für Lorenz (1991), S. 171 (185)) sprach insoweit von „Regelanerkennungsverträgen", die er als Verträge „sui generis" einordnet und die, außer bei besonderer Vereinbarung gegenseitiger Leistungen zwischen Verband und Athleten, keine Austauschverträge seien, sondern vielmehr Ähnlichkeit zum Mitgliedschaftsverhältnis aufwiesen.

[232] *Bergemann,* Doping und Zivilrecht (2002), S. 52.

[233] Vgl. *Prokop,* in: Führungs- und Verwaltungsakademie des DSB (Hrsg.), Akademieschrift Nr. 49 (1997), S. 19 (24 ff.); dazu auch *Kotzenberg,* Die Bindung des Sportlers an private Dopingregeln und private Schiedsgerichte (2007), S. 65.

[234] *Bergemann,* Doping und Zivilrecht (2002), S. 52.

Verstöße gegen Anti-Doping-Bestimmungen gemäß WADA- oder NADA-Code auch die Sanktionsvorschriften, die Liste verbotener Substanzen und Methoden („Prohibited List") sowie einen Hinweis auf den Rechtsweg. Ferner bedarf es der ausdrücklich erklärten Willenserklärung des Athleten oder – im Falle der Minderjährigkeit – der ausdrücklichen Erklärung seiner gesetzlichen Vertreter.

Soweit die Sport(fach)verbände diese Form der vertraglichen Gestaltung wählen und darüber hinaus die zeitliche Wirkung der Vereinbarung der Art festlegen, dass die Athleten über einen längeren Zeitraum, z.B. ein Kalenderjahr, an die Anti-Doping-Regelwerke gebunden sind, stellt dies eine geeignete Legitimation zur Durchführung von Dopingkontrollen dar. Zwar ist die vertragliche Anbindung an die Anti-Doping-Regeln von Verband und privaten Anti-Doping-Organisationen grundsätzlich mit einem gewissen Verwaltungsaufwand verbunden. Dennoch dürfte die finanzielle und administrative Leistung der Sport(fach)verbände im Verhältnis zum drohenden Imageschaden nicht beträchtlich ins Gewicht fallen. Von den monetären Folgen eines Dopingfalles, in dem der Verband mangels ordnungsgemäßer Anbindung des betroffenen Athleten nicht zu einer den Vorgaben des WADA- oder NADA-Codes entsprechenden Sanktionierung kommen kann, ganz abgesehen.[235] Daher dürfte dieses Modell dem Grunde nach und uneingeschränkt für diejenigen Athleten zur Anwendung kommen, die in einem Leistungskader[236] des Sport(fach)verbandes aufgenommen wurden und dem Testpoolsystem der NADA angehören.

---

[235] Siehe hierzu vor allem den Fall des Kaderathleten des Deutschen Eishockey Bundes (DEB), Florian Busch, der im Sommer 2008 eine Dopingkontrolle der NADA verweigerte, damit den Tatbestand des Artikels 2.3 des NADA-Codes formal erfüllte, jedoch mangels ordnungsgemäßer und vorheriger Anbindung an die Anti-Doping-Regelwerke durch den DEB diesem nicht unterfiel und demnach nicht mit der für den Verstoß grundsätzlich vorgesehenen Zweijahressperre sanktioniert werden konnte und stattdessen freigesprochen wurde. Aufgrund der finanziellen Förderung des DEB durch den Bund, sah sich das Bundesinnenministerium jedoch gezwungen aufgrund dieses Verstoßes von dem DEB Fördergelder zurückzufordern. Nachdem der Internationale Sportgerichtshof CAS zudem eine zweijährige Sperre gegen den Athleten verhängt hat, hat das Schweizer Bundesgericht die Entscheidung am 11. November 2009 aufgehoben; Ausführlich zum Fall auch *Heermann*, SpuRt 2009, S. 231 (234).

[236] Grundsätzlich unterteilen die Verbände (jeweils männlich/weiblich) in A-Kader als internationale und nationale Spitze, B-Kader als erweiterte Spitze und C-Kader als Junioren. Teilweise wird auch eine Unterteilung in D-Kader vorgenommen, der die Jugend erfasst.

VIII. (Zwischen-) Ergebnis
Im Ergebnis ist festzuhalten, dass die Athleten vor allem durch Überleitungs-
oder Verweisungsvorschriften oder unmittelbar durch rechtsgeschäftliche Un-
terwerfungsvereinbarungen an die Anti-Doping-Regelwerke der Sport(fach)-
verbände und somit an die von diesen umgesetzten Bestimmungen des
NADA-Codes gebunden werden können. Um alle Athleten einer Sportart umfassend an die Anti-Doping-Regelwerke des Sport(fach)verbandes zu binden,
wäre zwar ebenfalls eine vertragliche Regelung wünschenswert, wohl aber
gerade bei kleineren Verbänden weder finanziell noch verwaltungstechnisch
realisierbar. Hier muss sich auf die mitgliedschaftliche Einbindung beschränkt
und der Schwerpunkt auf die individualvertragliche Anbindung bei Wettkämpfen und Wettkampfveranstaltungen gelegt werden.

C. Dopingkontrollsysteme
Neben den rechtlichen Grundlagen, die erforderlich sind, um das Verbot des
Dopings im Sport festzulegen, sind Dopingkontrollen das maßgebliche Instrument der Dopingjäger, um das Verbot durchzusetzen. In der Vergangenheit haben sich verschiedene Dopingkontrollsysteme der nationalen und internationalen Sport(fach)verbände etabliert. Auch WADA und NADA haben seit
ihrer Gründung Dopingkontrollsysteme aufgestellt und weiterentwickelt. Im
Folgenden soll daher ein kurzer Überblick über die bestehenden Systeme zur
Organisation und Durchführung von Dopingkontrollen außerhalb (Trainingskontrollen) und innerhalb (Wettkampfkontrollen) von Wettkämpfen gegeben
werden. Dabei wird vor allem das Dopingkontrollsystem der NADA in seinen
Grundzügen vorgestellt.

Einer Erhebung des IOC zufolge fällt nur ungefähr jede hundertste Dopingprobe positiv aus.[237] Bei den Olympischen Spielen 2008 in Peking wurden
knapp 5.000 Dopingkontrollen durchgeführt, aber nur zehn Athleten unmittelbar des Dopings überführt.[238] Im Jahresbericht 2008 der NADA[239] wird
dargestellt, dass es im Kalenderjahr insgesamt knapp 13.000 Dopingkontrollen gab. Davon wurden 8.000 Dopingkontrollen von der NADA als Trainingskontrollen durchgeführt. In 55 Fällen wurde ein positives Analyseergebnis festgestellt. Damit liegt die Quote deutlich unter einem Prozent.

---

[237] Vgl. SpuRt 1994, S. 164.
[238] Siehe dazu den Artikel der ARD vom 27. August 2008, abrufbar unter
http://ard.ndr.de/peking2008/nachrichten/ardsportpeking7652.html, letzter Aufruf am 18. März
2010.
[239] Abrufbar auf der Homepage der NADA unter http://www.nada-bonn.de/, letzter Aufruf am 18.
März 2010.

Diese Fakten können nun unterschiedlich bewertet werden. Zum einen ist es denkbar, dass diese eindeutigen Zahlen als uneingeschränkter Erfolg des „intelligenten"[240] Dopingkontrollsystems und der Bestätigung seiner Erforderlichkeit zu werten ist. Auf der anderen Seite werden Zweifel erweckt, ob diese Ergebnisse zutreffend sind. Die Wahrscheinlichkeit einer weit darüber liegenden Dunkelziffer[241] von unentdeckt gebliebenen Dopingfällen bleibt ebenfalls bestehen.

In Deutschland hat sich seit Gründung der NADA im Jahre 2002 aber die Ansicht durchgesetzt, dass der Ausbau und die Weiterentwicklung des Dopingkontrollsystems geeignet sind, aktive und nachhaltige Dopingbekämpfung zu betreiben. Der Aufbau eines zentralen Dopingkontrollsystems für Dopingkontrollen außerhalb des Wettkampfes sowie die Intensivierung und der Ausbau von Wettkampfkontrollen machen diese Haltung deutlich.

I. Dopingkontrollen innerhalb des Wettkampfes – Wettkampfkontrollen

Die Wettkampfkontrolle ist die klassische Form der Dopingkontrolle.[242] Die Dopingkontrollen werden bei nationalen und internationalen Wettkampfveranstaltungen von den jeweiligen Sport(fach)verbänden in Zusammenarbeit mit den Veranstaltern durchgeführt.[243] Dabei legen die nationalen und internationalen Sport(fach)verbände und/ oder die Veranstalter der Wettkämpfe eigene Grundsätze zur Organisation und Durchführung von Dopingkontrollen fest.[244] Bei großen Wettkampfveranstaltungen werden in der Regel die Medaillengewinner sowie einige ausgeloste Athleten kontrolliert. Die Auswahl der Athleten stellt zumeist einen Kompromiss zwischen den Erfordernissen einer weit gestreuten und möglichst viele Personen umfassenden Kontrolle, der zur Verfügung stehenden Laborkapazität, dem möglichen Aufwand und den finanziellen Mitteln dar.

---

[240] Zum Begriff „intelligente Kontrollen" siehe auch die Ausführungen auf der Homepage der NADA abrufbar unter http://www.nada-bonn.de/dopingkontrollen/trainingskontrollen/, letzter Aufruf am 18. März 2010.

[241] Die von *Budzisch/Huhn/Wuschek*, Doping BRD – ein historischer Überblick (1999), S. 8 aufgestellte These, die Doping-Dunkelziffer liege „nach vorsichtigen Schätzungen an der 90-Prozent-Grenze", ist wissenschaftlich nicht bewiesen und kann deshalb nicht gestützt werden.

[242] *Prokop*, Grenzen der Dopingverbote (2000), S. 58.

[243] Siehe hierzu auch die Ausführungen der NADA auf Ihrer Homepage http://www.nada-bonn.de/dopingkontrollen/wettkampfkontrollen/, letzter Aufruf am 18. März 2010.

[244] Der Deutsche Leichtathletikverband (DLV) verfügt über einen Leitfaden für Dopingkontrollen bei Wettkampfveranstaltungen (Stand: Dezember 2007), abrufbar unter http://www.deutscher-leichtathletik-verband.de/index.php?SiteID=547, letzter Aufruf am 18. März 2010.

Die Ausgewählten haben sich – abhängig von den Vorschriften des Verbandes – innerhalb einer bestimmten Zeit nach Ende des Wettbewerbs in der Kontrollstation zu melden. Zum Nachweis ihrer Identität haben sie in der Regel den Reisepass oder Personalausweis vorzulegen. Zur Kontrolle kann der Athlet eine Begleitperson mitbringen.[245] Um Manipulationen zu verhindern, werden die ausgewählten Athleten vom Wettkampfende bis zum Eintreffen in der Kontrollstation von einem so genannten Chaperon begleitet und nicht aus den Augen gelassen.

Die Wettkampfkontrollen haben insoweit zur Verbesserung des Anti-Doping-Kampfes beigetragen, weil Abnahme und Analyse der Dopingproben es ermöglichen, die Einnahme von Dopingmitteln unmittelbar vor oder während eines Wettkampfes nachzuweisen. Aufgrund der Fortentwicklung der Analysemethoden und der guten Nachweisbarkeit spielen die Substanzen, die „sinnvoller Weise" zu diesem Zeitpunkt eingenommen werden, um eine Leistung unerlaubt zu steigern, heute keine oder nur noch eine untergeordnete Rolle.[246]

II. Dopingkontrollen außerhalb des Wettkampfes – Trainingskontrollen
Untergraben wurde das System der Wettkampfkontrollen dann durch das Aufkommen anaboler Steroide in den 1970er Jahren. Einnahme und Wirkung der verbotenen Substanzen überschnitten sich nicht mehr. Leistungssteigernde Substanzen wurden nicht mehr nur unmittelbar vor oder während eines Wettkampfes eingenommen, sondern bereits weit im Vorfeld. Die Wirkung der anabolen Steroide hielt dabei jedoch über mehrere Wochen an. Bei entsprechend vorsichtigem Einsatz war eine Nachweisbarkeit bei Wettkampfkontrollen somit kaum noch möglich.[247]

Um dieser Weiterentwicklung des Dopings entgegenzuwirken, haben DSB und NOK das Projekt „Dopingkontrollen außerhalb des Wettkampfwesens" ins Leben gerufen. Seit Oktober 1989 werden demzufolge Trainingskontrol-

---

[245] Zu den weiteren Einzelheiten und Anforderungen an den Ablauf einer Wettkampfkontrolle siehe auch International Standard for Testing der WADA abrufbar auf der Homepage der NADA unter http://www.nada-bonn.de/fileadmin/user_upload/nada/Recht/Codes_Vorlagen/081222_NADA_Standard-fuer-Dopingkontrollen.pdf sowie die nationale Umsetzung des Standard durch die NADA (Standard für Dopingkontrollen) ebenfalls auf der Homepage der NADA abrufbar unter http://www.nada-bonn.de/fileadmin/user_upload/nada/Recht/Codes_Vorlagen/081222_NADA_Standard-fuer-Dopingkontrollen.pdf, letzter Aufruf am jeweils am 18. März 2010.
[246] So schon der *Bericht der Unabhängigen Doping-Kommission*, S. 10 und *Soyez*, Verhältnismäßigkeit des Dopingkontrollsystems (2002), S. 104.
[247] *Berendonk*, Doping – von der Forschung zum Betrug (1991), S. 248 f.; *Donike/Rauth*, Dopingkontrollen, S. 21.

len durchgeführt.[248] Zunächst sah das Pilotprojekt die Kontrolle von ca. 200 Athleten in den Sportarten Eisschnelllauf, Rudern, Gewichtheben und einigen Disziplinen der Leichtathletik vor.[249] Die Trainingskontrolle[250] hat sich seither neben der Wettkampfkontrolle als zweite Dopingkontrollart etabliert. Ohne Trainingskontrollen ist eine effiziente Dopingbekämpfung nicht mehr möglich.[251]

Die Trainingskontrollen werden in Deutschland seit der Gründung der NADA im Jahr 2002 nunmehr einheitlich durch die Stiftung geplant und durchgeführt. Bei der Durchführung der Dopingkontrollen greift die NADA auf die Firma Physical Work Control GmbH (PWC) – Medizinische Testverfahren in Sport zurück. PWC ist eine eigenständige, sportunabhängige und international tätige Firma, die im Auftrag der NADA aber auch für zahlreiche nationale und internationale Sport(fach)verbände und Sportorganisationen Dopingkontrollen durchführt. Die NADA wählt die zu kontrollierenden Athleten nach eigenem Ermessen aus. Sie schuldet dabei keine Begründung für ihre Auswahl.[252] Sowohl die Probenahme als auch der Probenversand erfolgen sodann durch den Auftragnehmer. Gegenwärtig[253] sind ca. 90 Kontrolleurinnen und Kontrolleure der PWC an verschiedenen Standorten in ganz Deutschland tätig. Diese sind als freie Mitarbeiter beschäftigt.

Nach einem Testpoolmodell hat die NADA zudem eine eigene Konzeption eines Dopingkontrollsystems entwickelt. Die Anzahl der außerhalb des Wettkampfes durchgeführten Kontrollen ist zum Indikator für die Ernsthaftigkeit und Nachhaltigkeit der Dopingbekämpfung geworden. Die Testpool-Einteilung der deutschen Athleten ist mit der Einführung des NADA-Codes 2009 neu geregelt worden. Dem sogenannten Registered Testpool der NADA (RTP) gehören in der Regel die Mitglieder der internationalen Testpools an, außerdem die A-Kader-Athleten sowie die Perspektivsportler der Sportarten

---

[248] Ausgangspunkt war nicht zuletzt der Fall Ben Johnson während der Olympischen Spiele 1988 in Seoul; siehe dazu auch Einleitung, Fn.2.

[249] *Bericht der Unabhängigen Doping-Kommission*, S. 12.; zur verbandsrechtlichen Zulässigkeit von Trainingskontrollen *Haas/Adolphsen*, NJW 1996, S. 2351 (2352).

[250] Der Begriff „Trainingskontrolle" ist dabei jedoch irreführend. Der NADA-Code 2009 spricht insoweit von einer Dopingkontrolle, die in einem Zeitraum durchgeführt wird, der nicht innerhalb eines Wettkampfs liegt. Bei dieser Kontrollart wird nicht nur während des Trainings, sondern generell außerhalb des Wettkampfs kontrolliert.

[251] *Prokop*, Grenzen der Dopingverbote (2000), S. 59.

[252] Siehe Art. 5.5.1 NADA-Code 2009.

[253] Stand: Frühjahr 2009.

der Risikogruppe I.[254] Dem Nationalen Testpool (NTP) gehören in der Regel die A-Kader-Athleten sowie die Perspektivsportler der Sportarten der Risikostufen II[255] und III[256] an. Alle anderen Athleten gehören dem Allgemeinen Testpool (ATP) an.[257]

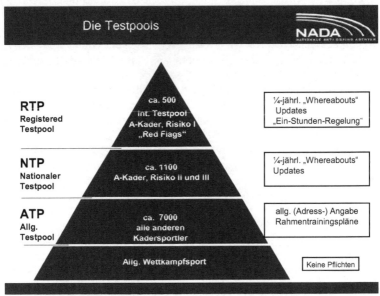

(Quelle: Jahresbericht 2008 der NADA vom 30. April 2009, S. 20)

Bis 1992 erfolgten die Dopingkontrollen außerhalb der Wettkämpfe lediglich mit einer entsprechenden Ankündigung, die den Athleten noch genügend Zeit- und Spielraum ließ, um sich für die Kontrolle zu „präparieren".[258] Seit 1992 werden Dopingkontrollen außerhalb des Wettkampfes auch ohne Vor-

---

[254] Beispielsweise Kraft- und Ausdauersportarten wie Radfahren. Leichtathletik, Gewichtheben und Skisport (Langlauf, Biathlon, Nordische Kombination), siehe Risikobewertung der NADA abrufbar unter http://www.nada-bonn.de/athleten/testpools/, letzter Aufruf am 18. März 2010.
[255] Beispielsweise sämtliche Ball- und Teamsportarten, siehe Risikobewertung der NADA, abrufbar unter http://www.nada-bonn.de/athleten/testpools/, letzter Aufruf am 18. März 2010.
[256] Zum Beispiel Gymnastiksportarten, Bogenschießen oder Tauchsport, siehe Risikobewertung der NADA, abrufbar unter http://www.nada-bonn.de/athleten/testpools/, letzter Aufruf am 18. März 2010.
[257] Umfassend zu den Testpoolkriterien siehe auch den Standard für Meldepflichten der NADA, abrufbar unter www.nada-bonn.de, letzter Aufruf am 18. März 2010.
[258] *Baier*, Doping im Sport (1998), S. 113.

49

ankündigung durchgeführt.[259] Um das Doping-Kontrollsystem noch effektiver und „intelligenter" zu machen, werden die Athleten mittlerweile nicht mehr aus dem „großen Topf" aller 8.000 bis 9.000 Athleten ausgelost, sondern es wird ausschließlich gezielt kontrolliert. Das heißt unter anderem, dass Topathleten häufiger kontrolliert werden als Nachwuchssportler. Gleiches gilt für Athleten aus hoch gefährdeten Sportarten im Gegensatz zu Athleten aus weniger gefährdeten Sportarten. „Intelligente Kontrollen" bedeutet, vorwiegend dann zu kontrollieren, wenn die Gefahr am größten ist, dass der Athlet möglicherweise zu Dopingmitteln greift. Dadurch soll der Athlet vom Dopen abgehalten werden. „Intelligente Kontrollen" berücksichtigen zum Beispiel die Saison nach trainingswissenschaftlichen Erkenntnissen.[260] In „dopinggefährdeten Zeiten" etwa in der Vorbereitung auf Wettkämpfe, Meisterschaften oder in Regenerations- oder Aufbauphasen nach Verletzungen oder Erkrankungen ist verstärkt zu kontrollieren. Intelligent zu kontrollieren bedeutet aber schließlich auch, dass die Athleten während ihrer Zugehörigkeit zum Testpool jeder Zeit kontrolliert werden können und immer mit unangekündigten Kontrollen rechnen müssen.

Anknüpfend an das Dopingkontrollsystem und Testpoolmodell macht der DOSB die Entsendung deutscher Athleten für die Olympischen Spiele grundsätzlich an den Bestimmungen der NADA fest. In seinen Nominierungsrichtlinien[261] macht der DOSB eine Entsendung der Athleten zu den Olympischen Spielen vor allem von der Einhaltung der Anti-Doping-Bestimmungen abhängig. Die Athleten sind von den jeweiligen Sport(fach)verbänden der NADA zur Aufnahme in den Registered Testing Pool (RTP) oder Nationalen Testpool (NTP) zu nennen und müssen diesem dauerhaft angehören und das entsprechende Anti-Doping-Regelwerk des Sport(fach)verbandes sowie den NADA-Code anerkennen.[262] Frühere Verstöße gegen Anti-Doping-

---

[259] Die Dopingkontrollen erfolgen grundsätzlich unangekündigt. Das bedeutet, die jeweils betroffenen Athleten werden erst durch den Kontrolleur unmittelbar vor Ort in Kenntnis gesetzt und aufgefordert, sich der Dopingkontrolle zu unterziehen, siehe Art. 5.4.2 NADA-Code 2009, abrufbar auf der Homepage der NADA, unter www.nada-bonn.de, letzter Aufruf am 18. März 2010.
[260] Entsprechende Hinweise stellt die NADA auf ihrer Homepage bereit, siehe http://www.nada-bonn.de/dopingkontrollen/trainingskontrollen/, letzter Aufruf am 18. März 2010.
[261] Nominierungsrichtlinien für die Olympischen Winterspiele in Vancouver 2010 abrufbar auf der Homepage des DOSB unter http://www.dosb.de/de/olympia/olympische-spiele/nominierung/, letzter Aufruf am 18. März 2010.
[262] Siehe Punkt 4 „Anti-Doping-Bestimmungen" der Normierungsrichtlinien für die Olympischen Winterspiele in Vancouver 2010 abrufbar auf der Homepage des DOSB unter http://www.dosb.de/de/olympia/olympische-spiele/nominierung/, letzter Aufruf am 18. März 2010.

50

Bestimmungen führen grundsätzlich dazu, dass der Athlet nicht nominiert wird, wobei sich der DOSB eine Einzelfallentscheidung vorbehält.[263]

III. Analytik

Die Dopinganalytik ist einer der wichtigsten Bestandteile des Dopingkontroll-systems. Nur anhand analytischer Auswertungen kann ein Dopingverdacht bestätigt oder entkräftet werden.[264] Die Auswertung erfolgt anhand der von Athleten genommenen Proben. WADA- und NADA-Code 2009 definieren den Begriff Probe als biologisches Material, das zum Zweck des Dopingkon-trollverfahrens entnommen wird.[265] Die Abnahme der Probe sowie der Analy-se beschränken sich auf Urin- oder Blutproben der Athleten. Nach Abnahme der Proben werden diese ausschließlich in WADA-akkreditierte oder ander-weitig von der WADA anerkannte Labore transportiert und dort analysiert. In Deutschland besitzen zwei Labore eine WADA-Akkreditierung.[266]Analysiert wird nach dem „International Standard for Laboratories" der WADA[267], der exakt beschriebene Verfahren zur Prüfung vorgibt.

Neben dem aus Probenahme und Analyse bestehenden Verfahren zum Nach-weis eines Dopingverstoßes haben die internationalen Sport(fach)verbände und die Anti-Doping-Organisationen das Dopingkontrollsystem weiterentwic-kelt. Nicht nur der direkte Nachweis einer verbotenen Substanz in Blut oder Urin des Athleten wird zur Feststellung eines Verstoßes gegen Anti-Doping-Bestimmungen herangezogen, sondern auch wissenschaftliche Erkenntnisse und Schlussfolgerungen aus Langzeitstudien. So haben der Internationale Radsportverband (UCI), der Internationale Skiverband (FIS) und der Interna-tionale Biathlonverband (IBU) sogenannte Blutgrenzwerte eingeführt. Die UCI hat darüber hinaus den „Biologischen Pass" eingeführt. Im Rahmen die-ses Kontrollprogramms werden Ergebnisse aus Urin- und Blutuntersuchungen

---

[263] Siehe Punkt 5 „Einzelfallnominierung bei Verstößen gegen die Anti-Doping-Bestimmungen" der Normierungsrichtlinien für die Olympischen Winterspiele in Vancouver 2010 abrufbar auf der Homepage des DOSB unter http://www.dosb.de/de/olympia/olympische-spiele/nominierung/, letz-ter Aufruf am 18. März 2010.
[264] *Soyez*, Verhältnismäßigkeit des Dopingkontrollsystems (2002), S. 108.
[265] Siehe WADA-Code, Definitionen, abrufbar auf der Homepage der WADA unter http://www.wada-ama.org/en/World-Anti-Doping-Program/Sports-and-Anti-Doping-Organizations /The-Code/, letzter Aufruf am 18. März 2010 und NADA-Code, Definition, abrufbar auf der Ho-mepage der NADA unter http://www.nada-bonn.de/, letzter Aufruf am 18. März 2010.
[266] Das Institut für Biochemie der Deutschen Sporthochschule Köln und das Institut für Dopinganaly-tik und Sportbiochemie Dresden in Kreischa.
[267] Abrufbar auf der Homepage der WADA unter http://www.wada-ama.org/en/World-Anti-Doping-Program/Sports-and-Anti-Doping-Organizations/International-Standards/International-Standard-for-Laboratories/, letzter Aufruf am 18. März 2010.

der UCI für den jeweiligen Athleten erfasst und daraus Blut- und Steroidprofile erstellt.[268] Bei der Überschreitung festgelegter Grenzwerte erfolgte bislang grundsätzlich noch keine Sperre im Sinne der Anti-Doping-Bestimmungen sondern lediglich eine „Schutzsperre" zum gesundheitlichen Schutz der Athleten.[269]

Im Fall der Eisschnellläuferin Claudia Pechstein[270] statuierte das Dopingkontrollsystem des Internationalen Eisschnelllaufverband (ISU) erstmalig einen Verstoß gegen Anti-Doping-Bestimmungen anhand der Auswertung von Blutparametern. Schließlich hat auch die WADA seit dem 1. Dezember 2009 ein Anti-Doping-Programm zur Untersuchung und Überwachung von Blutparametern gestartet.[271]

IV. Anti Doping Administration & Management System (ADAMS)
Ein weiterer nicht unerheblicher Teil des modernen Dopingkontrollsystems und maßgebliches Instrument zur Organisation und Durchführung von Dopingkontrollen außerhalb des Wettkampfes stellt die Erhebung und Auswertung von Aufenthalts- und Erreichbarkeitsinformationen der Athleten dar. Zu wissen, an welchem Ort sich ein Athlet zu einem bestimmten Zeitpunkt aufhält, bildet die Grundlage für eine effektive Dopingkontrollplanung der zuständigen Anti-Doping-Organisationen.[272] Auf der Basis der Informationserlangung unmittelbar durch die Athleten entsteht ein intensiver Informationsfluss. Um dem Informationsaustausch zwischen Athleten und Anti-Doping-Organisationen eine einheitliche Plattform zu geben, hat die WADA im Jahr 2005 ein internetbasiertes Anti-Doping-Verwaltungs- und Managementsys-

---

[268] *Emanuel*, SpuRt 2009, S. 195 (197) m. w. N.

[269] So die FIS in Anlage „FIS B. zu den Anti-Doping-Rules 2009", siehe http://www.fis-ski.com/data/document/fis-anti-doping-rules-2009.pdf, letzter Aufruf am 18. März 2010.

[270] Eine chronologische Übersicht über den Sachverhalt (Stand: Dezember 2009) findet sich z.B. unter http://www.spiegel.de/sport/sonst/0,1518,665836,00.html, letzter Aufruf am 18. März 2010; siehe dazu auch die Ausführungen in der Einleitung, Fn. 1.

[271] Guidelines und Informationen zum Athlete Biological Passport sind abrufbar auf der Homepage der WADA unter http://www.wada-ama.org/en/Science-Medicine/Athlete-Biological-Passport/, letzter Aufruf am 18. März 2010.

[272] Gemäß NADA-Code 2009 ist eine Anti-Doping-Organisation, eine Organisation, die für die Annahme von Regeln zur Einleitung, Umsetzung oder Durchführung des Dopingkontrollverfahrens zuständig ist. Dazu zählen insbesondere: das Internationale Olympische Komitee, das Internationale Paralympische Komitee sowie Veranstalter großer Sportwettkämpfe, die bei ihren Wettkampfveranstaltungen Dopingkontrollen durchführen, die WADA, Internationale Sportfachverbände und Nationale Anti-Doping-Organisationen, die NADA und der nationale Sport(fach)verband.

52

tem (ADAMS) entwickelt. Von Montreal/ Kanada aus betreibt und verwaltet die WADA das System als „Clearingstelle"[273].

1. Zweck

ADAMS ermöglicht es Anti-Doping-Organisationen und der WADA, harmonisierte, koordinierte und effektive Anti-Doping-Programme durchzuführen.[274] Gemäß der Vorgabe der WADA kann ADAMS bei der Organisation von Dopingkontrollen im Wettkampf und im Training sowie zur Verwaltung von Athleteninformationen zu Medizinischen Ausnahmegenehmigungen (TUEs[275]), über den Aufenthaltsort, die Erreichbarkeit und die Ergebnisse von Dopingkontrollen und Sanktionen, genutzt werden. ADAMS soll ein technisches Hilfsmittel für die Anti-Doping-Organisationen darstellen. Sie haben die Möglichkeit, dass System partiell für die Verwaltung einzelner oder mehrerer Informations- und Datengruppen zu nutzen oder das System gänzlich für das Informationsmanagement einzusetzen. Gegenwärtig nutzen ungefähr 123.000 Athleten, 107 Anti-Doping-Organisationen[276], darunter auch die NADA, und 35 WADA-akkreditierte Labore ADAMS ganz oder teilweise als Datenbank für das Informationsmanagement.

Im Mittelpunkt steht die Absicht der WADA, ADAMS als weltweite Datenbank für die effektive und funktionierende Organisation und Durchführung von Dopingkontrollen zu etablieren. Die Anti-Doping-Organisationen erhalten das Recht, den erforderlichen Zugang zu dem Athletenprofil zu vergeben und sonstige Informationen über einen Athleten an diejenigen Anti-Doping-Organisationen weiterzuleiten, die durch den WADA-Code dazu berechtigt sind, diesen Athleten zu testen. Maßgeblich ist aber, dass die Daten, die die Informationen zum Aufenthaltsort und zur Erreichbarkeit eines Athleten be-

---

[273] Der Begriff der „Clearingstelle" wird an einigen Stellen des WADC ausdrücklich hervorgehoben: Siehe daher u.a. Art. 14.5 und Art. 18.4 WADA-Code 2009, abrufbar auf der Homepage der WADA unter http://www.wada-ama.org/en/World-Anti-Doping-Program/Sports-and-Anti-Doping-Organizations/The-Code/, letzter Aufruf am 18. März 2010.
[274] Vgl. Informationsblatt für Athleten zur Datenverarbeitung in ADAMS, abrufbar auf der Homepage der NADA unter http://www.nada-bonn.de/fileadmin/user_upload/nada/ADAMS/ADAMS_DP_notice_DE_FINAL.pdf, letzter Aufruf am 18. März 2010.
[275] TUE = Therapeutic Use Exemptions; Eine Medizinische Ausnahmegenehmigung ist eine von einem Experten- und Ärztekomitee auf der Grundlage einer dokumentierten Krankenakte vor der Anwendung einer Substanz oder einer Methode bewilligte Erlaubnis, siehe dazu NADA-Code 2009, Definition, S. 49, abrufbar auf der Homepage der NADA unter http://www.nada-bonn.de/, letzter Aufruf am 18. März 2010.
[276] 53 internationale Sportverbände, 48 nationale Anti-Doping-Organisationen (16 EU-Mitglieder) und neun Veranstalter großer Wettkampfveranstaltungen. Eine Übersicht (Stand: März 2010) ist abrufbar auf der Homepage der WADA unter http://www.wada-ama.org/en/ADAMS/ADAMS-News/List-of-organizations-using-ADAMS/, letzter Aufruf am 18. März 2010.

treffen, von den Athleten selbst in die Datenbank eingepflegt und aktualisiert werden. Es ist die zentrale Verpflichtung der Athleten, ihr ADAMS-Profil selbst zu pflegen, sobald sie einem Testpoolsystem des internationalen Verbandes oder einer nationalen Anti-Doping-Organisation angehören. Die Anti-Doping-Organisationen sind wiederum aufgrund der vertraglichen Verpflichtung unter Bezugnahme auf die jeweiligen Regelungen des WADA-Codes und seiner Ausführungsbestimmungen gehalten, die Athleten über diese Maßnahmen aufzuklären und daran zu binden.[277] Die WADA hält dafür ein umfangreiches Lehr- und Schulungsprogramm zur Nutzung von ADAMS bereit. Neben Benutzerhandbüchern und FAQs zeigt die WADA auf ihrer Homepage auch Informationsfilme, in denen der autovisuelle Umgang mit den einzelnen Funktionen der Datenbank erklärt wird.[278]

2. Inhalt

a.) ADAMS als Datenbank

ADAMS wird von der WADA als Datenmanagementsystem bezeichnet. De facto handelt es sich dabei jedoch um eine Datenbank. Nach der Legaldefinition in § 87a Abs. 1 Satz 1 UrhG, die wörtlich die zwingende Vorgabe der Datenbank-Definition von Art. 1 Abs. 2 der Europäischen Datenbankrichtlinie vom 11. März 1996[279] übernommen hat, ist eine Datenbank im Sinne des Gesetzes: jede Sammlung von Werken, Daten oder anderen unabhängigen Elementen, die systematisch oder methodisch angeordnet sind.[280] Eine Datenbank verfügt zudem über einen Datenbestand (Datenbasis) und die dazugehörige Datenverwaltung, die nach Art und Umfang wesentliche Investitionen erfordert.[281] Die Qualifizierung als Datenbank hängt zunächst davon ab, ob es sich um eine Sammlung von unabhängigen Elementen handelt, die sich voneinander trennen lassen, ohne dass der Wert ihres Inhalts dadurch beeinträchtigt wird.[282] Weiter setzt die Qualifizierung als Datenbank voraus, dass die unabhängigen Elemente systematisch oder methodisch angeordnet und auf die eine oder andere Weise einzeln zugänglich sind.[283] Diese Voraussetzungen werden durch das ADAMS Datensystem erfüllt. Die Angaben der Athleten

---

[277] Siehe 1. Teil A. VII. 3.

[278] Siehe insoweit ausführlich unter http://www.wada-ama.org/en/ADAMS/ADAMS-Training-and-User-guides/, letzter Aufruf am 18. März 2010.

[279] *Richtlinie 96/9/EG*, GRUR Int. 1996, S. 806 ff.

[280] *Cherkeh/Urdze*, Causa Sport 2009, S. 127 (128); *Rehbinder*, Urheberrecht, Rn. 412.

[281] *Bauknecht/Zehnder*, Grundlagen für den Informatikeinsatz, S. 87; *Rehbinder*, Urheberrecht, Rn. 412.

[282] *Cherkeh/Urdze*, Der Ligabetreiber als Datenbankhersteller, Causa Sport 2/2009, S. 127 (128).

[283] *Schricker*, Urheberrecht, § 87a, Rn. 4f, m. w. N.

zum Aufenthaltsort und zur Erreichbarkeit, die im Rahmen der Organisation und Durchführung der Dopingkontrollen anfallen, haben ebenso einen selbständigen Informationswert, wie die Angaben über das Sanktionsverfahren und das Verfahren zur Erteilung Medizinischer Ausnahmegenehmigungen. Sämtliche Informationen werden unter Zuhilfenahme eines zentralen elektronischen Mediums systematisch zusammengetragen und den Zugriffsberechtigten zum Abruf zur Verfügung gestellt. ADAMS kann somit von Athleten und Anti-Doping-Organisationen zum gegenseitigen Datenaustausch verwendet werden. Dass das Medium dabei unterschiedliche Bereiche („tools") beinhaltet, die je nach Bedarf verwendet werden oder deaktiviert sind, ist für die Einordnung des Systems als Datenbank unerheblich. Maßgeblich ist vielmehr, dass ADAMS über einen Datenbestand verfügt, der von der WADA als „Clearingstelle" mit nicht unerheblichem Aufwand verwaltet und gepflegt wird. Folglich stellt ADAMS eine Datenbank dar.

b.) Datenkategorien
Soweit die Anti-Doping-Organisationen ADAMS nutzen, kann die Datenbank folgende Datenkategorien, die die WADA zur Verfügung stellt, enthalten[284]:

- Daten, die die Identität der Athleten betreffen. Diese umfassen Name, Staatsangehörigkeit, Geburtsdatum, Geschlecht, Sportart und Disziplin, in der der Athlet an Wettkämpfen teilnimmt, die Vereine und/oder Sportverbände, denen der Athlet angehört sowie die Angaben, ob der Athlet (nur) auf nationaler oder (auch) auf internationaler Ebene an Wettkämpfen teilnimmt sowie eine Liste sämtlicher Anti-Doping-Organisationen sowie der Zugang zu den Daten der Doping-Kontrollen des Athleten;

- Daten, die die Informationen zu Aufenthaltsort und Erreichbarkeit betreffen. Diese umfassen Angaben zum Training, den Wettkämpfen, Reisen, Aufenthalte zu Hause, Urlaube, sowie alle sonstigen regelmäßigen oder außergewöhnlichen Aktivitäten;

- Daten, die die Organisation der Testpooleinteilung eines Athleten betreffen;

---

[284] Vgl. Informationsblatt für Athleten zur Datenverarbeitung in ADAMS, abrufbar auf der Homepage der NADA unter http://www.nada-bonn.de/fileadmin/user_upload/nada/ADAMS/ADAMS_DP_notice_DE_FINAL.pdf, letzter Aufruf am 18. März 2010.

- Daten, die, sofern vorhanden, die Medizinischen Ausnahmegenehmigungen eines Athleten betreffen und

- Daten, die die Organisation und Durchführung der Dopingkontrollen betreffen. Diese umfassen auch die Probenahme, die Laboranalyse, das Ergebnismanagement und ein eventuelles Sanktionsverfahren, einschließlich eines Rechtsmittelverfahrens.

In Deutschland nutzt die NADA die Datenbank zur Akquirierung von Aufenthalts- und Erreichbarkeitsinformationen der Athleten sowie zur Darstellung der Medizinischen Ausnahmegenehmigungen. Die NADA stellt weder Daten zur Testpooleinteilung noch zur Organisation und Durchführung der Dopingkontrollen in ADAMS ein.

3. Rechtliche Grundlage für die Verwendung von ADAMS
Rechtliche Grundlage für die Nutzung von ADAMS ist ein individualvertragliches Übereinkommen („Agreement") zwischen der WADA und den jeweiligen Anti-Doping-Organisationen[285]. Aus der Ziel- und Zweckbestimmung der Vereinbarung wird ersichtlich, dass die Vertragsparteien die datenschutzrechtlichen Belange maßgeblich auf die einschlägigen geltenden Datenschutzgesetze und -regeln („comply with applicable data protection and privacy laws") stützen. Ferner wird aber auch deutlich, dass diesbezüglich der „International Standard for the Protection of Privacy and Personal Information" (ISPP)[286] spezielle Regeln und Standards statuiert, die es den teilnehmenden Anti-Doping-Organisationen ermöglichen soll, eine einheitliche Grundlage für die Gewährleistung eines Mindeststandards für Datenschutz zu etablieren. Des Weiteren wird festgelegt, welche Funktionen und Nutzungsmöglichkeiten den Anti-Doping-Organisationen, die ADAMS als Datenadministration nutzen wollen, zur Verfügung stehen. Es obliegt den Anti-Doping-Organisationen, ob und in welchem Umfang sie ADAMS nutzen.

---

[285] Ein aktuelles Muster des „Agreements" findet sich auf der Homepage der WADA abrufbar unter http://www.wada-ama.org/rtecontent/document/ADAMS_Legal_Sharing_Information.pdf, letzter Aufruf am 18. März 2010.
[286] Abrufbar auf der Homepage der WADA unter http://www.wada-ama.org/rtecontent/document/IS_PPPI_Final_en.pdf, letzter Aufruf am 18. März 2010.

a.) Zugriffsrechte

Darüber hinaus legt das Übereinkommen fest, welche (Zugriffs-) Rechte den Anti-Doping-Organisationen jeweils zustehen. Die WADA verfügt über ADAMS-Administratoren, die für die Rechtevergabe verantwortlich sind. Sie sind autorisiert, sogenannte „ADAMS User Accounts" zu erstellen und entsprechende Zugriffsrechte zu verteilen. Die WADA vergibt unterschiedliche Arten von Rechte. Zum einen kann der Anti-Doping-Organisation die Möglichkeit eingeräumt werden, in ADAMS ein eigenes „ADAMS User"-Profil der Anti-Doping-Organisation einzurichten. Damit kann die Anti-Doping-Organisation selbständig die Profile der Athleten erstellen, die in den jeweiligen Testpools der Anti-Doping-Organisation registriert werden sollen. Diese umfangreichen Zugriffsrechte („Custodianship") erhalten in erster Linie die internationalen Sport(fach)verbände und die nationalen Anti-Doping-Organisationen.

In dem Übereinkommen werden zudem die Datenkategorien, nach denen von den Anti-Doping-Organisationen Daten der Athleten erhoben werden können, detailliert aufgezählt. Neben den Angaben zur Person (Name, Geburtsdatum, Geschlecht und Nationalität) und den Kontaktdaten wie Adresse, Telefon-, Fax- und Handynummer sowie die E-Mail-Adresse sollen auch sportspezifische Informationen wie Testpoolzugehörigkeit („Registered Testing Pool"), die Sportart, die der Athlet ausübt, Angaben zur Zugehörigkeit zum nationalen und internationalen Sport(fach)verband und dem Hinweis auf die Teilnahme an internationalen Wettkämpfen sowie Informationen über die Anti-Doping-Organisationen, die berechtigt sind, auf die für die Organisation und Durchführung von Dopingkontrollen erforderlichen Daten zuzugreifen, erhoben werden können. Die Anti-Doping-Organisation wird zudem, aufgrund der vertraglichen Basis mit der WADA, autorisiert, die Athletendaten und -profile an andere Anti-Doping-Organisationen zu übertragen, wenn der Athlet beispielsweise von einem Testpool des nationalen Sport(fach)verbandes in den Testpool eines internationalen Sport(fach)verbandes wechselt. Damit erhält die datenempfangende Anti-Doping-Organisation zugleich die ausschließliche Berechtigung („Custodian") das Athletenprofil zu pflegen und „Schreibrechte" wahrzunehmen.

Neben dem „Schreibrecht" kann die WADA den Anti-Doping-Organisationen aufgrund der vertraglichen Grundlage auch ein sogenanntes „Leserecht" einräumen. Ein solches Recht erlaubt es den berechtigten Anti-Doping-Organisationen, nur Athletenprofile in ADAMS einzusehen und zu betrachten. Die Erstellung oder Veränderung von Athletenprofilen ist der Anti-Doping-Organisation nicht gestattet. Anti-Doping-Organisationen, die selbst über ein „Schreibrecht" verfügen, können anderen Anti-Doping-Organisationen, z.B. nationalen Sport(fach)verbänden oder Veranstaltern großer Sportwettkämpfe ein „Leserecht" einräumen.[287] Die Anti-Doping-Organisation, die den Athleten in ihren Registered Testing Pool (RTP) aufgenommen und das individuelle ADAMS-Profil des Athleten erstellt haben, ist federführend verantwortlich für die Informationen des Athleten. Sie werden als Datenverwaltungsorganisationen[288] bezeichnet.

b.) Zugriffsberechtigte Personen

In dem Übereinkommen wird ferner festgelegt, dass die Vertragspartner Systemadministratoren einrichten sollen. Die WADA erfüllt diese Aufgabe dadurch, dass sie eigene ADAMS-Administratoren beschäftigt. Auch die einzelnen Anti-Doping-Organisationen sind demzufolge gehalten, eigene Administratoren, sog. „Organization Administrators", die in technischer Hinsicht die Betreuung der Anti-Doping-Organisationen hinsichtlich ADAMS übernehmen, zu implementieren. Daneben haben nur die Athleten, deren Profil von der Anti-Doping-Organisation angelegt wurde, Zugriff auf die Datenbank. Innerhalb der Anti-Doping-Organisationen ist zu gewährleisten, dass nur diejenigen Personen mit der Datenbank arbeiten, die für die Organisation und Planung der Dopingkontrollen, die Erteilung Medizinischer Ausnahmegenehmigungen oder das Ergebnismanagement von Dopingkontrollen zuständig sind. Der interne Datenaustausch erfolgt dann nach dem „need-to-know-Prinzip"[289] in Übereinstimmung mit dem Zweck des WADA- bzw. NADA-Codes. Art und Weise der personellen und infrastrukturellen Ausgestaltung der Anti-Doping-Organisationen können demzufolge stark variieren.

c.) Offenlegung der Daten gegenüber anderen Anti-Doping-Organisationen

Auf der Grundlage des Übereinkommens ist die Datenverwaltungsorganisation innerhalb der Anti-Doping-Organisation befugt, das Basisprofil des Athleten bestehend aus Namen, Geburtsdatum, Geschlecht und Staatsangehörigkeit

---

[287] In Deutschland ist den nationalen Sport(fach)verbänden von der NADA kein Leserecht eingeräumt worden.

[288] Vgl. Informationsblatt für Athleten über die Datenverarbeitung in ADAMS, abrufbar auf der Homepage der NADA unter http://www.nada-bonn.de/fileadmin/user_upload/nada/ADAMS/ ADAMS_DP_notice_DE_FINAL.pdf, letzter Aufruf am 18. März 2010.

[289] Auch „Prinzip des notwendigen Wissens" genannt, beschreibt ein Sicherheitsziel für geheime Informationen. Auch wenn ein grundsätzlicher Zugriff zu den Informationen gewährt ist, so verbietet das Prinzip des notwendigen Wissens den Zugriff, wenn die Informationen nicht unmittelbar zur Ausführung der Aufgaben der Person erforderlich sind.

zu erstellen. Das Übereinkommen sieht weiter vor, dass das Profil anderer Anti-Doping-Organisationen zur Verfügung gestellt werden kann. Dies dient in erster Linie dazu zu gewährleisten, dass nur ein einziges Profil des Athleten in ADAMS existiert. Schließlich wird dargelegt, dass die Athletendaten über ADAMS ausschließlich für Zwecke der Sicherstellung und Überwachung der Anti-Doping-Bestimmungen des WADA-Codes an andere Anti-Doping-Organisationen übermittelt werden dürfen.[290]

d.) Medizinische Ausnahmegenehmigungen

Zusätzlich sind die Anti-Doping-Organisationen, die die jeweilige Datenverwaltungsorganisation innehaben, vertraglich dazu verpflichtet, der WADA Zugang zu allen Medizinischen Ausnahmegenehmigungen zu gewähren bzw. zu vermitteln. Die internationalen Sport(fach)verbände und die nationalen Anti-Doping-Organisationen informieren die WADA über sämtliche ausgestellten Medizinischen Ausnahmegenehmigungen.[291] Nutzen die Anti-Doping-Organisationen ADAMS nicht zur Übermittlung dieser Informationen, ist anderweitig sicherzustellen, dass die WADA Kenntnis von den maßgeblichen Medizinischen Ausnahmegenehmigungen erlangt. Dies ist eine zwingend umzusetzende und einzuhaltende Vorgabe des WADA-Codes.[292] Medizinische Ausnahmegenehmigungen werden zudem auf der Grundlage des „International Standards for Therapeutic Use Exemptions" erteilt.[293]

e.) Datenschutzbestimmungen

Im Rahmen des Übereinkommens erkennen die Parteien an, dass sie für die Einhaltung der jeweils für sie geltenden Rechtsvorschriften zum Datenschutz und zum Schutz der Privatsphäre verantwortlich sind. Die Anti-Doping-Organisationen sind dazu verpflichtet, Daten nur für den Zweck zu erheben, zu verarbeiten und zu nutzen, für den sie erhoben wurden. Sie müssen den Empfänger dieser Informationen über die Vertraulichkeit der Daten informieren und sie dazu anhalten, diese Daten entsprechend vertraulich zu behandeln.

---

[290] Vgl. Informationsblatt für Athleten über die Datenverarbeitung in ADAMS, abrufbar auf der Homepage der NADA unter http://www.nada-bonn.de/fileadmin/user_upload/nada/ADAMS/ADAMS_DP_notice_DE_FINAL.pdf, letzter Aufruf am 18. März 2010.

[291] Zum Verfahren zur Erteilung Medizinischer Ausnahmegenehmigungen, s. unten 2. Teil, B. III 2.

[292] „International Federations and National Anti-Doping Organizations shall promptly report to WADA through ADAMS the granting of any therapeutic use exemption...", siehe Art. 4.4 WADA-Code 2009, abrufbar auf der Homepage der WADA unter http://www.wada-ama.org/en/World-Anti-Doping-Program/Sports-and-Anti-Doping-Organizations/The-Code/, letzter Aufruf am 18. März 2010.

[293] Dieser Standard ist als Anhang zum UNESCO-Übereinkommen gegen Doping im Sport zudem für die Unterzeichner völkerrechtlich verbindlich.

Die Anti-Doping-Organisationen sind dazu befugt, die Daten an Personen zu übermitteln, die entweder in dem Abkommen oder in dem WADA-Code genannt werden. Die WADA ihrerseits ist dazu befugt, die Daten zur Erfüllung der Pflichten der Anti-Doping-Organisationen gemäß dem WADA-Code zu verarbeiten. Sie ist auch dazu befugt, Daten unter Beachtung der vertraglich festgelegten Kontrollen und vorbehaltlich der Zustimmung der Anti-Doping-Organisationen an Dritte weiterzugeben, die als „Service Provider" mit der Verwaltung und Wartung von ADAMS betraut sind oder sofern dies von einem geltenden Recht, einer Verordnung oder Regierungsbehörde vorgeschrieben ist.[294]

Die Anti-Doping-Organisationen sind des Weiteren vertraglich aufgefordert, für die Umsetzung angemessener Sicherheitsmaßnahmen zu sorgen und den nicht autorisierten Zugang zu den in ADAMS gespeicherten Daten zu verhindern. Im Fall von Datenkorruption, dem Verlust, der Beschädigung oder der fehlerhaften Übertragung von Daten zu einem Zeitpunkt, zu dem sie im Besitz der WADA sind, ist die WADA dazu verpflichtet, angemessene Anstrengungen zur Wiedererlangung oder Wiederherstellung der verloren gegangenen Daten zu unternehmen. Sie übernimmt aber in keinem Fall die Haftung, wenn die Datenkorruption, der Verlust, die Beschädigung oder die fehlerhafte Übertragung der Daten aufgrund des Missbrauchs von ADAMS durch eine Anti-Doping-Organisation oder durch einen Athleten verursacht wurde.

4. Anwendung durch die Athleten

Die Athleten, die über ihre Anti-Doping-Organisation an ADAMS angebunden werden, sind aufgefordert, dass System zu nutzen, um Aufenthalts- und Erreichbarkeitsinformationen („Whereabouts") zur Verfügung zu stellen. In Deutschland bindet die NADA die Athleten des RTP und des NTP an das System an.[295] Die NADA bestimmt dann für jede aufgenommene Sportart die Kriterien für die Aufnahme in den Testpool. Zusammen mit dem jeweiligen nationalen Sport(fach)verband wird der Testpool abgestimmt und für ein Testpooljahr festgelegt.[296] Die Meldepflichten der Athleten hängen von der Zugehörigkeit zum jeweiligen Testpool ab. Sie wurden mit der Einführung des NADA-Codes 2009 neu geregelt. Athleten des RTP der NADA müssen

---

[294] Das Muster-Übereinkommen findet sich auf der Homepage der WADA abrufbar unter http://www.wada-ama.org/rtecontent/document/ADAMS_Legal_Sharing_Information.pdf, letzter Aufruf am 18. März 2010.
[295] Siehe Testpoolpyramide der NADA unter 1. Teil C. II.
[296] Ausführlich zu den Voraussetzungen der Testpoolzusammensetzung siehe 1. Teil C II sowie den Standard für Meldepflichten der NADA, abrufbar auf der Homepage der NADA unter http://www.nada-bonn.de/, letzter Aufruf am 18. März 2010.

nun vor Beginn eines jeden Quartals, zum 25. des Vormonats[297], Angaben über ihren Aufenthaltsort und ihre Erreichbarkeit machen. Dazu sind mindestens die vollständige Postanschrift, die im offiziellen Schriftverkehr zur Benachrichtigung der Athleten genutzt werden kann, die E-Mail-Adresse des Athleten, eine Telefonnummer, durch die die telefonische Erreichbarkeit des Athleten sichergestellt ist sowie Angaben zu einer Behinderung, die das Verfahren der Probenahme oder die Abgabe der Angaben über Aufenthaltsort und Erreichbarkeit beeinflussen könnte, anzugeben. Ebenso ist die ausdrückliche Bestätigung der Einwilligung des Athleten zur Weitergabe seiner Angaben über Aufenthaltsort und Erreichbarkeit an andere Anti-Doping-Organisationen, die befugt sind, ihn einer Dopingkontrolle zu unterziehen, erforderlich. Des Weiteren muss der Athlet für jeden Tag des folgenden Quartals die vollständige Adresse des Ortes angeben, an dem er wohnen wird[298] sowie Namen und Adresse jedes Ortes, an dem der Athlet trainieren, arbeiten oder einer anderen regelmäßigen Tätigkeit nachgehen wird[299]. Schließlich sind auch die üblichen Zeiten für diese Tätigkeiten und der Wettkampfplan für das folgende Quartal, einschließlich des Namens und der Adresse jedes Ortes, an dem der Athlet während des Quartals an Wettkämpfen teilnehmen wird, anzugeben.[300] Die Angaben über Aufenthaltsort und Erreichbarkeit müssen zudem für jeden Tag des folgenden Quartals ein bestimmtes 60-minütiges Zeitfenster zwischen 6.00 Uhr und 23.00 Uhr enthalten, innerhalb dessen der Athlet an einem bestimmten Ort für die Dopingkontrollen erreichbar ist und zur Verfügung steht.

Die Athleten des NTP treffen grundsätzlich die gleichen Meldepflichten wie RTP-Athleten. Sie müssen ihren Meldepflichten ebenfalls durch ordnungsgemäße und rechtzeitige Eintragung in ihr Profil in ADAMS nachkommen.

---

[297] Das heißt zum 25. Dezember, 25. März, 25. Juni und 25. September jedes Jahres.
[298] Zum Beispiel Wohnung, vorübergehende Unterkünfte, Hotels etc.
[299] Zum Beispiel Schule, Universität, Arbeitsstelle.
[300] Zu den Meldepflichten der RTP-Athleten siehe auch den Standard für Meldepflichten der NADA, abrufbar auf der Homepage der NADA unter http://www.nada-bonn.de/, letzter Aufruf am 18. März 2010.

Allerdings entfällt für NTP-Athleten die Angabe und Festlegung des 60-minütigen Zeitfensters.[301] Zur Abgabe seiner „Whereabouts" muss sich der Athlet über die maßgebliche Internetadresse der WADA[302] einloggen. Dazu bedarf es der Eingabe von Benutzernamen und Passwort. Beides wird ihm mit seiner Testpoolbenachrichtigung von der NADA übermittelt. Loggt er sich in sein Profil ein, erhält er einen Überblick über die ihm zur Verfügung stehenden Systemmodule. Unter der Verknüpfung „Mein Profil" und „Meine Aufenthaltsorte" kann der Athlet die von ihm geforderten Informationen eintragen und an das System übermitteln, indem er die Eingaben speichert bzw. sendet.[303] Die Eingabe der „Whereabouts" erfolgt anhand einer Kalender- und Organizerfunktion.

5. Konsequenzen bei fehlerhafter Nutzung – Meldepflichtverletzung

Jeder Athlet ist für die Abgabe und Pflege seiner „Whereabouts" selbst verantwortlich, auch wenn er die praktische Durchführung seiner Meldepflichten auf andere Personen überträgt. Dies gilt sowohl für Individual- als auch für Mannschaftssportler.[304] Die Verantwortung für die Richtigkeit und Vollständigkeit seiner Angaben kann er nicht delegieren. Fehler und Mängel bei den Auskünften und Angaben zum Aufenthaltsort oder der Erreichbarkeit können dazu führen, dass die Planung und Durchführung von Dopingkontrollen misslingt. Wird festgestellt, dass dies auf ein Verschulden des Athleten zurückzuführen ist, ergeben sich aus der Meldepflichtverletzung Konsequenzen.

---

[301] Siehe hierzu ebenfalls die Regelungen des aktuellen Standards für Meldepflichten der NADA, abrufbar auf der Homepage der NADA unter http://www.nada-bonn.de/, letzter Aufruf am 18. März 2010. Athleten des ATP der NADA sind nicht an ADAMS angebunden. Diese Athleten müssen jedoch nach der Testpoolaufnahme ebenfalls ihre vollständige Postanschrift, die zum offiziellen Schriftverkehr zur Benachrichtigung der Athleten genutzt werden kann, ihre E-Mail-Adresse, eine Telefonnummer zu ihrer telefonischen Erreichbarkeit, die Anschrift des Ortes, an dem sie sich gewöhnlich aufhalten sowie einen Rahmentrainingsplan bei der NADA einreichen. Die NADA stellt für die Übermittlung dieser Daten entsprechende Excel-Listen zur Verfügung, die die Sport(fach)verbände zur komprimierten Datenübermittlung ihrer ATP-Athleten nutzen sollen, abrufbar auf der Homepage der NADA unter http://www.nada-bonn.de/athleten/testpools/, letzter Aufruf am 18. März 2010.
[302] https://adams.wada-ama.org, letzter Aufruf am 18. März 2010.
[303] Hinweise zur Eingabe der „Whereabouts" in ADAMS finden sich auf der Homepage der NADA unter http://www.nada-bonn.de/athleten/adams/, letzter Aufruf am 18. März 2010.
[304] Ausnahmen bestehen insoweit bei den sogenannten „Mannschafts-Whereabouts", die der Deutsche Fußball Bund der NADA zur Durchführung von Trainingskontrollen innerhalb der ersten und zweiten Fußballbundesliga übermittelt. Dabei handelt es sich um Informationen über Ort und Zeit sämtlicher Trainingsmaßnahmen sowie Informationen über Freundschaftsspiele und Trainingslager in der spielfreien Zeit. Neben den Mannschafts-Whereabouts sind die Spieler der Nationalmannschaft in den NTP der NADA integriert und an ADAMS angeschlossen. Diese Athleten sind zur Abgabe individueller Whereabouts verpflichtet. Zum Thema Mannschafts-Whereabouts und Datenschutz im Fußball siehe auch ausführlich *Schmidt/Hermonies*, Causa Sport 2009, S. 339 ff.

Unvollständig, falsch oder nicht rechtzeitig abgegebene, d. h. in ADAMS eingetragene „Whereabouts" können Meldepflichtversäumnisse auslösen. RTP- und NTP-Athleten, die ordnungsgemäß über ihre Testpoolzugehörigkeit, die sich daraus ergebenden Meldepflichten und Konsequenzen von Meldepflichtversäumnissen aufgeklärt wurden und das Meldepflichtversäumnis zumindest fahrlässig[305] begangen haben, werden von der NADA mit einem sogenannten „Strike"[306] versehen. Ebenso können fehlerhafte oder falsche „Whereabouts" eines Athleten dazu führen, dass eine geplante Kontrolle nicht durchgeführt werden kann, da der Athlet von den Kontrolleuren nicht angetroffen wird. Die Kontrolleure verlassen sich ebenso wie die NADA, die die Trainingskontrolle in Auftrag gibt, auf die aktuellen Angaben des Athleten. Kommt es zu einem nicht erfolgreichen Kontrollversuch und ist dem betroffenen Athleten zudem ein schuldhaftes Fehlverhalten vorzuwerfen, spricht die NADA auch in diesen Fällen einen „Strike" aus. Athleten des RTP, die innerhalb des von ihnen selbst festgelegten 60-minütigen Zeitfensters nicht an dem angegebenen Ort zur Durchführung einer Dopingkontrolle angetroffen werden und nicht widerlegen können, dass sie dafür kein Verschulden trifft, werden ebenfalls mit einem „Strike" belegt. Hierbei handelt es sich um ein Kontrollversäumnis der Athleten. Nur RTP-Athleten – innerhalb des 60-minütigen Zeitfensters – können ein Kontrollversäumnis begehen. Gegen den von der NADA festgestellten und ausgesprochenen „Strike" kann der Athlet form- und fristgerecht die administrative Überprüfung der Entscheidung durch die NADA veranlassen. Im Rahmen dieser Überprüfung, die vom DOSB durchgeführt wird[307], werden nur formale Aspekte, die zur Entscheidung der NADA eingehalten werden müssen, geprüft. Eine materielle Überprüfung erfolgt grundsätzlich nicht.

Hat ein Athlet innerhalb von 18 Monaten drei „Strikes" bekommen, wird durch den jeweiligen Sport(fach)verband ein Disziplinarverfahren wegen eines Verstoßes gegen Anti-Doping-Bestimmungen eingeleitet. Im Rahmen dieses Verfahrens werden die einzelnen Versäumnisse des Athleten noch einmal vollumfänglich überprüft. In der Konsequenz ergibt sich aus dem Ver-

---

[305] Gemäß dem Standard für Meldepflichten der NADA wird Fahrlässigkeit vermutet, sofern nachgewiesen ist, dass der Athlet über seine Meldepflichten informiert wurde, sie aber nicht erfüllt. Die Vermutung kann von dem betroffenen Athleten nur widerlegt werden, wenn er nachweisen kann, dass kein fahrlässiges Verhalten seinerseits das Meldepflichtversäumnis verursacht oder dazu beigetragen hat.
[306] Synonym für Meldepflicht- oder Kontrollversäumnis. Zum Begriff siehe auch den Informationshinweis der NADA abrufbar unter http://www.nada-bonn.de/athleten/meldepflichten/, letzter Aufruf am 18. März 2010.
[307] Zum Ablauf des Verfahrens siehe die Verfahrensordnung zur Durchführung der Administrativen Überprüfung von Meldepflicht- und Kontrollversäumnissen (VAÜ), Stand 1/2009, abrufbar auf der Homepage der NADA unter http://www.nada-bonn.de/downloads/regelwerke/, letzter Aufruf am 18. März 2010.

halten dann möglicherweise ein Verstoß gegen Art. 2.4 NADA-Code 2009, der mit einer Sperre von ein bis zwei Jahren zu ahnden ist.[308] Aufgrund der Tatsache, dass ein Athlet nicht nur von der nationalen Anti-Doping-Organisation, sondern auch auf internationaler Ebene von seinem internationalen Sport(fach)verband mit Meldepflicht- und Kontrollversäumnissen bedacht werden kann, soweit er von dieser Organisation ebenfalls zur Abgabe seiner Meldepflichten in ADAMS aufgefordert ist, kann es zu „Strikes" von verschiedenen Anti-Doping-Organisationen für denselben Athleten kommen. Wird dabei festgestellt, dass sich Meldepflicht- oder Kontrollversäumnisse für unterschiedliche Sachverhalte ergeben, werden diese addiert. Im Falle von drei „Strikes" innerhalb von 18 Monaten leitet diejenige Anti-Doping-Organisation, die zwei oder mehr „Strikes" gegenüber dem Athleten festgestellt und verhängt hat, die maßgeblichen Schritte zur Durchführung eines Sanktionsverfahrens ein.

6. (Zwischen-) Ergebnis

Die Nutzung der internetbasierten Datenbank ADAMS ermöglicht es den Athleten, den Anti-Doping-Organisationen und der WADA ein einheitliches System zur Koordination und zur Harmonisierung des internationalen Anti-Doping-Kampfes zu nutzen. Insbesondere die Planung und Organisation von Trainingskontrollen wird durch die einfache und unkomplizierte Übermittlung von Daten durch die Athleten an die zuständigen Anti-Doping-Organisationen verbessert. Ein modernes Dopingkontrollsystem ist maßgeblich auf zuverlässige Trainingskontrollen angewiesen. Grundlage dafür sind die Informationen über Aufenthaltsort und Erreichbarkeit der Athleten. Mit ADAMS wird den Athleten ein Hilfsmittel an die Hand gegeben, mit dem sie zeitgemäß mit den Anti-Doping-Organisationen kommunizieren können. Die Verpflichtung zur Abgabe der „Whereabouts" trifft die Athleten, die an das System angebunden sind, unabhängig von der Frage, ob sie ADAMS nutzen (wollen) oder nicht. Fehler bei der rechtzeitigen und vollständigen Übermittlung einzelner Informationen zum Aufenthaltsort oder der Erreichbarkeit gehen auch insoweit zu Lasten des Athleten, mit der Konsequenz eines möglichen Verstoßes gegen Anti-Doping-Bestimmungen.

---

[308] Abrufbar auf der Homepage der NADA unter http://www.nada-bonn.de/, letzter Aufruf am 18. März 2010.

V. Fazit

Das internationale und nationale Dopingkontrollsystem hat sich in den letzten Jahren schnell und intensiv weiterentwickelt. Insbesondere die Zusammenarbeit zwischen Anti-Doping-Organisationen, nationalen und internationalen Sport(fach)verbänden und der WADA haben zu einer deutlichen Verbesserung der Dopingbekämpfung geführt. Die Unterstützung des Dopingkontrollsystems bei Trainingskontrollen sowie im Hinblick auf den gegenseitigen Austausch von Informationen durch die Einführung einer internetbasierten Datenbank hat ebenfalls dazu beigetragen, die internationale Dopingbekämpfung zu verbessern.

D. Datenschutzrechtliche Problematik im Anti-Doping-Kampf

Als Grundlage für Glaubwürdigkeit und Fairness im Anti-Doping-Kampf benötigt der (Leistungs-) Sport ein funktionierendes Dopingkontrollsystem und effektive Dopingkontrollen. Die Vielzahl und Komplexität der Substanzen und Methoden, die gegenwärtig und zukünftig zur illegalen Leistungsmanipulation eingesetzt werden können, die bestehende Anzahl nachgewiesener Verstöße gegen Anti-Doping-Bestimmungen sowie die bestehende Dunkelziffer unentdeckt gebliebener Dopingfälle, veranlasst die Anti-Doping-Organisationen dazu, das Dopingkontrollsystem auszubauen und die Dopingkontrolltätigkeit zu intensivieren. Dabei werden die Athleten allerdings zunehmend in Datenverarbeitungsprozesse integriert. Immer mehr Informationen zum Aufenthaltsort und der Erreichbarkeit der Athleten werden benötigt, um das Dopingkontrollsystem lückenloser zu gestalten. Analyseergebnisse werden langfristig gespeichert, Langzeitstudien erstellt und Blutparameter ausgewertet. Die für die Sport(fach)verbände maßgeblichen Anti-Doping-Bestimmungen von WADA und NADA[309] geben jedoch vor, dass es der effektive und umfassende nationale und internationale Anti-Doping-Kampf erforderlich macht, die Vielzahl unterschiedlicher Daten der Athleten zu erheben, zu verarbeiten und zu nutzen.

Im Folgenden sollen zunächst die allgemeinen nationalen und internationalen datenschutzrechtlichen Grundlagen aufgezeigt werden, bevor in einem weiteren Schritt die einzelnen datenschutzrechtlich relevanten Vorschriften der internationalen und nationalen Anti-Doping-Regelwerke angeführt werden.

---

[309] Vgl. 1. Teil B. VII.

I. Grundlagen des nationalen und europäischen Datenschutzrechts

1. Das „Grund"-Recht auf informationelle Selbstbestimmung

Obwohl eine Legaldefinition des Datenschutzes fehlt, kommt dem Datenschutzrecht ein verfassungsrechtlicher Schutzauftrag zu. Aus § 1 Bundesdatenschutzgesetz (BDSG) ergibt sich der Zweck des Datenschutzrechts. Zweck des BDSG ist es, den Einzelnen davor zu schützen, dass er durch den Umgang mit seinen personenbezogenen Daten in seinem Persönlichkeitsrecht beeinträchtigt wird. Ausgangspunkt des Schutzanspruchs sind dabei weniger die Daten selbst[310], sondern vielmehr die Person, deren Daten verarbeitet werden.[311] Zudem ist der Datenschutz grundrechtlich abgesichert. Maßgeblich für die verfassungsrechtliche Verankerung datenschutzrechtlicher Grundwerte ist das allgemeine Persönlichkeitsrecht. Das Bundesverfassungsgericht hat 1983 im Volkszählungsurteil[312] das Recht auf informationelle Selbstbestimmung als Unterfall des allgemeinen Persönlichkeitsrechts[313] festgelegt. Im Urteil heißt es: „Unter den Bedingungen der modernen Datenverarbeitung wird der Schutz des Einzelnen gegen unbegrenzte Erhebung, Speicherung, Verwendung und Weitergabe seiner personenbezogenen Daten von dem allgemeinen Persönlichkeitsrecht des Art. 2 Abs. 1 i. V. m. Art. 1 Abs. 1 GG umfasst. Das Grundrecht gewährleistet insoweit die Befugnis des Einzelnen, grundsätzlich selbst über die Preisgabe und Verwendung seiner persönlichen Daten zu bestimmen."[314] Das Bundesverfassungsgericht hat damit einen Meilenstein in der Entwicklung des Datenschutzrechts gesetzt, indem es durch die Anerkennung des Rechts auf informationelle Selbstbestimmung die grundrechtliche Dimension des Datenschutzes herausgestellt hat.[315] Insoweit sollte aber weiterhin vom Recht auf informationelle Selbstbestimmung gesprochen werden. Es ist kein eigenständiges Grundrecht.[316] Sowohl die dogmatischen Grundsätze der Verfassung als auch die in der grundlegenden Entscheidung des Bundesverfassungsgerichts festgelegten Kernaussagen legen nahe, dass ein grundrechtlicher Schutz der informationellen Selbstbestimmung von Art. 2 Abs. 1

---

[310] Dies erfolgt im Rahmen der Datensicherung. Maßnahmen gegen Verlust, Zerstörung oder Missbrauch durch Unbefugte regeln die Datenschutzgesetze als begleitende und unterstützende Maßnahmen, vgl. insoweit etwa § 9 BDSG mit entsprechender Anlage.

[311] *Mand*, MedR 2005, S. 565 (566); *Söns*, Biobanken (2008), S. 269.

[312] *BVerfGE* 65, 1 ff.

[313] *BVerfGE* 65, 1 (43); siehe auch *BVerwGE* 121, 115 (124); *Maunz/Dürig/Di Fabio*, GG, Art. 2 Rn. 173; *Stern*, Staatsrecht, IV/1, S. 231.

[314] *BVerfGE* 65, 1 (1); *Dreier*, Grundgesetz, Art. 2 Rn. 50; *Maunz/Dürig/Di Fabio*, GG, Art. 2 Rn. 128; *v. Münch/Kunig/Kunig*, GG, Art. 2 Rn. 30.

[315] *Moos*, Datenschutzrecht, S. 5.

[316] *Fiedler*, CR 1989, S. 131 ff.

GG gewährt wird, dies jedoch kein eigenes Grundrecht begründet.[317] Das Recht auf informationelle Selbstbestimmung macht jede einzelne Person zum „Herrn" über die ihn betreffenden Daten. Das Recht auf informationelle Selbstbestimmung bietet ein Abwehrrecht, das den Einzelnen vor Eingriffen des Staates schützen soll.[318] Alle Informationen über eine Person sind demnach sensibel und schutzbedürftig.[319] Daraus folgt für den Sport und den Anti-Doping-Kampf in Deutschland, dass jeder Athlet unter Ausübung seines Rechts auf informationelle Selbstbestimmung grundsätzlich über die ihn betreffenden Informationen verfügen kann. Zum Schutzbereich zählen auch die medizinischen Daten, die im Rahmen des Verfahrens zur Erteilung von Medizinischen Ausnahmegenehmigungen[320] erhoben werden, sowie die Angaben über Aufenthaltsort und Erreichbarkeit. Darüber hinaus sind die Anti-Doping-Organisationen in Deutschland, vorrangig die nationalen Sport(fach)verbände und die NADA, verpflichtet, bei der Erhebung, Verarbeitung oder Nutzung der Athletendaten im Rahmen der Dopingbekämpfung die Anforderungen an das Recht auf informationelle Selbstbestimmung einzuhalten und die Privatsphäre der Athleten zu achten.[321] Das Recht auf informationelle Selbstbestimmung ist nicht nur die Grundvoraussetzung der freien Persönlichkeitsentfaltung[322], sondern zugleich wesentliche Grundlage der datenschutzrechtlichen Anforderungen an die nationale und internationale Dopingbekämpfung.

2. Richtlinie 95/46 EG – Europäische Datenschutzrichtlinie

Am 24. Oktober 1995 verabschiedete das Europäische Parlament und der Europäische Rat die Richtlinie 95/46/EG zum Schutz natürlicher Personen bei der Verarbeitung personenbezogener Daten und zum freien Datenverkehr.[323] Die Datenschutzrichtlinie bildet im Wesentlichen den europarechtlichen Rahmen für das nationale Datenschutzrecht. Die Datenschutzrichtlinie ist durch die Novellierung des BDSG zum 23. Mai 2001 in nationales Recht umgesetzt worden. Die Umsetzung der Datenschutzrichtlinie trägt zu einer Har-

---

[317] Vgl. *Trute*, in: Roßnagel, Handbuch Datenschutzrecht, Kap. 2.5, Rn. 7; *Simitis/Simitis*, BDSG, § 1 Rn. 46.

[318] *Globig*, in: Roßnagel, Handbuch Datenschutzrecht, Kap. 4.7, Rn. 4.

[319] *BVerfGE* 65, 1 (45); *Pieroth/Schlink*, Grundrechte, Rn. 377 b.

[320] Zum Begriff vgl. Art. 4.4 NADA-Code 2009 und den Standard für Medizinische Ausnahmegenehmigungen der NADA, abrufbar auf der Homepage der NADA unter http://www.nada-bonn.de/, letzter Aufruf am 18. März 2010.

[321] *Schaar*, Anforderungen des Datenschutzes an Dopingkontrollen, S. 3, abrufbar unter http://www.bfdi.bund.de/cln_134/DE/Oeffentlichkeitsarbeit/Infomaterial/BfDInformationsbroschu eren/BfDInformationsbroschueren_node.html, letzter Aufruf am 18. März 2010.

[322] *Simitis/Simitis*, BDSG, Einleitung, Rn. 31.

[323] *Abl. EG* Nr. L 281/31 vom 23. November 1995, S. 31; Im Folgenden Datenschutzrichtlinie genannt.

monisierung des Datenschutzrechts und der Realisierung des europäischen Binnenmarktes bei.[324] Die Datenschutzrichtlinie bestimmt damit auch maßgeblich die Ausgestaltung der europäischen und nationalen Anforderungen an den Datenschutz im Bereich der Dopingbekämpfung.

Inhaltlich verpflichtet sie die Mitgliedsstaaten, durch die Umsetzung in nationales Recht ein gleichwertiges Schutzniveau hinsichtlich der Rechte und Freiheiten von Personen bei der Verarbeitung ihrer Daten zu gewährleisten.[325] Auch die Datenschutzrichtlinie verfolgt das Grundprinzip des Rechts auf informationelle Selbstbestimmung. Nach Erwägungsgrund 30 ist die Verarbeitung personenbezogener Daten nur dann rechtmäßig, „wenn sie auf der Einwilligung der betroffenen Person beruht oder notwendig ist im Hinblick auf den Abschluss oder die Erfüllung eines für die betroffene Person bindenden Vertrags, zur Erfüllung einer gesetzlichen Verpflichtung, zur Wahrnehmung einer Aufgabe im öffentlichen Interesse, in Ausübung hoheitlicher Gewalt oder wenn sie im Interesse einer anderen Person erforderlich ist, vorausgesetzt, dass die Interessen oder die Rechte und Freiheiten der betroffenen Person nicht überwiegen". Dementsprechend stellt die Datenschutzrichtlinie die Erhebung und Verarbeitung von personenbezogenen Daten mit Art. 7 unter ein Verbot mit Erlaubnisvorbehalt. Danach ist die Verarbeitung personenbezogener Daten ohne Einwilligung der betroffenen Person – vorbehaltlich der aufgeführten Ausnahmen – unzulässig.

Eine wichtige Fragestellung berührt zudem Art. 4 der Datenschutzrichtlinie. Hinsichtlich des anwendbaren Datenschutzrechts statuiert sie an dieser Stelle, dass bei Datenverarbeitungen innerhalb des europäischen Wirtschaftsraumes (EWR) grundsätzlich das Recht desjenigen Staates zur Anwendung kommt, in dem das Daten verarbeitende Unternehmen seinen Sitz hat.

In Bezug auf die Weitergabe und Übermittlung personenbezogener Daten überlässt die Datenschutzrichtlinie den Mitgliedsstaaten einen Spielraum bei der Umsetzung. Die Mitgliedsstaaten sollen nach Erwägungsgrund 30 der Datenschutzrichtlinie näher bestimmen, unter welchen Bedingungen personenbezogene Daten, zum Beispiel von Unternehmen, an Dritte weitergegeben werden können. Art. 6 und 7 der Richtlinie legen insoweit allgemeine Grundsätze für die Qualität und die Zulässigkeit der Verarbeitung personenbezogener Daten fest.

---

[324] *Moos*, Datenschutz, S. 13.
[325] Erwägungsgrund 8 zur Datenschutzrichtlinie, *Abl. EG* Nr. L 281/31 vom 23.November 1995, S. 31.

Die Datenschutzrichtlinie beinhaltet zudem in Art. 25 und 26 Sonderregelungen für den Fall der Übermittlung personenbezogener Daten in Drittländer außerhalb der EU, beziehungsweise des EWR.[326] Insbesondere sollen Art. 25, 26 der Datenschutzrichtlinie verhindern, dass die Verarbeitung und Nutzung personenbezogener Daten in Drittländer verlagert wird, um dort eine nach EU-Recht unzulässige Verarbeitung und Nutzung der Daten legal durchführen zu können.[327] Einer Übermittlung personenbezogener Daten in Drittländer steht jedoch dann nichts entgegen, wenn sie innerhalb des Anwendungsbereichs der Datenschutzrichtlinie zulässig wäre und das Drittland ein angemessenes Datenschutzniveau aufweist[328], Art. 25 Abs. 1 Datenschutzrichtlinie.

3. Vertrag von Lissabon – Datenschutzgrundrecht gemäß Art. 8 EU-Charta

Am 1. Dezember 2009 ist schließlich der Vertrag von Lissabon (EUV-Liss.) in Kraft getreten. Art. 6 EUV-Liss. sieht zum einen den Beitritt der Europäischen Union zur Europäischen Menschenrechtskonvention (EMRK) vor, zum anderen bindet er die Europäische Union an die Charta der Grundrechte der Europäischen Union (EU-Charta), die mit Inkrafttreten des Vertrags von Lissabon rechtsverbindlich geworden ist.[329] Art. 8 EU-Charta normiert explizit ein (europäisches) Datenschutzgrundrecht. In den persönlichen Schutzbereich fallen natürliche und juristische Personen, sofern das Grundrecht wesensmäßig auf diese anwendbar ist.[330] Einen Eingriff in Art. 8 EU-Charta stellt die Verarbeitung personenbezogener Daten dar, so wie sie bereits im Sinne der Datenschutzrichtlinie zu sehen ist. Ein Eingriff wird allerdings nicht schrankenlos gewährt. Art. 52 EU-Charta ist insoweit maßgeblich. Danach muss nicht nur jede Einschränkung der Ausübung der in der Charta anerkannten Rechte und Freiheiten gesetzlich vorgesehen sein und den Wesensgehalt dieser Rechte und Freiheiten achten (Abs. 1 Satz 1). Zugleich wird auch festgelegt, dass Einschränkungen nur unter Wahrung des Grundsatzes der Verhältnismäßigkeit vorgenommen werden dürfen, wenn sie erforderlich sind und den von der Europäischen Union anerkannten, dem Gemeinwohl dienenden Zielsetzungen oder den Erfordernissen des Schutzes der Rechte und Freihei-

---

[326] Allerdings beschränkt sich die Richtlinie dabei auf die Regelung der Voraussetzungen einer zulässigen „Übermittlung" personenbezogener Daten in Drittländer, da keine Regelungskompetenz der Europäischen Union für die Verarbeitung personenbezogener Daten von EU-Bürgern in Drittländern besteht; vgl. *Kilian*, Europäisches Wirtschaftsrecht, Rn. 977.

[327] *Bunz/Heil*, Euro-Guide, S. 24.

[328] Siehe auch Erwägungsgrund 56 zur Datenschutzrichtlinie, *Abl. EG* Nr. L 281/31 vom 23. November 1995, S. 31.

[329] *Kühling/Seidel/Sivridis*, Datenschutzrecht, S. 44.

[330] *Kingreen*, in: Calliess/Ruffert (Hrsg.), EUV/EGV, Art. 8 Rn. 12.

ten anderer tatsächlich entsprechen (Abs. 1 Satz 2). Des Weiteren enthält Art. 8 Abs. 2 Satz 1 EU-Charta eine Qualifikation der Einschränkungsgründe. So dürfen Daten „nur nach Treu und Glauben für festgelegte Zwecke und mit Einwilligung der betroffenen Person oder auf einer sonstigen gesetzlichen legitimen Grundlage verarbeitet werden". Damit wird die datenschutzrechtliche Grundrechtsdogmatik durch die primärrechtliche Verankerung von Zweckbindungsgrundsatz und „Zulässigkeitsdreiklang" aus Einwilligung, gesetzlicher Spezial- und Allgemeinregelung ausdrücklich herausgestellt.[331] Zudem normiert Art 8 Abs. 2 Satz 2 EU-Charta einen datenschutzrechtlichen Auskunftsanspruch.

4. Das Bundesdatenschutzgesetz (BDSG)

Der Datenschutz war in Deutschland zunächst einfachgesetzlich durch das BDSG und die Landesdatenschutzgesetze geregelt. Nachdem bereits im Jahre 1970 das Land Hessen ein Landesdatenschutzgesetz als erstes allgemeines Datenschutzgesetz der Welt[332] überhaupt verabschiedet hatte, trat das BDSG am 1. Januar 1979[333] als erste bundeseinheitliche Normierung des allgemeinen Datenschutzrechts in Deutschland vollumfänglich in Kraft.[334] Aufgrund der Vorgaben des Bundesverfassungsgerichts zum Volkszählungsurteil erfuhr das Gesetz vom 20. Dezember 1990, am 1. Juni 1991 als erste BDSG-Novellierung in Kraft getreten, eine grundlegende Reform. Das BSDG wurde per Gesetz vom 18. Mai 2001 mit Wirkung zum 23. Mai 2001 den Anforderungen der Datenschutzrichtlinie angepasst. Damit erfolgte die Umsetzung der Datenschutzrichtlinie durch den deutschen Gesetzgeber erst über zweieinhalb Jahre nach Ablauf der Umsetzungsfrist. Zwar hielt man die grundlegende Modernisierung des bis dahin geltenden Bundesdatenschutzgesetzes für dringend erforderlich[335], nahm aber dennoch aufgrund des drohenden Vertragsverletzungsverfahrens die Grundkonzeption an.[336] Der Zweck des Gesetzes, den Einzelnen vor Beeinträchtigungen seines Persönlichkeitsrechts durch die Verwendung seiner personenbezogenen Daten zu schützen, wurde in § 1 Abs. 1 BDSG beibehalten.

Inhaltlich stellt das BDSG in § 4 Abs. 1 BDSG jede Verwendung personenbezogener Daten unter ein Verbot mit Erlaubnisvorbehalt, nach dem die Er-

---

[331] Vgl. dazu *Kühling/Seidel/Sivridis*, Datenschutzrecht, S. 45.
[332] *Gola/Schomerus*, BDSG, Einl., Rn. 1.
[333] *BGBl. I*, S. 201.
[334] *Gola/Schomerus*, BDSG, Einleitung, Rn. 1.
[335] *Hoffmann-Riem*, DuD 1998, S. 684 (684ff.); *Lutterbeck*, DuD 1998, S. 129 (129 ff.); *Simitis*, DuD 2000, S. 714 (714 ff.).
[336] *Gola/Schomerus*, BDSG, Einleitung, Rn. 11 und 13.

hebung, Verarbeitung oder Nutzung dieser Daten ohne Einwilligung des Betroffenen nur aufgrund des BDSG oder einer anderen Rechtsvorschrift zulässig ist, wodurch der sachliche Anwendungsbereich erweitert wurde. Bezüglich des räumlichen Geltungsbereichs ist für Mitgliedsstaaten des EWR grundsätzlich das Sitzprinzip eingeführt worden. Weiter haben die Aussagen zur Abgabe einer Einwilligung nach § 4 Abs. 1 BDSG in § 4a BDSG eine eigenständige Regelung erhalten. Insbesondere erfasst § 4a Abs. 1 BDSG die Vorgaben von Art. 2 lit. h) der Datenschutzrichtlinie, wonach die Einwilligung „ohne Zwang" erfolgen muss. Ferner erstreckt sich das Erfordernis der Einwilligung auf alle vom BDSG erfassten Phasen des Umgangs mit personenbezogenen Daten. § 4a Abs. 3 BDSG resultiert aus dem in Art. 8 Abs. 3 der Datenschutzrichtlinie verfügten besonderen Schutz sogenannter sensibler Daten gemäß § 3 Abs. 9 BDSG. Maßgeblich sind des Weiteren die Regelungen in §§ 4b und 4c BDSG für den Sonderfall der Übermittlung personenbezogener Daten ins Ausland zu nennen, für den das BDSG von 1990 – zumindest für den nicht-öffentlichen Bereich[337] – noch keine Spezialregelungen vorsah, so dass nach altem Recht die allgemeinen Übermittlungsvorschriften der §§ 28 ff. BDSG von 1990 auf internationale Transfers personenbezogener Daten Anwendung fanden.[338] Die §§ 4b, 4c BDSG sind von der Regelungsstruktur und der Formulierung an die umzusetzenden Art. 25 und 26 der Datenschutzrichtlinie angeglichen worden. Demzufolge sind Datenübermittlungen in Drittländer ohne angemessenes Datenschutzniveau nach § 4b Abs. 2 BDSG grundsätzlich unzulässig, es sei denn, es liegt eine Ausnahme nach § 4c BDSG vor. Wie die Datenschutzrichtlinie vorschreibt, sind Datenübermittlungen im Anwendungsbereich dieser Richtlinie nach § 4b Abs. 1 BDSG als Datenübermittlungen zwischen inländischen Stellen zu behandeln. Schließlich ist der Grundsatz der Direkterhebung von Daten beim Betroffenen eingeführt worden.[339]

Vor dem Hintergrund einiger erheblicher Datenschutzskandale in Deutschland in den vergangenen Jahren[340], der sich daraus ergebenden Kritik von

---

[337] Für den öffentlichen Bereich siehe § 17 BDSG.
[338] *Auernhammer*, BDSG, § 28, Rn. 45 ff.
[339] Eine Übersicht über die maßgeblichen Änderungen und Neuerungen im BDSG 2001 findet sich bei *Moos*, Datenschutz, Einführung S. 8.
[340] Exemplarisch der Fall der Mitarbeiterüberwachung bei dem Lebensmitteldiscounter LIDL, siehe Artikel in *stern.de* vom 15. Dezember 2008, abrufbar unter http://www.stern.de /wirtschaft/news/unternehmen/bespitzelung-bei-lidl-der-skandal-der-die-republik-erschuetterte-649156.html, letzter Aufruf am 18. März 2010. Weitere Datenskandale ereigneten sich in den Jahren 2008 und 2009 unter anderem auch bei der Deutschen Bahn AG, der Deutschen Telekom AG sowie beim internetbasierten, sozialen Netzwerk SchülerVZ.

Verbraucherschützern und der Datenschutzaufsichtsbehörden[341], hat der Bundesgesetzgeber im Jahr 2009 insgesamt drei weitere Novellen des BDSG verabschiedet. Mit Gesetz vom 29. Juli 2009 hat der Gesetzgeber die BDSG-Novelle I[342] und III[343] eingeführt. Die BDSG-Novelle I wird am 1. April 2010 und die BDSG-Novelle III am 11. Juni 2010 in Kraft treten. Inhaltlich wird das Gesetz um Regelungen zur Datenübermittlung an Auskunfteien (§ 28a BDSG) und zur Zulässigkeit von Scoring-Verfahren (§ 28b BDSG) ergänzt. Ferner wird klargestellt, dass bei der Geltendmachung von Datenschutzrechten eine strikte Zweckbindung gilt (§ 6 Abs. 3 BDSG). Die Änderungen legen mehr Transparenz bei automatisierten Einzelentscheidungen (§ 6a BDSG) fest. Zudem ist im Rahmen der BDSG-Novelle III Art. 9 der Verbraucherkreditrichtlinie 2008/48/EG[344] umgesetzt worden.

Mit Gesetz vom 14. August 2009 hat der Gesetzgeber die BDSG-Novelle II[345] verabschiedet. Die Novellierung trat weitestgehend zum 1. September 2009 mit Übergangsregelungen in § 47 BDSG in Kraft. Neu ist, dass der Arbeitnehmerdatenschutz verstärkt normiert wird. Der Katalog der Begriffsbestimmungen in § 3 BDSG wurde um eine Legaldefinition für „Beschäftigte" (§ 3 Abs. 11 BDSG) erweitert und der Umgang mit den Daten von Beschäftigten neu geregelt (§ 32 BDSG). Modifiziert wurden zudem die Regelungen zur Zielbestimmung „Datensparsamkeit und Datenvermeidung" in § 3a BDSG. Die schriftlichen Anforderungen an die Auftragsdatenverarbeitung gemäß § 11 BDSG sind ebenfalls erweitert worden. Schließlich hat der Gesetzgeber den Bußgeldrahmen in § 43 BDSG angehoben. Erstmals ist auch die Verletzung von Auskunftspflichten nach § 34 BDSG mit Bußgeld bedroht. Den Aufsichtsbehörden sind mehr Anordnungsbefugnisse bei der Feststellung materiell rechtswidriger Verarbeitung und Nutzung von Daten eingeräumt worden, um die repressive Verfolgung von Verstößen gegen Datenschutzbestimmungen gesetzlich zu stärken.[346]

---

[341] Vgl. das Gutachten des Unabhängigen Landesdatenzentrums für Datenschutz Schleswig-Holstein (ULD) im Auftrag des Bundesministeriums für Ernährung, Landwirtschaft und Verbraucherschutz (BMVEL), abrufbar unter http://www.bmelv.de/cae/servlet/contentblob/379978/publicationFile/23049/AnhangErhoehungDatenschutzniveau.pdf, letzter Aufruf am 18. März 2010.
[342] BGBl. I, S. 2254.
[343] BGBl. I, S. 2255.
[344] Abl. EU Nr. L 133 vom 25. Mai 2008, S. 61. Nach der Verbraucherkreditrichtlinie 2008/48/EG soll Kreditgebern aus sämtlichen Mitgliedsstaaten bei grenzüberschreitenden Krediten ein diskriminierungsfreier Zugang zu den zur Bewertung der Kreditwürdigkeit des Verbrauchers verwendeten Auskunftssystemen gewährt werden.
[345] BGBl. I, S. 2814.
[346] Eine Übersicht zur Novellierung des BDSG durch die Novellen I – III findet sich bei Gola/Klug, NJW 2009, S. 2577 (2579 ff.) und Roßnagel, NJW 2009, S. 2716 (2717 ff.).

Das Bundesdatenschutzgesetz stellt die gesetzliche Grundlage für den allgemeinen Datenschutz in Deutschland dar. Die datenschutzrechtlichen Bestimmungen des BDSG, die maßgeblich auch im Rahmen der Dopingbekämpfung einzuhalten sind, stehen im Folgenden im Mittelpunkt der Überprüfung, inwieweit der gegenwärtige Anti-Doping-Kampf in Deutschland mit datenschutzrechtlichen Grundwerten vereinbar ist.

II. Datenschutzrechtliche Grundlagen im Anti-Doping-Kampf

1. Art. 14.6 WADA-Code

Ausgangspunkt der aktuellen Regelungen zur Einhaltung des Datenschutzes bei der internationalen Anti-Doping-Bekämpfung ist Art. 14.6 WADA-Code 2009. Darin statuiert die WADA, dass die Anti-Doping-Organisationen zur Erfüllung der Verpflichtungen aus dem WADA-Code personenbezogene Daten von Athleten oder Dritten erheben, speichern, verarbeiten oder übermitteln dürfen. Jede Anti-Doping-Organisation muss dabei sicherstellen, dass der Umgang mit diesen Informationen und Daten mit jeweils anzuwendendem Datenschutzrecht vereinbar ist, ebenso wie der „International Standard for the Protection of Privacy and Personal Information (ISPP)" anerkannt und umgesetzt wird.[347] Damit statuiert der WADA-Code zwei Vorgaben, nach denen die Anti-Doping-Organisationen Datenschutz und Dopingbekämpfung vereinen sollen. Zum einen ist das „jeweils anzuwendende Datenschutzrecht"[348] maßgeblich. Zum anderen ist die Ausführungsbestimmung zum WADA-Code, der ISPP, umzusetzen. „Anzuwendendes" oder „geltendes" (Datenschutz-) Recht ist damit auf die Datenschutzgesetze und Bestimmungen zu beziehen, die für die jeweiligen Anti-Doping-Organisation in ihren Ländern einzuhalten sind. In Deutschland sind die nationalen Sport(fach)verbände sowie die NADA an die nationalen Vorgaben des BDSG gebunden.

---

[347] Art 14.6 „Data Privacy" WADA-Code 2009 lautet: *When performing obligations under the Code, Anti-Doping Organizations may collect, store, process or disclose personal information relating to Athletes and third parties. Each Anti-Doping Organization shall ensure that it complies with applicable data protection and privacy laws with respect to their handling of such information, as well as the International Standard for the protection of privacy that WADA shall adopt to ensure Athletes and non-athletes are fully informed of and, where necessary, agree to the handling of their personal information in connection with anti-doping activities arising under the Code;* abrufbar auf der Homepage der WADA unter http://www.wada-ama.org/en/World-Anti-Doping-Program/Sports-and-Anti-Doping-Organizations/The-Code/, letzter Aufruf am 18. März 2010.

[348] "applicable data protection and privacy laws", Art. 14.6 WADA-Code 2009.

73

2. International Standard (ISPP)

Der International Standard for the Protection of Privacy and Personal Information (ISPP) stellt eine technische und operative Ausführungsbestimmung zum WADA-Code dar.[349] Der ISPP beinhaltet – wie alle „International Standards" – praktische Hilfestellungen, die den Anti-Doping-Organisationen bei der ordnungsgemäßen und einheitlichen Umsetzung des WADA-Codes zur Verfügung stehen sollen. Mit Einführung des WADA-Codes 2009 hat die WADA erstmals allgemeine Ausführungsbestimmungen zum Datenschutz und zum Schutz der Privatsphäre der Athleten erstellt. Die WADA beabsichtigte damit im Bereich der Datenverarbeitung in der Dopingbekämpfung eine Hilfestellung zur Etablierung eines weltweit einheitlichen Mindeststandards zur Verfügung zu stellen.[350]

Hauptziel des ISPP ist es sicherzustellen, dass an der Dopingbekämpfung beteiligte Personen und Organisationen angemessene, ausreichende und wirksame Datenschutzmaßnahmen etablieren, um personenbezogene Daten der Athleten zu erheben, zu verarbeiten oder zu nutzen. Athleten müssen den Anti-Doping-Organisationen eine Vielzahl von Informationen zur Verfügung stellen. Deshalb ist es von entscheidender Bedeutung, dass die Anti-Doping-Organisationen die von ihnen erhobenen oder verwendeten personenbezogenen Daten der Athleten schützen. Dabei hebt die WADA auch im ISPP ausdrücklich hervor, dass der Datenschutz vorrangig nach „geltendem Recht" der Anti-Doping-Organisationen durchzuführen ist. Der ISPP selbst würdigt und unterstreicht die Bedeutung der Datenschutzinteressen der an der Dopingbekämpfung beteiligten Personen und bietet den Anti-Doping-Organisationen eine Grundlage, auf der sie für den Sport verpflichtende Bestimmungen und Normen zum Datenschutz festlegen können.

Inhaltlich gliedert sich der ISPP in zwei Teile. Im ersten Teil werden neben einer Einleitung und der (dargestellten) Zielrichtung des Regelwerks die in Bezug genommenen Vorschriften des WADA-Codes 2009 ausgeführt. Der erste Teil schließt mit einer Übersicht über die verwendeten Fachtermini und Definitionen. Der zweite Teil des Regelwerks beinhaltet die wesentlichen Anforderungen an den Umgang mit personenbezogenen Daten der Athleten. Zu-

---

[349] Vgl. allgemein zu den „International Standards" des WADA-Codes 2009, 1. Teil C. IV. 1. Der gesamte ISPP ist abrufbar auf der Homepage der WADA unter http://www.wada-ama.org/en/World-Anti-Doping-Program/Sports-and-Anti-Doping-Organizations/International-Standards/International-Standard-for-the-Protection-of-Privacy-and-Personal-Information-/, letzter Aufruf am 18. März 2010.

[350] Vgl. Hinweis der WADA zum ISPP unter http://www.wada-ama.org/en/World-Anti-Doping-Program/Sports-and-Anti-Doping-Organizations/International-Standards/International-Standard-for-the-Protection-of-Privacy-and-Personal-Information-/, letzter Aufruf am 18. März 2010.

nächst zeigt der ISPP das Verhältnis des Standards zum national oder international anwendbaren bzw. geltenden Recht auf. Der ISPP wird in Art. 4.1 als Minimalstandard für die Anstrengungen und Bemühungen der Anti-Doping-Organisationen, personenbezogene Daten der Athleten zu erheben, zu verwenden oder zu nutzen normiert. Ausdrücklich (Art. 4.2 ISPP) weist der Standard darauf hin, dass datenschutzrechtliche Vorgaben, nationaler oder internationaler Natur, die über Inhalte dieses ISPP hinausgehen und für die Anti-Doping-Organisationen anwendbar sind, vorrangig oder ergänzend gelten. Im Folgenden enthält der ISPP Regelungen zum Umfang angemessener Datenverarbeitung zu Zwecken der Dopingbekämpfung bei Athleten und Athletenbetreuern. Des Weiteren statuiert der ISPP, dass Anti-Doping-Organisationen personenbezogene Daten nur aufgrund geltender rechtlicher Grundlagen oder mit Einverständniserklärung der betroffenen Athleten, Athletenbetreuern oder Dritter erheben, verarbeiten oder nutzen dürfen. Auch der Austausch von Daten mit anderen Anti-Doping-Organisationen, die Sicherstellung geeigneter Datensicherungsmaßnahmen durch die handelnden Personen und Organisationen und Vorgaben zur Speicherung personenbezogener Daten finden sich in dem Regelwerk. Der ISPP endet schließlich mit dem Hinweis auf die Athletenrechte, Auskünfte über ihre verwendeten Daten von der zuständigen Anti-Doping-Organisation zu erhalten.

Die erste Version des ISPP ist zusammen mit dem WADA-Code 2009 am 1. Januar 2009 etabliert und den Anti-Doping-Organisationen zur Umsetzung zur Verfügung gestellt worden. Zum 1. Juni 2009 hat die WADA eine überarbeitete Fassung des ISPP herausgebracht. Begriffsdefinitionen sind genauso ergänzt und modifiziert worden, wie die Regelungen zur angemessenen Verwendung personenbezogener Informationen und die Vorgaben zur Speicherung der Daten.[351]

3. Datenschutzrechtliche Bestimmungen im NADA-Code 2009

Die NADA hat die Vorgaben zum Datenschutz in Art. 14.6 WADA-Code 2009 ebenfalls aufgenommen und im NADA-Code 2009 berücksichtigt. In Art. 14.6 statuiert das nationale Anti-Doping-Regelwerk Maßgaben zum Umgang der NADA mit personenbezogenen Daten der Athleten. Danach darf die NADA personenbezogene Daten von Athleten und von am Dopingkontrollverfahren beteiligten Dritten „zur Planung, Koordinierung, Durchführung,

---

[351] Eine Übersicht der Änderungen des ISPP als „track changes Version" findet sich auf der Homepage der WADA unter http://www.wada-ama.org/en/World-Anti-Doping-Program/Sports-and-An ti-Doping-Organizations/International-Standards/International-Standard-for-the-Protection-of-Priva cy-and-Personal-Information-/, letzter Aufruf am 18. März 2010.

Auswertung und Nachbearbeitung von Dopingkontrollen" verarbeiten. Des Weiteren wird festgehalten, dass die NADA die Daten vertraulich behandelt und sicherstellt, dass sie im Umgang mit den Daten in Übereinstimmung mit geltendem nationalen Datenschutzrecht sowie dem Standard für Datenschutz handelt. Daten sind zu vernichten, sobald sie für diese Zwecke nicht mehr benötigt werden.[352] Die NADA ist zudem verpflichtet, den ISPP unter Berücksichtigung nationaler Datenschutzbestimmungen umzusetzen und für die nationalen Sport(fach)verbände und Athleten zur Verfügung zu stellen. Mit Einführung des NADA-Codes 2009 ist bislang die englische Originalfassung des ISPP als Grundlage der nationalen Regelung verbindlich geworden. Eine Umsetzung des Regelwerks insbesondere anhand der überarbeiteten Version der WADA von Juni 2009 ist gegenwärtig noch nicht abgeschlossen worden. Eine Einführung ist für Juni 2010 geplant.

4. Art. 29-Datenschutzgruppe

a.) Aufgabenbereich und Kompetenzen

Die Arbeitsgruppe für den Schutz der Rechte von Personen bei der Verarbeitung personenbezogener Daten, kurz: Art. 29-Datenschutzgruppe – eingesetzt durch die EG-Datenschutzrichtlinie 95/46/EG (Datenschutzrichtlinie) des Europäischen Parlaments und des Rates vom 24. Oktober 1995 – ist auf Art. 29 und Art. 30 Abs. 1 lit. a) und Abs. 3 der Datenschutzrichtlinie sowie auf Art. 15 Abs. 3 der Richtlinie 2002/58/EG des Europäischen Parlaments und des Rates vom 12. Juli 2002 und auf Art. 255 EG-Vertrag (EGV) und auf die Verordnung (EG) Nr. 1049/2001 des Europäischen Parlaments und des Rates vom 30. Mai 2001 über den Zugang der Öffentlichkeit zu Dokumenten des Europäischen Parlaments und der Kommission gestützt. Sie setzt sich aus Vertretern der unabhängigen Kontrollstellen der Mitgliedstaaten sowie einem Vertreter der Kommission zusammen und ermöglicht somit ihre laufende Zusammenarbeit auf der Ebene der Gemeinschaft.[353]

Hauptaufgabe und Rolle der Art. 29-Datenschutzgruppe ist in der Harmonisierungsfunktion bei der einheitlichen Anwendung des Gemeinschaftsrechts zu sehen.[354] Diese Rolle ist ihr durch Art. 30 Abs. 1 lit. a) Datenschutzrichtlinie zugewiesen. Auf Gemeinschaftsebene soll eine Arbeitsgruppe für den

---

[352] Vgl. Art. 14.6 NADA-Code 2009, abrufbar auf der Homepage der NADA unter http://www.nada-bonn.de/, letzter Aufruf am 18. März 2010.
[353] *Di Martino*, Datenschutz im europäischen Recht (2005), S. 56.
[354] Zur Wahrnehmung weiterer Aufgabenbereiche der Art. 29-Datenschutzgruppe siehe *Alonso Blas*, Towards an uniform application of European Data Protection Rules, S. 4 f.

Schutz der Rechte von Personen bei der Verarbeitung personenbezogener Daten eingesetzt werden, die ihre Aufgaben in völliger Unabhängigkeit wahrzunehmen hat. Unter Berücksichtigung dieses besonderen Charakters hat sie die Kommission in allen datenschutzrelevanten Gemeinschaftsvorhaben (Art. 30 Abs. 1 c) zu beraten und insbesondere zur einheitlichen Anwendung der zur Umsetzung dieser Richtlinie erlassenen einzelstaatlichen Vorschriften beizutragen.[355] Allerdings hat die Art. 29-Datenschutzgruppe keine Befugnisse, eigene Entscheidungen zu treffen, die andere Organe oder Stellen rechtlich binden.[356] Ihre Stellungnahmen und Empfehlungen können der EU-Kommission jedoch als Diskussions- und Entscheidungsgrundlage dienen. Gemäß Art. 30 Abs. 5 Datenschutzrichtlinie ist die EU-Kommission gegenüber der Art. 29-Datenschutzgruppe verpflichtet, sie über getroffene Maßnahmen und Konsequenzen zu unterrichten, die die Kommission aus den Stellungnahmen und Empfehlungen gezogen hat. Durch ihre stetige Beratungsmöglichkeit erwächst der Art. 29-Datenschutzgruppe über die formalkonzeptionell begrenzte Wirkung ihres beratenden Charakters ein nicht unerhebliches Beeinflussungspotential.[357] Im Laufe der Zeit hat sich gezeigt, dass sich die Art. 29-Datenschutzgruppe über die Erarbeitung spezifischer Anforderungskataloge quasi kraft versammelten Sachverstandes als Standardsetzer erwiesen und etabliert hat.[358] Nicht zuletzt aufgrund der Zusammensetzung aus Vertretern nationaler Datenschutz- und Kontrollbehörden resultiert ihr Anspruch auf eine starke Meinungsführerschaft und lässt sie zu einem „Sprachrohr" der europäischen Kontrollstellen bei der Richtlinienanwendung mit norminterpretierendem und konkretisierendem Charakter werden.[359]

Die Art. 29-Datenschutzgruppe verkörpert die Verbindung zwischen einer unverändert nationalen Kontrolle und der in der Datenschutzrichtlinie materialisierten supranationalen Verantwortung für einen effizienten Datenschutz.[360] Gerade bei der Auslegung und Bewertung der Richtlinienbestimmungen als Maßstab für die nationalen Regelungen fällt ihr ein Grad an Autorität zu, der bei der Interpretation nationaler Regelungen sonst nur Gesetzesmaterialien und Gerichtsentscheidungen zukommt. Gerade die Stellungnahmen der Art. 29-Datenschutzgruppe werden im nationalen und europäischen Datenschutzrecht als Rechtsquellen angesehen, denen mehr als eine bloße Empfehlung zur

---

[355] Siehe Erwägungsgrund Nr. 65 zur Datenschutzrichtlinie, *Abl. EG* Nr. L 281/31 vom 23. November 1995, S. 31.
[356] *Ehmann/Helfrich*, EG-Datenschutzrichtlinie, Art. 30, Rn. 16; *Büllesbach*, Transnationalität und Datenschutz, S. 43.
[357] *Dammann/Simitis*, EG-Datenschutzrichtlinie, Art. 30, Rn. 9.
[358] *Büllesbach*, Transnationalität und Datenschutz, S. 43.
[359] *Büllesbach*, Transnationalität und Datenschutz, S. 43.
[360] *Heil, H.*, Die Artikel 29-Datenschutzgruppe, DuD 1999, S. 471.

Anwendung, ein nahezu Recht setzender Charakter zukommen kann. Dies steht zwar nicht im Einklang mit den originären Kompetenzen und Zuständigkeiten der Art. 29-Datenschutzgruppe, zeigt aber, dass ihre Vorschläge und Empfehlungen faktische Durchsetzungskraft haben. Angesichts der zunehmenden Internationalisierung rechtlicher Sachverhalte bekommt die übergreifende Harmonisierung und die damit verbundene Vermeidung von Jurisdiktionskonflikten weitere Bedeutung.[361] Die von der Art. 29-Datenschutzgruppe erarbeiteten Anforderungen und Empfehlungen sind daher fast durchgängig wegweisend. Allerdings bleibt trotz oder gerade wegen ihrer weiten Aufgabenzuweisung als „Harmonisierungswächterin" ein kritischer Blick auf die Stellung der Art. 29-Datenschutzgruppe bestehen.

b.) Stellungnahmen zum WADA-Code und zum ISPP
Die Generaldirektion und Kultur (GD EAC) der Europäischen Kommission[362] hat die Art. 29-Datenschutzgruppe im Jahr 2008 gebeten, eine Stellungnahme zum Entwurf des von der WADA erarbeitenden ISPP abzugeben. In der Stellungnahme 3/2008 (WP 156)[363] vom 1. August 2008 hat die Art. 29-Datenschutzgruppe schließlich eine erste datenschutzrechtliche Einschätzung des ISPP vorgenommen.

---

[361] Vgl. *Büllesbach*, Transnationalität und Datenschutz, S. 44.

[362] Die Generaldirektion Bildung, Kultur- und kulturelles Erbe, Jugend und Sport wirkt gerade im kulturellen Bereich unterstützend bei der Verwirklichung der übergeordneten Ziele und Werte des Europarates mit. Der Schutz des Sports vor Doping, Drogen und Gewalt ist ebenfalls ein Hauptanliegen, das in den Zuständigkeitsbereich der Direktion fällt. Aufgrund dieser generellen Zuständigkeit für die Dopingbekämpfung hat die Generaldirektion die Art. 29 Datenschutzgruppe mit der Stellungnahme zum Internationalen Datenschutzstandard beauftragt. Siehe dazu auch die Einleitung der Stellungnahme 3/2008 der Art. 29. Datenschutzgruppe vom 1. August 2008, abrufbar unter http://ec.europa.eu/justice_home/fsj/privacy/docs/wpdocs/2008/wp156_de.pdf, letzter Aufruf am 18. März 2010.

[363] Abrufbar unter http://ec.europa.eu/justice_home/fsj/privacy/docs/wpdocs/2008/wp156_de.pdf, letzter Aufruf am 18. März 2010.

aa.) Zuständigkeit der Art. 29-Datenschutzgruppe

Die Zuständigkeit der Art. 29-Datenschutzgruppe, zu dem internationalen Regelwerk einer privaten Organisation Stellung zu nehmen, ist unproblematisch.[364] Die Prüfung und Stellungnahme zum WADA-Code und dessen Ausführungsbestimmungen in datenschutzrechtlicher Hinsicht sind nicht von der originären Prüfungsaufgabe der Art. 29-Datenschutzgruppe erfasst. Die Stellungnahme war weder auf die Prüfung einzelstaatlicher Vorschriften im Zusammenhang mit der Umsetzung der Datenschutzrichtlinie, vgl. Art. 30 Abs. 1 lit. a) Datenschutzrichtlinie, dem Schutzniveau in der Gemeinschaft oder Drittländern, vgl. Art. 30 Abs. 1 b) Datenschutzrichtlinie noch auf die Beratung der Kommission bei Änderungen der Richtlinie, vgl. Art. 30 Abs. 1 lit. c) Datenschutzrichtlinie oder auf Empfehlungen zu Verhaltensregeln auf Gemeinschaftsebene, vgl. Art. 30 Abs. 1 lit. d) Datenschutzrichtlinie bezogen. Die datenschutzrechtlichen Fragestellungen der Organisation und Durchführung der internationalen Dopingbekämpfung berühren zunächst keinen dieser Aufgabenkreise. Gemäß Art. 30 Abs. 3 Datenschutzrichtlinie ist es der Art. 29-Datenschutzgruppe dem Grunde nach erlaubt, Empfehlungen zu allen Fragen abzugeben, die den Schutz von Personen bei der Verarbeitung personenbezogener Daten in der Gemeinschaft betreffen. Diese Vorschrift gibt ihr daher ein Initiativrecht für das gesamte Gebiet des Schutzes personenbezogener Daten.[365] Das Ersuchen der Art. 29-Datenschutzgruppe durch die GD EAC begründet demnach die rechtmäßige Zuständigkeit, Empfehlungen und Vorschläge zum WADA-Code und seiner Ausführungsbestimmungen abzugeben. Mit der Selbstverpflichtung der EU-Mitgliedsstaaten aus dem UNESCO-Übereinkommen gegen Doping im Sport aus dem Jahre 2005[366] wurde nicht nur die Unterstützung der WADA auf internationaler Ebene beschlossen, sondern zugleich auch die Umsetzung der von ihr vorgegeben Anti-Doping-Regelwerke anerkannt. Soweit die WADA daher mit dem ISPP internationale Datenschutzstandards einführt, tangieren diese Regelwerke datenschutzrechtliche Belange betroffener Athleten innerhalb der EU. Sowohl in formeller als auch in materieller Hinsicht ist die Prüfkompetenz der Art. 29-Datenschutzgruppe damit nicht zu beanstanden.

---

[364] Anders: *Giesen*, Gutachten zur Stellungnahme 3/2008 der „Artikel-29-Datenschutzgruppe" bei der EU-Kommission zum Entwurf eines Internationalen Datenschutzstandards des Welt-Anti-Doping-Codes vom 1. August 2008, S. 2 ff., abrufbar auf der Homepage der WADA unter http://www.wada-ama.org/Documents/World_Anti-Doping_Program/WADP-IS-PPPI/WADA_ISP P_German_Legal_Opinion_GER.pdf, letzter Aufruf am 18. März 2010.
Giesen stellt die dogmatischen Voraussetzungen zum Tätigwerden der Art. 29-Datenschutzgruppe in den Mittelpunkt. Geht dabei aber auf ihre primäre Beratungsfunktion für die Kommission in datenschutzrechtlichen Fragen jedoch nicht ein.
[365] *Ehmann/Helfrich*, EG-Datenschutzrichtlinie, Art. 30, Rn. 13.
[366] Siehe oben 1. Teil B. III 3.

bb.) Inhalt

Die Art. 29-Datenschutzgruppe untersuchte die Vereinbarkeit des ISPP mit dem Schutzniveau, dessen Gewährleistung die europäischen Datenschutzbestimmungen mindestens verlangt. Systematisch analysierte sie sämtliche Normen und Bestimmungen des ISPP auf ihre Vereinbarkeit mit europäischem Datenschutzrecht. Grundlage für die vergleichende Untersuchung waren dabei die datenschutzrechtlichen Regelungen in der Datenschutzrichtlinie. Abschließend stellte die Art. 29-Datenschutzgruppe fest, dass der Entwurf des ISPP nicht mit dem grundlegenden Mindestschutzniveau der Datenschutzrichtlinie vereinbar sei. Gleichzeitig gab die Art. 29-Datenschutzgruppe allerdings eine Vielzahl von Empfehlungen zur Verbesserung und Modifizierung des WADA-Regelwerks. Zudem bat sie die WADA, einige offene und nicht abschließend von ihr geprüfte bzw. beurteilbare Punkte klarzustellen. Infolge der ersten Stellungnahme der Art. 29-Datenschutzgruppe kam es zu einem regen Austausch europäischer Datenschützer mit Vertretern der WADA. Ziel der europäischen Vertreter war es, die Einführung des ISPP zum 1. Januar 2009 zu verhindern, den ISPP anhand der Vorschläge und Empfehlungen der Art. 29-Datenschutzgruppe zu überarbeiten und erst zu einem späteren Zeitpunkt in Kraft treten zu lassen. Nach einer umfangreichen Diskussion und kritischen Abwägung der entgegenstehenden Interessen konnte sich die Position Europas, gestützt auf die erste Stellungnahme der Art. 29-Datenschutzgruppe nicht durchsetzen. Sämtliche außereuropäischen Mitglieder überzeugte die Argumentation nicht, so dass die WADA den ISPP unverändert zum 1. Januar 2009 als Ausführungsbestimmung zum WADA-Code 2009 implementierte.[367] Die überwiegende Mehrheit der internationalen Anti-Doping-Organisationen und des Sports hielten den ISPP für erforderlich, um weltweit einheitliche (Mindest-) Standards zum Schutz personenbezogener Daten und zum Schutz der Privatsphäre der Athleten sicherzustellen.

Auch mit Einführung des ISPP Anfang Januar 2009 riss die Debatte um die datenschutzrechtliche Rechtmäßigkeit des ISPP in Europa nicht ab. In der Folgezeit kam es zu mehreren Diskussionen zwischen Vertretern europäischer Datenschutzorganisationen und Vertretern der EU-Kommission. Im April 2009 in Madrid einigten sich schließlich die europäischen Vertreter mit der WADA darauf, dass der ISPP überarbeitet werde, um einige datenschutzrechtliche Mindeststandards, die in Europa maßgeblich sind, in das Regel-

---

[367] Siehe zur (historischen) Entwicklung des ISPP und dessen Einführung auch die Ausführungen der WADA abrufbar auf ihrer Homepage unter http://www.wada-ama.org/en/World-Anti-Doping-Program/Sports-and-Anti-Doping-Organizations/International-Standards/International-Standard-for-the-Protection-of-Privacy-and-Personal-Information-/QA-on-Protection-of-Privacy/, letzter Aufruf am 18. März 2010.

werk mit einfließen zu lassen. Die modifizierte Fassung des ISPP ist dann zum 1. Juni 2009 in Kraft getreten.[368]

Zeitgleich mit der Einigung zwischen den Vertretern der EU und der WADA zur Überarbeitung des ISPP hat die Art. 29-Datenschutzgruppe eine zweite Stellungnahme 4/2009 (WP 162)[369] zum ISPP veröffentlicht. Grundlage der Stellungnahme waren erneut die entsprechenden Vorschriften des WADA-Codes 2009. Darüber hinaus bezog die Art. 29-Datenschutzgruppe aber auch andere Datenschutzfragen aus dem Bereich des Anti-Doping-Kampfes im Sport durch die WADA und durch (nationale) Anti-Doping-Organisationen mit in ihre Stellungnahme ein. Die geplanten bzw. bevorstehenden Änderungen des ISPP waren aufgrund der zeitlichen Überschneidung nicht Gegenstand der Ausführungen. Maßgeblich waren der WADA-Code und der ISPP mit Stand vom 1. Januar 2009. Die Art. 29. Datenschutzgruppe knüpfte zudem an die Ausführungen in ihrer vorherigen Stellungnahme aus August 2008 an. Sie stellte positiv heraus, dass in dem in Kraft getretenen Datenschutzstandard einige Anmerkungen und Empfehlungen aus der Stellungnahme aufgegriffen und von der WADA berücksichtigt worden seien. Die zweite Stellungnahme der Art. 29-Datenschutzgruppe betraf daher vor allem die Punkte, die ihrer Ansicht nach mit den europäischen Anforderungen an den Schutz der Privatsphäre und personenbezogener Daten weiterhin nicht vereinbar und daher problematisch seien. Die Art. 29-Datenschutzgruppe stellte ferner den Grundsatz des ISPP heraus, nachdem dieser als festgelegtes Mindestregelwerk zum Datenschutz von Anti-Doping-Organisationen, die den WADA-Code anerkennen, unbeschadet strengerer Vorschriften oder Normen, die sie möglicherweise nach einzelstaatlichem Recht beachten müssen, anzuwenden ist. Die Art. 29-Datenschutzgruppe betonte ausdrücklich, dass die für die Datenverarbeitung Verantwortlichen in der EU für die Verarbeitung der Daten in Übereinstimmung mit dem einzelstaatlichen Recht verantwortlich sind und deshalb der WADA-Code und der ISPP unberücksichtigt gelassen werden müssen, soweit diese Regelwerke dem einzelstaatlichen Recht widersprechen.[370]

Inhaltlich untersuchte die Art. 29-Datenschutzgruppe neben den Regelungen des ISPP zudem auch die materiellen Bestimmungen des WADA-Codes sowie der ADAMS-Datenbank. Die Bestimmungen des Anti-Doping-

---

[368] Siehe oben unter 1. Teil D. II. 2.
[369] Abrufbar unter http://ec.europa.eu/justice_home/fsj/privacy/docs/wpdocs/2009/wp162_de.pdf, letzter Aufruf am 18. März 2010.
[370] *Art. 29-Datenschutzgruppe*, WP 162, S. 3, abrufbar unter http://ec.europa.eu/justice_home /fsj/privacy/docs/wpdocs/2009/wp162_de.pdf, letzter Aufruf am 18. März 2010.

Regelwerks zur Abgabe von Aufenthalts- und Erreichbarkeitsinformationen durch die Athleten wurde ebenso berücksichtigt, wie der Datentransfer über ADAMS nach Kanada und in andere Staaten außerhalb der EU, der Zeitraum der Speicherung und der Sanktionen.

III. Fazit

Die Grundlagen für die nationale und internationale Dopingbekämpfung sind demnach maßgeblich an den Vorgaben der Datenschutzrichtlinie, gestützt durch den Vertrag von Lissabon und die nunmehr rechtsverbindliche primärrechtliche Ausgestaltung des Datenschutzes in Art. 8 EU-Charta, insbesondere aber an der nationalen Umsetzung des europäischen Datenschutzstandards durch das BDSG zu messen. Des Weiteren bedürfen auch die beiden Voten der Art. 29-Datenschutzgruppe zum Datenschutz im WADA-Code sowie dem ISPP einer besonderen Aufmerksamkeit beim Fortgang der Untersuchung. Diese Kernelemente datenschutzrechtlich verbindlicher Vorgaben sollen deshalb im folgenden zweiten Teil der Arbeit die Basis für die Analyse der Spannungsfelder sein, in denen die Dopingbekämpfung maßgeblich mit dem Datenschutz in Konflikt tritt.

2. Teil: Besondere (datenschutz-) rechtliche Probleme im Anti-Doping-Kampf

Der Datenschutz tangiert die Dopingbekämpfung in vielen unterschiedlichen Bereichen. Insbesondere die Anti-Doping-Organisationen benötigen Informationen und Daten der Athleten bei der Statuierung ihres Dopingkontrollsystems. Die Verarbeitung personenbezogener Daten der Athleten bewirkt jedoch einen Eingriff in deren Persönlichkeitsrechte und bedarf stets einer rechtlichen Legitimation. Neben der Untersuchung der Frage, inwieweit privatrechtlich gesetzte Regeln des Sports mit gesetzlichen Normen im Einklang stehen, ist vor allem herauszustellen, ob und wie die maßgeblichen Begrifflichkeiten und Definitionen der staatlichen Datenschutzbestimmungen in der Praxis der Dopingbekämpfung zur Anwendung kommen.

A. Verantwortliche Stelle

Für die Feststellung, wen die Rechte und Pflichten aus der Datenverarbeitung im Rahmen der Dopingbekämpfung betreffen, ist als Erstes zu bestimmen und – soweit erforderlich – abzugrenzen, wer für die Datenverarbeitung verantwortlich ist.

I. Anti-Doping-Organisationen als verantwortliche Stellen

Die Datenschutzrichtlinie definiert „die für die Verarbeitung Verantwortlichen" gemäß Art. 2 lit. d) Satz 1 als „die natürliche oder juristische Person, Behörde, Einrichtung oder jede Stelle, die allein oder gemeinsam mit anderen über die Zwecke und Mittel der Verarbeitung von personenbezogenen Daten entscheidet". „Stelle" im Sinne dieser Definition ist nicht jede Organisationseinheit einer Behörde oder eines Unternehmens, die die Daten tatsächlich speichern, sondern auch jede juristische Person, die dieser Organisationseinheit, einschließlich aller Abteilungen und Unterabteilungen, angehört.[371] Im BDSG ist der Begriff der „verantwortlichen Stelle" in § 3 Abs. 7 legaldefiniert. Umfasst ist danach jede Person oder Stelle, die personenbezogene Daten für sich selbst erhebt, verarbeitet oder nutzt oder dies durch andere im Auftrag vornehmen lässt. Die Verantwortlichkeit ist nicht davon abhängig, dass die betroffene Stelle die Daten selbst erhebt oder verarbeitet.

Anti-Doping-Organisationen im Sinne der Definition des WADA- bzw. NADA-Codes[372] sind demnach für die Datenverarbeitung Verantwortliche bzw. verantwortliche Stellen. Auf die jeweilige Organisationsstruktur kommt es nicht an. In Deutschland ist neben den nationalen Sport(fach)verbänden auch die NADA, als verantwortliche Stelle im Sinne des BDSG, entsprechender Normadressat.

II. Öffentliche oder nicht-öffentliche Stelle i. S. d. BDSG

Maßgeblich für die Zulässigkeitsvoraussetzungen, die Betroffenenrechte und die Aufsicht ist zudem die Frage, ob es sich bei den nationalen Anti-Doping-Organisationen um öffentliche oder nicht-öffentliche Stellen im Sinne des BDSG handelt. Das BDSG nimmt in Abweichung von der Datenschutzrichtlinie eine Differenzierung zwischen öffentlichen und nicht-öffentlichen Stellen vor. Dies ist grundsätzlich zulässig, da die Richtlinie eine solche Unterscheidung nicht verbietet.[373] Schon der Anwendungsbereich der Rechtsnormen des BDSG hängt also von der Beantwortung dieser Frage ab. Für öffentliche Stellen findet das BDSG vollumfänglich Anwendung, während für nicht-öffentliche Stellen das BDSG mit Ausnahme des zweiten Abschnitts gilt.

---

[371] *Gola/Schomerus*, BDSG, § 3 Rn. 48.
[372] Siehe oben 1. Teil C. I und IV.
[373] *Kühling/Seidel/Sivridis*, Datenschutzrecht, S. 123; *Däubler/Klebe/Wedde/Weichert*, Basiskommentar zum BDSG, § 2 Rn. 3; *Wuermeling*, DB 1996, S. 663; a.A. *Brühann*, RDV 1996, S. 12.

Soweit die nationalen Sport(fach)verbände als Anti-Doping-Organisationen fungieren, ist eine Einordnung als nicht-öffentliche Stelle im Sinne des § 2 Abs. 4 BSDG unproblematisch. Die nationalen Sport(fach)verbände sind in der Regel nicht wirtschaftliche, eingetragene Vereine gemäß § 21 ff. BGB.[374] Fraglich ist aber, wie die NADA diesbezüglich einzuordnen ist. Als zentrale Stelle für die Dopingbekämpfung im (Leistungs-)Sport in Deutschland ist die NADA in der Rechtsform einer Stiftung des Bürgerlichen Rechts aufgestellt. Im Folgenden soll nun vertieft werden, ob die NADA eine öffentliche oder nicht-öffentliche Stelle im Sinne des BDSG ist.

1. Öffentliche Stelle

Unter den Begriff der öffentlichen Stelle gemäß § 2 Abs. 1 und Abs. 2 BDSG fällt der gesamte Bereich der Betätigung der öffentlichen Hand[375], d. h. die Behörden, die Organe der Rechtspflege und andere öffentlich-rechtlich organisierte Einrichtungen ungeachtet ihrer Rechtsform. Zudem gelten Vereinigungen des privaten Rechts von öffentlichen Stellen des Bundes und der Länder, die Aufgaben der öffentlichen Verwaltung wahrnehmen gemäß § 2 Abs. 3 BDSG, ungeachtet der Beteiligung nicht öffentlicher Stellen, als öffentliche Stellen des Bundes. Voraussetzung dafür ist, dass sie über den Bereich eines Landes hinaus tätig werden oder dem Bund die absolute Mehrheit der Anteile gehört oder die absolute Mehrheit der Stimmen zusteht. § 2 Abs. 4 Satz 2 BDSG fasst auch nicht-öffentliche Stellen hierunter, soweit sie hoheitliche Aufgaben der öffentlichen Verwaltung wahrnehmen. Hiermit ist der Fall beliehener Unternehmen gemeint[376].

a.) Öffentliche Stelle des Bundes, § 2 Abs. 1 BDSG

Öffentliche Stellen des Bundes sind gemäß § 2 Abs. 1 BDSG grundsätzlich die Behörden, Organe der Rechtspflege und andere öffentlich-rechtlich organisierte Einrichtungen des Bundes. Obgleich die Behörde die klassische und wichtigste Organisationseinheit ist[377], definiert das BDSG den Begriff nicht. Insbesondere für die Frage nach der verantwortlichen Stelle wäre eine solche Definition von nicht unerheblicher Bedeutung. Mangels eigener Definition ist daher zwangsläufig auf die Definition des Behördenbegriffs in anderen Gesetzen zurückzugreifen. Maßgebend ist insoweit die Legaldefinition in den

---

[374] Vgl. 1. Teil A. II.
[375] *Gola/Schomerus*, BDSG, § 2 Rn. 4.
[376] Dazu zählen beispielsweise der Technische Überwachungsverein („TÜV"), soweit seine Mitarbeiter hoheitlich tätig werden; vgl. *Bergmann/Möhrle/Herb*, BDSG, § 2 Rn. 14.
[377] *Gola/Schomerus*, BDSG, § 2 Rn. 6.

Verwaltungsverfahrensgesetzen. So definiert § 1 Abs. 4 VwVfG die Behörde als jede Stelle, die Aufgaben der öffentlichen Verwaltung wahrnimmt. Unter Zugrundelegung des weiten Behördenbegriffs[378] sind Behörden ohne Rücksicht auf die konkrete Bezeichnung als Behörde, Amt oder nach dem Behördenleiter alle vom Wechsel der in ihnen tätigen Personen unabhängigen, mit hinreichender organisatorischer Selbständigkeit ausgestatteten Einrichtungen, denen Aufgaben der öffentlichen Verwaltung und entsprechende Zuständigkeiten zur eigenverantwortlichen Wahrnehmung und zum Handeln mit Außenwirkung in eigener Zuständigkeit und im eigenen Namen übertragen sind.[379]

Dieser Begriffsdefinition der öffentlichen Stelle ist die NADA jedoch nicht zuzuordnen. Die NADA ist keine öffentliche Stelle des Bundes. Sie ist eine rechtsfähige Stiftung Bürgerlichen Rechts gemäß § 80 BGB, finanziert und gestützt nach dem sogenannten Stakeholder-Modell.[380] Sie ist eine rechtlich und tatsächlich selbständig handelnde juristische Person. Weder originär noch kraft übertragenen Amtes nimmt sie hoheitliche Aufgaben des Bundes wahr.

b.) Sonstige öffentlich-rechtlich organisierte Einrichtungen
Die Auffangklausel der sonstigen öffentlich-rechtlich organisierten Einrichtungen soll gewährleisten, dass tatsächlich alle Bereiche staatlichen Handelns unabhängig von ihrer Erscheinungsform erfasst werden.[381] Hierzu gehören auch die Vereinigungen von juristischen Personen des öffentlichen Rechts, also Körperschaften, Anstalten oder Stiftungen, gleichgültig, ob diese öffentlich-rechtlich oder privatrechtlich organisiert sind. Maßgeblich ist insoweit allein die Struktur der Mitglieder.[382]

Dem Grunde nach könnte die NADA als Stiftung des Privatrechts als Vereinigung im Sinne der Norm unter diese Auffangklausel fallen. Der Begriff der Vereinigung ist weit auszulegen.[383] Das BDSG definiert den Begriff zudem nicht. § 2 Abs. 3 Nr. 2 BDSG zeigt, dass nicht nur Vereinigungen gemeint sind, bei denen sich die Willensbildung nach dem Anteil der Stimmen voll-

---

[378] Vgl. zum weiten Behördenbegriff wie er in der Rechtsprechung zur Verwaltungsgerichtsordnung entwickelt wurde u.a. *BVerwGE* 17, 41; *BVerwG DVBl* 1985, 59; *Erichsen/Ehlers*, § 12 Rn. 13 f.
[379] *BVerwGE* 10, 48; 70, 13; *OVG Münster*, NVwZ 1986, S. 609; *Kopp/Ramsauer*, VwVfG, § 1 Rn. 51; *Stelkens/Bonk/Leonhard*, VwVfG, § 1 Rn. 27; *Erichsen/Ehlers*, § 12 Rn. 13 ff.
[380] Siehe dazu ausführlich unter 1. Teil B. IV. 1.
[381] *Schaffland/Wiltfang*, BDSG, § 2 Rn. 4.
[382] *Gola/Schomerus*, BDSG, § 2 Rn. 14.
[383] *Simitis/Dammann*, BDSG, § 2 Rn. 34; *Dammann*, RDV 1992, S. 157.

zieht, sondern auch solche, bei denen dies nach Anteilen erfolgt.[384] Erfasst werden sowohl rechtsfähige oder nichtrechtsfähige Vereine und Verbände sowie sonstige Organisationen mit körperschaftlicher Struktur als auch Gesellschaften, und zwar Personengesellschaften, wie BGB-Gesellschaft, OHG und KG gleichermaßen wie Kapitalgesellschaften sowie GmbH und AG.[385] Stiftungen sind nach allgemeinem Sprachgebrauch zwar keine „Vereinigungen".[386] Da aber nicht die Organisationsform, sondern die Beherrschung durch eine oder mehrere Stellen des Bundes entscheidend ist, sind auch im Falle der Stiftungen neben denjenigen, die kraft ihrer öffentlich-rechtlichen Struktur und ihrer bundesmittelbaren Stellung öffentliche Stellen des Bundes sind, auch diejenigen in entsprechender Anwendung des Begriffs „Vereinigung" einzubeziehen, die vom Bund beherrscht und zur Erreichung seiner spezifischen Zwecke eingesetzt werden.

Demzufolge unterfällt die NADA aufgrund ihrer Ausgestaltung und der Organisationsform zwar dem Vereinigungsbegriff im Sinne der Norm. Eine sonstige öffentlich-rechtlich organisierte Einrichtung und damit öffentliche Stelle des Bundes ist die NADA aber nicht. Dazu fehlt es an einer staatlichen Handlungsbefugnis der Organisation. Trotz ihrer Eigenschaft als institutionelles Kompetenzzentrum der Dopingbekämpfung in Deutschland obliegt ihr nicht das Recht, hoheitlich zu handeln. Die Rechte und Pflichten gegenüber den nationalen Sport(fach)verbänden und den Athleten basieren ausschließlich auf rechtsgeschäftlichen Grundlagen.

c.) Öffentliche Stelle der Länder, § 2 Abs. 2 BDSG
Demzufolge ist die NADA auch nicht als öffentliche Stelle der Länder gemäß § 2 Abs. 2 BDSG einzuordnen. Denn die NADA ist als nationale Anti-Doping-Organisation eingesetzt, um die Dopingbekämpfung deutschlandweit zu koordinieren und zu betreiben. Diese Aufgabe resultiert aus der privatrechtlichen Verankerung in der Stiftungsverfassung der NADA und nicht aus der Übertragung hoheitlicher Aufgaben durch die Länder.

d.) Am Wettbewerb teilnehmende öffentliche Stelle, § 27 Abs. 1 BDSG
Ebenso wenig handelt es sich bei der NADA um eine am Wettbewerb teilnehmende öffentliche Stelle. Die Voraussetzungen liegen nicht vor. Unabhängig von der Frage nach der Einordnung der NADA als öffentliche Stelle,

---

[384] *Simitis/Dammann*, BDSG, § 2 Rn. 34; *Dammann*, RDV 1992, S. 157.
[385] *Simitis/Dammann*, BDSG, § 2 Rn. 34; *Dammann*, RDV 1992, S. 157.
[386] *Dammann*, RDV 1992, S. 157 (158).

müsste es sich bei der NADA bereits um ein öffentlich-rechtliches Unternehmen handeln, das aufgrund der gezielten Zusammenfassung sachlicher und persönlicher Mittel ein Mindestmaß an organisatorischer Selbständigkeit aufweist.[387] Die maßgeblich erforderliche Teilnahme der NADA „am Markt" unter konkurrierender Auseinandersetzung mit Angeboten anderer Unternehmen erfolgt nicht. Die NADA ist die zentrale Stelle zur Dopingbekämpfung im Sport in Deutschland und unterstützt somit die nationalen Sport(fach)verbände. Dabei stellt sich die NADA weder einem nationalen noch internationalen Wettbewerb. Als gemeinnützige Stiftung des bürgerlichen Rechts ist sie zudem nicht auf Gewinnerzielung ausgerichtet. Die von ihr zu erbringende Leistung dient ausschließlich dem Gemeinwohl und steht im öffentlichen Interesse.

2. Ausnahmeregelung, § 2 Abs. 3 BDSG

Des Weiteren statuiert § 2 Abs. 3 BDSG, dass Vereinigungen des privaten Rechts von öffentlichen Stellen des Bundes und der Länder, die Aufgaben der öffentlichen Verwaltung wahrnehmen, ungeachtet der Beteiligung nicht-öffentlicher Stellen als öffentliche Stellen des Bundes gelten, wenn sie über den Bereich eines Landes hinaus tätig werden oder dem Bund die absolute Mehrheit der Anteile gehört oder die absolute Mehrheit der Stimmen zusteht. In systematischer Hinsicht enthält § 2 Abs. 3 BDSG eine Sondervorschrift für Vereinigungen des privaten Rechts, an denen sowohl öffentliche Stellen des Bundes als auch der Länder beteiligt sind.[388] Rein dogmatisch kommt der Norm dem Grunde nach keine Abgrenzungsfunktion zwischen öffentlicher und nicht-öffentlicher Stelle im Sinne des § 2 BDSG zu. Vielmehr grenzt § 2 Abs. 3 BDSG mit der Erfüllung der Voraussetzungen anhand der mehrheitlichen Beteiligung voneinander ab, ob eine öffentliche Stelle des Bundes oder der Länder vorliegt. Dennoch kommt der Norm auch klarstellende Funktion bei der Festlegung öffentlicher Stellen zu. Der Regelungscharakter setzt somit bereits vor der Zuordnung der jeweiligen zu Bund oder Ländern an.

Demzufolge ist zunächst zu untersuchen, ob es sich bei der NADA um eine Vereinigung öffentlicher Stellen im Sinne des § 2 Abs. 3 BDSG handelt. Sollte dies der Fall sein, wäre im Weiteren zu untersuchen, ob es sich um eine mehrheitliche Beteiligung des Bundes oder der Länder an der Anti-Doping-Organisation handelt.

---

[387] *Bergmann/Möhrle/Herb*, BDSG, § 27 Rn. 6; *Simitis/Simitis*, BDSG, § 27 Rn. 36.
[388] Sogenannte Bund-Länder-Mischvereinigungen; *Tinnefeld/Ehmann/Gerling*, Einführung in das Datenschutzrecht, S. 263 f.; *Dammann*, RDV 1992, S. 157 (160).

a.) Vereinigung des privaten Rechts von öffentlichen Stellen

Wie bereits festgestellt[389], handelt sich bei der NADA um eine Vereinigung im Sinne der datenschutzrechtlichen Vorgaben des § 2 BDSG. Für alle Vereinigungen in privater Rechtsform, an denen jeweils eine öffentliche Stelle des Bundes und eines Landes beteiligt sind, regelt § 2 Abs. 3 BDSG zudem, dass diese als öffentliche Stellen qualifiziert werden, wenn sie Aufgaben der öffentlichen Verwaltung wahrnehmen.

aa.) Beteiligung einer öffentlichen Stelle an der NADA

Voraussetzung für eine solche Beteiligung ist, dass an der Vereinigung öffentliche Stellen des Bundes und der Länder in kumulativer Form beteiligt sind. Dies ist dem Charakter der Norm als Spezialvorschrift insbesondere im Hinblick auf § 2 Abs. 1 BDSG geschuldet.[390] Das bedeutet zugleich, dass an der NADA mindestens eine öffentliche Stelle des Bundes und mindestens eine öffentliche Stelle der Länder beteiligt sein müssten.

(1) „Beteiligung" i. S. d. § 2 Abs. 3 Satz 1 BDSG

Fraglich ist, wie der Begriff „beteiligen" im Sinne von § 2 Abs. 3 Satz 1 BDSG zu bestimmen ist. Das Gesetz selbst definiert den Begriff nicht weiter. Allein die Inanspruchnahme von Subventionen oder sonstigen staatlichen Zuwendungen solle eine Stelle jedoch noch nicht zur öffentlichen machen.[391] Ebenso wenig werde dies durch eine staatliche Kapitalbeteiligung erreicht, deren Ziel es nicht ist, spezifische Aufgaben der Verwaltung durch Einwirkung über die Beteiligung in der Unternehmung zu fördern.[392] Die Systematik der Norm zeigt, dass sich die Beteiligung zumindest auf eine Mitwirkungskompetenz beziehen muss, die nicht nur rein deklaratorischer Natur ist. Zudem macht der Wortlaut von § 2 Abs. 3 Satz 1 Nr. 2 BDSG deutlich, dass Stimmenmehrheiten und Anteilsverhältnisse für die Beurteilung der Beteiligungsform maßgeblich sind. Zwar bezieht sich diese Regelung auf die Abgrenzung, ob es sich bei der öffentlichen Stelle um eine des Bundes und der Länder handelt und folgt demnach systematisch erst auf die Beantwortung der Frage nach der „öffentlichen Stelle". Sinn und Zweck der Norm sowie die Verwendung der Begrifflichkeiten veranschaulichen aber, dass dem Gesetzgeber die Abgrenzungs- und Zuordnungskriterien des Gesellschaftsrechts an dieser Stelle wichtig waren, um neben der Zuständigkeitsfrage gleichzeitig

---

[389] Siehe 2. Teil A. II. 1 b.)
[390] Vgl. *Simitis/Dammann*, BDSG, § 2 Rn. 65.
[391] *Däubler/Weichert*, BDSG, § 2 Rn. 13.
[392] *Däubler/Weichert*, BDSG, § 2 Rn. 13.

auch die Abgrenzung zwischen öffentlicher und nicht öffentlicher Stelle im Sinne des § 2 BDSG zu klären.

Ebenso ist zu beachten, dass der Gesetzgeber ausdrücklich statuiert hat, dass bei kumulativer Beteiligung von mindestens einer öffentlichen Stelle des Bundes und eines Landes und Wahrnehmung von Aufgaben der öffentlichen Verwaltung die Einstufung als öffentliche Stelle ungeachtet der Beteiligung nicht-öffentlicher Stellen erfolgt. Damit trägt er der Tatsache Rechnung, dass an manchen Vereinigungen neben Stellen des Bundes und der Länder auch private Einrichtungen beteiligt sind, ohne dass sich dadurch am datenschutzrechtlich wesentlichen Charakter der Vereinigung etwas ändern muss.[393] Damit kommt zum einen zum Ausdruck, dass es auf die Stärke, mit welcher die nicht-öffentlichen Stellen beteiligt sind, nicht ankommt.[394] Theoretisch steht auch eine mehrheitliche Beteiligung nicht-öffentlicher Stellen einer Qualifikation als öffentlicher Stelle nach § 2 Abs. 3 Satz 1 BDSG nicht entgegen.[395] Zum anderen macht dies aber deutlich, dass dem gesellschaftsrechtlich anerkannten Anteils- und Beteiligungsprinzip im Datenschutzrecht Rechnung getragen werden soll. Neben der finanziellen Beteiligungsart ist eine funktionelle Beteiligung des Bundes und der Länder zu fordern. Dieser Intention trägt § 2 Abs. 3 Satz 1 BDSG dadurch Rechnung, dass die Norm in jedem Fall und unabhängig vom jeweiligen Beteiligungsverhältnis öffentlicher und nicht-öffentlicher Stellen an der Vereinigung des Privatrechts, für das tatbestandliche Vorliegen der Voraussetzungen einer Bund-Länder-Mischvereinigung fordert, dass diese Aufgaben der öffentlichen Verwaltung wahrnimmt. Demzufolge kommen als öffentliche Stellen zu qualifizierende Mischvereinigungen in der Regel nur bei mehrheitlicher Beteiligung der öffentlichen Stellen vor.[396] Inwieweit jedoch die inhaltliche Beschreibung der Wahrnehmung von Aufgaben der öffentlichen Verwaltung, unabhängig von der verwaltungsrechtlichen und verwaltungstechnischen Qualität, nur auf die quantitative Art der Beteiligung öffentlicher Stellen beschränkt werden kann, erscheint fraglich. Vielmehr kann die anteilige Beteiligung öffentlicher Stellen an der Vereinigung des privaten Rechts nur ein Indiz für die zu klärende Frage der Wahrnehmung von Aufgaben der öffentlichen Verwaltung sein. Entsprechend der Intention des Gesetzes, die Tätigkeit öffentlicher Stellen kontrollmäßig gleich zu behandeln, auch wenn sie in privatrechtlicher Organisationsform erfolgt, ist der Begriff „Aufgaben der öffentlichen Verwaltung" daher weit

---

[393] *Simitis/Dammann*, BDSG, § 2 Rn. 67.
[394] *Simitis/Dammann*, BDSG, § 2 Rn. 68; *Däubler/Weichert*, BDSG, 2 Rn. 13; *Dammann*, RDV 1992, S. 157 (158).
[395] *Simitis/Dammann*, BDSG, § 2 Rn. 68.
[396] *Simitis/Dammann*, BDSG, § 2 Rn. 68.

auszulegen.[397] Entscheidend ist, ob die Vereinigung ab der Erfüllung der spezifischen Aufgaben der beteiligten öffentlichen Stellen mitwirkt, sie (finanziell) fördert oder unterstützt.[398] Für die Frage, ob und inwieweit die NADA als öffentliche Stelle im Sinne des § 2 Abs. 3 BDSG anzuerkennen ist, ist auf die Art und Weise der Beteiligung der öffentlichen Stelle des Bundes und der Länder an der NADA einzugehen. In einem weiteren Schritt ist auf die qualitative Mitwirkung der NADA an der Ausführung öffentlicher Aufgaben der beteiligten öffentlichen Stelle des Bundes und der Länder näher einzugehen.

(a) Art und Weise der Beteiligung an der NADA
Eine unmittelbar funktionelle Beteiligung von Organen des Bundes und der Länder an der NADA ergibt sich nicht schon aus der Organisationsform selbst. Die NADA setzt sich organisatorisch aus den hauptamtlichen Mitarbeiterinnen und Mitarbeitern in der Geschäftsstelle in Bonn[399], dem Vorstand und dem Kuratorium zusammen.[400] Allerdings besteht das Kuratorium der NADA nicht nur aus Vertretern der Wirtschaft und des Sports, sondern auch aus Repräsentanten des Bundes und der Länder. Es besteht also eine grundsätzliche funktionelle Integration von Vertretern des Bundes und der Länder in die Gremien der Stiftung. Die fachliche Mitwirkung des Bundes und der Länder bei der Arbeit der NADA wird des Weiteren durch die beobachtende Teilnahme an Sitzungen der Arbeitsgemeinschaften der NADA unterstrichen. Vertreter der Abteilung Sport des Bundesministeriums des Innern (BMI) nehmen an der Arbeitsgruppe Recht (AG Recht), die regelmäßig tagt, um aktuelle Rechtsfragen zur Dopingbekämpfung zu thematisieren, teil.[401] Ebenso stellen Bund und Länder Mitglieder der Arbeitsgruppe Prävention der NADA.[402] Somit sind Vertreter des Bundes und der Länder im Wege der Gremienarbeit an der Stiftung beteiligt.

Zur Einordnung der NADA als öffentliche Stelle im Sinne des § 2 Abs. 3 BDSG ist jedoch nach hier vertretener Auffassung eine mehrheitli-

---

[397] *Simitis/Dammann*, BDSG, § 2 Rn. 69.
[398] *Simitis/Dammann*, BDSG, § 2 Rn. 69.
[399] Siehe Organigramm im Jahresbericht 2008 der NADA vom 30. April 2009, S. 7, abrufbar auf der Homepage der NADA unter http://www.nada-bonn.de/fileadmin/user_upload/nada /Downloads/Dopingbilanzen/090508_NADA_Jahresbericht-2008.pdf, letzter Aufruf am 18. März 2010; dazu auch *Spitz*, Die Nationale Anti Doping Agentur, in: Nickel/Rous (Hrsg.) Anti-Doping-Handbuch (2009), Bd. 1, S. 80 (81 f.).
[400] Siehe 1. Teil B. IV. 1.
[401] Siehe zur Zusammensetzung der AG Recht: http://www.nada-bonn.de/nada/arbeitsgruppen/recht/, letzter Aufruf am 18. März 2010.
[402] Siehe zur Zusammensetzung der AG Prävention: http://www.nada-bonn.de/nada/arbeitsgruppen/praevention/, letzter Aufruf am 18. März 2010.

che Beteiligung des Bundes oder der Länder erforderlich. Dafür ist eine erhebliche Beteiligung öffentlicher Stellen an der Vereinigung zu fordern.[403] Eine aktive und mehrheitliche Steuerung der Arbeit der NADA durch den Bund oder die Länder gewährleistet deren Gremienbeteiligung nicht. Sowohl die Repräsentanz in den Arbeitsgruppen als auch im Kuratorium der NADA ist gemäß dem Stakeholder-Modell so ausgestaltet, dass stets eine ausgeglichene Beteiligung sämtlicher, an der Dopingbekämpfung mitwirkender Personen und Organisationen gewährleistet ist.

Die Beteiligung des Bundes und der Länder kann aber grundsätzlich auch aus der finanziellen Unterstützung der Vereinigung hervorgehen. Finanziert wird die NADA aus verschiedenen Quellen. Der Bund hat bei der Gründung der Stiftung 5,1 Millionen Euro bereitgestellt.[404] Im Jahr 2006 wurde das Stiftungskapital durch den Bund um weitere zwei Millionen Euro und in den Jahren 2007 und 2008[405] um eine weitere Million erhöht. Weitere Aufstockungen des Bundes um je eine Million Euro sind im Zeitraum 2009 bis 2011 geplant.[406] Die laufende Arbeit der NADA im Haushaltsjahr wird zusätzlich mit staatlichen Geldern unterstützt. Für Präventionsprojekte hat der Bund im Jahr 2008 insgesamt knapp 300.000 Euro und zur Subventionierung der Analysekosten für die Trainingskontrollen der NADA 1,6 Millionen Euro zur Verfügung gestellt.[407] Neben dem Bund haben sich aber auch die Länder an der Finanzierung der NADA beteiligt. Diese haben bei der Gründung der Stiftung insgesamt 1,02 Millionen Euro zum Stiftungskapital beigetragen.[408] Einzelne Länder fördern die laufende Arbeit der NADA durch weitere finanzielle Zuwendungen.

---

[403] Vgl. *Simitis/Dammann*, BDSG, § 2 Rn. 68; siehe auch *Schaar*, Anforderungen des Datenschutzes an Dopingkontrollen, S. 15, abrufbar unter http://www.bfdi.bund.de/cln_134/DE/Oeffentlichkeitsarbeit/Infomaterial/BfDInformationsbroschu eren/BfDInformationsbroschueren_node.html, letzter Aufruf am 18. März 2010.

[404] Vgl. 11. Sportbericht der Bundesregierung, BT-Drucks. 16/3750, S. 44.

[405] Siehe auch die Jahresberichte 2007 und 2008 (vom 30. April 2008) der NADA, abrufbar auf der Homepage der NADA unter http://www.nada-bonn.de/, letzter Aufruf am 18. März 2010.

[406] BMI, Abschlussbericht Projektgruppe Sonderprüfung Doping vom 19. Dezember 2007, S. 8, abrufbar unter http://www.bmi.bund.de/cae/servlet/contentblob/149570/publicationFile/8439/Abschlussbericht_D oping.pdf, letzter Aufruf am 18. März 2010.

[407] Siehe den Jahresbericht der NADA 2008 vom 30. April 2009, S. 9, abrufbar auf der Homepage der NADA unter http://www.nada-bonn.de/fileadmin/user_upload/nada/Downloads/Dopingbilanzen/090508_NADA_Jahresbericht-2008.pdf, letzter Aufruf am 18. März 2010.

[408] Vgl. 11. Sportbericht der Bundesregierung, BT-Drucks. 16/3750, S. 44.

Im Jahr 2008 betrugen die Zuwendungen der Länder insgesamt 166.700 Euro.[409] Im Übrigen erhält die NADA neben den staatlichen Geldern auch Zuwendungen des DOSB, der Stiftung Deutsche Sporthilfe sowie von nationalen Förderern aus der Wirtschaft.[410] Darüber hinaus erhält die NADA die Vergütung der Dopingkontrollen aufgrund der vertraglichen Vereinbarung über die Organisation und Durchführung der Dopingkontrollen[411] unmittelbar von den nationalen Sport(fach)verbänden. Im Jahr 2008 hat die NADA weitere 2 Millionen Euro erhalten.[412]

(b) (Zwischen-) Ergebnis

Die staatliche Mitwirkung von Bund und Ländern an der NADA erfasst einen großen Teil der finanziellen Zuwendungen. Die Finanzunterstützung – zumindest seitens des Bundes – ist kontinuierlich und trägt maßgeblich zur Aufrechterhaltung der Organisation bei. Somit lässt sich feststellen, dass Bund und Länder durch finanzielle Aufwendungen, an der Vereinigung „beteiligt" sind. Mehrheitlich generiert sich die Stiftung zwar aus dem eigenen Stiftungsvermögen. Zuwendungen zum Erhalt oder zur Aufstockung des Stiftungskapitals statuieren jedoch ebenso wie die Zuwendungen zum laufenden Geschäftsbetrieb der NADA bei Präventions- und Dopingkontrollaktivitäten, eine anteilige Beteiligung im Sinne des § 2 Abs. 3 Satz 2 Nr. 2 BDSG. Neben der – wenn auch nicht mehrheitlichen – Teilnahme von Vertretern des Bundes und der Länder an der Gremienarbeit der Stiftung, offenbart die finanzielle Unterstützung durch öffentliche Stellen eindeutige Hinweise für die grundsätzliche Beteiligung des Bundes und der Länder an der privaten Stiftung.

(2) Wahrnehmung öffentlicher Aufgaben

Für die Einordnung der NADA als öffentliche Stelle gemäß § 2 Abs. 3 BDSG kommt es somit darauf an, ob die Stiftung Aufgaben der öffentlichen Verwaltung wahrnimmt. Eine privatrechtliche Vereinigung ist nur dann als öffentliche Stelle zu qualifizieren, wenn sie den spezifischen Zwecken der an ihr be-

---

[409] NADA Jahresbericht 2008 vom 30. April 2009, S. 9, abrufbar auf der Homepage der NADA unter http://www.nada-bonn.de/fileadmin/user_upload/nada/Downloads/Dopingbilanzen/090508_NADA_Jahresbericht-2008.pdf, letzter Aufruf am 18. März 2010.

[410] Vgl. *Digel*, Dopingbekämpfung im internationalen Vergleich, in: Nickel/Rous (Hrsg.) Das Anti-Doping-Handbuch (2009), Bd. 1, S. 93 (103); *Niese*, Stiftung Nationale Anti-Doping-Agentur, in: Haas (Hrsg.), Schiedsgerichtsbarkeit im Sport, S. 61 (69 f.), *Spitz*, Die Nationale Anti Doping Agentur, in: Nickel/Rous (Hrsg.) Anti-Doping-Handbuch (2009), Bd. 1, S. 80 (82).

[411] Siehe dazu 1. Teil C. II.

[412] Siehe NADA Jahresbericht 2008 vom 30. April 2009, S. 9, abrufbar auf der Homepage der NADA unter http://www.nada-bonn.de/fileadmin/user_upload/nada/Downloads/Dopingbilanzen/090508_NADA_Jahresbericht-2008.pdf, letzter Aufruf am 18. März 2010.

teiligten öffentlichen Stellen des Bundes und der Länder dient und damit im weitesten Sinne an der Erfüllung einer öffentlichen Aufgabe teilnimmt.[413] Die Definition untergliedert sich in die beiden Bereiche Zweckdienung im Sinne der beteiligten öffentlichen Stellen und Teilnahme an der Erfüllung öffentlicher Aufgaben.

Zunächst ist auf das Ziel und die Zweckbestimmung der Institution abzustellen. Wie sich aus der Stiftungsverfassung der NADA ergibt[414], ist die Förderung des Sports und die Aufrechterhaltung von Fair Play und Chancengleichheit im Sport durch geeignete pädagogische, soziale, medizinische, wissenschaftliche und sportliche Maßnahmen, die satzungsmäßig statuierte Aufgabe der Stiftung. Dies erfolgt durch den aktiven Beitrag zur Dopingbekämpfung. Primär verfolgt die NADA damit ein eigenes, kraft Satzungsautonomie privatrechtlich festgesetztes Hauptinteresse. Allerdings liegt die Dopingbekämpfung auch wesentlich im öffentlichen Interesse. Doping widerspricht dem Gemeinwohl und dem Gesundheitsschutz in seiner Ausprägung als der „Gesundheit des Volkes"[415]. Für die Erfüllung einer öffentlichen Aufgabe im Sinne des § 2 Abs. 3 BDSG reicht ein solch pauschaler Bezug zu den Belangen der Allgemeinheit jedoch nicht aus.[416] Die Aufgabe muss vielmehr den Zielen der beteiligten öffentlichen Stellen dienen. Erforderlich ist dabei nicht unbedingt eine direkte Teilnahme an der Ausführung der öffentlichen Aufgabe. Es genügt ebenso die Mitwirkung an Hilfs-, Neben- und Servicefunktionen, wobei die Mitwirkung auch in der Unterstützung oder Förderung liegen kann.[417] Nicht zuletzt mit der Ratifizierung des UNESCO-Übereinkommens gegen Doping im Sport und der Verabschiedung eines diesbezüglichen Zustimmungsgesetzes im Jahr 2007[418] hat die Bundesrepublik Deutschland die Grundlage für die völkerrechtlich verbindliche Ergreifung von Maßnahmen zur Verbesserung der Dopingbekämpfung in Deutschland auf den Weg gebracht. Sie hat die wesentliche Verantwortung[419], diese Verpflichtung ordnungsgemäß umzusetzen. Dabei kann sie mit nichtstaatlichen Organisationen zusammenarbeiten. Im Rahmen der Gewährleistungsverantwortung fertigt der Staat einen Rahmen an, innerhalb dessen die Gesellschaft ihre Angelegenhei-

[413] *Simitis/Dammann*, BDSG, § 2 Rn. 41.
[414] § 2 Abs. 2 der NADA-Stiftungsverfassung; vgl. auch 1. Teil, B. IV. 1.
[415] Oder auch „Volksgesundheit"; zum Begriff siehe u.a. *BVerfGE* 7, 377 (344); 25, 236 (247); *Steiner*, MedR 2003, S. 1 (1).
[416] Vgl. *Simitis/Dammann*, BDSG, § 2, Rn. 43. So reicht es nicht aus, wenn von der „öffentlichen Aufgabe der Presse" gesprochen wird. Siehe dazu auch *Bull*, Die Staatsaufgaben nach dem Grundgesetz, S. 47 ff.
[417] *Simitis/Dammann*, BDSG, § 2 Rn. 44.
[418] Dazu ausführlich *J. Schmidt*, Internationale Dopingbekämpfung (2009), S. 18 u. S. 73 ff.
[419] Zum Verantwortungsbegriff siehe *Nolte*, Staatliche Verantwortung im Bereich Sport (2004), S. 86 ff. m. w. N.

ten in möglichst gemeinwohlverträglicher Weise eigenverantwortlich erledigt.[420] Bezüglich des Sports und der Dopingbekämpfung erweist sich die Möglichkeit des Staates, als Garant für die Einhaltung bestimmter Ereignisse und Inhaber der Steuerungsfunktion des Verhaltens Dritter[421] zu agieren, nur bedingt durchführbar. Der Sport ist in Deutschland autonom und staatsfern. Er regelt seine originären Angelegenheiten dem Grunde nach selbständig und eigenverantwortlich. Eine direkte staatliche Reglementierung des Sports liegt nicht vor. Die staatsfreie Selbstverwaltung spielt eine entscheidende Rolle und erfährt nur dann eine Einschränkung, wenn allgemeine Gesetze, etwa im Bereich des Zivil-, Straf- oder Wettbewerbsrecht, berührt werden. Dem steht auch nicht entgegen, dass einige Länder die Förderung der sportlichen Betätigung als Staatsziel beschreiben und landesverfassungsrechtlich verankern.[422] Sowohl das Anliegen, die Teilnahme am Sport dem gesamten Volk zu ermöglichen und zu diesem Zweck beispielsweise öffentlich zugängliche Sportstätten zu unterhalten, eröffnen weder Teilhabe- noch Abwehrrechte des Einzelnen. Auch die staatliche Umsetzungsverpflichtung völkerrechtlicher Vorgaben ermöglicht es dem Staat nur dann unmittelbar lenkend und leitend auf den Sport und dessen Institutionen einzuwirken, wenn dies gesetzlich normiert wird. Solange eine gesetzliche Reglementierung des Sports und der Dopingbekämpfung in Deutschland nicht vorliegt, kann sich der Staat im Rahmen der Gewährleistungsverantwortung auf die Anfertigung eines Rechtsrahmens zurückziehen.[423]

Eine Wahrnehmung öffentlicher Aufgaben durch die NADA, wie sie gemäß § 2 Abs. 3 BDSG für die Einordnung der privatrechtlichen Vereinigung als öffentliche Stelle erforderlich ist, geht damit nicht einher. Maßgeblich ist, ob die Funktion tatsächlich als öffentliche Aufgabe wahrgenommen wird.[424] Auf eine gesetzliche Aufgabenzuweisung kann es nicht ankommen.[425] Im Falle der Dopingbekämpfung hat sich der Staat zusammen mit dem Sport und allen an der Dopingbekämpfung Beteiligten entschieden, die Gesamtverantwortung dafür zu bündeln und privatrechtlich auszugestalten. Insoweit entledigt sich der Bund auch keiner öffentlichen Aufgabe, indem er durch die Begründung einer privatrechtlichen Institution ins Privatrecht „flüchtet".

---

[420] J. Schmidt, Internationale Dopingbekämpfung (2009), S. 139; siehe auch Hoffmann-Riem, DÖV 1997, S. 433 (441 f.); Nolte, Staatliche Verantwortung im Bereich Sport (2004), S.196.
[421] Vgl. J. Schmidt, Internationale Dopingbekämpfung (2009), S. 139.
[422] Art. 17. Abs. 3 Landesverfassung NRW; Art. 35 Landesverfassung Brandenburg.
[423] Vgl. J. Schmidt, Internationale Dopingbekämpfung (2009), S. 139.
[424] Vgl. Simitis/Dammann, BDSG, § 2 Rn. 43.
[425] Simitis/Dammann, BDSG, § 2 Rn. 43.

Der Staat unterstützt die Sport(fach)verbände finanziell und schafft aber zugleich die Grundlage für die weitgehende Unabhängigkeit des Sports. Diese betrifft vor allem den Sportstättenbau, die Sportforschung und den Betrieb des Hochleistungssports. Auch die Dopingbekämpfung wurde ursprünglich durch den Sport selbst betrieben. Bis zur Gründung der NADA war die zentrale Stelle zur Dopingbekämpfung beim Deutschen Sportbund (DSB) und dem Nationalen Olympischen Komitee (NOK) angesiedelt.[426] Mit der Gründung der NADA verfolgte nicht zuletzt auch der Sport das Ziel, die Dopingbekämpfung in Deutschland effektiver und glaubwürdiger zu gestalten. Dazu diente die Etablierung einer sowohl von Sport als auch von Wirtschaft und Politik losgelösten Institution. Die Gründung einer Stiftung mit der finanziellen Beteiligung von Sport, Wirtschaft, Politik und Gesellschaft trug dem Gedanken der Stifter Rechnung, die Dopingbekämpfung zentral koordiniert und kontrolliert zu betreiben. Insoweit hat die „zentrale Dopingbekämpfungsstelle" NADA zwar dem Sport und seinen Verbänden die eigenständige Organisationshoheit der Dopingbekämpfung abgenommen. Eine öffentliche Aufgabe hat die NADA damit aber nicht übernommen.

bb.) (Zwischen-) Ergebnis
Im Ergebnis ist festzuhalten, dass die NADA bei der Dopingbekämpfung keine öffentliche Aufgabe wahrnimmt. Folglich ist sie keine öffentliche Stelle des Bundes und der Länder. Die tatbestandlichen Voraussetzungen des § 2 Abs. 3 Satz 1 BDSG sind demnach nicht gegeben. Dass die NADA als nationale Anti-Doping-Organisation bundesweit tätig wird, ist unerheblich. Dies wäre nur von Bedeutung gewesen, wenn die NADA als öffentliche Stelle im Sinne des § 2 Abs. 3 Satz 2 BDSG anzusehen wäre.

b.) Fazit
Aufgrund der Negativabgrenzung zum Begriff der öffentlichen Stelle ist schließlich festzuhalten, dass die NADA – wie die nationalen Sport(fach)verbände – eine nicht-öffentliche Stelle im Sinne von § 2 Abs. 4 BDSG ist. Als nicht-öffentliche Stelle definiert § 2 Abs. 4 BDSG natürliche und juristische Personen, Gesellschaften und andere Personenvereinigungen des privaten Rechts.[427] Auf die Rechtsform kommt es dabei nicht an.[428] Maßgeblich ist nur die privatrechtliche Organisationsform.[429] Für die weitere Prü-

---

[426] Die Anti-Doping-Kommission (ADK) beendete ihre Tätigkeit am 31. Dezember 2002.
[427] *Kühling/Seidel/Sivridis,* Datenschutzrecht, S. 125.
[428] *Simitis/Dammann*, BDSG, § 2 Rn. 118.
[429] *Gola/Schomerus*, BDSG, § 2 Rn. 19.

fung dieser Arbeit ist folglich das BDSG mit Ausnahme des zweiten Abschnitts für die NADA zur Anwendung zu bringen.

3. Aufsichtsrechtliche Zuständigkeit über die NADA

Mit der Beantwortung der Frage nach der Einordnung der NADA als nicht-öffentliche Stelle im Sinne von § 2 Abs. 4 Satz 1 BDSG ist auch die behördliche Aufsicht über die Stiftung geklärt. Gemäß § 38 Abs. 6 BDSG ist die Aufgabe der Kontrolle und Überwachung der nicht-öffentlichen Stellen den Ländern übertragen, die hierzu die entsprechenden Behörden installiert haben.[430] Das bedeutet, dass die für die NADA mit ihrem Dienstsitz in Bonn, zuständige Datenschutzaufsichtsbehörde der Beauftragte für Datenschutz und Informationsfreiheit des Landes Nordrhein-Westfalen[431] ist.

B. Personenbezogene Daten/ Betroffener

Zum Schutz und zur Gewährleistung des Rechts auf informationelle Selbstbestimmung regelt das BDSG den Umgang mit dem zentralen Schutzobjekt der personenbezogenen Daten. Der Anwendungsbereich und die Schutzfunktion sind angesichts jener persönlichkeitsrechtlichen Verwurzelung nur dann eröffnet und einschlägig, wenn es sich bei den betreffenden Daten um personenbezogene Daten handelt (§ 1 Abs. 1 und 2 BDSG).[432] Der Anwendungsbereich des Datenschutzrechts im Bereich der Dopingbekämpfung in Deutschland ist demnach eröffnet, wenn die Anti-Doping-Organisationen personenbezogene Daten erheben und die Athleten Betroffene im Sinne des BDSG sind. Das Gesetz bestimmt in § 3 Abs. 1 BDSG personenbezogene Daten[433] als Einzelangaben über persönliche oder sachliche Verhältnisse einer bestimmten oder bestimmbaren natürlichen Person. Das BDSG setzt damit die inhaltlichen Vorgaben von Art. 2 lit. a) der Datenschutzrichtlinie um.

In § 3 Abs. 1 BDSG wird mit dem Begriff der personenbezogenen Daten gleichzeitig der Begriff des Betroffenen definiert. Der Betroffene ist derjenige, dessen Schutz das Gesetz zum Ziel hat und dem die Rechte aus dem Ge-

---

[430] *Gola/Schomerus*, BDSG, § 38 Rn. 29.

[431] Seit 21. Januar 2010 ist Ulrich Lepper neuer Beauftragter für Datenschutz und Informationsfreiheit des Landes Nordrhein-Westfalen.

[432] *Kühling/Seidel/Sivridis*, Datenschutzrecht, S. 100.

[433] Der Begriff der „personenbezogenen Daten" ist keine dem BDSG spezifische Formulierung, Sie findet sich auch anderweitig in der Gesetzgebung, z.B. in § 203 Abs. 2 StGB; vgl. insoweit auch *Gola/Schomerus*, BDSG, § 3 Rn. 2.

setz eingeräumt sind.[434] Der Schutz des allgemeinen Datenschutzrechts erstreckt sich nur auf natürliche Personen. Juristische Personen, Personenmehrheiten und -gruppen sind nicht vom Schutzbereich der Norm erfasst.[435] Athleten, die aufgrund der Anbindung an ihren Verein, ihren nationalen oder internationalen Sport(fach)verband am Leistungssportgeschehen teilnehmen und dem nationalen Dopingkontrollsystem bei Wettkampf- oder Trainingskontrollen angeschlossen werden, sind in diesem Bereich dem Umgang mit ihren personenbezogenen Daten ausgesetzt. Athleten sind folglich als Betroffene vom persönlichen Anwendungsbereich des Gesetzes erfasst, soweit ihre personenbezogenen Daten betroffen sind.

Der Begriff des personenbezogenen Datums ist zunächst sehr weit gefasst.[436] Eine Einschränkung erfährt der Begriff durch das Tatbestandsmerkmal Einzelangaben über persönliche oder sachliche Verhältnisse. Einzelangaben sind Informationen, die sich auf eine bestimmte – einzelne – Person beziehen oder geeignet sind, einen Bezug zu ihr herzustellen.[437] Keine Einzelangaben i. S. d. BDSG hingegen sind Angaben, die sich zwar auf eine einzelne Person beziehen, diese jedoch nicht identifizierbar macht. Daten sind also nur dann personenbezogen, wenn sie einer Person zugeordnet werden können. Hierfür muss die Person bestimmt oder bestimmbar sein.[438] Bestimmt ist eine betroffene Person, wenn sich ihre Identität aus den fraglichen Daten selbst ergibt, bestimmbar ist sie, wenn sich die Identität unter Zuhilfenahme von Zusatzinformationen ermitteln lässt, deren Beschaffung – soweit sie der jeweiligen Stelle nicht ohnehin vorliegen – nicht mit unverhältnismäßigem Aufwand verbunden ist.[439]

Anhand des derart konkretisierten Begriffs ist im Folgenden herauszustellen, ob und an welchen Stellen des Dopingkontrollsystems in Deutschland personenbezogene Daten der Athleten, Athletenbetreuer oder sonstiger Personen verwendet werden.

---

[434] *Gola/Schomerus*, BDSG, § 3 Rn. 13. Auch Ausländer – unabhängig davon, ob sie in Deutschland oder im Ausland leben – sind dazuzurechnen, wenn die Daten nur im Geltungsbereich des BDSG verarbeitet werden, vgl. *Bäumler* DuD 1994, S. 540.
[435] *OLG Karlsruhe*, RDV 1987, S. 142 (143); *Simitis/Dammann*, BDSG, § 3 Rn. 17.
[436] Siehe *BVerfGE* 65, 1 (45). Das BVerfG stellt darin fest, dass es unter den Bedingungen der automatisierten Datenverarbeitung kein belangloses Datum mehr gebe.
[437] *Gola/Schomerus*, BDSG, § 3 Rn. 3.
[438] *Gola/Schomerus*, BDSG, § 3 Rn. 10.
[439] *Simitis/Dammann*, BDSG, § 3 Rn. 32.

I. Informationen zur Organisation und Durchführung von Dopingkontrollen

Zur Planung und Durchführung von Dopingkontrollen ist es erforderlich, Angaben über die persönlichen Verhältnisse der betroffenen Athleten zu erheben.[440] Unabhängig davon, ob es sich um Trainings- oder Wettkampfkontrollen der Athleten handelt, sind Identifikationsmerkmale wie Name, Geschlecht, Anschrift, Geburtsdatum, Staatsangehörigkeit, Sportart und Verbandsangehörigkeit zu erfassen. Im Hinblick auf die Testpooleinteilung der NADA bei der Organisation des Trainingskontrollsystems sind darüber hinaus weitere Angaben erforderlich. Je nach Testpoolzugehörigkeit sind dies vor allem Angaben über den Aufenthaltsort und die Erreichbarkeit der Athleten.[441] Somit werden Identifikationsmerkmale und Angaben über sachliche Verhältnisse erfasst. Sämtliche Informationen dienen im Rahmen der Organisation und Durchführung von Dopingkontrollen dazu, ausgewählte Athleten Dopingkontrollen zuzuführen. Die dafür zur Verfügung stehenden Daten sind geeignet, eine Person zu bestimmen oder bestimmbar zu machen. Ergibt sich der Personenbezug nicht schon unmittelbar aus den Daten selbst, so kann die Verknüpfung mehrerer Informationen diesen herstellen. Sämtliche Informationen über die Athleten, die im Rahmen des Dopingkontrollsystems zur Planung und Durchführung von Dopingkontrollen erfasst werden, sind personenbezogene Daten im Sinne von § 3 Abs. 1 BDSG.

II. Informationen zur Analyse von Dopingproben

Schließlich werden Informationen der Athleten auch für die Analyse der Dopingprobe benötigt.[442] Nach Abgabe oder Abnahme der Proben erfolgt der Transport zur Analyse in ein WADA-akkreditiertes Labor. Im Zusammenhang mit der Dopingkontrolle eines Athleten werden die Code-Nummer der Dopingprobe, Name und Unterschrift des Athleten und des anwesenden und bezeugenden Dopingkontrolleurs, sowie Angaben des Athleten zu eventuellen Medikationen auf einem Dopingkontrollformular aufgenommen. Insoweit muss aber hinsichtlich des Personenbezugs der Daten und Informationen unterschieden werden.

---

[440] Die Dopingkontrollplanung und -durchführung beschränkt sich auf den Zeitraum der (gezielten) Auswahl eines Athleten, der weiteren Vorbereitung sowie die tatsächliche Abnahme einer Dopingprobe. Siehe dazu ausführlich den Standard für Dopingkontrollen der NADA, abrufbar auf der Homepage der NADA unter http://www.nada-bonn.de/fileadmin/user_upload/nada/ Recht/Codes_Vorlagen/081222_NADA_Standard-fuer-Dopingkontrollen.pdf, letzter Aufruf am 18. März 2010.

[441] Vgl. zur Art und zum Umfang der Daten umfassend 1. Teil C. IV.

[442] Zur Art des personenbezogenen Datums bei Dopingproben siehe unten 2. Teil B. III.

Hier liegt ein relativer Personenbezug vor.[443] Durch die Pseudonymisierung der Probe, Code-Nummern ersetzen den Namen des Athleten, werden die Daten der Dopingkontrolle für einzelne Stellen faktisch anonym, während der Personenbezug für die Stellen, die die Zuordnungsregel kennen, aufrechterhalten bleibt. Für die zuständige Anti-Doping-Organisation sind die persönlichen Informationen des Athleten bestimmt oder bestimmbar. Das Labor hingegen „kennt" nur die Code-Nummer der zu analysierenden Probe. Während der Dopingkontrolleur, der im Auftrag der NADA oder einer anderen Anti-Doping-Organisation die Dopingkontrolle durchführt, das Original des Dopingkontrollformulars an die Organisation übermittelt, erhalten sowohl Athlet als auch Dopingkontrolleur eine Kopie. Das Labor, das die Probe analysiert, bekommt mit der übermittelten Probe mit Code-Nummer lediglich einen verkürzten Auszug des Kontrollformulars. Dieser Auszug enthält keine Informationen, die einen Rückschluss auf den Athleten zulassen, dessen Probe analysiert wird. Neben der für die Analyse erforderlichen Indikatoren zum Abgleich der Probe, wie Probenummer und ggf. Angaben zur eigenen Medikation des Athleten, enthält das Formular nur Informationen zur Identifizierung der Auftrag gebenden Anti-Doping-Organisation. Das Labor hat keine Möglichkeiten, (technische) Mittel oder Kenntnisse die Codierung aufzuheben. Eine unmittelbare Bestimmbarkeit des Athleten ist für das Labor ausgeschlossen. Erst die zuständige Anti-Doping-Organisation kann eine Dekodierung und demzufolge einen Personenbezug durch Reanonymisierung herstellen.

III. Informationen zum Ergebnismanagement- und Disziplinarverfahren

Im Falle eines Verstoßes gegen Anti-Doping-Bestimmungen leitet das Dopingkontrollverfahren in das sogenannte Ergebnismanagementverfahren über. Als Ergebnismanagement wird der Vorgang ab Kenntnis von einem von der Norm abweichenden Analyseergebnis oder von einem möglichen anderen Verstoß gegen Anti-Doping-Bestimmungen bis zur Durchführung eines Disziplinarverfahrens bezeichnet.[444] Im Rahmen dieses Verfahrens prüft die zuständige Anti-Doping-Organisation, ob sich der Verdacht eines Verstoßes gegen Anti-Doping-Bestimmungen erhärtet. Dem Athleten stehen im Rahmen dieses Verfahrens unterschiedliche Rechte zu, um einen möglichen Entlastungsbeweis zu führen. Beispielsweise steht ihm die form- und fristgerechte

---

[443] Vgl. *Kühling/Seidel/Sivridis*, Datenschutzrecht, S. 106; *Louis*, Grundzüge, Rn. 26; *Tinnefeld*, in: Roßnagel, Handbuch Datenschutzrecht, Kap. 4.1, Rn. 30; a.A *Simitis/Bizer*, BDSG, § 3 Rn. 217, der pseudonymisierte Daten grundsätzlich als personenbezogene Daten versteht, weil das Gesetz eine Differenzierung nach Personen, die die Zuordnungsregel kennen und solchen, die sie nicht kennen, nicht vorsehe.

[444] Zur vollständigen Definition vgl. Art. 7.1.1 NADA-Code 2009, abrufbar auf der Homepage der NADA unter http://www.nada-bonn.de/, letzter Aufruf am 18. März 2010.

Öffnung der B-Probe zu.[445] Kommt die für das Ergebnismanagement zuständige Anti-Doping-Organisation nach Durchführung des Verfahrens zu dem Ergebnis, dass ein Verstoß gegen Anti-Doping-Bestimmungen nicht auszuschließen ist, leitet sie beim zuständigen Disziplinarorgan ein Disziplinarverfahren gegen den Athleten ein. Erst im Rahmen dieses Disziplinarverfahrens wird der Verstoß gegen Anti-Doping-Bestimmungen verhandelt und über die Sanktionierung des Athleten entschieden. In beiden Verfahren werden Informationen erfasst, die unmittelbar oder mittelbar persönliche und sachliche Verhältnisse des jeweiligen Athleten betreffen. Sie beziehen sich auf einen konkreten Sachverhalt, einen möglichen Verstoß des Athleten gegen Anti-Doping-Bestimmungen und sich daraus ergebenden Sanktionen. Die Informationen können dem betroffenen Athleten zugeordnet werden, so dass sie auch bestimmt oder zumindest bestimmbar sind. Informationen, die im Rahmen von Ergebnismanagement- oder Disziplinarverfahren erfasst werden, sind somit personenbezogene Daten im Sinne von § 3 Abs. 1 BDSG.

IV. Besondere Arten personenbezogener Daten

Ausgehend vom Diskriminierungsverbot der Europäische Menschenrechtskonvention (Art. 14 EMRK)[446] legt die Datenschutzschutzrichtlinie besondere Arten von personenbezogenen Daten fest (Art. 8 Abs. 1 Datenschutzrichtlinie), deren Verwendung ein besonders hohes Risiko für den Betroffenen birgt, Nachteile zu erleiden und diskriminiert zu werden.[447] Der nationale Gesetzgeber hat die abschließende, katalogartige Aufzählung der besonderen Arten personenbezogener Daten in § 3 Abs. 9 BDSG übernommen. Zu den sensiblen[448] Daten gehören Angaben über die rassische und ethnische Herkunft, einschließlich der Informationen über die Hautfarbe, politische Meinungen, religiöse oder philosophische Überzeugungen, Gewerkschaftszugehörigkeiten, Gesundheit, einschließlich der Informationen über die frühere, derzeitige und zukünftige physische und geistige Gesundheit und das Sexualleben. Um besondere Arten personenbezogener Daten handelt es sich in einem konkreten Verwendungszusammenhang immer, wenn die Daten mittelbar oder unmittelbar Rückschlüsse auf die in Art. 3 Abs. 9 BDSG statuierten Datenkategorien ermöglichen. Entscheidend ist hierbei der Eindruck, der einem objektiven Da-

---

[445] Siehe Art. 7.2.2.2 und Art. 8 NADA-Code 2009, abrufbar auf der Homepage der NADA unter http://www.nada-bonn.de/, letzter Aufruf am 18. März 2010.
[446] Vgl. auch Art. 3 Abs. 3 GG.
[447] *Tinnefeld/Ehmann/Gerling*, Einführung in das Datenschutzrecht, S. 278; *Tinnefeld*, in: Roßnagel, Handbuch Datenschutzrecht, Kap. 4.1, Rn. 37.
[448] Teilweise wird auch der Begriff „sensitive Daten" verwendet, siehe *Simitis/Simitis*, BDSG, § 3 Rn. 50 ff.; *ders.*, in: FS-Pedrazzini (1990), S. 469 ff.

tenempfänger vermittelt wird.[449] In entsprechender Übereinstimmung mit Art. 8 der Datenschutzrichtlinie macht der Umgang mit besonderen Arten personenbezogener Daten auch gemäß BDSG eine entsprechende Handhabung erforderlich. Ausnahmetatbestände finden sich allgemein in § 4a Abs. 3 BDSG sowie im Hinblick auf nicht-öffentliche Stellen in den § 28 Abs. 6 bis 9 und § 29 Abs. 5 BDSG.

1. Dopingkontrollen

Im Rahmen des Dopingkontrollsystems der Anti-Doping-Organisationen können besondere Arten personenbezogener Daten in Form von Gesundheitsdaten der Athleten tangiert sein. Die Durchführung der Dopingkontrollen, bei der den Athleten Blut- oder Urinproben zur analytischen Untersuchung gemäß der „Prohibited List" der WADA entnommen werden, ist objektiv geeignet, über diesen Zweck hinaus sensible Informationen zum Gesundheitszustand eines konkreten Athleten herzustellen. Sensible Daten erfassen auch nicht-kodierende, also ausschließlich der Identifikation von Untersuchungsmaterial oder sonstigen körperbezogenen Spurenträgern bzw. deren Zuordnung zu bestimmten Betroffenen dienende DNS-Untersuchungen und deren Identifizierungscodes. Urin- und Blutproben sind somit selbst sensible personenbezogene Daten im Sinne des BDSG. Auch wenn die Körperflüssigkeiten zweckgebunden zur Untersuchung und Forschung verwendet werden, besteht die abstrakte Möglichkeit, Rückschlüsse auf eine in § 3 Abs. 9 BDSG aufgeführte Kategorie besonderer Arten personenbezogener Daten einer bestimmbaren Person zu ziehen.

2. Verfahren zur Erteilung Medizinischer Ausnahmegenehmigungen

Ferner können Gesundheitsdaten der Athleten im Zusammenhang mit der Erteilung Medizinischer Ausnahmegenehmigungen erfasst werden. Eine Medizinische Ausnahmegenehmigung ist eine vom zuständigen Komitee für Medizinische Ausnahmegenehmigungen bewilligte Erlaubnis, die auf der Grundlage einer dokumentierten Krankenakte vor der Anwendung einer Substanz des Athleten im (Leistungs-) Sport beruht. Das Verfahren zur Erteilung einer Medizinischen Ausnahmegenehmigung richtet sich jeweils nach dem „International Standard for Therapeutic Use Exemptions" der WADA bzw. dem Standard für Medizinische Ausnahmegenehmigungen der NADA.[450] Ein Athlet, der aufgrund einer akuten oder dauerhaften Erkrankung auf die Einnahme

---

[449] *Simitis/Simitis*, BDSG, § 3 Rn. 263 f.
[450] Beide Regelwerke sind auf der Homepage der NADA abrufbar unter http://www.nada-bonn.de/, letzter Aufruf am 18. März 2010.

verbotener Substanzen oder zur Anwendung verbotener Methoden angewiesen ist, aber dennoch am (Leistungs-) Sport teilnehmen will, ist auf eine Medizinische Ausnahmegenehmigung angewiesen. Mit Erlangung einer Medizinischen Ausnahmegenehmigung entgeht er dem Risiko einen Verstoß gegen Anti-Doping-Bestimmungen im Rahmen einer Trainings- oder Wettkampfkontrolle zu begehen. Denn der Nachweis einer verbotenen Substanz oder verbotenen Methode in der Probe eines Athleten stellt gemäß Art. 4.4 des WADA- bzw. NADA-Codes 2009 nur bei Vorlage einer wirksamen Medizinischen Ausnahmegenehmigung keinen Verstoß gegen Anti-Doping-Bestimmungen dar.

Im Rahmen des Erteilungsverfahrens, das in Deutschland für alle nationalen Athleten zentral von der NADA organisiert und durchgeführt wird[451], werden von den antragstellenden Athleten persönliche Identifizierungsdaten und äußere Merkmale wie Name, Vorname, Geburtsdatum, Geschlecht, Adresse, E-Mail-Adresse und Telefonnummer erfasst. Darüber hinaus werden aber auch Informationen über die Krankengeschichte eines Athleten benötigt, um eine Entscheidung über die Bewilligung einer Medizinischen Ausnahmegenehmigung abschließend treffen zu können. Die Athleten übermitteln der NADA zunächst das entsprechende Antragsformular[452] mit der gesamten Krankengeschichte, den ärztlichen Befunden und Diagnosen als verschlossene Arztsache per Post. Bei der NADA erfolgt dann eine Vorprüfung der Antragspapiere durch die bei der NADA angestellte Ärztin und deren ärztliche Berufshelfer auf formale Vollständigkeit und Schlüssigkeit. Soweit der Antrag unvollständig ist, Aufklärungs- oder Informationsbedarf besteht, tritt die NADA in unmittelbaren Kontakt mit dem Antragsteller. Liegen sämtliche formalen Voraussetzungen vor, werden die Unterlagen dem unabhängigen und ehrenamtlichen Ärztekomitee der NADA[453] zur Prüfung und Entscheidung vorgelegt. Eine über die Schlüssigkeit hinausgehende materielle Vorprüfung erfolgt zuvor nicht. Nur das Ärztekomitee kann nach umfassender inhaltlicher Prüfung, Beratung und Abstimmung den Antrag bewilligen oder ablehnen. Das Ergebnis des Genehmigungsverfahrens wird dem Antragsteller per Post mitgeteilt. Soweit eine Medizinische Ausnahmegenehmigung erteilt wurde, hat der Ath-

---

[451] Hinsichtlich der Zuständigkeit der NADA für die Erteilung von Medizinischen Ausnahmegenehmigungen vgl. Art. 4.4 NADA-Code sowie den Standard für Medizinische Ausnahmegenehmigungen, abrufbar auf der Homepage der NADA unter http://www.nada-bonn.de/, letzter Aufruf am 18. März 2010.

[452] Abrufbar auf der Homepage der NADA unter http://www.nada-bonn.de /fileadmin/user_upload/nada/Downloads/Formulare/081223_NADA_TUE-Standard-form_2009.pdf, letzter Aufruf am 18. März 2010.

[453] Das Ärztekomitee besteht ausschließlich aus (Fach-) Ärzten aus dem Bereich der Sportmedizin- und -forschung.

let die Möglichkeit, das Dokument bei einer Dopingkontrolle vorzuzeigen. Medizinische Ausnahmegenehmigungen können partiell zeitlich befristet oder bezogen auf eine bestimmte Substanz lebenslang erteilt werden.

Das Verfahren zeigt, dass im Zusammenhang mit der medizinischen Bewertung und Überprüfung, ob und inwieweit eine Ausnahmegenehmigung erteilt werden kann, unmittelbar Gesundheitsdaten im Sinne des § 3 Abs. 9 BDSG benötigt werden. Krankengeschichten, Behandlungsmethoden und Diagnosen sind dabei maßgebliche Informationen, die gemäß BDSG auch im Anti-Doping-Kampf eines besonderen Schutzes bedürfen.

3. (Zwischen-) Ergebnis
Die nationale und internationale Dopingbekämpfung macht es grundsätzlich erforderlich, in unterschiedlichen Bereichen des Dopingkontrollsystems personenbezogene und sensible personenbezogene Daten der Athleten zu erfassen. Sowohl bei der Organisation und Durchführung der Dopingkontrollen als auch bei der Erteilung Medizinischer Ausnahmegenehmigungen und dem Ergebnismanagement- und Disziplinarverfahren zur repressiven Dopingbekämpfung sind aufgrund der dargelegten Datenverarbeitungsvorgänge personenbezogene Daten der Athleten betroffen. Folglich sind der Anwendungsbereich und die Schutzfunktion des BDSG eröffnet.

C. Umgang mit personenbezogenen Daten
Das BDSG unterscheidet im Gegensatz zur Datenschutzrichtlinie drei verschiedene Formen des Umgangs mit personenbezogenen Daten: Sie können erhoben, verarbeitet oder genutzt werden. Alle drei unterliegen dem Datenschutzgrundsatz des Verbots mit Erlaubnisvorbehalt. Dies gilt sowohl im öffentlichen als auch im nicht-öffentlichen Bereich (§ 4 Abs. 1 BDSG). Im Folgenden ist daher näher zu untersuchen, ob und inwieweit personenbezogene Daten der Athleten bei der Dopingbekämpfung zunächst erhoben (1.), sodann verarbeitet (2.) und – im Sinne des Auffangtatbestands sonstiger Möglichkeiten des Umgangs mit den Daten[454] – genutzt (3.) werden.

I. Erheben personenbezogener Daten
Nach § 3 Abs. 3 BDSG ist die Erhebung das Beschaffen von Daten über den Betroffenen. Die Erhebung ist die Voraussetzung für eine nachfolgende Ver-

---

[454] *Bergmann/Möhrle/Herb,* Datenschutzrecht, § 3 Rn. 107; *Kühling/Seidel/Sivridis*, Datenschutzrecht, S. 109.

wendung der Daten.[455] Die Beschaffung kann mündlich, schriftlich oder elektronisch, automatisiert oder nicht-automatisiert erfolgen.[456] Die Beschaffung muss zielgerichtet stattfinden. Die zufällige Kenntnisnahme oder unaufgeforderte Zuleitung von personenbezogenen Daten reicht nicht aus.[457] Die personenbezogenen Daten der Athleten, die bei der Dopingkontrollplanung, der Durchführung und Analyse der Dopingproben, im Verfahren zur Erteilung Medizinischer Ausnahmegenehmigungen oder im Rahmen der Disziplinarverfahren von den zuständigen Anti-Doping-Organisationen beschafft werden, dienen der Etablierung und Aufrechterhaltung eines effektiven Dopingkontrollsystems. Die Beschaffung der Athletendaten durch die Anti-Doping-Organisationen stellt somit eine Datenerhebung im Sinne des § 3 Abs. 3 BDSG dar.

1. Grundsatz der Direkterhebung

Des Weiteren gilt auch im Bereich der Dopingbekämpfung der datenschutzrechtliche Grundsatz der Direkterhebung. Danach sind die personenbezogenen Daten grundsätzlich beim Betroffenen selbst zu erheben (§ 4 Abs. 2 Satz 1 BDSG). Auf diese Weise soll der Betroffene von Beginn an in der Lage sein, zu bestimmen und einzuschätzen, wer was wann über ihn weiß.[458] Ausnahmen von dem Grundsatz der Direkterhebung sind gemäß § 4 Abs. 2 BDSG nur zulässig, wenn dies in Ansehung der schutzwürdigen Interessen des Betroffenen erforderlich ist, eine Direkterhebung unverhältnismäßigen Aufwand erfordert oder eine gesetzliche Grundlage besteht, die die Dritterhebung vorsieht oder zwingend voraussetzt.

Dem Erfordernis der Direkterhebung trägt das Dopingkontrollsystem dadurch Rechnung, dass der Athlet die zur Organisation und Planung erforderlichen Informationen selbständig und eigenverantwortlich bereitstellt. Soweit der Athlet in das Dopingkontrollsystem seines nationalen oder internationalen Sport(fach)verbandes und das Testpoolsystem der NADA aufgenommen wurde, wird er von der verantwortlichen Stelle über die Art und den Umfang der Testpoolzugehörigkeit, die sich daraus ergebenden Meldepflichten, sowie

---

[455] Sog. „Vorphase", vgl. *Gola/Schomerus*, BDSG, § 3 Rn. 24.

[456] *Gola/Schomerus*, BDSG, § 3 Rn. 24; *Schaffland/Wiltfang*, BDSG, § 3 Rn. 105.

[457] *Simitis/Dammann*, BDSG, § 3 Rn. 108.

[458] *Kühling/Seidel/Sivridis*, Datenschutzrecht, S.110; vgl auch Erwägungsgrund 38 der Datenschutzrichtlinie, *Abl. EG* Nr. L 281 vom 23. November 1995, S. 31: „*Datenverarbeitung nach Treu und Glauben setzt voraus, dass betroffene Personen in der Lage sind, das Vorhandensein einer Verarbeitung zu erfahren und ordnungsgemäß und umfassend über die Bedingungen der Erhebung informiert zu werden, wenn Daten bei ihnen erhoben werden.*"

die Konsequenzen von Meldepflichtversäumnissen in Kenntnis gesetzt.[459] Sämtliche Daten, die der Athlet der NADA oder seinem nationalen Sport(fach)verband zur Planung und Organisation der Trainings- und Wettkampfkontrollen zur Verfügung stellt, werden unmittelbar vom Athleten selbst geliefert. Auch die personenbezogenen Daten, die im Rahmen des Kontrollvorgangs und der vom Dopingkontrolleur begleitenden Probenahme vom Athleten erhoben werden, stellt der Athlet unmittelbar zur Verfügung.[460] Beantragt der Athlet eine Medizinische Ausnahmegenehmigung, ist er ebenso verpflichtet, die erforderlichen Angaben zu machen. Die bereitgestellten personenbezogenen Daten liefert der Athlet eigenständig oder zusammen mit dem ihn behandelnden Arzt direkt an die verantwortlichen Stellen. Dabei ist er in Kenntnis darüber, welche Daten, von wem zu welchem Zweck benötigt werden. Die dargestellten Vorgänge der Datenbeschaffung entsprechen demzufolge dem Grundsatz der Direkterhebung.

2. Zweckbindungsgrundsatz

Des Weiteren ist die Datenerhebung immer dann von entscheidender Bedeutung, wenn die verantwortliche Stelle personenbezogene Daten verarbeitet oder nutzt. Der Grundsatz der Zweckbindung, der das Datenschutzrecht seit jeher prägt[461], gebietet es, bereits bei Erhebung der Daten den Zweck festzulegen. Auf den bei der Datenerhebung bestimmten Zweck ist maßgeblich abzustellen, um festzustellen, ob die Verarbeitung oder Nutzung sich noch mit dem Grundsatz der Zweckbindung vereinbaren lassen oder ob schon eine nur in engen Grenzen zulässige Zweckänderung vorliegt.[462] Art. 6 Abs. 1 lit. b.) der Datenschutzrichtlinie statuiert, personenbezogene Daten „für festgelegte, eindeutige und rechtmäßige Zwecke" zu erheben. Fraglich ist jedoch, wie konkret die Zwecke der (späteren) Weiterverarbeitung bereits zum Zeitpunkt der Erhebung festgelegt werden müssen. Fest steht lediglich, dass der Erhebung eine Festlegung des oder der Zwecke vorangegangen sein muss.[463] Dies setzt sowohl die Datenschutzrichtlinie als auch der Gesetzgeber des BDSG voraus. Ausdrücklich nicht festgeschrieben ist aber, wie die vorher fixierten Zwecke ausgestaltet sein sollen. So bestünde die Möglichkeit, die Zwecke der

---

[459] Siehe Art.3.1.5 sowie den Kommentar zu Art. 3.1.5 (1) im Standard für Meldepflichten der NADA, abrufbar auf der Homepage der NADA unter http://www.nada-bonn.de /fileadmin/user_upload/nada/Recht/Codes_Vorlagen/Standard_fuer_Meldepflichten__endgueltige_ Version.pdf, letzter Aufruf am 18. März 2010.

[460] Eine Übersicht über den Ablauf einer Dopingprobe „in Wort und Bild" findet sich in *NADA* „Ich werde kontrolliert" in Nickel/Rous (Hrsg.), Anti-Doping-Handbuch (2009), Bd. 1, S. 113 ff.

[461] Vgl. *Gola/Schomerus*, BDSG, § 14 Rn. 9.

[462] Vgl. *Simitis/Dammann*, BDSG, § 3 Rn. 101.

[463] Vgl. *Gola/Schomerus*, BDSG, § 14 Rn. 9.

Datenerhebung im Einzelfall allgemein und abstrakt zu formulieren. Ein hoher Abstrahierungsgrad würde aber dazu führen, dass die Zwecke praktisch keine Grenzen setzen.[464] Vorgaben in den nationalen oder internationalen Anti-Doping-Regelwerken, die bei Erhebung der Daten lediglich darauf aufmerksam machen, dass Anti-Doping-Organisationen Daten „im Zusammenhang mit Maßnahmen zur Dopingbekämpfung"[465] verarbeiten, reichen nicht aus.[466] Dies wäre weder mit der Richtlinie noch dem BDSG vereinbar. Werden die „Maßnahmen zur Dopingbekämpfung" aber konkretisiert, indem klargestellt wird, auf welche Maßnahmen Bezug genommen werden kann, so wird aus der uferlosen Beschreibung eine begrenzte Zweckbestimmung. Unter Hinweis auf die in Betracht kommenden Normen und Regelungen, auf deren Grundlage die personenbezogenen Daten nach der Erhebung zum Beispiel zum Zwecke der Dopingkontrollplanung weiterverarbeitet oder genutzt werden, kann dem Grundsatz der Zweckbindung in der Dopingbekämpfung Rechnung getragen werden. Das Ziel der Datenerhebung muss jedoch eindeutig erkennbar und für den Betroffenen transparent und nachvollziehbar sein.

II. Verarbeiten personenbezogener Daten

Das BDSG verwendet den Begriff des Verarbeitens nicht einheitlich. Der Umsetzung der Datenschutzrichtlinie entspricht der (weite) Begriff des automatisierten Verarbeitens in § 3 Abs. 2 BDSG. Dieser Verarbeitungsbegriff erfasst über die in § 3 Abs. 4 BDSG festgelegte Verarbeitung im Sinne des Speicherns, Veränderns, Übermittelns, Sperrens oder Löschens personenbezogener Daten zugleich das Erheben und Nutzen. Der (enge) Verarbeitungsbegriff in § 3 Abs. 4 BDSG – von dem im Rahmen der weiteren Prüfung ausgegangen wird – beschränkt die Definition auf fünf Phasen. Verarbeiten ist danach das Speichern, Verändern, Übermitteln, Sperren und Löschen personenbezogener Daten.[467] Das Erheben (§ 3 Abs. 3 BDSG) und das Nutzen (§ 3 Abs. 5 BDSG) personenbezogener Daten im Rahmen der Dopingbekämpfung ist entsprechend den Vorgaben des BDSG Gegenstand der gesonderten Prüfung.

---

[464] So *Bull*, RDV 1999, S. 151.

[465] Art. 4.1 des ISPP, abrufbar auf der Homepage der WADA unter http://www.wada-ama.org /en/World-Anti-Doping-Program/Sports-and-Anti-Doping-Organizations/International-Standards/I nternational-Standard-for-the-Protection-of-Privacy-and-Personal-Information-/, letzter Aufruf am 18. März 2010.

[466] So die *Art. 29-Datenschutzgruppe* in WP 162, S. 9, abrufbar unter http://ec.europa.eu/justice_home/fsj/privacy/docs/wpdocs/2009/wp162_de.pdf, letzter Aufruf am 18. März 2010.

[467] Vgl. zum Begriff der „Datenverarbeitung" auch *Kilian*, Juristische Entscheidung und Elektronische Datenverarbeitung, S. 12 f.

1. Speichern

a.) Voraussetzungen

Speichern ist nach § 3 Abs. 4 Satz Nr. 1 BDSG das Erfassen, Aufnehmen oder Aufbewahren personenbezogener Daten auf einem Datenträger zum Zweck ihrer weiteren Verarbeitung oder Nutzung. Datenträger ist jedes Medium, auf dem Daten lesbar festgehalten werden können. Dabei kommt es allerdings nicht auf die physische, sondern auf die logische Speicherung in Form der „Wiedergewinnung" von Informationen an.[468] Die Informationen, die zum Zwecke der Dopingbekämpfung oder im Rahmen des Dopingkontrollsystems von den Anti-Doping-Organisationen erhoben werden, werden in unterschiedlichen Formen in Datenverarbeitungssystemen erfasst. Die Aufnahme der personenbezogenen Daten der Athleten erfolgt zum einen durch die automatisierte Fixierung von Daten auf dem Server von ADAMS. Auf den Ort der physischen Aufbewahrung kommt es jedoch nicht an.[469] Für die datenschutzrechtlich relevante Aufbewahrung ist es unerheblich, dass der Server der WADA, auf dem die in ADAMS erfassten Daten aufbewahrt werden, in Kanada steht, während die angeschlossenen Athleten und Anti-Doping-Organisationen weltweit auf die internetbasierte Datenbank zugreifen und Daten ablegen können. Zum anderen kann die Datenerfassung aber auch unmittelbar durch die Anti-Doping-Organisation erfolgen. Dies geschieht zum Beispiel im Rahmen des Verfahrens zur Erteilung Medizinischer Ausnahmegenehmigungen durch die NADA. Zudem kann im Rahmen der Dopingkontrollplanung und des Ergebnismanagement- bzw. Disziplinarverfahrens eine nichtautomatisierte Datenerfassung durch die zuständige Anti-Doping-Organisation erfolgen. Hierbei wird die Erfassung der Daten durch Einspeisung in das Datensystem der jeweiligen Organisation sichergestellt.

b.) Datenspeicherung zur weiteren Verarbeitung oder Nutzung

Das Speichern personenbezogener Daten darf nicht Selbstzweck sein, sondern soll einem bestimmten Zweck dienen.[470] Das Aufbewahren von Athletendaten im Rahmen des Dopingkontrollsystems dient der Durchführung und Aufrechterhaltung eines effektiven Dopingkontrollsystems. Ist dieser Speicherzweck entfallen, bleiben die Daten bis zur endgültigen Löschung „gespeichert", da auch das Löschen einen Fall „weiterer Verarbeitung" darstellt.[471]

---

[468] *Simitis/Dammann*, BDSG, § 3 Rn. 119 f.
[469] Vgl. *Scheja*, Datenschutzrechtliche Zulässigkeit, S. 65.
[470] *Bergmann/Möhrle/Herb*, Datenschutzrecht, § 3, Rn. 80; *Gola/Schomerus*, BDSG, § 3 Rn. 28.
[471] *Bergmann/Möhrle/Herb*, Datenschutzrecht, § 3 Rn. 82.

2. Verändern

Verändern ist gemäß § 3 Abs. 4 Satz 2 Nr. 2 BDSG das inhaltliche Umgestalten gespeicherter personenbezogener Daten. Inhaltliches Umgestalten ist jede Maßnahme, durch die der Informationsgehalt geändert wird.[472] Ausschlaggebend ist die Schaffung einer neuen Bedeutung des personenbezogenen Datums.[473] Dazu reicht auch die Verknüpfung von Daten aus, soweit ihnen durch den neuen Kontext eine anderweitige Qualität und ein neuer Informationsgehalt zukommen.[474] Bereits durch die Zusammenführung von Informationen über Aufenthaltsort und Erreichbarkeit eines Athleten können die Athleteninformationen sowohl in der Datenbank ADAMS als auch im Rahmen nicht-automatisierter Datenerfassung eine inhaltliche Umgestaltung durch die Anti-Doping-Organisationen erfahren. Eine Veränderung der Verwahrungsstelle („Custody")[475] kann dazu führen, dass die (bislang) für die Verwaltung und den „Support" des Athleten bezüglich seiner Meldepflichten in ADAMS zuständige Anti-Doping-Organisation einen Athleten – zwar inhaltlich unverändert – jedoch in einem anderen administrativen Zusammenhang ablegt. Auch dies stellt eine Veränderung der Daten im Sinne von § 3 Abs. 4 BDSG dar.[476] Darüber hinaus bedingt es sowohl die Datenverarbeitung im automatisierten Verfahren in ADAMS als auch das Verfahren zur Erteilung Medizinischer Ausnahmegenehmigungen und das Ergebnismanagement- und Disziplinarverfahren, dass bereits erfasste personenbezogene Daten ergänzt werden. Zumeist werden Daten ergänzt oder verknüpft, wenn ein Athlet Adressdaten und Aufenthaltsdaten modifiziert, weil er sich im Trainingslager, der Vorbereitung auf einen Wettkampf oder in einer beruflichen Veränderung befindet. Auch nach Ablauf eines Testpooljahres und ggf. Neueinteilung der Testpools geänderten Meldepflichten können Athletendaten neu geordnet und zusammengeführt[477] werden.

3. Übermitteln

a.) Voraussetzungen

Übermitteln ist nach § 3 Abs. 4 Satz 2 Nr. 3 BDSG die Bekanntgabe gespeicherter oder durch Datenverarbeitung gewonnener Daten an einen Dritten. Damit stellt die Übermittlung die Phase der Datenverarbeitung dar, in der ge-

---

[472] *Simitis/Dammann*, BDSG, § 3 Rn. 129.
[473] *Simitis/Dammann*, BDSG, § 3 Rn. 129; *Kühling/Seidel/Sivridis*, Datenschutzrecht, S. 112.
[474] *Bergmann/Möhrle/Herb*, Datenschutzrecht, § 3 Rn. 46; *Gola/Schomerus*, BDSG, § 3 Rn. 30.
[475] Vgl. dazu 1. Teil C. IV. 3. b.)
[476] Vgl. *Gola/Schomerus*, BDSG, § 3 Rn. 31.
[477] Technisch: file-matching.

schützte personenbezogene Daten von der verantwortlichen Stelle an andere Personen oder Stellen bekannt gegeben werden.[478] Die Bekanntgabe kann auf zweierlei Arten stattfinden: in Form der Bekanntgabe durch Weitergabe an den Dritten oder durch Einsicht oder Abruf von dazu bereitgestellten Daten durch den Dritten. Zur Vernetzung und Harmonisierung des nationalen und internationalen Anti-Dopingkampfes ist der Austausch von Informationen entscheidend.

b.) Abgrenzung zur Nutzung personenbezogener Daten
Maßgeblich für die Frage, ob es sich bei der Weitergabe von personenbezogenen Daten der Athleten um eine Übermittlung im Sinne des BDSG handelt, ist die Einordnung der an dem Informationsaustausch beteiligten Personen oder Stellen. Eine Übermittlung von Daten im Sinne von § 3 Abs. 4 Satz 2 Nr. 3 BDSG liegt nur vor, wenn die verantwortliche Stelle Daten an Dritte weitergibt. Die Datenweitergabe innerhalb der verantwortlichen Stelle ist dagegen als Nutzung und die datenempfangende Stelle als Empfänger (§ 3 Abs. 8 Satz 1 BDSG) zu qualifizieren.[479] Fraglich ist somit, ob Anti-Doping-Organisationen und andere an der Dopingbekämpfung beteiligte Personen und Stellen beim Austausch von Informationen, beispielsweise im Rahmen der Dopingkontrollplanung, innerhalb der verantwortlichen Stelle oder als Dritte handeln. Dritter ist gemäß § 3 Abs. 8 Satz 2 und Satz 3 BDSG jede Stelle oder Person, die nicht verantwortliche Stelle, Betroffener[480] oder Auftragsdatenverarbeiter ist. Eine Auftragsdatenverarbeitung liegt hingegen vor, wenn die verantwortliche Stelle Daten durch eine andere Stelle erheben, verarbeiten oder nutzen lässt (§ 11 BDSG). Anti-Doping-Organisationen sind grundsätzlich eigene, für die Datenverarbeitung verantwortliche Stellen, soweit sie personenbezogene Daten von Athleten unmittelbar erheben, verarbeiten oder nutzen. Im Verhältnis zueinander sind die Anti-Doping-Organisationen somit Dritte im Sinne des BDSG.

aa.) Auftragsdatenverarbeitung oder Funktionsübertragung
Etwas anderes könnte sich, bezogen auf das Dopingkontrollsystem, aber dann ergeben, wenn für die Planung und Durchführung von Dopingkontrollen personenbezogene Informationen von der beauftragenden Organisation, zum Beispiel dem nationalen Sport(fach)verband oder der NADA, untereinander ausgetauscht oder an die Dopingkontrolleure weiterleitet werden. Aus daten-

---

[478] *Bergmann/Möhrle/Herb*, Datenschutzrecht, § 3 Rn. 88.
[479] *Schild*, in: Roßnagel, Handbuch Datenschutzrecht, Kap. 4.2, Rn. 70; *Kühling/Seidel/Sivridis*, Datenschutzrecht, S. 114.
[480] Vgl. 2. Teil B.

schutzrechtlicher Sicht ist daher zu klären, inwieweit die an der Dopingkontrollplanung und Durchführung beteiligten Stellen im Wege der Auftragsdatenverarbeitung oder der Funktionsübertragung Daten verarbeiten oder nutzen.

Die Auftragsdatenverarbeitung gemäß § 11 Abs. 1 Satz 1 BDSG ist dadurch geprägt, dass der Auftraggeber für die Einhaltung der datenschutzrechtlichen Vorschriften verantwortlich bleibt. Charakteristisch für die Auftragsdatenverarbeitung ist, dass der Auftragnehmer die Verarbeitung nur im Rahmen der Weisungen des Auftraggebers vornehmen darf (§ 11 Abs. 3 Satz 1 BDSG). Die Tätigkeit des Auftragnehmers hat nur gewisse Hilfs- und Unterstützungsfunktion. Entscheidend ist vor allem, dass die verantwortliche Stelle „Herrin der Daten"[481] bleibt. Darin liegt auch die wesentliche Unterscheidung und Abgrenzung zur Funktionsübertragung. Eine solche Funktionsübertragung ist dann anzunehmen, wenn dem Dienstleister eigene Entscheidungsbefugnisse hinsichtlich des „Wie" und der Auswahl der Daten zustehen. Er erledigt bei der Funktionsübertragung die ihm übertragene Aufgabe selbständig und der „Auftraggeber" kann auch auf die Verarbeitung nicht mehr ohne Weiteres durch Weisungen Einfluss nehmen.[482]

Soweit die NADA im Rahmen der Trainingskontrollen oder nationale Sport(fach)verbände bei den Wettkampfkontrollen[483] externe Kontrolleure zur Ausführung der Dopingkontrollen beauftragen, ist zu fragen, ob die Tätigkeit der Kontrolleure fremdbestimmt, weisungsgebunden und lediglich hilfsweise für die verantwortliche Stelle erfolgt oder eine selbständige Ausführung des Auftrages vorliegt. Im jeweiligen Vertragsverhältnis mit dem Dienstleister übernimmt dieser die Dopingkontrolltätigkeit „im Auftrag" oder „für die jeweilige Anti-Doping-Organisation". Dies allein charakterisiert jedoch nicht, die Rechtsnatur im datenschutzrechtlichen Sinne. Der Begriff „Auftrag" ist auch nicht im Sinne des Bürgerlichen Rechts als privatrechtlicher und entgeltlicher Geschäftsbesorgungsvertrag gemäß § 662 BGB zu verstehen.[484] Aller-

---

[481] *Bergmann/Möhrle/Herb*, Datenschutzrecht, § 11 Rn. 12; *Gola/Schomerus*, BDSG, § 11 Rn. 3; *Kühling/Seidel/Sivridis*, Datenschutzrecht, S. 121.

[482] *Bergmann/Möhrle/Herb*, Datenschutzrecht, § 11 Rn. 11; Ausführlich zu den Abgrenzungskriterien auch *Kramer/Herrmann*, CR 2003, S. 938 (939); *Schmidtke*, DSB 2/1993, S. 9 ff.

[483] Teilweise stellen die nationalen Sport(fach)verbände eigens Kontrolleure ein, um Dopingkontrollen durchführen zu lassen; siehe am Beispiel des DLV, der für die Durchführung von Wettkampfkontrollen bei DLV-Veranstaltungen eigene „Guidelines" (auch für das angestellte Kontrollpersonal) bereitstellt; abrufbar auf der Homepage des DLV unter http://www.deutscher-leichtathletik-verband.de/index.php?SiteID=547, letzter Aufruf am 18. März 2010. Werden in diesen Fällen Daten zur Dopingkontrollplanung und -durchführung an die beschäftigten Kontrolleure weitergeben, so ist dies als Nutzung im Sinne von § 3 Abs. 5 BDSG zu werten.

[484] *Bergmann/Möhrle/Herb*, Datenschutzrecht, § 11 Rn. 8; *Gola/Schomerus*, BDSG, § 11 Rn. 6.

dings ist der Auftrag regelmäßig dadurch geprägt, dass die NADA oder ein nationaler Sport(fach)verband die Dopingkontrollplanung „in den Händen hält" und lediglich die praktische Ausführung der Kontrollen „outsourct". Dies spräche für eine Auftragsdatenverarbeitung. Unter Auftragsdatenverarbeitung ist dabei gerade nicht die Übertragung der eigentlichen Aufgabe an eine andere Stelle, sondern lediglich die technische Ausführung dieser Aufgabe zu verstehen.[485] Im Rahmen des Dopingkontrollsystems verbleibt die Kernaufgabe, Dopingkontrollen im Training oder im Wettkampf durchzuführen, bei der federführenden Anti-Doping-Organisation. Eine datenschutzrechtliche Entscheidungsbefugnis, wie und in welcher Weise Daten verarbeitet oder genutzt werden, steht den Kontrolleuren regelmäßig nicht zu. Das Dopingkontrollverfahren ist standardisiert. Bei welchen Athleten, wann, welche Art von Dopingkontrollen durchgeführt werden sollen, obliegt der zuständigen Anti-Doping-Organisation. Bei ihr verbleibt die Verantwortung für die Datenverarbeitung. Auftragsschwerpunkt ist die vorgegebene, konkrete und weisungsgebunden auszuführende Dopingkontrolle bei den Athleten. Die Kontrolleure sind ausschließlich auf die Informationen und Daten angewiesen, die ihnen die Auftrag gebende Anti-Doping-Organisation übermittelt. Dass die Kontrolleure schließlich die Dopingkontrollen bei den Athleten unmittelbar eigenverantwortlich und eigeninitiativ ansetzen, ist systemimmanent und erfolgt im Rahmen der technischen und tatsächlichen Ausführung der Aufgabe. Demnach wird offensichtlich, dass die Kontrolleure und Dienstleistungsunternehmen in Deutschland, die Dopingkontrolltätigkeit für NADA und Sport(fach)verbände im Rahmen einer Auftragsdatenverarbeitung gemäß § 11 BDSG ausführen. Dafür spricht schließlich auch, dass den Kontrolleuren und Dienstleistern die Daten ausschließlich zweckgebunden zur Durchführung der jeweiligen Dopingkontrollen überlassen werden. Eigene Rechte an den Daten, diese zu eigenen Zwecken zu verwenden, werden nicht vermittelt.

Fraglich ist jedoch, ob sich diese Sichtweise auch für das Rechtsverhältnis von nationalem Sport(fach)verband zur NADA aufrechterhalten lässt. Die NADA führt Trainingskontrollen aufgrund eines Vertragsverhältnisses mit dem jeweiligen nationalen Sport(fach)verband durch.[486] Die Ausführung der Dopingkontrollen durch die NADA erfolgt somit „im Auftrag" des jeweiligen Sport(fach)verbandes. Soweit der nationale Sport(fach)verband nun Informationen über die Athleten zur Durchführung dieses Auftrages an die NADA weiterleitet, könnte damit eine Übermittlung von Daten Dritter im Wege einer Funktionsübertragung oder aber eine Auftragsdatenverarbeitung gemäß § 11 BDSG einhergehen. Die Bezeichnung des Rechtsverhältnisses als „Auftrag"

---

[485] *Bergmann/Möhrle/Herb*, Datenschutzrecht, § 11 Rn. 8.
[486] Vgl. dazu ausführlich 1. Teil B. VII. 2.

im Sinne von § 662 BGB ist erneut nicht geeignet, eine eindeutige Zuordnung in datenschutzrechtlicher Hinsicht zu treffen. Ausschlaggebend ist vielmehr, dass die Organisation und Durchführung der Dopingkontrollen (Trainingskontrollen) durch die NADA vertraglich vereinbart wird. Der NADA obliegt es, ein Dopingkontrollsystem gemäß den einschlägigen Vorgaben der WADA[487] zu etablieren und die jeweiligen Athleten des Sport(fach)verbandes einzugliedern. Dabei wird die NADA selbständig tätig. Eine Bindung an Weisungen der Sport(fach)verbände ist nicht gegeben. Vielmehr verpflichtet sich der Sport(fach)verband, den NADA-Code als für sich ebenfalls verbindliches Regelwerk anzuerkennen, in die Verbandsregelwerke umzusetzen und seine Athleten hieran zu binden. Damit verpflichtet er sich auch anzuerkennen, dass die NADA ein eigenes Dopingkontrollsystem für die Trainingskontrollen schafft und die Dopingkontrollen in eigener Regie und nach eigenem Ermessen plant und durchführt. Die NADA trägt die (vertragliche) Verantwortung für die Durchführung des Auftrages. Ferner ist die Weitergabe von personenbezogenen Daten durch den nationalen Sport(fach)verband an die NADA nicht die einzige Informationsquelle, aus der sich die NADA Fakten und Informationen zur Dopingkontrollplanung generiert. Aufgrund der Kader- und Testpoolzugehörigkeit eines Athleten sowie seiner sich daraus ergebenden Meldepflichten gegenüber der NADA werden die meisten Informationen von den Athleten selbst über die Datenbank ADAMS weitergeben. Die der NADA vom nationalen Sport(fach)verband zur Verfügung gestellten personenbezogenen Daten beschränken sich auf die sog. Testpoollisten[488] bei der turnusmäßigen Zusammenstellung des Testpools. Die übermittelten Daten werden der NADA zwar zweckgebunden „zur Organisation und Durchführung der Dopingkontrollen" bei den genannten Athleten weitergeben. Allerdings gestaltet die NADA maßgeblich und eigenverantwortlich das „Wie" der Nutzung dieser Informationen aus. Sie verfolgt mit der Aufrechterhaltung ihres Dopingkontrollsystems ein eigenes Interesse, das über die ordnungsgemäße Vertragserfüllung des Sport(fach)verbandes hinausgeht. Folglich sprechen in dieser Fallkonstellation die Argumente dafür, im Verhältnis zwischen nationalen Sport(fach)verbänden und der NADA keine Auftragsdatenverarbeitung im Sinne von § 11 BDSG zu statuieren.

bb.) (Zwischen-) Ergebnis
Im Ergebnis bedeutet dies, dass sich die Datenverarbeitung durch Auftrag nehmende Unternehmen und Dopingkontrolleure, die für die nationalen

---

[487] Vgl. 1. Teil C. II.
[488] Ein Muster-Formular zur Übermittlung der Informationen ist auf der Homepage der NADA abrufbar unter http://www.nada-bonn.de/athleten/testpools/, letzter Aufruf am 18. März 2010.

Sport(fach)verbände oder die NADA tätig werden, nicht nur an den Vorgaben des Maßnahmenkatalogs in § 11 Abs. 2 BDSG messen lassen muss. Vielmehr wird damit auch die Frage nach der datenschutzrechtlichen Einordnung der Datenweitergabe in diesen Rechtsverhältnissen beantwortet. Die Datenweitergabe an Auftragsdatenverarbeiter ist damit keine Übermittlung an Dritte.

Anders stellt sich die Situation im (Auftrags-) Verhältnis zwischen nationalen Sport(fach)verbänden und der NADA dar. Hier sind beide Organisationen verantwortliche Stellen im Sinne des BDSG und somit nach wie vor im Verhältnis zueinander jeweils Dritte im Sinne von § 3 Abs. 8 Satz 2 und Satz 3 BDSG. Die Datenweitergabe im Wege der Vertragserfüllung oder anderweitig zum Zwecke der Dopingbekämpfung erfolgt somit als datenschutzrechtliche Übermittlung im Sinne von § 3 Abs. 4 Satz 2 Nr. 3 BDSG.

4. Sperren

Eine weitere Form der Verarbeitung personenbezogener Daten ist das Sperren. § 3 Abs. 4 Satz 2 Nr. 4 BDSG definiert den Zweck und das Ziel des Sperrens. Sperren ist danach das Kennzeichnen gespeicherter personenbezogener Daten, um ihre Verarbeitung oder Nutzung einzuschränken. Einzelne Daten, Datensätze oder ganze Dateien sollen so gekennzeichnet werden, dass diese unter bestimmten Voraussetzungen nur noch eingeschränkt verwendet werden können.[489] Die Kennzeichnung ist das äußere Gewährleistungsverfahren[490] und muss den Zugriff, die Verarbeitung und die Nutzung der gesperrten Daten tatsächlich einschränken und in funktioneller Hinsicht für die Mitarbeiter der verantwortlichen Stelle klar erkennbar sein.[491] Soweit die verantwortliche Anti-Doping-Organisation Daten erhebt oder verarbeitet, die aufgrund gesetzlicher, satzungsmäßiger oder vertraglicher Aufbewahrungsfristen[492] oder schutzwürdiger Interessen[493] der betroffenen Athleten grundsätzlich zu löschen wären, sind diese zu sperren. Sperrende Wirkung hätte auch ein Widerspruch des Athleten gegen die Verarbeitung oder Nutzung seiner Daten gemäß §§ 20 Abs. 5, 28 Abs. 4, 29 Abs. 4 und 35 Abs. 5 BDSG.[494]

---

[489] *Bergmann/Möhrle/Herb*, Datenschutzrecht, § 3 Rn. 102.
[490] *Simitis/Dammann*, BDSG, § 3 Rn. 165; *Schild*, in: Roßnagel, Handbuch Datenschutzrecht, Kap. 4.2 Rn. 78.
[491] *Bergmann/Möhrle/Herb*, Datenschutzrecht, § 3 Rn. 102; *Kühling/Seidel/Sivridis*, Datenschutzrecht, S. 116.
[492] Siehe dazu 2. Teil, C. II. 5.
[493] Zum Beispiel gemäß §§ 20 Abs. 3, 4 und 6, § 35 Abs. 3, 4 und 6 BDSG.
[494] Siehe dazu 2. Teil, B. II.

5. Löschen

a.) Voraussetzungen

Die Löschung ist die letzte Phase der Datenverarbeitung. Gemäß § 3 Abs. 4 Satz 2 Nr. 5 BDSG ist Löschen das Unkenntlichmachen gespeicherter personenbezogener Daten. Der Begriff „Unkenntlichmachen" trifft auf jede Handlung zu, die irreversibel bewirkt, dass eine Information nicht länger aus gespeicherten Daten gewonnen werden kann.[495] Dies kann in der Form der Vernichtung des Datenträgers erfolgen oder durch ein Überschreiben bzw. Beseitigen auf dem Datenträger.[496] Maßgeblich ist, dass der zuvor gespeicherte Text nicht mehr lesbar ist. Falls Anti-Doping-Organisationen personenbezogene Daten der Athleten im Rahmen der Erfassung in nicht automatisierten Verfahren physisch vernichten, werden die Daten im Sinne von § 3 Abs. 4 Satz 2 Nr. 5 BDSG gelöscht. Scheiden Athleten aus dem jeweiligen Testpool einer Anti-Doping-Organisation aus, so ist – soweit die personenbezogenen Daten nicht mehr zur Erfüllung der in ihrer Zuständigkeit liegenden Aufgaben benötigt werden – das Unkenntlichmachen der Daten sicherzustellen. Dies entspricht auch den gesetzlichen Vorgaben für nicht-öffentliche Stellen gemäß § 35 BDSG.

b.) Löschen der Athletendaten in automatisierten Verfahren - ADAMS

Das wirksame Löschen im Sinne von § 3 Abs. 4 Satz 2 Nr. 5 BDSG setzt ferner voraus, dass ein Datum auf allen vorhandenen Datenträgern unkenntlich gemacht wird.[497] Gerade im informationstechnischen Bereich und bei der Datenverarbeitung in automatisierten Verfahren ist durch geeignete Maßnahmen zu erreichen, dass die Daten nicht mehr reproduzierbar sind. Eine logische Löschung, zum Beispiel durch das Ausführen der Befehle „löschen", „delete" oder „erase" gewährleisten dies allerdings nicht.[498] Es bedarf vielmehr des mehrfachen Überschreibens und gegebenenfalls des Einsatzes entsprechender Software, um eine funktionale Löschung sicherzustellen.[499]

---

[495] *Schild*, in: Roßnagel, Handbuch Datenschutzrecht, Kap. 4.2 Rn. 82; *Simitis/Simitis*, BDSG, § 3 Rn. 174.
[496] *Däubler/Weichert*, BDSG, § 3 Rn. 39.
[497] *Däubler/Weichert*, BDSG, § 3 Rn. 39.
[498] Vgl. *Tinnefeld/Ehmann/Gerling*, Einführung in das Datenschutzrecht, S. 304.
[499] *Kühling/Seidel/Sivridis*, Datenschutzrecht, S. 117; siehe hierzu auch die Hinweise zur Datensicherheit durch das Bundesamt für Sicherheit in der Informationstechnik, abrufbar unter https://www.bsi.bund.de/ContentBSI/grundschutz/kataloge/m/m02/m02167.html, letzter Aufruf am 18. März 2010.

Problematisch ist insoweit das Unkenntlichmachen der Athletendaten in der Datenbank ADAMS. Außer der WADA ist es den Anti-Doping-Organisationen technisch nicht möglich, Datensätze oder Dateien der Athleten in ADAMS eigeninitiativ zu löschen. Eine wirksame Löschung der personenbezogenen Daten liegt technisch nicht in der Hand der jeweiligen verantwortlichen Stelle, sondern ausschließlich bei der WADA. Den einzelnen Anti-Doping-Organisationen ist es lediglich gestattet, durch eine spezielle Funktion, ein Athletenprofil aus dem Hauptanwendungsbereich des Systems herauszunehmen. Dieser Vorgang wird als „retiren"[500] bezeichnet. Der Athlet erhält den Status „dauerhaft inaktiv". Das Profil ist weder für den Athleten noch für andere leseberechtigte Anti-Doping-Organisationen zugänglich. Dennoch sind die Athletendaten nicht vollständig vernichtet oder unbrauchbar. Sowohl diejenige Anti-Doping-Organisation, die den Athleten in den Status versetzt hat, als auch die WADA können diesen Vorgang rückgängig machen. Das bloße Verhindern eines gezielten Zugriffs auf die Daten reicht allerdings nicht aus[501], um die Anforderungen an das Löschen i. S. v. § 3 Abs. 4 Satz 2 Nr. 5 BDSG zu erfüllen. Dafür müssen die Daten vernichtet werden und nicht nur eingeschränkt verwertbar sein. Dies gewährleistet das System ADAMS gegenwärtig nur, wenn der WADA von der Anti-Doping-Organisation angezeigt wird, dass personenbezogene Athletendaten vollständig gelöscht werden sollen und die WADA das Löschen tatsächlich veranlasst.

III. Nutzen personenbezogener Daten

Personenbezogene Daten können schließlich datenschutzrechtlich „genutzt" werden. Nutzen ist gemäß § 3 Abs. 5 BDSG jede Verwendung personenbezogener Daten soweit es sich nicht um Verarbeitung handelt. § 3 Abs. 5 BDSG stellt somit einen Auffangtatbestand für Fälle der Datenverwendung dar, die nicht unter den Verarbeitungs- und den Erhebungsbegriff fallen.[502] Im Rahmen dieser Negativabgrenzung von dem datenschutzrechtlichen Verarbeitungsbegriff kommt es für die Bestimmung der datenschutzrechtlich relevanten Nutzung auf den Informationsgehalt des jeweiligen personenbezogenen Datums an.[503] Schon die Kenntnisnahme von personenbezogenen Daten in-

---

[500] Siehe hierzu der Hinweis in ADAMS „User Guide for Sport Organizations and Anti Doping Organizations", Art. 25 Basic Rules, S. 197, abrufbar auf der Homepage der WADA unter http://www.wada-a-ma.org/Documents/ADAMS/Training_User_Guides/WADA_ADAMS_User_Guide_Sport_Organi zations_V2.2_EN.pdf, letzter Aufruf am 18. März 2010.
[501] *Borchert/Hase/Walz*, GK-SGB X/2, § 84 Rn. 21.
[502] *Gola/Schomerus*, BDSG, § 3 Rn. 42.
[503] *Simitis/Dammann*, BDSG, § 3 Rn. 193.

nerhalb einer verantwortlichen Stelle ist demzufolge eine Nutzung im Sinne von § 3 Abs. 5 BDSG. Dies gilt auch für die Bekanntgabe von personenbezogenen Daten, die keine Übermittlung ist, da der Empfänger kein Dritter ist.[504] Die im Rahmen der nationalen und internationalen Dopingbekämpfung anfallenden personenbezogenen Daten der Athleten werden – wie am Beispiel der NADA gezeigt – verarbeitet, indem sie gespeichert, verändert und von den einzelnen Anti-Doping-Organisationen übermittelt werden. Die inhaltliche Verwendung geht dabei über rein technische Arbeitsschritte hinaus. Die personenbezogenen Daten werden zweckmäßiger Weise zur inhaltlichen Auswertung benötigt. Der Austausch von Informationen innerhalb der nationalen Anti-Doping-Organisationen stellt in Abgrenzung zum Austausch der Daten zwischen Anti-Doping-Organisationen oder der Weitergabe an Dienstleistungsunternehmen und Kontrolleure in der Regel eine Nutzung im Sinne von § 3 Abs. 5 BDSG dar.[505]

D. Räumlicher Anwendungsbereich des BDSG

I. Sitzlandprinzip

In Anwendung und Umsetzung von Art. 4 der Datenschutzrichtlinie folgt aus § 1 Abs. 5 Satz 1 BDSG, dass sich der Anwendungsbereich des deutschen Datenschutzrechts im Grundsatz nach dem sogenannten Sitzlandprinzip richtet.[506] Für die Anwendbarkeit des jeweiligen nationalen Rechts ist danach nicht entscheidend, wo der Datenumgang stattfindet, sondern an welchem Ort die verantwortliche Stelle ihren Sitz hat, solange sich dieser nur in einem Mitgliedstaat der Europäischen Union oder in einem anderen Vertragsstaat des Abkommens über den Europäischen Wirtschaftsraum (EWR) befindet. Erhebt, verarbeitet oder nutzt eine Anti-Doping-Organisation mit Sitz in einem europäischen Mitgliedsstaat personenbezogene Daten in Deutschland, so ist dem Grunde nach das jeweilige nationale Datenschutzrecht des Sitzlandes und nicht das BDSG anzuwenden. Wenn die französische Anti-Doping-Organisation (AFLD)[507] zum Beispiel von der NADA in Deutschland Aufenthalts- und Erreichbarkeitsdaten eines bestimmten Athleten erhalten möchte, unterfiele die Erhebung personenbezogener Daten dem französischen Datenschutzrecht.

---

[504] *Simitis/Dammann*, BDSG, § 3 Rn. 193; vgl. auch 2. Teil, C. II. 3.
[505] Vgl. dazu 2. Teil, C. II. 3.
[506] *Gola/Schomerus*, BDSG, § 1 Rn. 27; *Kühling/Seidel/Sivridis*, Datenschutzrecht, S. 127.
[507] Agence Française de Lutte contre le Dopage mit Sitz in Paris.

Hintergrund der entsprechenden Umsetzung von Art. 4 der Datenschutzrichtlinie durch den nationalen Gesetzgeber war das Bestreben, dem Problem ent-
gegenzutreten, dass sich in einem weltweit vernetzten Umfeld, der Standort
einer Datei oder einer Verarbeitung nur schwer ermitteln lässt.[508] Zudem sollen die verantwortlichen Stellen innerhalb der Europäischen Union davon be-
freit werden, ausländisches Datenschutzrecht anwenden und eine Vielzahl
unterschiedlicher Rechtsauffassungen beachten zu müssen.[509] Für den Umgang mit personenbezogenen Athletendaten durch die verschiedenen Anti-
Doping-Organisationen ist somit der räumliche Anwendungsbereich des Datenschutzrechts wie folgt zu differenzieren: Werden Daten von Athleten aus
verschiedenen europäischen Staaten durch inländische Anti-Doping-
Organisationen, wie der NADA, den nationalen Sport(fach)verbänden oder
von Veranstaltern großer Sportwettkämpfe, die ihren Sitz in Deutschland haben, erhoben, verarbeitet oder genutzt, findet das nationale Datenschutzrecht
Anwendung. Die Vorschriften des BDSG sind zu beachten. Andere Anti-
Doping-Organisationen, wie internationale Sport(fach)verbände und nationale
Anti-Doping-Organisationen, die ihren Sitz in einem EU-Mitgliedsstaat oder
EWR-Vertragsstaat haben, müssen bei der Erhebung und Verarbeitung von
personenbezogenen Daten nach dem Sitzlandprinzip das ausländische Daten-
schutzrecht des jeweiligen innergemeinschaftlichen Sitzlandes beachten.

II. Territorialprinzip

Für verantwortliche Stellen, die ihren Sitz außerhalb der EU oder des EWR
haben, gilt das Sitzlandprinzip dagegen nur dann, wenn Datenträger zum
Zwecke des Transits durch das Inland eingesetzt werden, § 1 Abs. 5 Satz 4
BDSG. Dies ist der Fall, wenn eine bloße „Durchfuhr" stattfindet, ohne dass
die personenbezogenen Daten zur Kenntnis genommen werden können.[510] Für
außerhalb der EU oder des EWR belegene Unternehmen in Drittländern gilt
das Sitzlandprinzip gerade nicht.[511] Insoweit findet das Territorialprinzip Anwendung. Das bedeutet, dass das BDSG nach § 1 Abs. 5 Satz 2 BDSG anzuwenden ist, wenn außerhalb des Europäischen Wirtschaftsraums belegene
Stellen im Inland personenbezogene Daten erheben, verarbeiten oder nutzen.
Eine Erhebung, Verarbeitung oder Nutzung von personenbezogenen Daten
„im Inland" führt demgemäß zu einer Anwendbarkeit des BDSG.

---

[508] *Scheja*, Datenschutzrechtliche Zulässigkeit (2005), S. 78.
[509] *Dammann/Simitis*, EG-Datenschutzrichtlinie, Art. 4 Rn.1.
[510] *Bergmann/Möhrle/Herb*, Datenschutzrecht, § 1 Rn. 37.
[511] *Scheja*, Datenschutzrechtliche Zulässigkeit (2005), S. 79.

In datenschutzrechtlicher Hinsicht soll verhindert werden, dass verantwortliche Stellen ihren Sitz oder ihre Niederlassungen in „Datenoasen" verlagern, um damit die Anwendbarkeit innergemeinschaftlicher Datenschutzgesetze zu umgehen[512], und lediglich „Stützpunkte" zur Verarbeitung von Daten innerhalb der EU unterhalten, die sie im Zuge fortschreitender Automatisierung betreiben und von einem Drittland aus steuern.[513] Sowohl Anti-Doping-Organisationen, die in Drittländern belegen sind als auch die WADA, mit Sitz in Montreal/Kanada, müssen nach dem Territorialprinzip das BDSG beachten, soweit sie – ohne inländische Zweigstelle oder Niederlassung – Athletendaten in Deutschland erheben, verarbeiten oder nutzen.

III. Niederlassungsprinzip

Für verantwortliche Stellen innerhalb der EU oder des EWR besteht gemäß § 1 Abs. 5 Satz 1 Hs. 2 BDSG eine weitere Ausnahme vom Sitzlandprinzip, wenn der Datenumgang im Inland durch eine dortige Niederlassung erfolgt. Die Ausnahme ist insbesondere für das Verhältnis von nationalen und internationalen Sport(fach)verbänden maßgeblich. Hat ein internationaler Sport(fach)verband mit Sitz in Österreich, eine Niederlassung in Deutschland, von der aus er Daten erhebt, verarbeitet oder nutzt, so findet nicht österreichisches, sondern deutsches Datenschutzrecht nach dem Territorialprinzip Anwendung. Nach Erwägungsgrund 19 der Datenschutzrichtlinie setzt eine Niederlassung unabhängig von der Rechtsform die effektive und tatsächliche Ausübung einer Tätigkeit mittels einer festen Einrichtung voraus.[514] Zur Präzisierung des Niederlassungsbegriffes ist zudem auf die Definition in § 42 Abs. 2 Gewerbeordnung zu verweisen.[515] Danach muss der Gewerbetreibende einen zum dauerhaften Gebrauch eingerichteten ständigen oder in regelmäßiger Wiederkehr von ihm benutzten Raum für den Betrieb seines Gewerbes besitzen. Eine Niederlassung im Sinne von § 1 Abs. 5 BDSG liegt also vor, wenn eine gewisse räumliche oder zeitliche Zuordnung gegeben ist.[516] Diese, die Anforderungen der Datenschutzrichtlinie konkretisierende Ausgestaltung des Niederlassungsbegriffes greift bei der Einordnung einer inländischen Anti-Doping-Organisation zu kurz. Hintergrund der Regelung ist, dass für verantwortliche Stellen, die eine entsprechende Niederlassung unterhalten, die Kenntnis des nationalen Datenschutzrechts zumutbar ist. Der Aufbau des

---

[512] *Weber*, DuD 1995, S. 698 (700).
[513] *Simitis/Dammann*, BDSG, § 1 Rn. 215, siehe dazu auch *Simitis*, CR 2000, S. 472 ff.
[514] Siehe auch die Rechtsprechung des EuGH in der Rechtssache C-221/89 Factortame, 1991, *Slg.* I-3905 Rn. 20.
[515] Siehe Begründung zu § 1 Abs. 5 BDSG in *BT-Drucks.* 14/4329 (13.10.2000), abrufbar unter http://dip21.bundestag.de/dip21/btd/14/043/1404329.pdf, letzter Aufruf am 18. März 2010.
[516] *Bergmann/Möhrle/Herb*, Datenschutzrecht, § 1 Rn. 43.

nationalen und internationalen Verbandswesens ist jedoch durch einen hierarchischen Aufbau geprägt. Die Struktur folgt dem Ein-Platz-Prinzip.[517] Die nationalen Sport(fach)verbände sind Mitglied ihres internationalen Sport-(fach)verbandes. Sie haben die Regeln des internationalen Sport(fach)-verbandes umzusetzen und zu befolgen, und darüber hinaus sicherzustellen, dass generell für jede Sportart nur ein Sport(fach)verband ausschließlich zuständig ist.[518] Das Handeln und Wirken des Sport(fach)verbandes regelt sich hingegen nach der jeweiligen Verbandssatzung. Die Gründung sowie die rechtliche Ausgestaltung richten sich nach nationalem Recht. Aufgaben, wie die Dopingbekämpfung, werden von ihnen eigenständig ausgeführt. Eine inhaltliche Weisungsabhängigkeit vom internationalen Sport(fach)verband ist durch das Ein-Platz-Prinzip nicht gegeben. Es erfolgt in erster Linie eine fachliche und geografische Kompetenzzuordnung. Das Ein-Platz-Prinzip entspricht zugleich auch dem Selbstverständnis der nationalen Sport(fach)verbände wie es in der Namensgebung, der Charakterisierung der eigenen Aufgaben und der gegenseitigen Anerkennung der nationalen Sport(fach)verbände als alleinzuständig zum Ausdruck kommt.[519] Auch wenn nationaler und internationaler Sport(fach)verband eng zusammenarbeiten und sich in fachlicher Hinsicht ergänzen, fehlt es doch an der räumlich-begrifflichen Ausgestaltung, um dem Niederlassungsprinzip zu entsprechen. Das Niederlassungsprinzip ist somit nicht anwendbar. Es verbleibt bei der Anwendung des Sitzlandprinzips.

Im Ergebnis kommt das BDSG zunächst für alle die Anti-Doping-Organisationen zur Anwendung, die ihren Sitz in Deutschland haben. Dies betrifft sämtliche nationale Sport(fach)verbände und die NADA. Für Anti-Doping-Organisationen, die ihren Sitz in einem anderen EU-Land oder EWR-Vertragsstaat haben, findet das jeweilige nationale Recht des Sitzlandes Anwendung. Aufgrund der Tatsache, dass das Niederlassungsprinzip bei den Anti-Doping-Organisationen nach hier vertretener Auffassung nicht zur Anwendung kommt, verbleibt es beim Anwendungsbereich von § 1 Abs. 5 Satz 1 Hs. 1 BDSG. Für Anti-Doping-Organisationen aus einem sonstigen Land, zum Beispiel die WADA in Kanada, gilt für die Datenverwendung in Deutschland gemäß § 1 Abs. 5 Satz 2 BDSG grundsätzlich das Bundesdatenschutzgesetz.

---

[517] Siehe 1. Teil, A, V.
[518] *Adolphsen*, Dopingstrafen (2003), S. 42 ff.; *Vieweg*, Normsetzung (1990), S. 61; *ders.*, NJW 1991, S. 1511 f.
[519] *Vieweg*, Normsetzung (1990), S. 66.

E. Legitimationsgrundlagen – Verbot mit Erlaubnisvorbehalt

Die Zulässigkeit der Verwendung personenbezogener Daten ist die zentrale Frage des Datenschutzes. Welche Daten erhoben, verarbeitet oder genutzt werden dürfen, ist ebenso entscheidend wie der Zweck und die Aufgabe des Datenschutzes, „den einzelnen davor zu schützen, dass er durch den Umgang mit seinen personenbezogenen Daten in seinem Persönlichkeitsrecht beeinträchtigt wird" (§ 1 Abs. 1 BDSG).[520] Als einfachgesetzliche Ausgestaltung dieses, durch Art. 8 Abs. 2 EU-Charta, die Datenschutzrichtlinie und die Rechtsprechung des Bundesverfassungsgerichts geprägten Grundsatzes, statuiert § 4 Abs. 1 BDSG einen abschließenden „Zulässigkeits-Dreiklang" und damit eine zentrale Regel des deutschen Datenschutzrechts. Sie statuiert ein Verbot mit Erlaubnisvorbehalt.[521] Die Erhebung, Verarbeitung und Nutzung personenbezogener Daten ist grundsätzlich verboten. Der Umgang mit den Daten darf nur erfolgen, wenn entweder der Betroffene einwilligt, eine andere Rechtsvorschrift diesen erlaubt oder das BDSG selbst eine Legitimationsgrundlage zur Verfügung stellt.

Die Gleichrangigkeit der Erlaubnistatbestände ergibt sich aus dem Wortlaut der Norm („oder"). Einwilligung und Rechtsvorschrift stehen als Erlaubnistatbestände demnach formal auf einer Ebene.[522] Rechtssystematisch und entsprechend den Vorgaben der Datenschutzrichtlinie sowie der EU-Charta[523] hätte die Einwilligung an erster Stelle der Zulässigkeitstatbestände genannt werden müssen. Die Einwilligung wird als genuiner Ausfluss des Rechts auf informationelle Selbstbestimmung bezeichnet.[524] Sie spiegelt den Inhalt des informationellen Selbstbestimmungsrechts in besonders deutlicher Art und Weise wider. Allerdings wird die Bedeutung der Einwilligung als Legitimationsinstrument unterschiedlich gesehen.[525] Einerseits führt die Tendenz zur sektorspezifischen Regulierung des Datenschutzrechts zu einer Einschränkung des Anwendungsbereichs der Einwilligung.[526] Die Einwilligung solle

---

[520] *Bergmann/Möhrle/Herb*, Datenschutzrecht, § 4, Rn. 6.

[521] Vgl. *LAG Düsseldorf*, Beschluss vom 4. November 1988, NZA 1989, S. 146 (149); zum Begriff auch grundsätzlich *Kühling*, Die Verwaltung, S. 153 ff.

[522] *Simitis/Walz*, BDSG, § 4 Rn. 5; *Holznagel/Sonntag*, in: Roßnagel, Handbuch Datenschutzrecht, Kap. 4.8, Rn. 16. *Kühling/Seidel/Sivridis*, Datenschutzrecht, S. 131.

[523] Art. 7 lit. a) der Datenschutzrichtlinie nennt die Einwilligung an erster Stelle für eine Legitimierung der Datenverarbeitung. Ebenso nennt die Europäische Grundrechtscharta in Art. 8 Abs. 2 die Einwilligung der betroffenen Person vor der Möglichkeit eines gesetzlichen Erlaubnistatbestands.

[524] *Gola/Schomerus*, § 4 Rn. 5; *Holznagel/Sonntag*, in: Roßnagel, Handbuch Datenschutzrecht, Kap. 4.8, Rn. 5; *Roßnagel/Pfitzmann/Garstka*, DuD, S. 253 ff.

[525] Siehe zum Rangverhältnis von Einwilligung und (sonstigen) Rechtsvorschriften ausführlich *Holznagel/Sonntag*, in: Roßnagel, Handbuch Datenschutzrecht, Kap. 4.8, R. 16 ff.; *Roßnagel/Pfitzmann/Garstka*, Modernisierung des Datenschutzrechts 2001, S. 72 ff.

[526] So *Simitis/Walz*, BDSG, § 4 Rn. 7.

daher in der Praxis nur „im Notfall"[527] oder „sicherheitshalber kumulativ"[528] zu einer gesetzlichen Rechtsgrundlage herangezogen werden. Andererseits führen die Verlagerung des Schwerpunktes des Datenumgangs vom öffentlichen zum privaten Bereich und die stetig zunehmenden Möglichkeiten der Datenverarbeitung zu einer Vergrößerung des Anwendungsbereichs der Einwilligung. Datenverarbeitungsprozesse werden zunehmend schwieriger gesetzlich erfassbar. Im Rahmen des Verbots mit Erlaubnisvorbehalt kommt der Einwilligung eine grundsatzsichernde Funktion zu.[529] Demzufolge ist die Einwilligung eine im Verhältnis zur gesetzlichen Legitimationsgrundlage gleichrangige und gleichwertige Alternative, um einen Erlaubnistatbestand zur Erhebung, Verarbeitung und Nutzung personenbezogener Daten zu bilden.

Nach dem Grundsatz des lex specialis gehen lediglich bereichsspezifische Datenschutzgesetze dem BDSG vor. Unabhängig von der Aufzählung der Erlaubnistatbestände in § 4 Abs. 1 BDSG kommt den einschlägigen Normen des BDSG, entsprechend seinem Charakter als Auffangtatbestand nur nachgeordnete Bedeutung zu. Dies ergibt sich bereits deutlich aus § 1 Abs. 3 Satz 1 BDSG. Liegt die Einwilligung des Betroffenen nicht vor und ist keine andere Rechtsvorschrift einschlägig, ist zu prüfen, ob der vorgesehene Datenumgang auf einen Auffangtatbestand aus dem BDSG gestützt werden kann.[530]

I. Einwilligung des Athleten als rechtliche Legitimation

Für den Umgang mit personenbezogenen Daten durch Anti-Doping-Organisationen ist zunächst maßgeblich, dass – wie grundsätzlich im nicht-öffentlichen Bereich – das Verbot mit Erlaubnisvorbehalt einen Grundrechtseingriff darstellt. Das bedeutet, dass der Umgang mit personenbezogenen Daten im Rahmen der Dopingbekämpfung in Deutschland in jeder Phase einer Erlaubnisgrundlage bedarf. Die Einwilligung oder Rechtsnorm, die nur das Erheben oder Speichern der Daten umfasst, ist für die Übermittlung ungeeignet. Es ist daher stets zu prüfen, ob jeder Abschnitt der Datenverwendung auf einen Erlaubnistatbestand gestützt werden kann. Die Anwendbarkeit des Zulässigkeits-Dreiklangs aus Einwilligung, spezialgesetzlichen Vorschriften und den Rechtsgrundlagen des BDSG ist im Bereich der Dopingbekämpfung in Deutschland bereits beschränkt. Aufgrund einer fehlenden spezialgesetzlichen Grundlage, die den Datenschutz im Sport und bei der Dopingbekämp-

---

[527] *Gola/Schomerus*, BDSG, § 4 Rn. 5.
[528] So aber die Empfehlung bei *Schaffland/Wiltfang*, BDSG, § 4a Rn. 1.
[529] *Kühling/Seidel/Sivridis*, Datenschutzrecht, S. 132.
[530] *Kühling/Seidel/Sivridis*, Datenschutzrecht, S. 134.

fung regelt, ist das gegenwärtige Dopingkontrollsystem bei der Erhebung, Verarbeitung und Nutzung personenbezogener Daten auf die Einwilligungserklärungen der Athleten angewiesen.[531] Soweit keine Einwilligung des betroffenen Athleten vorliegt, müssen alternativ die Normen des BDSG – die §§ 28 ff. BDSG für den nicht-öffentlichen Bereich – als Erlaubnistatbestand für den Umgang mit den personenbezogenen Daten der Athleten herangezogen werden.

Aufgrund der Tatsache, dass aber gerade im nicht-öffentlichen Bereich die Einwilligung als Legitimationsinstrument von großer Bedeutung ist und mit ihrer Hilfe der Umgang mit personenbezogenen Daten flexibel gestaltet werden kann[532], ist die Einwilligungslösung im Bereich des Sports und der Dopingbekämpfung eine vorrangige Alternative. Allerdings darf der Zweck der Einwilligung nicht als Fiktion der Legitimationswirkung[533] ausgehöhlt werden. Immer dann, wenn sich zwei ungleich mächtige Vertragspartner gegenüberstehen, droht die Legitimations- und Schutzwirkung der Einwilligung zu einer Formalie herabzusinken.[534] Diese Gefahr ist bei der Festlegung der Einwilligungslösung im Verhältnis zwischen Athleten und Sport(fach)verbänden stets zu berücksichtigen. Der Gesetzgeber hat demzufolge auch eine Reihe von inhaltlichen und formalen Wirksamkeitsvoraussetzungen aufgestellt, die maßgeblich zu beachten sind, wenn die Einwilligung des Betroffenen die Erhebung, Verarbeitung und Nutzung seiner Daten rechtfertigen soll.

1. Rechtsnatur der Einwilligung

Schon die Rechtsnatur der Einwilligung i. S. d. § 4 Abs. 1 BDSG ist jedoch umstritten. Teilweise wird sie als rechtsgeschäftliche Erklärung[535], teilweise als Realhandlung[536] oder als geschäftsähnliche Handlung aufgefasst[537]. Rechtsdogmatisch ist zunächst festzustellen, dass es sich bei der Einwilligung

---

[531] So auch *Schaar*, Anforderungen des Datenschutzes an Dopingkontrollen, S. 15, abrufbar unter http://www.bfdi.bund.de/cln_134/DE/Oeffentlichkeitsarbeit/Infomaterial/BfDInformationsbroschu eren/BfDInformationsbroschueren_node.html, letzter Aufruf am 18. März 2010.

[532] *Kühling/Seidel/Sivridis*, Datenschutzrecht, S. 140.

[533] Zum Begriff ausführlich *Simitis/Simitis*, BDSG, § 4a Rn. 63.

[534] *Kühling/Seidel/Sivridis*, Datenschutzrecht, S. 131.

[535] *LG Hamburg*, ZIP 1982, 1313 (1315); *LG Bremen*, DuD 2001, S. 620; *Bergmann/Möhrle/Herb*, BDSG § 4a Rn. 8; *Däubler/Klebe/Wedde*, BDSG, § 4 Rn. 9; *Simitis/Simitis*, BDSG, § 4a Rn. 10.

[536] *Dörr/Schmidt*, BDSG, § 4 Rn. 8; *Gola/Schomerus*, BDSG, § 4a Rn. 10; *Schaffland/Wiltfang*, BDSG, § 4a Rn. 21.

[537] *Holznagel/Sonntag*, in: Roßnagel, Handbuch Datenschutzrecht, Kap. 48, Rn. 21; *Tinnefeld/Ehmann/Gerling*, Einführung in das Datenschutzrecht, S. 318.

um eine antizipierte Erlaubnis im Sinne von § 183 BGB handelt.[538] Die Einwilligung ist somit immer vor jedwedem Umgang mit personenbezogenen
Daten einzuholen und kann nicht nachträglich, im Wege einer Genehmigung
gemäß § 184 BGB eine Heilung bewirken.[539] Die Klärung der Frage nach der
rechtlichen Einordnung der Einwilligung ist im Bereich der Dopingbekämpfung und des Dopingkontrollsystems dennoch bedeutend. Denn das Dopingkontrollsystem und die Dopingregelwerke finden auch auf minderjährige Athleten Anwendung.[540] Sowohl WADA- als auch NADA-Code 2009 stellen bei
der Anwendbarkeit des Regelwerks auf Minderjährige nicht auf das Alter,
sondern nur noch darauf ab, inwieweit ein Athlet (bereits) an nationalen und
internationalen Wettkämpfen und Wettkampfveranstaltungen teilnimmt. Ei-
nigkeit herrscht insoweit darüber, dass es für die Abgabe der Einwilligungserklärung primär nicht auf die Geschäftsfähigkeit des Betroffenen ankommt.[541] Das Bundesverfassungsgericht hat ebenfalls ausgeführt, dass auf
die Urteils- und Einsichtsfähigkeit des Betroffenen und nicht auf seine Geschäftsfähigkeit abzustellen ist.[542] Die Einwilligung soll einen rechtmäßigen
Eingriff in das informationelle Selbstbestimmungsrecht des Betroffenen er-
lauben.[543] Der Umweg über die Realhandlung, bei der stets die Einsichtsfähigkeit und die Reife des Einwilligenden ausschlaggebend sind[544], ist zudem
nicht erforderlich. Wird bei geschäftsähnlichen Handlungen aus dem Verwendungszusammenhang der höchstpersönliche Einschlag der Einwilligung
deutlich, ist ebenfalls die Urteils- und Einsichtsfähigkeit des Betroffenen
maßgeblich.[545] Im Rahmen der Rechtsgeschäftslehre hat der Gesetzgeber neben der Geschäftsfähigkeit, die Einsichtsfähigkeit von Minderjährigen berücksichtigt. In den §§ 112, 113 BGB wird deutlich, dass im Bereich der Ar-

---

[538] *Kühling/Seidel/Sivridis*, Datenschutzrecht, S. 142; vgl. auch *Palandt/Ellenberger*, BGB, Einführung vor § 182 Rn. 1.
[539] *Gola/Schomerus*, BDSG, § 4a Rn. 15; *Tinnefeld/Ehmann/Gerling,* Einführung in das Datenschutzrecht, S. 318.
[540] Siehe die Athletendefinition im WADA- und NADA-Code 2009, abrufbar auf der Homepage
der NADA unter http://www.nada-bonn.de/, letzter Aufruf am 18. März 2010.
In der Einleitung zum NADA-Code 2006 legte die NADA noch den persönlichen Anwendungsbereich für minderjährige Athleten fest. Danach betraf das Regelwerk Minderjährige erst mit Vollen-
dung des 14. Lebensjahres.
[541] *Gola/Schomerus*, BDSG, § 4a Rn. 10; *Simitis/Simitis*, BDSG, § 4a Rn. 20 f.; *Tinne-
feld/Ehmann/Gerling,* Einführung in das Datenschutzrecht, S. 318.
[542] *St. Rspr. BVerfGE* 10, 302 ff.; siehe auch *Auernhammer,* BDSG, § 4a Rn. 11; *Petri*, RDV 2007,
S. 153 (157).
[543] So *Bitzer*, informationelle Selbstbestimmung, 1992, S. 139 f,; *Geiger*, NVwZ 1989, S. 37; *Pod-
lech/Pfeiffer*, RDV 1998, S. 144; auch *Simitis/Simitis*, BDSG, § 4a Rn. 2; a.A. *Robbers*, JuS 1985,
928 (930); *Stern*, Staatsrecht, Band III/2, § 86 I 5 die in der Einwilligung einen Grundrechtsverzicht sehen.
[544] *Holznagel/Sonntag*, in: Roßnagel, Handbuch Datenschutzrecht, Kap. 4.8, Rn. 20.
[545] Vgl. *Simitis/Simitis*, BDSG, § 4a Rn. 21; *Kühling/Seidel/Sivridis*, Datenschutzrecht, S. 142.

beit und des Geschäftsbetriebs eine Teilgeschäftsfähigkeit des Minderjährigen festgelegt werden kann. Ist ein Minderjähriger zum Beispiel durch seine Eltern zur Aufnahme der Arbeit ermächtigt, so gilt er für alle Dienst- und Arbeitsverträge aus diesem Verhältnis als geschäftsfähig.[546] Die selbständige Wahrnehmung von Grundrechten entspricht vorrangig einer geschäftsähnlichen Handlung, nicht jedoch der Tätigung eines Rechtsgeschäfts. Dennoch verbleibt dem Betroffenen, wie bei einem Rechtsgeschäft, die Möglichkeit, die Anfechtung gemäß §§ 119, 123 BGB geltend zu machen. Der Betroffene ist bei Irrtum oder Täuschung nicht schutzlos gestellt. Er kann bei Vorliegen eines Anfechtungsgrundes seine Einwilligung ex tunc zurücknehmen. In letzter Konsequenz kann eine Einwilligung auch gemäß §§ 124, 134 und 139 BGB nichtig sein.[547] Die rechtliche Einordnung der Einwilligung als geschäftsähnliche Handlung hat somit den Vorteil, dass im Ergebnis sowohl der Minderjährigenschutz als auch die Betroffenenrechte geschützt und der flexible Einsatz der Einwilligung als Legitimationsgrundlage erhalten bleiben.[548]

Solange keine gesetzliche Regelung besteht, ist in Bezug auf die Einwilligung minderjähriger Athleten in den Umgang der Anti-Doping-Organisationen mit den personenbezogenen Daten auf die Einsichtsfähigkeit des minderjährigen Athleten abzustellen. Diese ist im jeweiligen Verwendungszusammenhang der Einwilligung zu ermitteln. Abstrakte Aussagen oder gesetzliche Grundlagen zur Bestimmung der Einsichtsfähigkeit existieren nicht. An ein bestimmtes Alter der Kinder und Jugendlichen kann die Bestimmung der Einsichtsfähigkeit nicht geknüpft werden.[549] Kann der minderjährige Athlet aber klar erkennen und erfassen, welche Auswirkungen und Konsequenzen die Abgabe seiner Einverständniserklärung in die Datenverarbeitung zukommt, ist er selbst in der Lage eine wirksame Einwilligung abzugeben. Ist dies nicht oder nur bedingt der Fall, kann eine wirksame Einwilligung nicht erklärt werden. Die Einsichtsfähigkeit im jeweiligen Zusammenhang mit der Verwendung seiner personenbezogenen Daten entscheidet darüber, ob zusätzlich oder ausschließlich die Einwilligung seiner gesetzlichen Vertreter erforderlich ist.[550] Aufgrund der Komplexität der Datenverarbeitung im Dopingkampf, insbe-

---

[546] Vgl. *Palandt/Ellenberger*, BGB, § 113 Rn. 2; *MüKo/Schmitt*, BGB, § 113 Rn. 2.

[547] Vgl. *Holznagel/Sonntag*, in: Roßnagel, Handbuch Datenschutzrecht, Kap. 4.8, Rn. 1; *Simitis/Simitis*, BDSG, § 4a Rn. 26.

[548] Im Ergebnis so auch *Kühling/Seidel/Sivridis*, Datenschutzrecht, S. 143.

[549] *Simitis/Simitis*, BDSG, § 4a Rn. 21. Siehe insoweit auch Stellungnahme 2/2009 „zum Schutz der personenbezogenen Daten von Kindern (Allgemeine Leitlinien und Anwendungsfall Schulen)" der *Art. 29-Datenschutzgruppe*, WP 160, S. 6, abrufbar unter http://ec.europa.eu/justice_home/fsj/privacy/docs/wpdocs/2009/wp160_de.pdf, letzter Aufruf am 18. März 2010.

[550] So auch *Beckhusen*, Datenumfang (2004), S. 160.

sondere bei der Aufnahme eines minderjährigen Athleten in das Anti-Doping-Programm des nationalen oder internationalen Sport(fach)verbandes sowie in das Dopingkontroll- und Testpoolsystem der NADA sind an die Einwilligungsfähigkeit minderjähriger Athleten hohe Anforderungen zu stellen. Soweit ein jugendlicher Athlet die Tragweite von Eingriffen in seine Grundrechte im allgemeinen und besonders in das allgemeine Persönlichkeitsrecht, in der Ausprägung als Recht auf informationelle Selbstbestimmung, selbständig beurteilen und Entscheidungen diesbezüglich selbst treffen kann, ist die Grundlage zur eigenverantwortlichen Einwilligung in die Verarbeitung seiner Daten gegeben. Die Anbindung eines Athleten an das Dopingkontrollsystem und die Vergabe einer Zugangsberechtigung des Athleten zur ADAMS Datenbank setzt voraus, dass der Athlet weiß, dass er persönlich für die Abgabe und Pflege seiner „Whereabouts" verantwortlich ist und im Falle eines Fehlverhaltens sanktioniert werden kann. Diese Auswirkung ist regelmäßig von minderjährigen Athleten nicht allein zu tragen, so dass grundsätzlich bis zum Erreichen der Volljährigkeit die Einwilligung zusätzlich von den gesetzlichen Vertretern einzuholen ist. Gemäß § 1629 Abs. 1 Satz 2 BGB vertreten diese den Minderjährigen grundsätzlich gemeinsam.

Bei den Gesundheitsdaten des Minderjährigen, die im Erteilungsverfahren zu Medizinischen Ausnahmegenehmigungen erhoben, verarbeitet oder genutzt werden, ergibt sich ein ähnliches Bild. Auch hier ist ein hoher Maßstab an die Einwilligungsfähigkeit eines minderjährigen Athleten anzulegen. Nur soweit der minderjährige Athlet im Einzelfall die individuelle Einsichtsfähigkeit besitzt, kann er die Konsequenzen einer ärztlichen Behandlung und den Umgang mit seinen Gesundheitsdaten eigenständig beurteilen. Dabei muss er die Bedeutung und die Tragweite der Untersuchung erkennen und das Für und Wider ausreichend beurteilen können.[551] Diese individuelle Reife des Minderjährigen gilt auch in anderen Rechtsgebieten, zum Beispiel im Strafrecht als ausreichend, um ihm ein eigenständiges Recht zur Einwilligung zu geben.[552]

Im Ergebnis lässt sich festhalten, dass die Einwilligung in die Datenverarbeitung eine rechtsgeschäftsähnliche Handlung darstellt. Betroffene Athleten sind durch ihre Anfechtung berechtigt, sich mit der Wirkung ex tunc von der Einwilligung zu lösen, wenn die entsprechenden Voraussetzungen vorliegen. Zudem ist der Minderjährigenschutz umfassend gewährleistet, da bei der Einwilligung insbesondere auf die Einsichtsfähigkeit des minderjährigen Ath-

---

[551] Vgl. *Schaar*, Anforderungen des Datenschutzes an Dopingkontrollen, S. 16, abrufbar unter http://www.bfdi.bund.de/cln_134/DE/Oeffentlichkeitsarbeit/Infomaterial/BfDInformationsbroschu eren/BfDInformationsbroschueren_node.html, letzter Aufruf am 18. März 2010.
[552] *Cramer/Heine*, in: Schönke/Schröder, StGB, Vorb. zu §§ 32 ff. Rn. 33a.

leten abzustellen ist. Aufgrund des Umfangs und der Tragweite der Datenverarbeitung im Rahmen der Dopingbekämpfung sind daher klare Anforderungen zu stellen, um die Eigenverantwortlichkeit des Minderjährigen für sein Handeln zu bejahen. Sind diese Anforderungen nicht erfüllt, ist immer die zusätzliche Einwilligungserklärung der gesetzlichen Vertreter zu fordern.

2. Inhaltliche Wirksamkeitsvoraussetzungen

a.) Freiwilligkeit
Art. 2 lit. h.) der Datenschutzrichtlinie definiert die Einwilligung als eine Willensbekundung, die ohne Zwang erfolgt. Die nationale Umsetzung dieser Vorgabe ist in § 4a Abs. 1 Satz 1 BDSG erfolgt. Danach ist die Einwilligung nur wirksam, wenn sie auf der freien Entscheidung des Betroffenen beruht. Beide Definitionen machen deutlich, dass als wirksame Zustimmung jede Willensbekundung angesehen wird, die ohne Zwang, für den konkreten Fall, in Kenntnis der Sachlage erfolgt und mit der die betroffene Person akzeptiert, dass personenbezogene Daten, die sie betreffen, verarbeitet werden. Nicht ausreichend ist, dass der Betroffene nur auf die Einwilligung verwiesen wird. Vielmehr ist es für die wirksame Einwilligung maßgeblich, dass der Betroffene den Einwilligungskontext[553] genau wahrnimmt, reflektiert und sodann entscheidet. „Ohne Zwang" handelt oder eine „freie Entscheidung" trifft nur derjenige, der sich nicht in einer Situation befindet, die ihn faktisch dazu zwingt, sich mit dem Zugriff auf die jeweils verlangten Daten einverstanden zu erklären.[554]

aa.) Zwang
Ausgangspunkt der Untersuchung, wann eine Situation, eine Lage oder ein Verhältnis vorliegt, in denen der Betroffene keine andere Möglichkeit hat, die Einwilligung in die Datenverarbeitung zu erteilen, ist die Bestimmung und Ausfüllung des Begriffes Zwang. Zwang liegt grundsätzlich immer dann vor, wenn die Entscheidungs- und Handlungsfreiheit durch verschiedene Einflüsse nachdrücklich beeinflusst wird. Der Begriff hat darüber hinaus durch die verschiedene Gebrauchs- und Definitionsweise in unterschiedlichen nationalen und internationalen Gesetzen konkrete Ausgestaltungen erfahren.

---

[553] *Simitis/Simitis*, BDSG, § 4a Rn. 62.
[554] *Dammann/Simitis*, EG-Datenschutzrichtlinie Art.2, Rn. 23; so auch *Kühling/Seidel/Sivridis*, Datenschutzrecht, S. 144 f.

(1) § 138 BGB

So definiert der nationale Gesetzgeber zum Beispiel in § 138 BGB im Zusammenhang mit sittenwidrigen Rechtsgeschäften das Ausnutzen einer Zwangslage. Eine Zwangslage ist danach gegeben, wenn wegen einer erheblichen Bedrängnis ein zwingendes Bedürfnis nach einer Geld- oder Sachleistung entsteht[555]. Erforderlich, aber auch ausreichend ist es, dass dem Betroffenen schwere Nachteile drohen.[556] Übertragen auf die Situation eines Athleten, der vor der Entscheidung einer Einwilligungserklärung bezüglich der Verarbeitung seiner personenbezogenen Daten steht, bedeutet dies, dass eine Zwangslage dann bestünde, wenn er aufgrund erheblicher tatsächlicher oder finanzieller Nachteile keine andere Entscheidung als die Einwilligung zu erteilen treffen könnte.

(2) § 240 StGB

Das nationale Strafrecht führt im Rahmen des Tatbestands der Nötigung (§ 240 StGB) zum Begriff „Zwang" aus, dass es zur objektiven Verwirklichung dieses Merkmals sowohl physischer als auch psychischer Zwanganwendung bedarf. Dies erfolgt mit der Definition des Gewaltbegriffs.[557] Schutzgut der Norm ist die Freiheit der Willensentschließung und der Willensbetätigung.[558] Zur Verwirklichung des Straftatbestands bedarf es neben der Erfüllung der objektiven und subjektiven Tatbestandsmerkmale aber auch der Rechtswidrigkeit des Handelns. Dabei stellt das Strafrecht in § 240 StGB darauf ab, dass das Nötigungsmittel und der Nötigungszweck in einer Gesamtwürdigung in Beziehung zueinander zu setzen sind.[559] Diese Verknüpfung wird als Zweck-Mittel-Relation bezeichnet. Danach muss der Einsatz eines Nötigungsmittels im Verhältnis zu dem angestrebten Zweck verwerflich sein.[560] Die Verwerflichkeit ist als Sozialwidrigkeit des Handelns zu begreifen.[561] Das bedeutet, dass die Rechtswidrigkeit der Nötigung sich nicht einseitig nach dem angewandten Mittel oder dem angestrebten Zweck bestimmt, sondern gerade aus dem Verhältnis zueinander bestimmt wird.[562] Zur näheren Bestimmung der datenschutzrechtlichen Anforderungen an die Freiwilligkeit einer Einwilligungserklärung zur Verarbeitung personenbezogener Daten

---

[555] *Palandt/Ellenberger,* BGB, § 138 Rn. 70.
[556] *BGH* NJW 1994, S. 1276.
[557] *Tröndle/Fischer,* StGB, § 240 Rn. 8; *Krey/Heinrich,* BT/1, S. 342.
[558] So die herrschende Ansicht: *BVerfGE* 73, 237; 92, 13; *Eser,* in: Schönke/Schröder, StGB, § 240 Rn. 1; *Lackner/Kühl,* StGB, § 240 Rn. 1.
[559] *BVerfG* NJW 1991, S. 972; 2002, S. 1031 (1034).
[560] *Tröndle/Fischer,* StGB, § 240 Rn. 42.
[561] *Lackner/Kühl,* StGB, § 240 Rn. 18; vgl. *Tröndle/Fischer,* StGB, § 240 Rn. 41 m. w. N.
[562] *BGHSt* 2, 196.

kann diese Definition aber nur in Ansätzen beitragen. Die Einwilligung ist ein Legitimationsinstrument zur Datenverarbeitung und soll den Betroffenen davor schützen, dass verbotener Weise in sein Recht auf informationelle Selbstbestimmung eingegriffen wird. Folglich wird durch die Einwilligung die Willensbetätigung des Betroffenen geschützt. Allerdings kommt es bei der datenschutzrechtlichen Einwilligung entscheidend darauf an, dass der Betroffene die Grundlage der legitimen Datenverarbeitung – dann, wenn keine speziellen Gesetzesvorgaben existieren – freiwillig selbst bestimmt. Auf eine Verhältnismäßigkeitsprüfung im Sinne einer strafrechtlichen Zweck-Mittel-Relation[563] kann es dabei dem Grunde nach nicht ankommen. In datenschutzrechtlicher Hinsicht bedarf es nicht der Feststellung, ob ein Handeln verwerflich ist oder nicht, um die Tatbestandlichkeit festzustellen. Vielmehr bedarf es der Feststellung einer legitimen Rechtsgrundlage für die Datenverarbeitung.

(3) Unmittelbarer Zwang gemäß Polizei- und Ordnungsrecht
Auch im Verwaltungsrecht, insbesondere im Polizei- und Ordnungsrecht, ist der Begriff des unmittelbaren Zwangs näher definiert. Im Zusammenhang mit der Ergreifung polizeilicher oder ordnungsrechtlicher Vollstreckungsmaßnahmen ist unmittelbarer Zwang als der Einsatz körperlich wirkender Gewalt gegen die Person des Pflichtigen oder ihm gehörende Sachen definiert.[564] Unmittelbarer Zwang dient insoweit zur Durchsetzung von Verwaltungsakten, die auf die Vornahme einer Handlung, auf Duldung oder Unterlassung gerichtet sind.[565] Die Definition des Begriffes ist somit auf den ausführenden, repressiven Gebrauch physischer Gewalt zu beziehen. Die Ausführung dieses Begriffes kann auf den Datenschutz und die nähere Bestimmung der Freiwilligkeit einer Einwilligungserklärung zur Verarbeitung personenbezogener Daten nicht entsprechend angewendet werden.

bb.) Rechtsprechung des Bundesverfassungsgerichts
In seiner Entscheidung aus dem Jahre 2006[566] hat sich das Bundesverfassungsgericht im Zusammenhang mit dem Datenschutz im privaten Versicherungsrecht mit der verfassungsrechtlichen Rechtmäßigkeit einer versicherungsvertraglichen Obliegenheit in Form einer Schweigepflichtentbindung zur

---

[563] Zum strafrechtlichen Begriff der Zweck-Mittel-Relation vgl. auch *BGHSt* 34, 77; 35, 276 (279); *Otto*, NStZ 1992, S. 572.
[564] Vgl. *Drews/Wacke/Vogel/Martens*, Gefahrenabwehr, S. 541.
[565] Siehe exemplarisch § 55 PolG NRW und § 62 VwVG NW.
[566] *BVerfG*, 1 BvR 2027/02 vom 23.10.2006, Absatz-Nr. 1 - 65, abrufbar unter http://www.bundesverfassungsgericht.de/entscheidungen/rk20061023_1bvr202702.html, letzter Aufruf am 18. März 2010.

Feststellung des Versicherungsfalles beschäftigt. Obgleich der von dem Gericht zu entscheidende Sachverhalt eine Vergleichbarkeit mit der Frage der Einwilligung in die Verarbeitung personenbezogener Daten zum Zwecke der Dopingbekämpfung nicht ermöglicht, werden einige allgemeine Grundsätze zur Freiwilligkeit von datenschutzrechtlich relevanten Willensbekundungen aufgestellt. Insbesondere stellt das Gericht die für die Überprüfung eines rechtswidrigen Eingriffs in das allgemeine Persönlichkeitsrecht, in seiner Ausprägung als Recht der informationellen Selbstbestimmung gemäß Art. 2 Abs. 1 GG in Verbindung mit Art. 1 Abs. 1 GG, generellen Anforderungen an die Freiwilligkeit der Einwilligungserklärung heraus.[567] Gerade im Verkehr zwischen Privaten lasse sich dem allgemeinen Persönlichkeitsrecht kein dingliches Herrschaftsrecht über bestimmte Informationen entnehmen. Der Einzelne sei vielmehr eine sich innerhalb der sozialen Gemeinschaft entfaltende, auf Kommunikation angewiesene Persönlichkeit.[568] Grundsätzlich obliege es dem Einzelnen selbst, seine Kommunikationsbeziehungen zu gestalten und in diesem Rahmen darüber zu entscheiden, ob er bestimmte Informationen preisgibt oder zurückhält. Auch die Freiheit, persönliche Information zu offenbaren, sei grundrechtlich geschützt.[569] Entscheidend ist aber, dass das Bundesverfassungsgericht darüber hinaus betont, dass es dem Einzelnen regelmäßig zumutbar sein muss, geeignete Vorsorgemaßnahmen zu treffen, um seine Geheimhaltungsinteressen zu wahren.[570] Nachvollziehbar ist, dass das Gericht letztlich eine Rechtsverletzung im Einzelfall bejaht, wenn der Betroffene faktisch dazu aufgefordert wird, eine umfassende Schweigepflichtentbindung gegenüber einer Versicherung zu erklären, ohne die eine Überprüfung und Bewertung der Versicherungssituation im Einzelfall nicht möglich wäre. Zu Recht weist das Gericht darauf hin, dass die zivilgerichtlichen Ausgangs- und Rechtsmittelinstanzen verkannt haben, dass in diesem Fall die zumutbare Möglichkeit des Betroffenen, seinen informationellen Selbstschutz zu gewährleisten, aufgrund einer nur scheinbaren Freiwilligkeit der Preisgabe bestimmter Informationen ausgeschlossen war.

---

[567] *BVerfG*, 1 BvR 2027/02 vom 23.10.2006, Absatz-Nr. 27, abrufbar unter http://www.bundesverfassungsgericht.de/entscheidungen/rk20061023_1bvr202702.html, letzter Aufruf am 18. März 2010.

[568] *BVerfGE* 65, 1 (43 f.).

[569] *BVerfG*, 1 BvR 2027/02 vom 23.10.2006, Absatz-Nr. 32, abrufbar unter http://www.bundesverfassungsgericht.de/entscheidungen/rk20061023_1bvr202702.html, letzter Aufruf am 18. März 2010.

[570] *BVerfG*, 1 BvR 2027/02 vom 23.10.2006, Absatz-Nr. 32 f., abrufbar unter http://www.bundesverfassungsgericht.de/entscheidungen/rk20061023_1bvr202702.html, letzter Aufruf am 18. März 2010.

(1) Vertragliche Rechtsbeziehung

Eine Übertragung dieser Kernaussagen auf die hier zu untersuchende Frage nach der Rechtmäßigkeit der Einwilligung eines Athleten in die Verarbeitung seiner personenbezogenen Daten im Rahmen der Dopingbekämpfung kann jedoch nicht ohne Weiteres erfolgen. Ausgangspunkt und rechtliche Grundlage des vom Bundesverfassungsgericht zu entscheidenden Falles war ein Versicherungsvertrag zwischen einem Betroffenen und einer Versicherung. Eine unmittelbare vertragliche Rechtsbeziehung zwischen den Athleten und den Anti-Doping-Organisationen bildet dagegen nicht die maßgebliche Grundlage im Dopingkontrollsystem. Eine unmittelbare vertragliche Rechtsbeziehung zwischen den Athleten und der NADA besteht hingegen nicht. Vielmehr wird die NADA bei der Organisation und Durchführung der Dopingkontrollen für die jeweiligen nationalen Sport(fach)verbände im Auftrag tätig. Diese wiederum sind gehalten, ihre Kaderathleten, die in das Dopingkontrollsystem und in den Testpool der NADA aufgenommen werden sollen, ordnungsgemäß an das Verbandsregelwerk zu binden. Die Anbindung kann auf unterschiedliche Art und Weise, zum Beispiel aufgrund einer Mitgliedschaft oder durch den Abschluss individueller Athleten- oder Lizenzvereinbarungen erfolgen.[571] Nur soweit vertragliche Rechtsbeziehungen zwischen den Athleten und ihren nationalen Sport(fach)verbänden bestehen, können die vom Bundesverfassungsgericht aufgezeigten Anforderungen an die Freiwilligkeit der Einwilligung entsprechend angewendet werden.

(2) Interessenabwägung als entscheidendes Kriterium

Entscheidend stellt das Bundesverfassungsgericht darüber hinaus die Abwägung der entgegenstehenden Interessen in den Mittelpunkt der Prüfung des Einzelfalles. Die aus dem allgemeinen Persönlichkeitsrecht folgende Schutzpflicht verlange eine gerichtliche Überprüfung, ob das Geheimhaltungsinteresse des „unterlegenen Teils" dem Offenbarungsinteresse des „überlegenen Teils" angemessenen zugeordnet werden kann.[572] Soweit man davon ausgeht, dass der nationale Sport(fach)verband aufgrund des Ein-Platz-Prinzips ebenso wie die NADA eine Monopolstellung innehat[573], und der „überlegene Teil" ist, während der (Kader-) Athlet „der unterlegene Teil" ist, kommt es darauf an, die gegenläufigen Belange der Betroffenen im Rahmen einer umfassenden

---

[571] Siehe dazu 1. Teil, B. VII. 3.

[572] *BVerfG*, 1 BvR 2027/02 vom 23.10.2006, Absatz-Nr. 50 ff., abrufbar unter http://www.bundesverfassungsgericht.de/entscheidungen/rk20061023_1bvr202702.html, letzter Aufruf am 18. März 2010.

[573] Vgl. *Petri*, Dopingsanktion (2004), S. 134 und *Prokop*, Dopingverbote (2000), S. 144 f.

Abwägung gegenüberzustellen.[574] Eine grundsätzliche Ungleichgewichtung der Belange, die den persönlichkeitsrechtlichen Selbstschutz des Athleten von vornherein unzumutbar machen würde, liegt nicht vor. Auch wenn die Bedingungen, zu denen die personenbezogenen Daten des Athleten im Dopingkontrollsystem erhoben, verarbeitet oder genutzt werden, nicht verhandelbar sind, sind die Interessen und Intentionen, die die Grundlage für die Tätigkeit der Anti-Doping-Organisationen bilden, im Rahmen der Abwägung zu berücksichtigen. Folglich steht dem Interesse des betroffenen Athleten am Schutz seiner informationellen Selbstbestimmung auch nach der Rechtsprechung des Bundesverfassungsgerichts stets das Offenbarungsinteresse der für die Datenverarbeitung verantwortlichen Stelle von gleichfalls erheblichem Gewicht gegenüber. Ein von vornherein angelegter Ausschluss der Einwilligung in die Verarbeitung personenbezogener Daten aufgrund fehlender Freiwilligkeit der Einverständniserklärung ist nicht gegeben. Vielmehr konkretisiert das Bundesverfassungsgericht damit die Begriffe „ohne Zwang" und „freie Entscheidung" im Sinne einer Angemessenheitsprüfung der entgegenstehenden Interessen im Einzelfall. Festzuhalten ist, dass es für die Festlegung einer rechtlichen Legitimation zur Datenverarbeitung im nicht-öffentlichen Bereich grundlegend auf die Verhältnismäßigkeit der Situation und des Zusammenhangs ankommt, in der die Einwilligung erklärt werden soll.

cc.) Datenschutzrichtlinie

Der Richtliniengeber hat sich ebenfalls mit der näheren Bestimmbarkeit und Ausfüllung des Freiwilligkeitsbegriffs auseinandergesetzt. Zunächst verlangt die Datenschutzrichtlinie lediglich eine Willensbekundung „ohne Zwang". Dies setzt jedoch einen Akt der Selbstbestimmung und nicht ein fremdgeleitetes Tun voraus.[575] Maßgeblich ist insoweit nicht die Motivationslage im Einzelnen, also etwa die Frage, ob die betroffene Person allein im Eigeninteresse oder zugunsten anderer handelt, sondern ob die Bekundung Produkt einer freien Entscheidung ist.[576] Die in anderen Sprachfassungen gewählte positive Formulierung – etwa im Englischen: „freely given indication" oder im Französischen: „manifestation libre" – bringt deutlich zum Ausdruck, dass die Abwesenheit von Zwang und einer Drohung mit Gewalt nicht genügt.[577] Die Freiheit der Entscheidung kann in einem Abhängigkeitsverhältnis ebenfalls so stark eingeschränkt sein, dass eine Einwilligung als unwirksam anzusehen

---

[574] Siehe dazu auch *BVerfGE* 84, 192 (195).
[575] *Dammann/Simitis*, EG-Datenschutzrichtlinie, Art. 2 Rn. 23.
[576] *Dammann/Simitis*, EG-Datenschutzrichtlinie, Art. 2 Rn. 23.
[577] *Dammann/Simitis*, EG-Datenschutzrichtlinie, Art. 2 Rn. 23.

ist.[578] Auch deshalb wird kumulativ auf das Rechtsverhältnis, den Zusammenhang der involvierten Personen und Stellen sowie die Situation, in der die Einwilligung erklärt wird, abgestellt.

dd.) Situation des einwilligenden Athleten

Im Ergebnis ist festzuhalten, dass eine freie, ohne Zwang getroffene Entscheidung des Athleten, selbst zu bestimmen, ob und wie seine Daten erhoben, verarbeitet oder genutzt werden, von der jeweiligen Situation und den Umständen des Einzelfalles abhängt, in denen er die Einwilligung abgibt. Wann also tritt die Situation auf, in der ein Athlet, der nicht nur dem Leistungssport, sondern auch dem Anti-Doping-Kampf angehören will, nicht faktisch gezwungen wird, sich zudem in datenschutzrechtlicher Hinsicht mit dem Zugriff auf seine Daten einverstanden zu erklären? Der Spitzensport verpflichtet diejenigen, die an ihm teilnehmen wollen dazu, bestimmte Regeln und Vorgaben einzuhalten. Dies ist systemimmanent. Auch die Dopingbekämpfung statuiert Regelungen, die mit der Ausübung des Spitzensports maßgeblicher und notwendiger Weise eng verknüpft sind. Die Dopingbekämpfung schafft somit eine systematische Grundlage für die Beteiligten. Dabei ist jedoch bereits dem Grunde nach zu differenzieren. Die Teilnahme am organisierten Spitzensport erfolgt auf der Grundlage der freien Entscheidung des Einzelnen, also ohne jegliche Form von Zwang. Allein der freie Wille eines (zumeist) jungen Athleten, die einmal begonnene sportliche Aktivität in einem Verein weiter zu intensivieren und „leistungsmäßig" zu betreiben, ist ausschlaggebend. Die Grenzen zum Übergang in einen leistungsorientierten Sport sind fließend. Die Anzahl der Trainingsstunden erhöht sich und die sportlichen Erfolge in Wettkämpfen führen dazu, dass der Athlet zum „Kaderathleten" wird. Dazu entschließt sich der Athlet freiwillig. Es erfolgt weder eine Zwangsmitgliedschaft noch ist ersichtlich, dass auf den Athleten Druck ausgeübt wird. [579] Allerdings hat er damit den Leistungsstatus erreicht, der schließlich für die Eingliederung in das nationale und internationale Dopingkontrollsystem entscheidend ist. Demzufolge ist auch der tatsächliche Übergang in ein anderes organisiertes System, dem Dopingkontrollsystem, fließend. Neben dem Bekenntnis zum Leistungssport und der Ausübung der jeweiligen Sportart, akzeptieren die Athleten gleichzeitig auch die Regeln und Vorgaben eines organisierten Systems. Dies geschieht „zwangsläufig" und freiwillig, da diese notwendige Bedingung für die Teilnahme an dem beschriebenen Spitzensportsystem ist. Der Einzelne akzeptiert, dass er zum Bei-

---

[578] *Wohlgemuth*, BB 1996, S. 690 (693); *Tinnefeld/Philipps/Heil/Däubler*, Informationsgesellschaft und Rechtskultur in Europa, S.110 (123).
[579] Siehe dazu auch *LG Hamburg*, SpuRt 2009, S. 205.

spiel durch die Aufnahme in einen Landes- oder Bundeskader bestimmte Rechte und Pflichten hat. So ist es ihm beispielsweise gestattet, Sportstätten und sonstige Vereins- oder Verbandseinrichtungen zum Training zu nutzen.[580] Ferner kann die Sportförderung mit diversen Sach- und Finanzmitteln erfolgen. Der einzelne Athlet verpflichtet sich aber dazu, nicht gegen Verbandsregeln und -richtlinien zu verstoßen. Dies geschieht im Rahmen des autonomen Systems „Vereins,- Verbands- und Spitzensport". Der Sport ist im aktiven Spitzensport, unabhängig von seiner Professionalität, durch das gegenseitige und symbiotische Verhältnis von Athleten und Verein bzw. Verband geprägt. Eine zwanghafte und nicht reflektierende Handlungs- und Erklärungsweise liegt diesem Bereich weder in sozialer noch in tatsächlicher Weise zu Grunde. Das Dopingkontrollsystem knüpft an diese symbiotische Beziehung von Athleten und nationalen Sport(fach)verbänden an. Bei der Dopingbekämpfung durch die Anti-Doping-Organisationen steht das gegenseitige Zusammenwirken aller in dieses Vorhaben involvierter Personen und Institutionen im Mittelpunkt. Es ist erforderlich, dass die Athleten ebenso wie die anderweitig Beteiligten, nachvollziehen und akzeptieren, dass die moderne Dopingbekämpfung ein unerlässlicher und erforderlicher Teil des nationalen und internationalen Leistungs- und Spitzensports ist. Allerdings ist ebenfalls zu berücksichtigen, dass dieser notwendige Teil für die Athleten, die sich schrittweise und bewusst für den Leistungssport entschieden haben, erst ab Überschreitung einer bestimmten Schwelle und mit der bevorstehenden Aufnahme in das Dopingkontrollsystem unmittelbar relevant wird. Dies ist dem gegenwärtigen Vorgehen bei der Dopingbekämpfung geschuldet. Neben der aktiven Verfolgung von Dopingverstößen durch Kontrollmaßnahmen innerhalb und außerhalb von Wettkämpfen und Wettkampfveranstaltungen, erfolgt die Dopingbekämpfung in erster Linie durch Prävention. Die aktive Aufklärung der Risiken und Folgen des Dopings im Sport zählt nicht nur zu den schärfsten Waffen im Anti-Doping-Kampf, sondern setzt vor allem an der Basis und dem Ursprung einer möglichen „Dopingkarriere", dem Jugend- und Kindesalter, an. Durch Aufklärungs- und Schulungsprojekte sollen die Kinder und Jugendlichen, die auf dem Weg sind, sich für den Leistungssport zu entscheiden, für eine gesunde und selbstbewusste Sportlerkarriere sensibilisiert werden. Eine solche Aufklärung, die durch die Anti-Doping-Organisationen nur flankiert werden kann, da sie in erster Linie durch Eltern, Verein bzw. Verband und Trainer erfolgen sollte, ist daher auch die Basis für die erforderliche Stärkung des Bewusstseins der Athleten.

---

[580] Vgl. 1. Teil, B. VIII.

Das Bewusstsein und die Einsichtsfähigkeit des Athleten, aktiv zu entscheiden, welchen sportlichen Weg er einschlägt und welche Konsequenzen damit verbunden sind, sind ausschlaggebend. Es obliegt einzig und allein dem Athleten zu entscheiden, ob eine Teilnahme nicht nur am System Leistungssport, sondern auch am Dopingkontrollsystem erfolgen soll oder nicht. Das eine funktioniert nicht ohne das andere. Dessen muss sich der Athlet bewusst sein, wenn er sich für den Leistungssport entscheidet und er im Sinne eines fairen und sauberen Sports handelt. Kommt der Athlet somit an den Punkt, an dem er sich nicht nur den sportlichen Vorgaben und Regeln seines Vereins oder Verbandes, sondern auch dessen Anti-Doping-Bestimmungen unterwerfen soll oder nicht, trifft er grundsätzlich eine freie Entscheidung. Ist der Athlet daher vollumfänglich aufgeklärt und informiert darüber, welche Auswirkungen und Folgen seiner Willensbekundung zukommen, sich nicht nur am Leistungssport sondern auch bei der Dopingbekämpfung zu beteiligen, ist er grundsätzlich auch imstande, diese Entscheidung ausreichend zu reflektieren. Werden die Voraussetzungen und Regeln zur Dopingbekämpfung somit um den datenschutzrechtlichen Aspekt ergänzt, gilt zunächst nichts anderes. Die Kausalkette wird lediglich erweitert. Erkennt der Athlet, dass er, um am Leistungssport teilzunehmen, die Vereins- und Verbandsbestimmungen inklusive der Anti-Doping-Bestimmungen einzuhalten hat, so wird ihm damit gleichzeitig erkennbar und bewusst, dass die Einhaltung der Anti-Doping-Bestimmungen auch die Erfüllung datenschutzrechtlicher Regelungen beinhaltet und erforderlich macht. Es wird transparent und bestimmbar, dass die Verbindung des Leistungssports mit der Anti-Doping-Bekämpfung zu einem gemeinsamen System erfolgt.

ee.) Vergleich: Einwilligung in das schiedsgerichtliche Verfahren
Die Frage nach der Freiwilligkeit der Willensbekundung eines Athleten, der sich zum Zwecke der Beteiligung an nationalen und internationalen Wettkämpfen, nicht nur den sportartspezifischen Regeln sondern auch den Anti-Doping-Bestimmungen und den damit verbundenen weiteren Anforderungen unterwerfen soll, stellt sich jedoch nicht erst im Zusammenhang mit der Einwilligung in die Verarbeitung personenbezogener Daten. Bereits die Umsetzung der WADA-Vorgabe[581], alle Sanktionsverfahren eines Verbandes, die Anti-Doping-Verstöße betreffen, vom Court of Arbitration for Sports (CAS) abschließend entscheiden zu lassen, ist in Deutschland rechtlich problematisch. Zur Erfüllung dieser Anti-dopingrechtlichen Maßgabe ist es erforder-

---

[581] Art. 13.1 f. WADA-Code 2009; vgl. auch Art. 13.2.2 NADA-Code 2009, abrufbar auf der Homepage der NADA unter http://www.nada-bonn.de/, letzter Aufruf am 18. März 2010, siehe auch *Adolphsen*, in: Perspektiven des Sportrechts (2005), S. 81 ff.

lich, den ordentlichen Rechtsweg auszuschließen und die Schiedsgerichtsbarkeit im Sinne des 10. Buches der ZPO festzusetzen. Aufgrund erheblicher Einschnitte in grundrechtlich gesicherte Werte der Athleten ist dies nur unter Einhaltung bestimmter Voraussetzungen möglich.[582] Unter anderem ist der Abschluss einer Schiedsvereinbarung zwischen dem betroffenen Athleten und dem sanktionierenden Verband erforderlich. Diese Vereinbarung basiert auf der freiwilligen und privatautonomen Abgabe einer Willenserklärung des Athleten. Die Ausübung von Zwang und Druck zum Abschluss einer solchen Vereinbarung verbietet sich auch in diesem Bereich aus rechtsstaatlichen Gründen.

In diesem Zusammenhang wird ebenso erörtert, wann im Rahmen einer Einzelfallprüfung einer individualvertraglichen Vereinbarung zwischen Athleten und nationalen oder internationalen Sport(fach)verbänden ein „nötigendes" Verhalten des Verbandes vorliegt. Der BGH und die herrschende Meinung in der Literatur sehen dies dann als gegeben an, wenn der Einzelne nicht nur einem abstrakt überlegenen Gegner, sondern einem sozial oder wirtschaftlich mächtigen Verband mit Aufnahmezwang gegenübersteht.[583] Hierzu zählen aufgrund des Ein-Platz-Prinzips die Sportverbände. Besonders deutlich wird die „unterlegene Position" des Athleten gegenüber dem nationalen Sport(fach)verband bei den Kaderathleten, die zur Teilnahme am leistungsorientierten Spitzensport mit dem Sport(fach)verband eine Athletenvereinbarung abschließen können. Diese Vereinbarung dient dann als Grundlage einer Nominierung der Athleten für internationale Wettkämpfe durch den Sport(fach)verband. Möchte der Athlet somit den Sport ausüben und an den internationalen Wettkämpfen teilnehmen, muss er nicht nur die Vereinbarung, sondern auch die separate Schiedsvereinbarung unterzeichnen. Ein Ausweichen auf einen anderen Verband ist nicht möglich. In aller Regel machen die Verbände die Erteilung einer zur Wettkampfteilnahme erforderlichen Lizenz zudem von der Unterzeichnung der Schiedsvereinbarung abhängig.[584]

---

[582] Vgl. dazu ausführlich *Kotzenberg*, Die Bindung des Sportlers an private Dopingregeln und private Schiedsgerichte (2007), S. 135 ff.; *Hofmann*, Zur Notwendigkeit eines institutionellen Sportschiedsgerichtes in Deutschland (2009), S. 348 f; *Monheim*, Sportlerrechte (2006), S. 157 ff.

[583] Vgl. ausführlich zur Rechtsprechung und Literatur: *Monheim*, Sportlerrechte (2006), S. 157;

[584] So zum Beispiel in der Athletenvereinbarung des Bob- und Schlittenverband Deutschland (Stand: Mai 2008), abrufbar unter http://www.bsd-portal.de/fileadmin/user _upload/BSD_Dateien_2007_2008/Allgemein/Athletenvereinbarung_31.05.08.pdf, letzter Aufruf am 18. März 2010; zur Organisation des Schiedsverfahrens auch *Hofmann*, Zur Notwendigkeit eines institutionellen Sportschiedsgerichtes in Deutschland (2009), S. 62 ff.; *Martens*, SchiedsVZ 2009, S. 99 ff.

In Bezug auf die Zulässigkeit und die Wirksamkeit einer soweit verknüpften Schiedsvereinbarung spielt neben der, hier im Hinblick auf die datenschutzrechtliche Konstellation zunächst zweitrangigen Frage des tatsächlich bestehenden Übergewichts der Partei, vor allem die „Nötigung" zum Abschluss der Schiedsvereinbarung eine maßgebliche Rolle. Insoweit ist die Interessensituation mit der der Einwilligung in die Verarbeitung personenbezogener Daten der betroffenen Athleten vergleichbar. In der Körbuch-Entscheidung[585] stellt der BGH heraus, dass die dort streitgegenständliche Abrede unwirksam sei, weil der Betroffene nicht schriftlich zugestimmt habe. Daher fehle es an der Freiwilligkeit.[586] Diese Entscheidung ist dogmatisch zumindest fraglich. Denn eine Verknüpfung der Freiwilligkeit einer Willensbekundung mit dem Erfordernis der schriftlichen Zustimmung ist so nicht zulässig.[587] Dennoch ist für die hier gegenständliche Diskussion der Freiwilligkeit von Willenserklärungen zumindest der Tenor der Entscheidung eindeutig: Niemand muss sich eine Schiedsabrede entgegenhalten lassen, die unfreiwillig und letztlich gegen seinen eigentlichen Willen zustande kam. Zur Frage, wann eine solche Erklärung gegen den Willen des Betroffenen erfolgt und somit konkret eine Nötigung gegeben ist, präsentiert das Gericht jedoch unterschiedliche Antworten. Im Ergebnis wird darauf verwiesen, dass letztlich auf die Prüfung der gesetzlichen Vorgaben im Einzelfall zurückzugreifen ist. Insoweit wird auf die allgemeine gesetzliche Regelung zur Abgabe von Willenserklärungen im Bürgerlichen Recht in §§ 138, 242 BGB abgestellt. Denn diese bleiben auch in der Schiedsgerichtsbarkeit anwendbar. Da sich die Sport(fach)verbände bewusst seien, dass den Athleten nichts anderes übrig bleibt, als sich dem Schiedsgericht zu unterwerfen, wenn sie ihren Sport ausüben möchten und diese Unterwerfung stets Voraussetzung für die Erteilung der Starterlaubnis ist, liege damit immer eine Sittenwidrigkeit nach § 138 BGB vor, wenn kein Wahlrecht besteht.[588] Der Athlet habe in einem solchen Fall letztlich keine Möglichkeit, die Vereinbarung nicht abzuschließen, so dass es Aufgabe des Verbandes wäre, zu beweisen, dass die Vereinbarung auch abgeschlossen worden wäre, wenn sie nicht Voraussetzung für die Erteilung einer Starterlaubnis wäre.[589] Folgte man dieser Argumentation, so wäre unter der entspre-

---

[585] *BGH* NJW 2000, S. 1713; Die Entscheidung beinhaltet die Maßgeblichkeit einer Schiedsklausel nach Satzungsänderung. Der BGH stellt fest, dass dem Mitglied eines eingetragenen Tierzuchtvereins, der das Zuchtbuch und das Körbuch führt, die nach seinem Beitritt in die Satzung aufgenommene Schiedsklausel jedenfalls dann nicht entgegengehalten werden kann, wenn es dieser Satzungsänderung nicht zugestimmt hat und sich vor den ordentlichen Gerichten gegen eine Vereinsstrafe wendet.

[586] *BGH* NJW 2000, S. 1713.

[587] Vgl. auch *Monheim*, Sportlerrechte (2006), S. 159.

[588] *Monheim*, Sportlerrechte (2006), S. 158.

[589] *Monheim*, Sportlerrechte,(2006) S. 158.

chenden Anwendung des § 138 BGB, der auch bei der Willensbekundung in Form der Einwilligung in die Datenverarbeitung anwendbar ist[590], ebenfalls eine Nichtigkeit der Einwilligungserklärung des Betroffenen festzustellen, wenn er kein Wahlrecht hat und die Erteilung einer Teilnahmegenehmigung oder Lizenz letztlich mit der Einwilligung in die Verarbeitung seiner personenbezogen Daten zum Zwecke der Dopingbekämpfung verknüpft wird.

Allerdings wird ebenfalls vertreten, dass aus der Monopolstellung der Sport(fach)verbände nicht per se eine Nötigung zur Abgabe dieser Willenserklärungen zu folgern ist.[591] Auch in strukturellen Ungleichgewichtslagen nötige die „überlegene Partei" nicht schlechthin zum Abschluss einer Schiedsvereinbarung. In diesem Zusammenhang wird folgendes Beispiel genannt: Eine Startvoraussetzung bei den Olympischen Spielen in Sydney 2000 sei neben der sportlichen Qualifikation die Erklärung der Teilnehmer gewesen, für sämtliche Streitigkeiten im Zusammenhang mit den Olympischen Spielen, die ausschließliche Zuständigkeit eines privaten Schiedsgerichts, des internationalen Sportgerichtshofs CAS, anzuerkennen. Grund für die Errichtung des CAS sei unter anderem, dass die weltweite Sportausübung auf einheitliche Rahmenbedingungen angewiesen ist. Solange aber letztlich je nach Nationalität des betroffenen Athleten und nach Sitz bzw. Gründungsort des internationalen Verbandes, vor dem staatlichen Richter unterschiedliche Prüfungsmaßstäbe zur Anwendung kämen, sei die einheitliche und regelmäßige Durchsetzung des sportlichen Regelwerks gefährdet.[592] Diese liege aber nicht nur im Interesse der „sozial und wirtschaftlich übermächtigen" Sportorganisation, sondern auch in dem des einzelnen Athleten. Denn Sportler unterwürfen sich dem sportlichen Regelwerk nur deshalb, weil sie auch ihre Konkurrenten in gleicher Weise gebunden glauben.[593]

Auf die Frage nach der zwangslosen und freiwilligen Einwilligung des Athleten in die Datenverarbeitung ist diese Argumentation jedoch nur teilweise übertragbar. Der Athlet, der sich vor der Entscheidung befindet, eine solche Einwilligung abzugeben, verfolgt zwar ähnlich wie derjenige, der mit der Kaderaufnahme eine Schiedsvereinbarung unterzeichnen soll, das originäre und vielleicht sogar ausschließliche Ziel einer Gleichbehandlung aller Athleten. Demzufolge ist auch im Hinblick auf die vorliegende Einwilligungsproblematik im Datenschutzrecht zu sehen, dass die Athleten eine solche Einwilligung

---

[590] *Simitis/Simitis*, § 4 Rn. 28; *Holznagel/Sonntag*, in: Roßnagel, Handbuch Datenschutz, Kap. 4.8, Rn. 23.
[591] *Haas*, ZGR 2001, S. 325 (332).
[592] *Haas*, ZGR 2001, S. 325 (333).
[593] So auch der *Rechtsausschuss des DLV*, SpuRt 2002, S. 79 (80).

abgeben, weil sie davon ausgehen, dass ihre Konkurrenten ebenfalls entsprechende Erklärungen abgeben. Allerdings ist darüber hinaus maßgeblich zu berücksichtigen, dass sich die Einwilligung in die Verarbeitung personenbezogener Daten für die deutschen Athleten als maßgebliche Ausgestaltung ihres Rechts auf informationelle Selbstbestimmung darstellt. Den Athleten kommt es vorrangig darauf an, dass ihre personenbezogenen Daten im Sport und bei der Dopingbekämpfung genauso, wie in allen anderen Lebenslagen ordnungsgemäß und aufgrund geltenden (Datenschutz-)Rechts erhoben, verarbeitet oder genutzt werden.

Als gemeinsamer Ausgangspunkt ist aber erkennbar, dass die Nötigung zur Abgabe einer bestimmten Willenserklärung sowohl in Bezug auf die Schiedsvereinbarung als auch im Hinblick auf die datenschutzrechtliche Einwilligung maßgeblich davon geprägt wird, ob der Athlet im vorliegenden Einzelfall ein Wahlrecht hat. Allerdings bietet das Sanktionsverfahren ein grundsätzliches Wahlrecht zwischen zwei gesetzlich anerkannten Rechtswegen, den ordentlichen Gerichten und den Schiedsgerichten, während die Einwilligungslösung im Datenschutz nur die Entscheidung zwischen zulässiger oder unzulässiger Datenverwendung ermöglicht.

ff.) (Zwischen-) Ergebnis
Im Ergebnis ist festzuhalten, dass der Begriff der Freiwilligkeit der Einwilligung eines Athleten zur Datenverarbeitung im Dopingkontrollsystem basierend auf einer Willensbekundung „ohne Zwang" und aus „freier Entscheidung" mangels konkreter Ausgestaltung weiter auslegungsbedürftig ist. Sowohl in nationalen und internationalen Gesetzen finden sich Anhaltspunkte zur näheren Bestimmung des Begriffs. Auch der Vergleich mit ähnlich gelagerten Sachverhalten im Sport macht deutlich, dass es zur Feststellung einer freien Willensbetätigung und Entscheidung der Athleten besonders auf die Situation und Ausgangslage ankommt, in der der Betroffene über die Einwilligung zu befinden hat. Hat er die effektive Möglichkeit und die Wahl, selbst zu entscheiden, ob, wie und mit welchen Konsequenzen seine Daten im Dopingkontrollsystem erhoben, verarbeitet oder genutzt werden, handelt er zwanglos. Zu berücksichtigen ist, dass sich die Athleten im Leistungs- und Wettkampfsport den gesamten Spiel- und Wettkampfregeln unterwerfen müssen, wenn sie daran teilnehmen wollen. Eine Turnierordnung für einen Wettkampf ist ebenfalls anzuerkennen und einzuhalten. Die freie Wahlmöglichkeit beschränkt sich darauf, zu entscheiden, ob diese Regelungen akzeptiert werden oder nicht. Aber nur bei Annahme kann eine Teilnahme erfolgen. Zwang wird in diesen Fällen allerdings nicht ausgeübt. Die Dopingbekämpfung ist

daher als System zu begreifen, das Regeln und Vorgaben aufstellt, die anerkannt und eingehalten werden müssen, um am Leistungs- oder Kadersport
teilnehmen zu können. Dies hat der nationale und internationale Sport akzeptiert und auch die Athleten haben sich diesem System freiwillig unterworfen.

b.) Informierte Einwilligung – Kenntnis der Sachlage

aa.) Voraussetzungen

Das Gemeinschaftsrecht fordert in Art. 2 lit. h) der Datenschutzrichtlinie, dass
der Betroffene in Kenntnis der Sachlage einwilligt. Nur ein Betroffener, der
alle entscheidungsrelevanten Informationen kennt, kann Risiken und Vorteile
der Einwilligung abschätzen und dann entscheiden.[594] Die freie Entscheidung
seiner Einwilligung kann dem Betroffenen nur dann ausreichend bewusst
sein, wenn er zuvor umfassend über den Zweck der Erhebung, Verarbeitung
und Nutzung seiner Daten informiert und aufgeklärt wurde. Dies hat der nationale Gesetzgeber in § 4a Abs. 1 Satz 2 BDSG ebenfalls umgesetzt. Die verantwortliche Stelle hat den Betroffenen vor Einholung der Einwilligung über
alle Umstände der Datenverwendung zu unterrichten.[595] Anti-Doping-
Organisationen sind somit verpflichtet, die Athleten vor Anbindung an das
nationale oder internationale Dopingkontrollsystem, über den Zweck, die Art
und Weise, den Umfang und die Dauer des Umgangs mit den personenbezogenen Daten in Kenntnis zu setzen. Durch die Information wird die Bestimmbarkeit der Freiwilligkeit folglich um einen Anhaltspunkt erweitert. Eine ei-
genverantwortliche, selbstreflektierte Einwilligung kann nur nach entsprechender Aufklärung über den Umfang der Datenverarbeitung vollumfänglich
wirksam sein.[596]

bb.) Art. 29-Datenschutzgruppe

(1) Ansicht zur Freiwilligkeit der Athleteneinwilligung

Diese Auffassung stellt auch die Art. 29-Datenschutzgruppe in ihren Stellungnahmen zum WADA-Code und dem ISPP heraus. Darüber hinaus äußerte
sie konkrete rechtliche Bedenken an der informierten Einwilligung als ord-

---

[594] *Kühling/Seidel/Sivridis*, Datenschutzrecht, S. 145.
[595] Vgl. *Simitis/Simitis*, BDSG, § 4a Rn. 72.
[596] So auch *Simitis/Simitis*, § 4a Rn. 76; a.A. *Kühling/Seidel/Sivridis*, Datenschutzrecht, S. 145, die
für eine partielle Unwirksamkeit der Einwilligung plädieren. Entspricht die Legitimationsreichwei-
te der Einwilligung des Betroffenen seiner Kenntnis der Sachlage, so sei eine Einwilligung (nur) im
Umfang seiner Uninformiertheit unwirksam.

139

nungsgemäße Rechtsgrundlage für die Datenverarbeitung im Anti-Doping-Kampf.[597] Ausgehend von der in Art. 2 lit. h) der Datenschutzrichtlinie statuierten Definition der Einwilligung, stellt die Art. 29-Datenschutzgruppe fest, dass die Einwilligung zur Verarbeitung von Daten, die im Zusammenhang mit der Erfüllung der Verpflichtungen des WADA-Codes erhoben werden, weder ohne Zwang noch in Kenntnis der Sachlage erfolge.[598] Aufgrund der Sanktionen, die verhängt werden können, wenn sich ein Athlet weigere, den Verpflichtungen des WADA-Codes nachzukommen, beispielsweise bei der Übermittlung von Daten über Aufenthaltsort und Erreichbarkeit oder den Dopingkontrollen, sei eine Freiwilligkeit nicht gegeben. Als Beispiel führt die Art. 29-Datenschutzgruppe an, dass der ISPP in Art. 6.3 statuiere, dass „die Teilnehmer von den Anti-Doping-Organisationen über die negativen Konsequenzen zu informieren sind, die ihre Weigerung, sich Dopingkontrollen aus datenschutzrechtlichen Gründen zu unterziehen, nach sich ziehen können".[599]

(2) Stellungnahme
Diese Ansicht der Art. 29-Datenschutzschutzgruppe verkennt allerdings die Verbindung der datenschutzrechtlichen Grundbestimmungen einer Einwilligung „ohne Zwang" mit den Anforderungen an die effektive und ordnungsgemäße Dopingbekämpfung, insbesondere in Form der Durchführung von Dopingkontrollen. Soweit die Art. 29-Datenschutzgruppe anmerkt, dass sich bereits aus Art. 6.3 lit. a) ISPP herauslesen lasse, dass eine Einwilligung ohne Zwang nicht erfolgen könne, da die Anti-Doping-Organisationen verpflichtet seien, die Athleten über die negativen Konsequenzen einer Kontrollverweigerung aus datenschutzrechtlichen Gründen hinzuweisen[600], kann diesem Argument nicht gefolgt werden. Die Datenschutzgruppe berücksichtigt sowohl die systematischen als auch die teleologischen Grundlagen von Art. 6.3 ISPP nicht in ausreichendem Maße. Zutreffend ist zwar, dass eine vollumfängliche Kenntnis der Sachlage im Sinne des Gemeinschaftsrechts und des BDSG (§ 4a Abs. 1 Satz 2 BDSG) ebenfalls voraussetzt, dass der Betroffene auf Ver-

---

[597] Siehe Stellungnahme 3/2008, WP 156, S. 5,
abrufbar unter http://ec.europa.eu/justice_home/fsj/privacy/docs/wpdocs/2008/wp156_de.pdf) und Stellungnahme 4/2009, WP 162, S. 12 f.,
abrufbar unter http://ec.europa.eu/justice_home/fsj/privacy/docs/wpdocs/2009/wp162_en.pdf), letzter Aufruf jeweils am 18. März 2010.
[598] Stellungnahme 4/2009, WP 162, S. 12,
abrufbar unter http://ec.europa.eu/justice_home/fsj/privacy/docs/wpdocs/2009/wp162_en.pdf), letzter Aufruf am 18. März 2010.
[599] *Art. 29-Datenschutzgruppe*, WP 162, S. 12,
abrufbar unter http://ec.europa.eu/justice_home/fsj/privacy/docs/wpdocs/2009/wp162_en.pdf), letzter Aufruf am 18. März 2010.
[600] So auch *Musiol*, SpuRt 2009, S. 90 (93).

langen über die Folgen einer nicht erteilten Einwilligung informiert wird. Dem Wortlaut der Norm entsprechend besteht keine Informationsverpflichtung.[601] Auch die Datenschutzrichtlinie erwähnt die Verweigerung in Art. 10 und 11 nicht ausdrücklich. Dem Wortlaut („zumindest") und dem Sinn und Zweck der Vorschrift nach könnte jedoch darauf abzustellen sein, dass die Information über die Verweigerung einer Einwilligungserklärung nicht nur grundsätzlich erfolgen kann, sondern sogar muss. Denn der Betroffene kann nur dann eine bewusste und reflektierte Willensbekundung äußern, wenn er nicht nur über die Folgen der Einwilligung, sondern zugleich über die Folgen der Verweigerung einer solchen Einverständniserklärung aufgeklärt wird.

Anhand einer verfassungsrechtskonformen Anwendung ist § 4 Abs. 1 Satz 2 BDSG daher näher zu präzisieren. Soll der Betroffene in voller Kenntnis der Sachlage entscheiden können, ob er in die Verwendung seiner Daten einwilligt, muss die verantwortliche Stelle regelmäßig und aus eigenem Antrieb über die Folgen der Verweigerung informieren.[602] Auf die Information kann nur verzichtet werden, wenn die Folgen der Verweigerung offensichtlich sind oder der Betroffene sie kennen muss.[603] Der ISPP statuiert diesbezüglich die Verpflichtung der Anti-Doping-Organisationen, soweit sie eine Einwilligungserklärung in die Verarbeitung personenbezogener Daten einholen (müssen), die betroffenen Athleten ausreichend und umfassend zu informieren. Ebenso soll über die Folgen der Einwilligungsverweigerung informiert werden. Von dieser grundsätzlichen Informationsverpflichtung ist der Informationsinhalt zu unterscheiden. Der ISPP statuiert neben der allgemeinen Regelung zu den Folgen der verweigerten Einwilligung die von der Art. 29-Datenschutzgruppe monierte Information darüber, welche Konsequenz die verweigerte Dopingkontrolle aufgrund datenschutzrechtlicher Bedenken und die verweigerte Einwilligung in die Erhebung der in dem Zusammenhang erhobenen oder verarbeiteten personenbezogenen Daten nach sich zieht.

Damit werden jedoch zwei unterschiedliche Fallkonstellationen dargestellt: Zum einen der Fall, in dem sich der Athlet bereits vor seiner Anbindung an das Dopingkontrollsystem durch den nationalen oder internationalen Sport(fach)verband oder die NADA weigert, die jeweilige Einwilligung zur Verwendung seiner personenbezogenen Daten zu erteilen. Zum anderen der Fall, in dem der Athlet nach erfolgter Anbindung an das Dopingkontrollsystem und bei Aufforderung zu einer Dopingkontrolle unter Verweis auf daten-

---

[601] *Simitis/Simitis*, BDSG, § 4a Rn.73.
[602] Vgl. *Kühling/Seidel/Sivridis*, Datenschutzrecht, S. 145.
[603] So auch *Holznagel/Sonntag*, in: Roßnagel, Handbuch Datenschutzrecht, Kap. 4.8, Rn. 47; *Tinnefeld/Ehmann/Gerling*, Einführung in das Datenschutzrecht, S. 320.

schutzrechtliche Bedenken die Abgabe der Dopingprobe verweigert. In der ersten Fallkonstellation ist der Athlet dahingehend aufzuklären, dass die Verweigerung seiner Einwilligung dazu führt, nicht in das Dopingkontrollsystem aufgenommen zu werden. Die Weigerung im zweiten Fall, sich einer Dopingkontrolle ohne zwingenden Grund nach entsprechender Aufforderung durch den Kontrolleur zu unterziehen, kann dagegen einen sanktionsfähigen Verstoß gegen Anti-Doping-Bestimmungen darstellen.

Zur Verdeutlichung der zweiten Fallkonstellation ist der Wortlaut der Einverständniserklärung, die die Athleten anlässlich einer Dopingkontrolle auf dem Dopingkontrollformular der NADA zu unterschreiben haben, anzuführen:

„Hiermit bestätige ich, eine Aufforderung zur Dopingkontrolle erhalten zu haben und stimme einer Probenahme – wie erforderlich – zu. Mir ist bewusst, das [sic] die Unterlassung oder Weigerung, eine Probe abzugeben, einen Verstoss [sic] gegen Anti-Dopingregeln darstellen kann." [604]

Nur die erste Fallkonstellation kann maßgeblich zur (umfassenden) datenschutzrechtlichen Informationsverpflichtung der Anti-Doping-Organisationen führen. Die Weigerung, sich einer Dopingkontrolle aus datenschutzrechtlichen Gründen zu unterziehen, kann erst dann in Betracht kommen, wenn der Athlet an das Dopingkontrollsystem angeschlossen ist. Vor der erfolgten Anbindung hat er bereits seine Einwilligung in dieser Phase der Datenerhebung erteilt. Auch wenn die Einwilligung nicht allumfassend ist und für jeden Datenverarbeitungsprozess gesondert erfolgen muss, so kann die Einwilligungserklärung, die der Athlet bereits bei Eintritt in das Dopingkontrollsystem erklärt hat, die Datenerhebung im gesamten Rahmen der Dopingkontrollen umfassen. Er ist dann vollumfänglich und ausdrücklich über die Datenverarbeitungsprozesse im Rahmen der Organisation und Durchführung der Dopingkontrollen informiert. Der Athlet hat nicht nur die Datenverarbeitung, sondern auch die maßgeblichen Anti-Doping-Regelwerke zur Durchführung von Dopingkontrollen nach Aufforderung anerkannt. Verweigert der Athlet somit eine Dopingkontrolle nach entsprechender Aufforderung, so führt dies systemimmanent zu einem (möglichen) Verstoß gegen Anti-Doping-Bestimmungen[605], der nach Durchführung eines Ergebnismanagement- und Disziplinarverfahrens[606] eine Sperre nach sich ziehen kann. Soweit der Athlet bei

---

[604] Abgedruckt in *NADA*, „Ich werde kontrolliert" in: Nickel/Rous, Anti-Doping-Handbuch (2009), Bd. 1, S. 132.
[605] Vgl. Art. 2.3 WADA-Code bzw. NADA-Code 2009, abrufbar auf der Homepage der NADA unter http://www.nada-bonn.de/, letzter Aufruf am 18. März 2010.
[606] Vgl. 1. Teil, C. I. u. II.

Aufnahme in das Dopingkontrollsystem seine Einwilligung in die Datenverarbeitung erklärt hat, können datenschutzrechtliche Bedenken des Athleten grundsätzlich keinen „zwingenden Grund" darstellen und die Weigerung rechtfertigen. Dennoch hat der Athlet auch an dieser Stelle die Möglichkeit, frei über die Verwendung seiner Daten zu entscheiden. Verweigert er die Probenahme, indem er sich auf datenschutzrechtliche Bestimmungen beruft, kann er seine Einwilligung (jeder Zeit) widerrufen.[607] Dies hätte allerdings zur Folge, dass der Athlet nicht länger dem Dopingkontrollsystem angehört.

Die Art. 29-Datenschutzgruppe mahnt an, dass der (konkrete) Ausschluss aus dem Dopingkontrollsystem zumindest einen drohenden Nachteil darstellt und somit den Athleten einem latenten Zwang[608] zur Einwilligung aussetzt. Die Weigerung, die Einwilligung zur Datenerhebung im Dopingkontrollsystem zu erklären, führt gleichzeitig dazu, dass keine Legitimation zur Teilnahme an diesem System besteht. Gehört der Athlet jedoch keinem nationalen oder internationalen Dopingkontrollsystem an, so ist ihm in der Regel die Teilnahme an internationalen Sportgroßveranstaltungen, wie Welt- und Europameisterschaften, Olympischen Spielen und möglicherweise auch nationalen Meisterschaften (Deutsche Meisterschaften) verwehrt.[609] Ebenso verlangen viele Sponsoren und Förderer des Spitzensports von den Athleten, dass sie sich zur Dopingbekämpfung positionieren. Dies geschieht vor allem durch den Nachweis der Zugehörigkeit zum Dopingkontrollsystem des nationalen oder internationalen Sport(fach)verbandes. Befindet sich der Athlet also in der Situation, in der er – frei im Willen – die Einwilligung zur Verarbeitung seiner personenbezogenen Daten geben soll und reflektiert er dabei, dass eine Verweigerung dieser Einwilligung in letzter Konsequenz sogar dazu führt, dass er den Spitzensport und möglicherweise den berufsmäßig ausgeübten Sport nicht mehr ausüben kann, so könnte dies zu einer nicht nur aus datenschutzrechtlichen Gründen „zwanghaften" Ausübung der Willensbekundung führen. Diese Reflektion geht jedoch damit einher, dass sich der Athlet – wie dargelegt – nicht ausschließlich oder vorrangig der Datenverarbeitung seiner personenbezogenen Daten im Sport hingibt, sondern maßgeblich an einem System des

---

[607] Siehe 2. Teil, D. I. 3.
[608] *Simitis/Simitis*, BDSG, § 4a Rn. 91.
[609] Siehe zum Beispiel die Nominierungsgrundsätze des DOSB für die Olympischen Spiele 2008 in Peking, abrufbar auf der Homepage des DOSB unter http://www.dosb.de/fileadmin/fm-dsb/downloads/DOSB-Textsammlung/Nominierungsrichtlinien-ringbuch.pdf letzter Aufruf am 18. März 2010. Gemäß Ziff. 4 gilt, dass „im Sinne der Gleichbehandlung der Olympiateilnehmerinnen und -teilnehmer sich alle Athletinnen und Athleten, die für eine Nominierung in Frage kommen, dem von der Nationalen Anti Doping Agentur (NADA) organisierten Trainingskontrollsystem spätestens ab 1. Juli 2007 anschließen und das entsprechende Regelwerk des nationalen und internationalen Sportfachverbandes bzw. das Anti-Doping-Regelwerk der NADA anerkennen müssen.

Leistungs- und Spitzensports teilnehmen will. Dies geschieht freiwillig und unter ausdrücklicher Anerkennung von Regeln und Normen.

(3) (Zwischen-) Ergebnis

Der Argumentation der Art. 29-Datenschutzgruppe kann im Ergebnis nicht gefolgt werden. Die vom Sport anerkannten Regeln des Anti-Doping-Kampfes werden mit datenschutzrechtlichen Vorgaben und Richtlinien in unzulässiger Art und Weise vermischt. Die „Verweigerung", die Einwilligung zur Datenverarbeitung zu erklären muss von der „Weigerung", sich aufgrund datenschutzrechtlicher Bedenken nach Aufforderung einer Dopingkontrolle zu unterziehen, getrennt werden. Soweit in beiden Weigerungen die Möglichkeit der ausdrücklichen oder latenten Benachteiligung des Athleten droht, ist dies in datenschutzrechtlicher Hinsicht nur im Falle der verweigerten Einwilligung in Bezug auf die allgemeine Datenverarbeitung im Dopingkontrollsystem maßgeblich. Soweit die Wahlmöglichkeit des Athleten, durch den drohenden Verlust der Teilnahmeberechtigung an Wettkämpfen und Wettkampfveranstaltungen, beschränkt ist, ist dies stets im Zusammenhang mit den berechtigten Interessen der Dopingbekämpfung zu sehen.

c.) Koppelungsverbot

Schließlich präzisiert das aus dem Bereich der Tele- und Mediendienste[610] stammende und nunmehr auch in § 28 Abs. 3b BDSG statuierte Koppelungsverbot die vom BDSG festgelegten inhaltlichen Anforderungen an die Einwilligung und die Informationspflichten der verantwortlichen Stelle. Inhaltlich gibt das Koppelungsverbot vor, dass die Erbringung des Dienstangebotes oder der Abschluss eines Vertrages nicht von der Einwilligung des Betroffenen in die Verarbeitung oder in die Nutzung seiner Daten für andere Zwecke als die eigentliche Durchführung des Dienstes abhängig gemacht werden darf.[611] Eine Verknüpfung des Dienstangebotes mit einer entsprechenden Einwilligung wäre eine unzulässige Koppelung. Durch die Neuregelung in § 28 Abs. 3b BDSG bringt der Gesetzgeber zudem zum Ausdruck, dass auch der Abschluss eines Vertrages im Bereich des Adresshandels und der Werbung nicht von

---

[610] Insoweit wird von Diensten der Informationsgesellschaft gesprochen, deren Definition in der Richtlinie 98/34/EG des Europäischen Parlaments und des Rates vom 22. Juni 1998 über ein Informationsverfahren auf dem Gebiet der Normen und technischen Vorschriften (*EG-Abl.* L 204 vom 21. Juli 1998, 37), zuletzt geändert durch die Richtlinie 98/48/EG des Europäischen Parlaments und des Rates vom 20. Juli 1998 zur Einführung einer gesetzgeberischen Transparenz für die Dienste der Informationsgesellschaft (*EG-Abl.* L 217 vom 5. August 1998, 18) geregelt ist.

[611] Vgl. *Holznagel/Sonntag*, in: Roßnagel, Handbuch Datenschutzrecht, Kap. 4.8, Rn. 76; *Tinnefeld/Ehmann/Gerling*, Einführung in das Datenschutzrecht, S. 320.

einer Einwilligung des Betroffenen in die Datenverarbeitung abhängen darf. Das Koppelungsverbot dient zur Konkretisierung des Grundsatzes der Entscheidungsfreiheit[612] und soll die freie und eigenständige Willensbetätigung des Nutzers bei der Einwilligung schützen.[613] Ferner bietet die Regelung Schutz vor faktischen Zwangslagen, zum Beispiel durch eine Monopolstellung der Dienstanbieter. Eine entsprechende Anwendung der Grundsätze des Koppelungsverbotes ist bereits bei Vertragsschlüssen in Versicherungs-, Kredit-, Miet- oder Arbeitsverhältnissen üblich.[614] In allen diesen Lebenssituationen droht die Einwilligung in die Datenverarbeitung mit anderweitigen, für den jeweiligen Betroffenen eine Zwangslage auslösenden Umständen verknüpft zu werden.

Sieht sich der Athlet, der eine entsprechende Kadervereinbarung mit seinem nationalen Sport(fach)verband schließt, nunmehr nicht nur der Einwilligung in die Anti-Doping-Bestimmungen des Verbandes und der Anbindung an das Dopingkontrollsystem ausgesetzt, sondern ist er zugleich gefordert, eine Einwilligung in die Verwendung seiner personenbezogenen Daten abzugeben, könnte damit ebenfalls eine vergleichbare Situation der „Abhängigkeit" vorliegen. Eine solche Abhängigkeit ist gegeben, wenn die Einwilligung zwingende Voraussetzung für die Inanspruchnahme einer Leistung ist. Die nationalen Sport(fach)verbände und Anti-Doping-Organisationen haben eine Monopolstellung inne, die dem Athleten ein uneingeschränktes Wahlrecht gerade nicht zubilligen. Dies spiegelt sich nicht nur bei der Anbindung der Athleten an die Verbandsregelwerke wider, sondern lässt sich auch für die Anerkennung der Anti-Doping-Bestimmungen und die Eingliederung in das Dopingkontrollsystem feststellen. Allerdings ist die Monopolstellung der Sport(fach)verbände eine grundlegende und historisch bedingte Ausgestaltung des autonomen Sports.[615] Den Zugang zum allgemeinen, an nationalen und internationalen Wettkämpfen und Wettkampfveranstaltungen orientierten Leistungssport kann der Sport – innerhalb der Grenzen des Vereins- und Verbandsrechts – eigenständig regeln. Dies hat er getan, indem er die Zugehörigkeit zum organisierten Spitzensport reglementiert und an bestimmte Bedingungen geknüpft hat. Dies hat er aber auch getan, indem er sich die Dopingbekämpfung zur Aufgabe gemacht hat. Leistungssport und Dopingbekämpfung sind somit verbunden. Damit steht nicht schon fest, dass das Erfordernis

---

[612] Eine vergleichbare Regelung, die den Grundsatz der Entscheidungsfreiheit ausdrücklich in ähnlicher Form präzisiert, ist zudem im Bereich der Telekommunikation in § 89 Abs. 10 TKG, (ehemalig) § 3 Abs. 2 TDSV zu finden.

[613] *LG Potsdam*, DuD 2005, S. 302 (305); *Schafft/Ruof*, CR 2006, S. 499 (504).

[614] Vgl. dazu *Tinnefeld/Ehmann/Gerling*, Einführung in das Datenschutzrecht, S. 320.

[615] Vgl. hierzu 1. Teil A. I, II.

der Einwilligung eines Athleten in die Datenverarbeitung im Rahmen der Dopingbekämpfung gleichzeitig von einer (Gegen-) Leistung abhängig ist. Vielmehr ist die Einhaltung datenschutzrechtlicher Anforderungen ein Bereich, in dem die Autonomie des Sports an die Grenzen staatlichen Rechts stößt. Zudem ist das originäre Ziel des Koppelungsverbotes im Bereich der Dopingbekämpfung nicht erfüllt. Die Aufnahme in das Dopingkontrollsystem dient nicht dazu, dem Athleten Informationserwartungen Dritter aufzuzwingen, sondern verknüpft den Leistungssport mit der Dopingbekämpfung. Die Einwilligung in die Datenverarbeitung im Rahmen des Dopingkontrollsystems ist damit nicht zwingende Voraussetzung der Inanspruchnahme von Leistungen, sondern staatliche Anforderung an eine rechtmäßige Datenverarbeitung.

d.) Bestimmtheit

Die Einwilligungserklärung nach § 4a BDSG muss hinreichend bestimmt sein. Dieses Erfordernis steht im engen Zusammenhang mit der Informationsverpflichtung der verantwortlichen Stellen. Der Betroffene muss nicht nur in der Lage sein, die Einwilligung zu verstehen. Die Einwilligungserklärung muss auch hinreichend konkret abgefasst sein.[616] Verarbeitungs- und Nutzungsvorgänge sowie die Zweckbestimmung sind deutlich zu machen. Nur wenn eine Einwilligung hinreichend bestimmt ist, übt der Betroffene sein Recht wirksam aus, dem Grunde nach selbst über die Verwendung seiner Daten entscheiden zu können.[617] Weder Blankoeinwilligungen noch pauschal gehaltene Erklärungen, die den Betroffenen die Möglichkeit nehmen, die Tragweite ihres Einverständnisses zu überblicken, sind mit § 4a BDSG vereinbar.[618] Das erforderliche Maß an Bestimmtheit lässt sich nur im Zusammenhang mit der jeweiligen, konkreten Verwendungssituation festlegen. Für eine hinreichend bestimmte Einwilligung der Athleten bedeutet dies, dass ihnen neben dem Zweck der Erhebung, Verarbeitung und Nutzung der personenbezogenen Daten im Rahmen des Dopingkontrollsystems und die bereits dargelegten Folgen der Verweigerung der Einwilligung, auch der Umfang der Datenverarbeitung offengelegt wird. Die Ansprechpartner bei den verantwortlichen Stellen sind ebenso aufzuführen wie Informationen über die Art und die Wahrnehmung der Betroffenenrechte. Zu berücksichtigen ist insgesamt,

---

[616] Vgl. *Kühling/Seidel/Sivridis*, Datenschutzrecht, S. 146.
[617] *BGHZ* 95, 362 (367 f.); *Bergmann/Möhrle/Herb*, BDSG, § 4a Rn. 76; *Gola/Schomerus*, BDSG, § 4a Rn. 11; *Simitis/Simitis*, BDSG, § 4a Rn. 77.
[618] *BGHZ* 95, 362 (367f.); *Bergmann/Möhrle/Herb*, BDSG, § 4a Rn. 92; *Simitis/Simitis*, BDSG, § 4a Rn. 77; *Büllesbach*, CR 2000, S. 11 (14); *Beckhusen*, Datenumfang (2004), S. 161f.; *Lübking*, Datenschutz, Rn. 397 (445).

dass bei einer Vielzahl von möglicherweise komplexen Verwendungsphasen im Bereich des Dopingkontrollsystems eine abschließende Benennung jeder einzelnen Verwendungsphase nicht gefordert werden kann. Die Unvollständigkeit ist aus Gründen der Klarheit und Verständlichkeit hinzunehmen, soweit das Maß der Bestimmtheit noch dem Persönlichkeitsrechtsschutz des Athleten entsprechen kann.[619] Insoweit sind die Anti-Doping-Organisationen gefordert, den Athleten vor der jeweiligen Datenverarbeitung eine angemessene und im ausreichenden Maße bestimmte Einwilligungserklärung vorzulegen. Bestehen letztlich Unklarheiten, gehen diese zu Lasten der verantwortlichen Stelle.[620]

e.) Einwilligung bei besonderen Arten personenbezogener Daten

Aufgrund der Tatsache, dass im Rahmen des Dopingkontrollsystems sowohl bei der Probenahme als auch im Verfahren zur Erteilung Medizinischer Ausnahmegenehmigungen Gesundheitsdaten der Athleten erhoben, verarbeitet oder genutzt werden können, bedarf es auch im Rahmen der Einwilligung besonderer Anforderungen. Wegen des besonderen Risikos der Benachteiligung und Diskriminierung des Betroffenen, das sensiblen Daten innewohnt, sind sie der Verwendung grundsätzlich unzugänglich. Erst die Umsetzung des Art. 8 Abs. 2 lit. a) der Datenschutzrichtlinie in § 4a Ab. 3 BDSG ermöglicht es, in die Erhebung, Verarbeitung oder Nutzung besonderer Arten von personenbezogenen Daten einzuwilligen. Wirksamkeitserfordernis für die Verwendung dieser Daten ist jedoch, dass sich die Einwilligung ausdrücklich auf sie bezieht. Diese Anforderung kann entweder durch eine gesonderte Erklärung oder einen expliziten Hinweis in der Erklärung darauf, dass auch die jeweils betroffenen sensiblen Daten von der Einwilligung betroffen sind[621], erreicht werden. Den Athleten sind demnach die zu verwendenden besonderen Arten personenbezogener Daten zu benennen und der konkrete Verwendungszusammenhang aufzuzeigen. Der Athlet muss zweifelsfrei erkennen können, welche sensiblen Daten für welchen genau umschriebenen Verwendungszweck in welchem Verwendungskontext erhoben, verarbeitet oder genutzt werden sollen.[622] Nur eine solche ausführliche Information hinsichtlich der sensiblen Daten der Athleten im Dopingkontrollsystem kann den formellen und materiellen Anforderungen an eine wirksame Einwilligung im Sinne von

---

[619] Vgl. insoweit auch *Holznagel/Sonntag*, in: Roßnagel, Handbuch Datenschutzrecht, Kap. 4.8, Rn. 49; *Tinnefeld/Ehmann/Gerling*, Einführung in das Datenschutzrecht, S. 319.
[620] Vgl. *Kühling/Seidel/Sivridis*, Datenschutzrecht, S. 146.
[621] Vgl. *Holznagel/Sonntag*, in: Roßnagel, Handbuch Datenschutzrecht, Kap. 4.8, Rn. 50.
[622] Vgl. *Holznagel/Sonntag*, in: Roßnagel, Handbuch Datenschutzrecht, Kap. 4.8, Rn. 56; *Simitis/Simitis*, BDSG, § 4a Rn. 87.

§ 4a Abs. 3 BDSG genügen. Anderenfalls ist die Einwilligung unwirksam und statuiert keine rechtmäßige Legitimationsgrundlage zur Verwendung der Athletendaten.

f.) (Zwischen-) Ergebnis

Als zwanglose und reflektierte Erklärung in Kenntnis der Sachlage und ohne Verstoß gegen das Koppelungsverbot kann die hinreichend bestimmte Einwilligung als inhaltlich zulässige Legitimationsgrundlage für die Erhebung, Verarbeitung und Nutzung personenbezogener Daten im Rahmen der Dopingbekämpfung und des Dopingkontrollsystems herangezogen werden. Maßgeblich ist dafür aber, dass unter Berücksichtigung der Umstände des Einzelfalls eine angemessene und verhältnismäßige Betrachtung der Interessen des Athleten und den verantwortlichen Stellen erfolgt. Neben dem Schutzinteresse des Athleten an der Einhaltung seines Rechts auf informationelle Selbstbestimmung ist auch das Interesse der Anti-Doping-Organisation zu berücksichtigen. Das System der Dopingbekämpfung, das sich der Sport, also nicht nur die verantwortlichen Verbände, Funktionäre und sonstige Beteiligte sondern auch die Athleten, selbst gesetzt hat, ist zur Planung von unangekündigten Zielkontrollen auf die personenbezogenen Daten der Athleten angewiesen. Eine Beschränkung der Kontrollmöglichkeiten, beispielsweise auf einen bestimmten Zeitraum vor einem Wettkampf, Trainingslager oder sonstigen Trainingsmaßnahmen wird einem modernen Dopingkontrollsystem nicht gerecht. Schließlich besteht nicht nur bei den am Sport beteiligten und die Dopingbekämpfung aktiv unterstützenden Personen, sondern auch in der Allgemeinheit ein erhebliches Interesse daran, ein funktionierendes Anti-Doping-System national und international dauerhaft zu manifestieren.

3. Formale Wirksamkeitsvoraussetzungen

a.) Abgabe der Einwilligungserklärung

Die Abgabe der Einwilligungserklärung ist im BDSG nicht ausdrücklich vorgegeben. Ob die Einwilligung daher „höchstpersönlich" erfolgen muss oder auch eine Stellvertretung möglich ist, ist umstritten. Unter Hinweis auf das Unterschriftserfordernis (§ 4a Abs. 1 Satz 3 BDSG i. V. m. § 126 Abs. 1 BGB) und den Sinn und Zweck der Informationspflichten der verantwortlichen Stelle wird zum Teil eine ausschließlich höchstpersönliche Abgabe der Einwilligung vorausgesetzt.[623] Nur der Betroffene könne über die Vor- und

---

[623] Vgl. *Auernhammer*, BDSG, § 4 Rn. 11; *Simitis/Simitis*, BDSG, § 4a Rn. 30 ff.; *Tinnefeld/Ehmann/Gerling*, Einführung in das Datenschutzrecht, S. 321.

Nachteile der Einwilligung befinden. Zudem sei die Intention des Gesetzgebers, das angestrebte Höchstmaß an Schutz der informationellen Selbstbestimmung sicherzustellen. Vorteile der Stellvertretung würden für den Betroffenen somit nicht ins Gewicht fallen.[624] Zum Teil wird zugelassen, dass die Einwilligung durch einen Vertreter erfolgen kann.[625] Das Unterschriftserfordernis schließe die Stellvertretung nicht aus. Schließlich gehe auch die Rechtsprechung davon aus, dass der Stellvertreter mit dem Namen des Vertretenen unterschreiben darf.[626]

Gesetzliche Anhaltspunkte, die die Stellvertretung im Falle der Einwilligung gemäß § 4a BDSG ausschließen, liegen nicht vor. Auch die Informationspflichten der verantwortlichen Stelle stehen der Stellvertretung nicht entgegen. Soweit der Bevollmächtigte in gesetzlich geforderter Weise angemessen informiert wird und sich die Vollmacht ausdrücklich auf die Erteilung der Einwilligung bezieht, ist nicht ersichtlich, dass dem Betroffenen und Vertretenen ein Nachteil entstehen kann.[627] Der Schutzzweck des BDSG ist ebenfalls durch die Stellvertretung nicht berührt. Die Sicherstellung eines hohen Datenschutzniveaus durch das BDSG ist immer dann gegeben, wenn schutzwürdige Interessen des Betroffenen nicht berührt sind. Der Ausschluss der Stellvertretung würde den Betroffenen jedoch vorrangig in seinem Recht zur Selbstbestimmung einschränken. Begreift der Betroffene sein Recht auf informationelle Selbstbestimmung aber so, dass er auch den formalen Abschluss der Einwilligung in die Hände eines Vertreters legen will, so ist dies Ausdruck seiner eigenverantwortlichen Selbstbestimmung. Diese Schutzrichtung ist vom BDSG ausdrücklich vorgesehen. Somit muss dem Betroffenen auch die Möglichkeit der Stellvertretung eingeräumt werden.

Nach der hier vertretenen Auffassung ist es den Athleten erlaubt und frei, die Abgabe der Einwilligung persönlich oder durch einen Stellvertreter zu tätigen. Unstreitig zulässig ist darüber hinaus die Möglichkeit der Abgabe durch einen Boten.[628]

---

[624] *Simitis/Simitis*, BDSG, § 4a Rn. 31.

[625] *Gola/Schomerus*, BDSG, § 4a Rn. 10; *Holznagel/Sonntag*, in: Roßnagel, Handbuch Datenschutzrecht, Kap. 4.8, Rn. 27; *Beckhusen*, Datenumfang (2004), S. 168.

[626] *BGHZ* 45, 193 (195).

[627] Vgl. *Gola/Schomerus*, BDSG, § 4a Rn. 10; *Holznagel/Sonntag*, in: Roßnagel, Handbuch Datenschutzrecht, Kap. 4.8, Rn. 27; *Kühling/Seidel/Sivridis*, Datenschutzrecht, S. 148.

[628] Vgl. *Simitis/Simiits*, BDSG, § 4a Rn. 31; *Holznagel/Sonntag*, in: Roßnagel, Handbuch Datenschutzrecht, Kap. 4.8, Rn. 27; *Beckhusen*, Datenumfang (2004), S. 168.

b.) Form

Nach § 4a Abs. 1 Satz 3 BDSG bedarf die Einwilligung der Schriftform, soweit nicht wegen besonderer Umstände eine andere Form angemessen ist. Mit Schriftform im Sinne der Norm ist die Namensunterschrift gemäß § 126 Abs. 1 BGB gemeint. Eine Übermittlung der eigenhändig unterzeichneten Erklärung per Telefax reicht grundsätzlich nicht aus.[629] Ein Verstoß gegen die Formvorschrift hat nach § 125 BGB die Nichtigkeit der Einwilligung zur Folge und führt zur Unzulässigkeit der darauf basierenden Datenverarbeitungen. Die Schriftform erfüllt vor allem eine Schutz- und Warnfunktion. Der Betroffene soll nicht voreilig einwilligen, sondern die Möglichkeit erhalten, sich seiner Entscheidung bewusst zu werden.[630] Vom Schriftformerfordernis ist nur unter besonderen Umständen abzuweichen (§ 4 Abs. 1 Satz 3 BDSG). Die Norm ist daher restriktiv anzuwenden.[631] Nur in Eilfällen, etwa in einem Notfall oder bei langjährigen Geschäftsbeziehungen, solange sich der Verwendungszweck und der Empfängerkreis nicht geändert haben, kann eine mündliche, konkludente oder mutmaßliche Einwilligung ausnahmsweise zulässig sein.[632] Art. 7 lit. a) der Datenschutzrichtlinie fordert hingegen, dass die Einwilligung ohne jeden Zweifel gegeben wurde. Die Einwilligung der Athleten ist somit vorrangig schriftlich und mit eigenhändiger Unterschrift versehen von den verantwortlichen Stellen einzuholen. Aufgrund der Anzahl von mehr als 8.000 Athleten[633], die derzeit dem Dopingkontrollsystem der NADA in Deutschland angeschlossen sind, eröffnet sich damit ein erheblicher administrativer Aufwand der Anti-Doping-Organisationen. Dennoch ist ein Ausnahmefall, der einen Schriftformverzicht begründen könnte, nicht gegeben. Höhere Kosten der verantwortlichen Stellen sind nicht geeignet, den Verzicht auf eine schriftliche Einwilligung zu rechtfertigen.[634]

Fraglich ist aber, ob eine wirksame Einwilligungserklärung über den elektronischen Weg erfolgen kann. Dies wäre ein erheblicher logistischer und administrativer Vorteil für die Anti-Doping-Organisationen. Das BDSG versagt den Rückgriff auf die elektronische Form der Einwilligung grundsätzlich nicht. Die Schriftform kann durch die elektronische Form gemäß § 126a Abs.

[629] Palandt/Ellenberger, BGB, § 126 Rn. 7.
[630] *Kühling/Seidel/Sivridis*, Datenschutzrecht, S. 149. Die Beweiserleichterung für die verantwortliche Stelle ist demnach nur zweitrangig. Vgl. *Holznagel/Sonntag*, in: Roßnagel, Handbuch Datenschutzrecht, Kap. 4.8, Rn. 27; *Tinnefeld/Ehmann/Gerling*, Einführung in das Datenschutzrecht, S. 321.
[631] *Simitis/Simitis*, BDSG, § 4a Rn. 44; *Holznagel/Sonntag*, in: Roßnagel, Handbuch Datenschutzrecht, Kap. 4.8, Rn. 29.
[632] Vgl. *Gola/Schomerus*, BDSG, § 4a Rn. 13; a.A. *Simitis/Simitis*, BDSG, § 4a Rn. 44, der nur eine mündliche Einwilligung als Ausnahme zulässt.
[633] Vgl. Testpoolpyramide der NADA, 1. Teil, C. II.
[634] *Simitis/Simitis*, BDSG, § 4a Rn. 59.

1 BGB ersetzt werden (§ 126 Abs. 3 BGB). Auch die Regelungen des BDSG und der Datenschutzrichtlinie schließen eine Einwilligung in elektronischer Form nicht aus. Allerdings setzt dies voraus, dass der Betroffene der Erklärung seinen Namen hinzufügt und das Dokument mit einer qualifizierten Signatur nach dem Signaturgesetz (SigG) zu versehen hat. Die Anforderungen an die ordnungsgemäße Sicherstellung einer qualifizierten Signatur gemäß § 2 Nr. 1 SigG sind umfangreich. Die Signatur muss ausschließlich dem Schlüsselinhaber zugeordnet sein, seine Identifizierung ermöglichen, mit Mitteln erzeugt werden, die der Schlüsselinhaber unter seiner alleinigen Kontrolle halten kann, mit den Daten, auf die sie sich beziehen, so verknüpft werden, dass eine nachträgliche Veränderung erkannt werden kann, auf einem zum Zeitpunkt ihrer Erzeugung gültigen, qualifizierten Zertifikat beruhen und mit einer sicheren Signaturerstellungseinrichtung erzeugt worden sein.[635] Die Erfüllung dieser einzelnen Voraussetzungen stellt für die nationalen Sport(fach)verbände und die NADA ebenfalls einen erheblichen Aufwand dar. Aber nur bei ordnungsgemäßer Einrichtung der qualifizierten Signatur wird der Sicherheitsstandard gewährleistet, der der Schriftform im Wesentlichen entspricht.

Von der Einhaltung der elektronischen Form gemäß § 126a Abs. 1 BGB zu unterscheiden ist die elektronische Einwilligung aus dem Bereich der Telekommunikation und der Telemedien. Telekommunikationsgesetz und Telemediengesetz[636] bilden die spezifische rechtliche Grundlage für die elektronische Einwilligung und statuieren in § 94 TKG und § 13 Abs. 2 TMG die notwendigen Voraussetzungen. Danach muss die Einwilligung eine eindeutige und bewusste Handlung des Beteiligten widerspiegeln und die Protokollierung der Einwilligung muss sichergestellt sein. Ferner muss der Inhalt der Einwilligungserklärung jederzeit abrufbar und ein jederzeitiger Widerruf möglich sein.[637]

Soweit die Anforderungen an die elektronische Einwilligung erfüllt sind, ist auch die Einholung der Einwilligungserklärung über die Nutzung der internetbasierten Plattform ADAMS zulässig.[638] In der bereichsspezifischen Datenschutzregelung liegen dann legitimierte „besondere Umstände", die gemäß § 4a Abs. 1 S. 3 BDSG eine Abweichung von der Schriftform und insoweit

---

[635] vgl. *Palandt/Ellenberger*, BGB, § 126a Rn. 3; Zu den Voraussetzungen der qualifizierten Signatur auch *Roßnagel*, NJW 2001, S. 1817; *Schaar*, MMR 2001, S. 644 (647).
[636] Hierzu ausführlich *Hoeren*, NJW 2007, S. 801 ff.
[637] Schon in dem bis Februar 2007 geltenden § 4 Abs. 2 und 3 TDDSG sind diese Anforderungen an die elektronische Einwilligung geregelt gewesen. Vgl. dazu *OLG Brandenburg*, RDV 2006, S. 210; *Hillenbrand-Beck/Greß*, DuD 2001, S. 389 (392).
[638] Siehe dazu ausführlich 2. Teil, F.

von der qualifizierten elektronischen Signatur nach dem Signaturgesetz recht-fertigen.

c.) Widerrufsrecht

Nicht nur im Rahmen der Telekommunikation und der Telemedien[639] ist klar-gestellt, dass die Einwilligung jederzeit widerrufbar[640] sein muss. Als Aus-fluss des Rechts auf informationelle Selbstbestimmung des Betroffenen ist das Widerrufsrecht der Einwilligung auch auf der Grundlage des BDSG mög-lich.[641] Zugleich hat der Gesetzgeber mit der BDSG-Novelle II im Jahr 2009 in § 28 Abs. 3a BDSG eine dem Telekommunikations- und Telemediengesetz vergleichbare Regelung eingeführt.[642] Ein vorbehaltloser Wille des Betroffe-nen, sich aufgrund seiner einmal erteilten Willenserklärung rechtlich umfas-send und uneingeschränkt für die Zukunft binden zu wollen, ist daher nicht gegeben. Das Widerrufsrecht ist nicht abdingbar und kann auch nicht durch Verzicht endgültig ausgeschlossen werden.[643] Der Betroffene ist grundsätzlich hinsichtlich des Zeitpunktes und des Umfangs des Widerrufs frei.[644] Er hat den Widerruf – auch formlos[645] – gegenüber der verantwortlichen Stelle zu erklären, die auch Adressat der Einwilligungserklärung war. Der Widerruf wirkt für die Zukunft. Der Datenverwendung ist dann mit „ex-nunc"-Wirkung die Legitimationsgrundlage der Einwilligung entzogen. Soweit ein Athlet den Widerruf gegenüber der zuständige Anti-Doping-Organisation erklärt, hat die-se den Willen des Athleten zu berücksichtigen und seine personenbezogenen Daten nicht zu erheben, zu verarbeiten oder zu nutzen. Gleichzeitig ist der Athlet über die Folgen des Widerrufs aufzuklären. Der Widerruf hat in diesem Stadium faktisch die gleiche Wirkung wie die Verweigerung der Einwilli-gungserklärung. Eine Aufnahme in das Dopingkontrollsystem kann nur dann erfolgen, wenn das BDSG eine entsprechende Grundlage zur Datenverarbei-

---

[639] § 13 Abs. 2 Nr. 4 TMG.

[640] Der Widerruf ist nicht zu verwechseln mit dem Widerspruch; der Widerspruch bezieht sich auf den Umgang mit personenbezogenen Daten, der auf eine gesetzliche Ermächtigungsgrundlage ge-stützt wird; vgl. dazu auch *Kühling/Seidel/Sivridis*, Datenschutzrecht, S. 151.

[641] *Simitis/Simitis*, BDSG, § 4a Rn. 94; *Holznagel/Sonntag*, in: Roßnagel, Handbuch Datenschutz-recht, Kap. 4.8, Rn. 64; *Beckhusen*, Datenumfang (2004), S. 183.

[642] Der Widerruf ist schon seit Längerem ausdrücklich in den Landesdatenschutzgesetzen geregelt; vgl. u.a. § 4 Abs. 1 Satz 2 und 5 DSG NRW.

[643] *Bergmann/Möhrle/Herb*, Datenschutzrecht, § 4a Rn. 24; *Schaffland/Wiltfang*, BDSG, § 4a Rn. 27.

[644] Vgl. *Holznagel/Sonntag*, in: Roßnagel, Handbuch Datenschutzrecht, Kap. 4.8, Rn. 64; a.A. *Si-mitis/Simitis*, BDSG, § 4a Rn. 96 m. w. N., der den Widerruf ebenso wie die Einwilligung selbst für eine höchstpersönliche, schriftlich oder in elektronischer Form abzugebende Erklärung hält.

[645] So *Tinnefeld/Ehmann/Gerling*, Einführung in das Datenschutzrecht, S. 324.

tung bereitstellt.[646] Dies gilt zumindest, solange noch keine Datenverwendung stattgefunden hat.[647] Wurden personenbezogene Daten bereits erhoben, verarbeitet oder genutzt, kann ein Widerruf nur unter Berücksichtigung des Grundsatzes von Treu und Glauben erfolgen. Der Betroffene kann seine Einwilligung widerrufen, wenn ihm ein Festhalten an seiner Einwilligung objektiv nicht länger zumutbar ist. So kann der Athlet zum Beispiel seine Einwilligung noch widerrufen, wenn die Anti-Doping-Organisation die vom Einwilligungsinhalt aufgestellten Verwendungsgrenzen überschreitet oder notwendige Datensicherungsmaßnahmen nicht einhält oder durchführt. Aufgrund der Zukunftswirkung des Widerrufs ist es möglich und datenschutzrechtlich zulässig, dass die von der verantwortlichen Stelle in einzelnen Verfahren verwendeten personenbezogenen Daten aufgrund der zuvor wirksam erteilten Einwilligung erhalten bleiben.[648]

Die Grundsätze für den Widerruf nach Treu und Glauben nach bereits erfolgter Verwendung der Athletendaten ist im Bereich des Dopingkontrollsystems zwingend näher auszugestalten. Bei der Gewährung eines uneingeschränkten Widerrufsrechts bestünde die Möglichkeit, dass der Athlet durch ein gezieltes Einsetzen seiner Widerrufserklärung auf das Dopingkontrollsystem einwirken kann. Auf den ersten Blick erscheint dies zwar noch nicht allzu problematisch. Denn mit dem Widerruf seiner Einverständniserklärung geht schließlich auch die Konsequenz für den Athleten einher, nicht mehr am Dopingkontrollsystem teilnehmen zu können, soweit keine gesetzliche Grundlage aus dem BDSG die Datenverarbeitung zulässt. Unabhängig von den sportlichen Konsequenzen für den Athleten bedeutet der Widerruf für die Anti-Doping-Organisation zugleich, dass die gespeicherten Daten umfassend zu löschen sind, da sie aus datenschutzrechtlichen Gründen nicht mehr verwendet werden dürfen. Damit könnte der Athlet den Zeitpunkt und den Umfang der Datenerhebung und -verarbeitung durch die verantwortlichen Stellen bewusst steuern und gezielt einsetzen.

Als Beispiel sei ein Skispringer angeführt, der um die Nominierungsrichtlinien[649] des nationalen und internationalen Sport(fach)verbandes, des DOSB und der NADA für die Olympischen Spiele 2010 in Vancouver zu erfüllen,

---

[646] Siehe auch 2. Teil, D. I. 2. f.).

[647] *Gola/Schomerus*, BDSG, § 4a Rn. 18; *Holznagel/Sonntag*, in: Roßnagel, Handbuch Datenschutzrecht, Kap. 4.8, Rn. 67.

[648] So *Scheja*, Datenschutzrechtliche Zulässigkeit (2005), S. 102.

[649] Vgl. die Nominierungskriterien des DOSB für die Olympischen Spielen 2010 in Vancouver, abrufbar auf der Homepage des DSOB unter http://www.dosb.de/de/olympia/olympische-spiele/nominierung/, letzter Aufruf am 18. März 2010.

mindestens seit dem 1. Januar 2009 in einem Testpool der NADA[650] aufgenommen sein muss. Widerruft der Athlet aber unmittelbar nach den Olympischen Spielen seine Einwilligung zur Erhebung, Verarbeitung und Nutzung
seiner personenbezogenen Daten, wären bereits erhobene Athletendaten
zwingend zu löschen. Soweit bereits eine Übermittlung der Daten erfolgt ist,
sind zudem die Empfänger über den Widerruf des Athleten zu informieren.[651]
In der Konsequenz dürfen diese Stellen die Daten des Athleten nicht weiter
verwenden. Entschließt sich der Athlet dann nach ein paar Monaten, z.B. nach
der Sommerpause, doch wieder am Dopingkontrollsystem teilzunehmen, weil
er etwa von seinem nationalen Sport(fach)verband für die nächste Weltcup-
saison berücksichtigt oder „gebraucht" wird, um sportliche Erfolge zu erzie-
len, könnte er zwar eine neue Einwilligungserklärung zur Datenverarbeitung
unterzeichnen, um die (erneute) Legitimationsgrundlage für die Erhebung,
Verarbeitung und Nutzung seiner Daten festzulegen. Die Wirksamkeit des
Dopingkontrollsystems wäre indes in erheblichem Maße geschwächt.

Allerdings ist diese Thematik kein Problem, das ausschließlich auf der Kollision von Datenschutzrecht und Anti-Doping-Recht basiert. Sowohl WADA-
als auch NADA-Code 2009 sehen vor, dass die Beendigung der Karriere oder
auch die nicht mehr erfolgte erneute Aufnahme eines Athleten in den Testpool nach Ablauf eines Testpooljahres das Ausscheiden aus dem Dopingkontrollsystem bedeuten. Damit wird ein Schlupfloch für all diejenigen Athleten
geschaffen, die gegebenenfalls nur für einen gewissen Zeitraum außerhalb des
Dopingkontrollsystems stehen wollen. Diese Athleten wissen schon bei He-
rausnahme aus dem Testpool oder kurz danach, dass sie früher oder später
wieder an Wettkämpfen teilnehmen wollen, für die die Zugehörigkeit zu einem Testpool und die Aufnahme in das Dopingkontrollsystem zwingend erforderlich sind. Um diese Lücke zu schließen, statuiert der NADA-Code 2009
eine Regelung, die insbesondere für den „Rücktritt vom Rücktritt" gewisse
Anforderungen festlegt. Gemäß Art. 5.6.1 NADA-Code 2009 kann ein Athlet,
der seine aktive Laufbahn beendet hat und nach entsprechender Mitteilung[652]
von der NADA aus dem Testpool der NADA herausgenommen wurde, erst
wieder an Wettkämpfen teilnehmen, für die die Zugehörigkeit zu einem Testpool der NADA erforderlich ist, wenn die für die Meldung des Athleten zuständige Anti-Doping-Organisation einen schriftlichen Antrag auf Wiederauf-

---

[650] RTP oder NTP, siehe Art. 4.1 der Anti-Doping-Bestimmungen in den Nominierungsgrundsätzen
des   DOSB,   abrufbar   auf   der   Homepage   des   DOSB   unter
http://www.dosb.de/de/olympia/olympische-spiele/nominierung/, letzter Aufruf am 18. März 2010.
[651] Vgl. *Holznagel/Sonntag*, in: Roßnagel, Handbuch Datenschutzrecht, Kap. 4.8, Rn. 67; *Simi-
tis/Simitis*, BDSG, § 4a Rn. 103.
[652] Gemäß Art. 5.2.1 NADA-Code 2009, abrufbar auf der Homepage der NADA unter
http://www.nada-bonn.de/, letzter Aufruf am 18. März 2010.

nahme des Athleten gestellt hat, der Athlet nach Wiederaufnahme mindestens sechs Monate dem Testpool der NADA zugehörig und den jeweiligen Meldepflichten unterworfen war. Eine unmittelbare Rückkehr ist dem Athleten damit grundsätzlich versagt. Allerdings sieht das Regelwerk auch eine ausnahmsweise Verkürzung der sechsmonatigen Wartezeit vor. Gemäß Art. 5.6.2 NADA-Code 2009 kann die NADA nach Ausübung pflichtgemäßen Ermessens eine Ausnahmeentscheidung treffen und eine verkürzte Zugehörigkeit des Athleten zum Testpool der NADA ausreichen lassen. Für die Ausnahmeentscheidung zieht die NADA insbesondere die in den Buchstaben (a) bis (c) von Art. 5.6.2 NADA-Codes 2009 statuierten Kriterien heran. Neben dem Umstand, dass der Athlet vor seiner Rückkehr mindestens einer unangekündigten Kontrolle unterzogen werden muss und seiner frühzeitigen Wiederaufnahme des Wettkampfbetriebs nicht das Interesse aller an Chancengleichheit und Fair Play entgegensteht, ist vor allem zu berücksichtigen, ob der Athlet lediglich für kurze Zeit keinem Dopingkontrollsystem unterworfen war.

Hat der Athlet allerdings zusammen mit dem Rücktritt auch den Widerruf seiner Einwilligungserklärung erklärt, führt dies zu einer Kollision von datenschutzrechtlichen Grundsätzen der Einwilligung und den Anti-Doping-Regelwerken. Befolgt die Anti-Doping-Organisation die datenschutzrechtlichen Folgen einer Widerrufserklärung, wäre eine vollumfängliche, sachliche Überprüfung von Art. 5.6.2 (a) NADA-Code 2009 nicht mehr möglich. Die NADA wäre in der Ermessensentscheidung beschränkt. Die Information, wie lange der Athlet nicht mehr im Testpool der NADA war, wäre nicht mehr rekonstruierbar, da die personenbezogenen Informationen des Athleten soweit gelöscht wurden.

Als Lösung dieses Problems kann aber der Umfang der Rechtsfolgen eines Widerrufs der Einwilligungserklärung durch den Athleten dienen. Darf die Anti-Doping-Organisation, in dem Fall die NADA, zumindest den Zeitpunkt des Widerrufs und das Karriereende festhalten und dem Athleten zuordnen, könnte eine Kollision bereits vermieden werden. In Anlehnung an den insoweit anzuwenden Grundsatz von Treu und Glauben ist im Falle der Dopingbekämpfung die Widerrufsmöglichkeit insoweit einzuschränken, als dass es die Aufrechterhaltung und Fortführung eines effektiven Dopingkontrollsystems erfordert und für den Athleten noch zumutbar ist, dass seine personenbezogenen Daten weiterhin zur Verfügung stehen. Zumindest im Rahmen der Vorgaben des WADA- und NADA-Codes 2009 sind die Daten damit weiter nutzbar. Diese Nutzbarkeit muss jedoch eng begrenzt sein. Der Athlet ist darüber hinaus vollumfänglich darüber zu informieren. Im vorliegenden Fall sind

Regeln aufzustellen, die es sowohl für die Anti-Doping-Organisation als auch für den Athleten nachvollziehbar machen, wie lange seine Daten weiter genutzt werden können. Ein Zeitraum von maximal drei bis sechs Monaten ist sowohl für den Athleten zumutbar als auch zur Erfüllung der in Art. 5.6.2 NADA-Code 2009 statuierten Vorgaben für die Ermessensentscheidung ausreichend. Um die bis zur Widerrufserklärung erfolgte Datenverarbeitung zu legitimieren, sind dem Betroffenen ferner die mit dem Widerruf verbundenen Folgen bereits zum Zeitpunkt der Einwilligungserklärung mitzuteilen.

4. Ergebnis
Die Einwilligung des betroffenen Athleten in die Verarbeitung personenbezogener Daten durch eine Anti-Doping-Organisation ist dem Grunde nach eine rechtlich zulässige und angemessene Legitimationsgrundlage zur Datenverarbeitung im Rahmen des Dopingkontrollsystems. Die wirksame Einwilligung setzt voraus, dass sie sowohl in formaler als auch in inhaltlicher Hinsicht den datenschutzrechtlichen Anforderungen entspricht. Neben der freien Entscheidung, ob der Athlet in die Datenverarbeitung einwilligt, ist er von der verantwortlichen Anti-Doping-Organisation über den bestimmten Inhalt der Einwilligung zu informieren. Die Folgen der Weigerung, eine Einwilligung abzugeben sind ebenso zu nennen, wie der Hinweis auf den jederzeitigen Widerruf der Erklärung und seiner möglichen Folgen. Grundsätzlich ist die Einwilligung in Schriftform einzuholen. Erfolgt eine elektronische Einwilligung sind sowohl die bereichsspezifischen Voraussetzungen der Telekommunikation oder der Telemedien als auch die Anforderungen an § 28 Abs. 3a BDSG zu beachten.

II. Erlaubnis aufgrund der Zulässigkeitsgründe des BDSG
Liegt eine wirksame Einwilligung des betroffenen Athleten nicht vor, ist zu prüfen, ob der vorgesehene Datenumgang auf einen Auffangtatbestand des BDSG gestützt werden kann. Die für nicht-öffentliche Stellen maßgeblichen Zulässigkeitsregeln ergeben sich aus den §§ 28 ff. BDSG. Im Folgenden soll daher geprüft werden, ob sich anhand der Erlaubnistatbestände des BDSG eine valide Legitimationsgrundlage für die Erhebung, Verarbeitung und Nutzung personenbezogener Daten der Athleten im Dopingkontrollsystem sowie für die Berichtigung, Löschung und Sperrung der Daten ergibt.

1. Anwendungsbereich der §§ 28 ff. BDSG

Der Anwendungsbereich der §§ 28 ff. BDSG ist eröffnet. Die Anti-Doping-Organisationen in Deutschland sind nicht-öffentliche Stellen i. S. v. § 2 Abs. 4 BDSG.[653]

2. Zulässigkeit des Datenumgangs

a.) Abgrenzung zwischen § 28 und § 29 BDSG

Zur Bestimmung einschlägiger Rechtsgrundlagen ist es zunächst erforderlich, die Anwendungsbereiche der §§ 28 und 29 BDSG voneinander abzugrenzen. § 28 BDSG regelt nach der BDSG-Novelle II die Zulässigkeit der Datenerhebung und -speicherung für eigene Geschäftszwecke. § 29 BDSG normiert hingegen die gesetzlichen Voraussetzungen für die geschäftsmäßige Datenerhebung und Speicherung zum Zwecke der Übermittlung. Maßgebliches Abgrenzungskriterium ist, ob der Datenumgang bereits für sich selbst genommen das geschäftliche Interesse bildet.[654] Ist dies der Fall, kommt § 29 BDSG zur Anwendung. Dient der Datenumgang hingegen lediglich als Hilfsmittel zur Erreichung des eigentlichen, dahinter stehenden Geschäftszwecks der verantwortlichen Stelle ist § 28 BDSG einschlägig.[655] Die personenbezogenen Daten der Athleten werden von den Anti-Doping-Organisationen in Deutschland erhoben, verarbeitet oder genutzt, um das nationale Dopingkontrollsystem aufrechtzuerhalten und damit den nationalen und internationalen Anti-Doping-Kampf zu fördern. Athletendaten werden benötigt, um Dopingkontrollen im Training und Wettkampf planen und durchführen zu können, Dopingproben zu analysieren, Auswertungen im Rahmen des Ergebnismanagement- und/oder Disziplinarverfahrens zu liefern sowie Entscheidungen über die Erteilung Medizinischer Ausnahmegenehmigungen zu treffen. Der Umgang mit den Daten dient damit dem darüber hinaus gehenden Zweck der Dopingbekämpfung. Die Daten stützen das Dopingkontrollsystem, aber dienen nicht schon für sich genommen dem Interesse der Anti-Doping-Organisationen. Auch die Datenübermittlung dient einzig dem Ziel, Dopingkontrollmaßnahmen durchführen zu können und das Anti-Doping-System zu harmonisieren. In jedem Verarbeitungsschritt liegt somit ein Umgang mit den personenbezogenen Daten der Athleten zu eigenen Geschäftszwecken.

---

[653] Siehe 2. Teil, A. II.

[654] *Kühling/Seidel/Sivridis*, Datenschutzrecht, S. 164, die als typische Beispiele für eine Anwendung von § 29 BDSG Handelsauskunfteien oder Markt- und Meinungsforschungsunternehmen anführen.

[655] *Bergmann/Möhrle/Herb*, Datenschutzrecht, § 28 Rn. 16; *Gola/Schomerus,* BDSG, § 28 Rn. 4.

b.) Ergebnis

Aufgrund der Tatsache, dass die Daten von den verantwortlichen Stellen im Rahmen der nationalen Dopingbekämpfung ausschließlich zu eigenen Geschäftszwecken erhoben, gespeichert, verändert, übermittelt oder genutzt werden, richtet sich die Zulässigkeit nach § 28 BDSG. Grundlage für das Sperren und Löschen personenbezogener Daten ist dann § 35 BDSG. Inwieweit § 28 und § 35 BDSG für die Datenverarbeitung bei der nationalen Dopingbekämpfung und dem Dopingkontrollsystem eine ausreichende Rechtsgrundlage bieten können, soll im Folgenden an den Beispielen (3.) der Speicherung und Nutzung personenbezogener Daten durch die Anti-Doping-Organisationen und (4.) dem Löschen der Daten verdeutlicht werden.[656]

3. Gesetzliche Legitimationsgrundlage gemäß § 28 Abs. 1 BDSG

§ 28 Abs. 1 BDSG normiert verschiedene Tatbestände, nach denen der Datenumgang der Anti-Doping-Organisationen gerechtfertigt sein könnte.

a.) Rechtsgeschäft oder rechtsgeschäftsähnliches Schuldverhältnis

Die Erhebung, Speicherung, Veränderung, Übermittlung oder Nutzung personenbezogener Daten ist nach § 28 Abs. 1 Satz 1 Nr. 1 BDSG zulässig, wenn es für die Begründung, Durchführung oder Beendigung eines rechtsgeschäftlichen oder rechtsgeschäftsähnlichen Schuldverhältnisses mit dem Betroffenen erforderlich ist.

aa.) Rechtsgeschäft

Die Speicherung der Athletendaten im Dopingkontrollsystem der Anti-Doping-Organisationen[656] ist gemäß § 28 Abs. 1 Satz 1 Nr. 1 1. Alt. BDSG zulässig, wenn diese zur Abwicklung des Rechtsgeschäfts erforderlich ist. Voraussetzung dafür ist, dass ein unmittelbar sachlicher Zusammenhang zwischen beabsichtigter Datenverwendung und dem Rechtsgeschäft besteht.[657] Der konkrete Vertragszweck kann sich direkt aus dem Vertragstext oder aus dem gesamten Vertragsinhalt ergeben, die Parteien müssen ihn jedoch durch übereinstimmende Erklärungen dem Vertrag zugrunde gelegt haben.[658] Stellt man dabei nun zum einen auf die NADA als Anti-Doping-Organisation und für die Datenverarbeitung verantwortliche Stelle ab und sieht zum anderen

---

[656] Siehe 2. Teil, C. II. 1.

[657] So zu § 28 Abs. 1 Satz 1 Nr. 1 BDSG 2001 auch *BAG*, RDV 1987, S. 129; *Bergmann/Möhrle/Herb*, Datenschutzrecht, § 28, Rn. 18; *Simitis/Simitis*, BDSG, § 28 Rn. 79.

[658] *Simitis/Simitis*, BDSG, § 28 Rn. 79.

den Athleten als maßgeblichen Partner einer vertraglichen Vereinbarung, so ist festzustellen, dass ein unmittelbares Vertragsverhältnis zwischen NADA und den Athleten nicht besteht.[659] Die (Kader-) Athleten, die dem Dopingkontrollsystem der NADA angehören, werden vom jeweiligen Sport(fach)-verband benannt. Der Verband stellt sicher, dass diese Athleten durch entsprechende mitgliedschaftliche oder vertragliche Konstellationen an den Sport(fach)verband und dessen Anti-Doping-Regelwerk gebunden sind. Nur der Sport(fach)verband hat sich gegenüber der NADA durch die entsprechende vertragliche Vereinbarung dazu verpflichtet, zum Zwecke der Dopingbekämpfung die Anti-Doping-Regelwerke der NADA in die verbandsrechtlichen Statuten aufzunehmen und die Athleten entsprechend daran zu binden. Ein unmittelbares Vertragsverhältnis zwischen der verantwortlichen Stelle und dem betroffenen Athleten liegt demnach nicht vor.

Soweit zwischen dem nationalen Sport(fach)verband und den betroffenen Athleten eine Athletenvereinbarung oder eine andere individualvertragliche Vereinbarung zur Anerkennung des Anti-Doping-Regelwerks besteht, sind derartige Verträge in Rechtsprechung und Literatur zumeist als Arbeitsverträge qualifiziert worden.[660] Aufgrund der Ausgestaltung der Vertragsgrundlage zwischen Sport(fach)verband und Athlet erscheint dies jedoch zweifelhaft. Zwar verlaufen die Hauptleistungen von Arbeitgeber und Arbeitnehmer in einem Arbeitsverhältnis „parallel" auf den Unternehmenszweck hinaus.[661] Das Unternehmensergebnis ist sowohl die wirtschaftliche Grundlage für den Lohn des Arbeitnehmers als auch für die Kapitalrendite des Arbeitgebers. Dennoch ist der Arbeitsvertrag ein schuldrechtliches Dauerverhältnis, das auf den wirtschaftlichen Austausch von Arbeitsleistung und Vergütung gerichtet ist.[662] Die Vereinigung von partieller Übereinstimmung der vertraglich festgelegten Interessen und der andererseits in einem schuldrechtlichen Austauschverhältnis stehenden Leistungen, kann sich aber maßgeblich in einem Gesellschaftsvertrag gemäß §§ 705 ff. BGB widerspiegeln.[663] Gesellschaftsrechtliche Verträge privatrechtlicher Personenvereinigungen sind demnach geprägt von der Erreichung eines gemeinsamen Zwecks, der die Grundlage der Vereinbarung bildet.[664] Die handelnden Personen bestimmen den rechtlichen Rahmen des Vertragsinhalts. Anders als bei einem schuldrechtlichen Austauschvertrag, bei dem der wechselseitige Austausch der Leistungen

---

[659] Siehe auch 1. Teil, B. VII.

[660] *OLG Linz* (Österreich), SpuRt 1998, S. 72; auch *ArbG Bielefeld*, NZA 1989, S. 966; *Fritzweiler*, in: Fritzweiler/Pfister/Summerer, Praxishandbuch Sportrecht, 2. Aufl., 3. Teil, Rn. 12.

[661] *Adolphsen*, Dopingstrafen (2003), S. 131.

[662] *MüKo/Müller-Gloge*, BGB, § 611 Rn. 126.

[663] *Erman/Westermann*, BGB, § 705 Rn. 29; siehe auch *Adolphsen*, Dopingstrafen (2003), S. 131.

[664] So auch *K. Schmidt*, Gesellschaftsrecht, § 1, 1a; *Wiedemann*, Gesellschaftsrecht I, S. 3.

(„do et des") im Mittelpunkt steht, werden die Leistungen bei einem Gesellschaftsvertrag zusammengefasst als aufeinander abgestimmte Zuwendungen
im Hinblick auf die gemeinschaftliche Zweckverfolgung.[665] Entscheidend ist,
dass Sport(fach)verband und Athlet einen gemeinsamen Zweck zur Grundlage
des Vertrages machen, dessen Verfolgung über eine bloße Motivation des
Handelns hinausgeht. Dies ist dann der Fall, wenn die Förderung des gemeinsamen Zwecks vereinbart wird. Auf der Grundlage einer vertraglichen Vereinbarung liegt keine individuelle Interessenverfolgung vor. Eigene, gegebenenfalls auch entgegenstehende Interessen, die die Parteien daneben verfolgen, hindern die Annahme eines Gesellschaftsvertrages nicht.[666] Der Abschluss einer rechtsgeschäftlichen Vereinbarung zwischen Sport(fach)verband
und Athlet führt dazu, dass der Athlet auch als Nichtmitglied in die Verbands-
struktur eingegliedert wird, sich der Verbandsgewalt unterstellt und den in der
Satzung verankerten Verbandszweck fördert.[667] Er unterstellt seine Tätigkeit
im Sport dem Verbandszweck. Der Sport(fach)verband leitet hingegen die
jeweiligen verbandsrechtlichen Leistungen auf dem Weg der Unterwerfungs-
vereinbarung an den Athleten weiter.[668] Demnach liegt dem vertraglichen
Verhältnis zwischen Sport(fach)verband und Athlet die Verfolgung eines gemeinsamen Zwecks zugrunde. Im Ergebnis ist daher festzuhalten, dass die
Rechtsbeziehung zwischen Athleten und Sport(fach)verband nicht durch ar-
beitsvertragliche, sondern vorrangig durch gesellschaftsrechtliche Strukturen
geprägt wird. Entsprechend der rechtlichen Ausgestaltung mitgliedschaftli-
cher Verbindungen von Athlet und Sport(fach)verband, handelt es sich um ein
vertragliches Rechtsverhältnis, das dem Gesellschaftsrecht zuzuordnen ist.[669]

Aus der vertraglichen Fixierung, die Verbandsgewalt sowie deren Statuten
und Regeln anzuerkennen und den dort aufgenommenen Verbandszweck zu
fördern, geht noch nicht automatisch hervor, dass auch der Umgang mit den
personenbezogenen Daten des Athleten zur konkreten Zweckbestimmung des
Vertrages erhoben werden. Die Athletendaten werden zur Anbindung, Organisation und Durchführung des Dopingkontrollsystems benötigt. Die Dopingbekämpfung stellt jedoch regelmäßig nur einen geringen Teil der in der Satzung statuierten Regelungen dar. Auch die Athletenvereinbarungen beinhalten
Regelungen, Rechte und Pflichten der Beteiligten, die regelmäßig über die
Anti-Doping-Regelungen und die zu diesem Zweck erhobenen, verarbeiteten

---

[665] *Ballerstedt*, JuS 1963, S. 253; *Adolphsen*, Dopingstrafen (2003), S. 133.
[666] *Adolphsen*, Dopingstrafen (2003), S. 134 f.
[667] *Adolphsen*, Dopingstrafen (2003), S. 134 f.; *Reimann*, Athletenvereinbarung (2003), S. 50.
[668] *Haas/Prokop*, JR 1998, S. 45 (51).
[669] So im Ergebnis zur Anbindung der Athleten an den internationalen Sport(fach)verband auch
Adolphsen, Dopingstrafen (2003), S. 152.

und genutzten Daten hinausgehen. Rechtmäßige Grundlage zur Erhebung, Speicherung und Nutzung der Athletendaten durch die nationalen Sport(fach)verbände kann § 28 Abs. 1 Satz 1 Nr. 1 BDSG daher nur im Hinblick auf die zur Erfüllung in der Vereinbarung ausdrücklich beschriebenen Datenverarbeitungsvorgänge sein, die im Rahmen der Dopingbekämpfung erforderlich werden. Erheben und Speichern die nationalen Sport(fach)-verbände Identifikationsmerkmale der Athleten, wie Name, Anschrift und Geburtsdatum, steht dies im sachlichen Zusammenhang mit dem Vertragsinhalt. Darüber hinausgehende personenbezogene Daten der Athleten zum Dopingkontrollsystem sind ausdrücklich und im Wesentlichen zum Vertragsinhalt zu machen, soweit das Vertragsverhältnis die zulässige Grundlage für den Umgang mit diesen Daten bieten soll. Nur wenn insbesondere die Erhebung und Speicherung von Informationen aus Wettkampfkontrollen sowie die Speicherung und Veröffentlichung von Daten nach Feststellung von Verstößen gegen Anti-Doping-Bestimmungen vom nationalen Sport(fach)verband als Vertragspartner des Athleten zum Vertragsbestandteil gemacht werden, besteht ein sachlicher Zusammenhang. Die Athletenvereinbarung muss nicht nur Informationen darüber enthalten, dass sich der Athlet mit Vertragsschluss den Verbandsregelwerken und damit gleichzeitig auch Anti-Doping-Bestimmungen unterwirft, sondern auch den Hinweis aufnehmen, dass es zur Anbindung an das Dopingkontrollsystem erforderlich ist, Daten aus Dopingkontrollen zu speichern oder an andere Organisationen zu übermitteln.

Die Bestimmung des Begriffes „erforderlich" macht zugleich deutlich, dass neben unmittelbar aus dem Vertrag hervorgehenden Rechten und Pflichten auch mittelbare Inhalte zur Geschäftsgrundlage werden können. Unter Beachtung des Verhältnismäßigkeitsprinzips ist dann zu ermitteln, inwieweit der Umgang mit den personenbezogenen Daten des Athleten durch den nationalen Sport(fach)verband aus dem Vertragsverhältnis zulässig ist.

Im Ergebnis liegt somit ein rechtsgeschäftliches Schuldverhältnis zwischen Athlet und Anti-Doping-Organisation i. S. d. § 28 Abs. 1 Satz 1 Nr. 1 BDSG nur vor, wenn eine individualvertragliche Vereinbarung besteht und diese ausdrücklich auf die Verwendung personenbezogener Daten des Athleten eingeht und diese als maßgeblichen Vertragszweck verbindlich festlegt. Eine solche vertragliche Rechtsbeziehung ist gegenwärtig zumindest zwischen Athleten und NADA nicht gegeben.

bb.) Rechtsgeschäftsähnliches Schuldverhältnis

Allerdings ist zu berücksichtigen, dass die Erhebung, Speicherung, Veränderung, Übermittlung und Nutzung personenbezogener Daten gemäß § 28 Abs. 1 Satz 1 Nr. 1 BDSG auch dann zulässig ist, wenn die Informationen mit Rücksicht auf ein rechtsgeschäftsähnliches Schuldverhältnis benötigt werden. Mit der Einführung der BDSG-Novelle II im September 2009 hat der Gesetzgeber den Begriff „vertragsähnliches Vertrauensverhältnis" durch rechtsgeschäftsähnliches Schuldverhältnis ersetzt. Eine Präzisierung des Anknüpfungspunktes für die Ausgestaltung der neuen Terminologie erfolgt nur bedingt. Das BDSG enthält weiterhin keine verbindlichen Interpretationsmaßstäbe zur Bestimmung dieses Begriffs. Allerdings werden „vertragsähnliche Schuldverhältnisse" vom allgemeinen Zivilrecht systematisch erfasst und ausgestaltet. Schuldverhältnisse im Sinne von §§ 241, 311 BGB sind vorrangig durch einen gegenseitigen Leistungsaustausch gekennzeichnet. Als Schuldverhältnis im Sinne von § 241 BGB lässt sich die Sonderverbindung zwischen (mindestens) zwei Personen, kraft deren die eine, der Gläubiger, von der anderen, dem Schuldner, eine Leistung zu fordern berechtigt ist[670], einordnen. Soweit die Sonderverbindung nicht unmittelbar durch einen Vertrag zustande kommt, statuieren § 311 Abs. 2 und 3 BGB ausdrücklich weitere Tatbestände, die rechtgeschäftsähnliche Schuldverhältnisse begründen können. Rechtsgeschäftsähnliche Schuldverhältnisse können demnach durch die Aufnahme von Vertragsverhandlungen, der Vertragsanbahnung oder ähnlichen geschäftlichen Kontakten begründet werden. Schließlich kann ein Schuldverhältnis mit rechtsgeschäftlichen Haupt- oder Nebenpflichten auch zu Personen entstehen, die nicht selbst Vertragspartei werden sollen. Dies ist insbesondere dann der Fall, wenn Dritte in besonderem Maße Vertrauen für sich in Anspruch nehmen und dadurch Vertragsverhandlungen oder den Vertragsschluss erheblich beeinflussen (§ 311 Abs. 3 Satz 2 BGB). Neben vorvertraglichen Schuldverhältnissen im Sinne einer culpa in contrahendo können auch Gefälligkeitsverträge, nachvertragliche Schuldverhältnisse, aber auch mitgliedschaftliche Beziehungen, z.B. als Vereinsmitglied, ein rechtsgeschäftsähnliches Vertragsverhältnis begründen.[671]

Fraglich ist aber, ob durch die Anbindung an das Dopingkontrollsystem, zum Beispiel durch die Aufnahme des Athleten in den Testpool der NADA, ein Rechtsverhältnis begründet wird, das einem rechtsgeschäftsähnlichen Schuldverhältnis in diesem Sinne entsprechen kann. Die Aufnahme in das Dopingkontroll- und Testpoolsystem der NADA bringt für den einzelnen Athleten die Verpflichtung mit sich, seine Meldepflichten, insbesondere der Angabe

---

[670] *Palandt/Grüneberg*, BGB, Einleitung zu § 241 Rn. 3.
[671] *Schaffland/Wiltfang*, BDSG, § 28 Rn. 78.

seiner Aufenthalts- und Erreichbarkeitsinformationen, stets ordnungsgemäß und gewissenhaft nachzukommen, sich Dopingkontrollen zu unterziehen und die sonstigen Bestimmungen des NADA-Codes einzuhalten. Diese Verpflichtung trifft den Athleten aber nicht aufgrund einer originären vertraglichen Verpflichtung gegenüber der NADA. Die Verpflichtung zur Befolgung der Anti-Doping-Bestimmungen ergibt sich für den Athleten vielmehr daraus, dass er sich durch individualvertragliche Vereinbarung oder Mitgliedschaft den Verbandsstatuten des jeweiligen nationalen Sport(fach)verbandes[672] unterwirft. Ferner besteht zwischen NADA und nationalem Sport(fach)verband eine vertragliche Rechtsbeziehung, aus der sich das Recht und die Pflicht der NADA ergibt, die Dopingkontrollen bei den Athleten zu planen und durchzuführen. Auf dieser Grundlage finden die Anti-Doping-Regelwerke der NADA Anwendung. Sie statuieren das Recht der NADA, z.B. die Aufenthalts- und Erreichbarkeitsinformationen unmittelbar von den Athleten einzufordern. Unregelmäßigkeiten und Versäumnisse der Athleten werden im Rahmen des Ergebnismanagementverfahrens bei Meldepflicht- und Kontrollversäumnissen durch die NADA selbständig verfolgt und geahndet.[673] Folglich könnte sich aus dem rechtsgeschäftlichen Konstrukt sowohl zwischen nationalem Sport(fach)verband und NADA als auch zwischen Sport(fach)verband und dem Athlet ein rechtsgeschäftsähnliches Schuldverhältnis auch für das rechtliche Verhältnis zwischen Athlet und NADA ergeben. Beide Rechtsgeschäfte bieten die Grundlage dafür, dass sowohl die NADA als auch der Athlet auf die ordnungsgemäße Planung und Durchführung der Dopingkontrollen im Rahmen des Dopingkontrollsystems vertrauen. Im Wesentlichen besteht die Verpflichtung der NADA darin, dass der Athlet das Recht und die Gewissheit hat, an einem Dopingkontrollsystem teilzunehmen. Diese Voraussetzung ist die zu erfüllende Bedingung dafür, dass der Athlet an nationalen und internationalen Meisterschaften teilnehmen darf. Die Anbindung des Athleten an das Dopingkontrollsystem ist gemeinsames Ziel von Anti-Doping-Organisation und Athleten. Anders als bei der rechtsgeschäftlichen Ausgestaltung dieses Zweckes, verbleibt es im Verhältnis zwischen NADA und Athlet bei einem gemeinsam zu verfolgenden Motiv. Damit begründet die NADA eine schuldrechtlich ebenfalls relevante Sonderverbindung ohne Leistungs-, aber mit Verhaltens- und Treuepflichten. Die Rechtsbeziehung zwischen der NADA als Stiftung des bürgerlichen Rechts und dem Athleten, ist geprägt durch die gegenseitige Anerkennung von privatrechtlich festgelegten Regeln. Missbräuchliches oder fehlerhaftes Verhalten würde eine Verletzung einer Treue- und Schutzpflicht begründen. Eine haftungsrechtliche Mitverpflichtung aus den vertraglichen Rechtsverhältnissen zwischen nationalem Sport(fach)ver-

---

[672] Siehe dazu ausführlich: 1. Teil, VII. 3.
[673] Vgl. 1. Teil, B. IV. 5.

band und NADA oder zwischen Athlet und nationalem Sport(fach)verband entsteht in der Rechtsbeziehung zwischen NADA und Athlet nicht. Die Verletzung einer Verhaltens- oder Treuepflicht löst damit unmittelbare Ansprüche der betroffenen Partei aus. Im Ergebnis ist festzuhalten, dass zwischen Athleten und NADA eine geschäftsähnliche Rechtsbeziehung vorliegt.

Um jedoch als Legitimationsgrundlage gemäß § 28 Abs. 1 Satz 1 Nr. 1 BDSG zu dienen, ist auch im Rahmen eines geschäftsähnlichen Rechtsverhältnisses maßgeblich, dass der Umgang mit personenbezogenen Daten zur Erfüllung des konkreten Vertragszweckes erforderlich ist.[674] Die Erforderlichkeit der Datenerhebung durch die NADA, bezogen auf die Identifikationsmerkmale der Athleten, ist in der Aufnahme in das Testpoolsystem begründet. Die personenbezogenen Daten der Athleten sind die Grundlage für die Organisation und Durchführung von Dopingkontrollen. Die NADA ist daher darauf angewiesen, sowohl die Identifizierungsmerkmale als auch die Informationen über Aufenthalts- und Erreichbarkeit der Athleten zu erhalten, um ein funktionierendes Dopingkontrollsystem zu gewährleisten. Dieser Zweck liegt auch dem vertragsähnlichen Schuldverhältnis zwischen Athleten und NADA als für die Datenverarbeitung verantwortlicher Stelle zugrunde.

(1) Zulässigkeit der Speicherung von Athletendaten
Soweit § 28 Abs. 1 Satz 1 Nr. 1 BDSG die Legitimationsgrundlage für die Datenverarbeitung der Anti-Doping-Organisationen in Deutschland darstellen soll, ist das Rechtsverhältnis im Einzelfall am Grundsatz der Erforderlichkeit und der Verhältnismäßigkeit zu messen. Mit der BDSG-Novellierung II ist der Tatbestand des § 28 Abs. 1 Satz 1 Nr. 1 BDSG enger gefasst und der Entscheidungsspielraum der verantwortlichen Stelle deutlich reduziert worden.[675] Die Norm sieht nun vor, dass nur die personenbezogenen Daten erhoben, gespeichert, verändern oder übermittelt werden, die zur Begründung, Durchführung oder Beendigung des rechtsgeschäftsähnlichen Schuldverhältnisses mit dem Betroffenen erforderlich sind. Demnach ist die Verwendung der Daten wesentlich nach der Erforderlichkeit und der Verhältnismäßigkeit im Einzelfall zu beurteilen.

---

[674] *Bergmann/Möhrle/Herb*, BDSG, § 28 Rn. 18; *Duhr/Naujok/Danker/Seiffert*, Hamburger DuD-Kommentierung zum BDSG, DuD 2003, S. 6.
[675] Siehe *BT-Drucks.* 16/13657 vom 1. Juli 2009, abrufbar unter http://dip21.bundestag.de/dip21/btd/16/136/1613657.pdf, letzter Aufruf am 18. März 2010.

Am Beispiel der Speicherdauer personenbezogener Daten im Dopingkontrollsystem der NADA soll dies verdeutlicht werden. In technischer Hinsicht werden Daten der Athleten zum Zweck der Dopingkontrollplanung und
-durchführung in automatisierten und nicht-automatisierten Verfahren von
den Anti-Doping-Organisationen gespeichert.[676] Im ISPP wird festgelegt, dass
die Anti-Doping-Organisationen personenbezogene Daten nur solange speichern sollen, bis diese für die Erfüllung der Verpflichtungen aus dem WADA-
Code nicht mehr benötigt werden (Art. 10.2). Eine nähere Bestimmung, welchen Zeitraum dies explizit umfasst, findet sich aber nicht. Vielmehr macht
der ISPP deutlich, dass sich unterschiedliche Aufbewahrungsfristen aus den
unterschiedlichen Datenkategorien ergeben können und dabei der Grund und
der Zweck der Erhebung, Verarbeitung und Nutzung der Daten Berücksichtigung finden soll (Art. 10.4). Zwar wird damit im internationalen Datenschutzstandard das Verhältnismäßigkeitsprinzip beachtet. Eine konkrete Fristenrege-
lung statuiert das Regelwerk an dieser Stelle jedoch nicht. Allerdings legt der
WADA-Code abstrakt fest, für welche Dauer Informationen aus Dopingkontrollen und dem Dopingkontrollsystem aufbewahrt werden können. Der Zeitraum für die Speicherung der Daten beträgt „mindestens" acht Jahre.[677] Dieser
Acht-Jahres-Zeitraum wird damit begründet, dass Art. 17 WADA-Code den
Zeitraum von acht Jahren als Verjährungsfrist festlegt. Nach Ablauf dieser
Frist darf kein Verfahren mehr gegen einen Athleten oder eine andere Person
wegen eines Verstoßes gegen Anti-Doping-Bestimmungen eingeleitet werden. Die WADA hält diesen Zeitraum für angemessen, da er sich über mindestens zwei Perioden Olympischer Spiele erstreckt.

Aufgrund der unterschiedlichen Datenkategorien kommt es jedoch maßgeblich darauf an, im Einzelfall erforderliche Aufbewahrungsfristen am Verhältnismäßigkeitsprinzip zu messen. Nur so kann den Anforderungen an die nationalen und internationalen Datenschutzbestimmungen genügt und die Vorgaben des ISPP ausgefüllt werden. Die meisten personenbezogenen Daten der
Athleten, die im Rahmen des Dopingkontrollsystems von den Anti-Doping-
Organisationen erhoben, verarbeitet oder genutzt werden, werden somit mindestens für den Zeitraum von acht Jahren aufbewahrt. Darunter fallen insbesondere die Testpläne, Ergebnisse der Dopingkontrollen, Informationen zur
Erteilung von Medizinischen Ausnahmegenehmigungen sowie Aufzeichnun-
gen zu Ergebnismanagement- und Sanktionsverfahren. Soweit einzelne Informationen aus den genannten Kategorien wegen nicht abgeschlossener

---

[676] Vgl. 2. Teil, C. II. 1.

[677] *Art. 29-Datenschutzgruppe*, WP 162, S. 17;
abrufbar unter http://ec.europa.eu/justice_home/fsj/privacy/docs/wpdocs/2009/wp162_de.pdf, letzter Aufruf am 18. März 2010.

Sanktionsverfahren gegen einen Athleten über den benannten Acht-Jahres-Zeitraum hinaus aufbewahrt werden müssen, ist dies gemäß WADA-Code bis zum Abschluss des Verfahrens grundsätzlich gerechtfertigt.

Im Zusammenhang mit der Speicherung von Informationen über Aufenthaltsort und Erreichbarkeit („Whereabouts") ist allerdings fraglich, ob der Grundsatz zur Aufbewahrung der Athletendaten für einen Zeitraum von acht Jahren ebenfalls aufrechterhalten werden muss. Eine ausdrückliche Regelung zur Speicherdauer dieser personenbezogenen Daten fehlt sowohl im WADA-Code als auch im ISPP. Aus Art. 2.4 des WADA-Codes ergibt sich aber, dass Informationen über den Aufenthaltsort und die Erreichbarkeit der Athleten für die Dauer von 18 Monaten zur Bestimmung eines möglichen Verstoßes gegen Anti-Doping-Bestimmungen herangezogen und – vor allem in der ADAMS Datenbank – gespeichert werden können.[678] Ziffer 4 des Anhangs 2 zum (Muster-) Agreement[679] zwischen WADA und Anti-Doping-Organisationen weist darüber hinaus noch einmal ausdrücklich darauf hin, dass Angaben zum Aufenthaltsort und zur Erreichbarkeit der Athleten für 18 Monate, beginnend ab dem Datum der jeweiligen Erhebung der Daten, aufbewahrt werden sollen. Dafür hat die WADA in ADAMS die Programmierung so gestaltet, dass eine automatische Löschung der Daten nach 18 Monaten erfolgt. Ausnahmen sollen aber die Fälle bilden, bei denen die weitergehende Speicherung der Daten gesetzlich vorgeschrieben ist.[680] So können im Falle eines möglichen Verstoßes des Athleten gegen die Meldepflichten die maßgeblichen Aufenthalts- und Erreichbarkeitsinformationen auch für einen längeren Zeitraum aufbewahrt werden. Eine Speicherung der Daten soll mindestens solange zulässig sein, bis das Ergebnismanagement- und Disziplinarverfahren abgeschlossen ist und feststeht, ob ein Verstoß gegen Anti-Doping-Bestimmungen vorliegt.

---

[678] Vgl. hierzu Art. 2.4 des WADA-Codes, der Folgendes festlegt: *„Jede Kombination aus drei versäumten Kontrollen und/oder Meldepflichtversäumnisse, innerhalb eines Zeitraumes von 18 Monaten, die von den für den Athleten zuständigen Anti-Doping-Organisationen festgestellt werden, stellt einen Verstoß gegen Anti-Doping-Bestimmungen dar."*

[679] SCHEDULE 1: Whereabout Information Module, Ziff. 4, abrufbar auf der Homepage der WADA unter
http://www.wada-ama.org/rtecontent/document/ADAMS_Legal_Sharing_Information.pdf, letzter Aufruf am 18. März 2010.

[680] „unless its (Whereabout information) longer retention is required by laws", Ziff. 4.2 des Anhangs 1 zum Agreement zwischen WADA und den Anti-Doping-Organisationen; abrufbar auf der Homepage der WADA unter
http://www.wada-ama.org/rtecontent/document/ADAMS_Legal_Sharing_Information.pdf, letzter Aufruf am 18. März 2010.

(2) Datenschutzrechtliche Zulässigkeit – Erforderlichkeit

Aus datenschutzrechtlicher Sicht ist zunächst positiv herauszustellen, dass die nationalen und internationalen Anti-Doping-Regelwerke vorgeben, personenbezogene Daten nicht länger als notwendig zu speichern und ein Verfahren zur Löschung der Daten sicherzustellen, wenn sie im Hinblick auf die Zwecke, für die sie erhoben und verarbeitet wurden, nicht mehr benötigt werden. Problematisch ist allerdings die zeitliche Grundlage der Datenspeicherung in WADA- und NADA-Code 2009. Nicht per se angemessen ist es, dass der überwiegende Teil personenbezogener Daten der Athleten im Dopingkontrollsystem mindestens acht Jahre aufbewahrt wird.[681]

Die Erforderlichkeit der Datenspeicherung für diesen Zeitraum ist nur gegeben, wenn der Aufbewahrung ein legitimer Zweck zugrunde liegt, der es notwendig macht, die Daten zu speichern und die Dauer der Speicherung im Verhältnis zu den entgegenstehenden Interessen angemessen erscheinen lässt. Art. 6 Abs. 1 lit. e) der Datenschutzrichtlinie sieht insoweit vor, dass personenbezogene Daten nicht länger als es für die Realisierung der Zwecke, für die sie erhoben oder weiterverarbeitet werden, erforderlich ist, in einer Form aufbewahrt werden, die die Identifizierung der betroffenen Person ermöglicht. Damit wird die Höchstdauer für die Aufbewahrung von Daten eng an die Realisierung der verfolgten Zwecke gebunden.[682] Die Zweckerreichung ist zudem das maßgebliche Kriterium für den Zeitpunkt, ab dem die Aufbewahrung der Daten nicht mehr erforderlich ist. Auch der nationale Gesetzgeber hat die Speicherung von personenbezogenen Daten gemäß § 3 Abs. 4 Satz 2 Nr. 1 BDSG mit dem Zweck der Datenverarbeitung verbunden und die Speicherdauer von der Möglichkeit abhängig gemacht, dass die Daten zur Zweckerreichung notwendig sind. Eine ausdrückliche Mindest- oder Höchstdauer hat der nationale Gesetzgeber insoweit ebenfalls nicht festgelegt. Allerdings beinhaltet die Erforderlichkeit stets eine zeitliche Komponente.[683] Die Verarbeitung und Nutzung von Daten ist nur solange zulässig, wie sie zur Aufgabenerfüllung aktuell benötigt werden.[684]

Die Rechtmäßigkeit der von der WADA festgelegten Zeiträume zur Speicherung personenbezogener Daten der Athleten muss sich vor allem daran messen lassen, ob die Aufbewahrung personenbezogener Daten im Einzelfall er-

---

[681] So auch die *Art. 29-Datenschutzgruppe* in WP 162, S. 17, abrufbar unter http://ec.europa.eu/justice_home/fsj/privacy/docs/wpdocs/2009/wp162_de.pdf, letzter Aufruf am 18. März 2010.

[682] *Ehmann/Helfrich*, EG-Datenschutzrichtlinie, Art. 6 Rn. 28.

[683] *Däubler/Klebe/Wedde/Weichert*, BDSG, § 14 Rn. 8.

[684] *Däubler/Klebe/Wedde/Weichert*, BDSG, § 14 Rn. 8; *Simitis/Dammann*, BDSG, § 14 Rn. 19.

forderlich ist. Nach dem Erforderlichkeitsgrundsatz dürfen personenbezogene Daten grundsätzlich nur dann gespeichert werden, wenn dies zu einem bestimmten, gesetzlich zugelassenen Zweck notwendig ist.[685] Dies ist nicht mehr der Fall, wenn der Zweck, aufgrund dessen die Daten ursprünglich erhoben worden sind, weggefallen ist. Deshalb könnte es zum Beispiel notwendig sein, Informationen betreffend eine Verurteilung eines Athleten für einen deutlich unter acht Jahre liegenden Zeitraum aufzubewahren, beispielsweise dann, wenn der Athlet seine aktive Leistungssportkarriere beendet hat und endgültig aus dem Dopingkontrollsystem ausscheidet. Fraglich ist, ob sämtliche personenbezogenen Daten eines Athleten zwecks Durchführung eines möglichen, späteren Verfahrens wegen eines Verstoßes gegen Anti-Doping-Bestimmungen gespeichert werden müssen.[686] Auch fehlt es an einer Begründung dafür, die sowohl einer Medizinischen Ausnahmegenehmigung, als auch der Erteilung einer solchen zugrunde liegenden Unterlagen, Testpläne, oder Informationen über den Aufenthaltsort und die Erreichbarkeit, die nicht zum Verfahren beitragen oder zu einem Freispruch des Athleten führen, für die Dauer von bis zu acht Jahren zu speichern.[687] Die Art. 29-Datenschutzgruppe macht zudem deutlich, dass Aufenthalts- und Erreichbarkeitsinformationen eines Athleten, die infolge nicht ordnungsgemäßer Angabe oder nicht erfolgreicher Kontrollversuche zu Meldepflicht- und Kontrollversäumnissen geführt haben und ein Disziplinarverfahren auslösen, nur für den Zeitraum von maximal 18 Monaten aufzubewahren seien. Ungeachtet dessen seien die Daten unverzüglich zu löschen, wenn sie zur unmittelbaren Planung, Koordinierung und Durchführung der Dopingkontrollen nicht mehr benötigt werden.[688]

Damit wird allerdings verkannt, dass personenbezogene Daten aus der Dopingkontrollplanung und den durchgeführten Dopingkontrollen über die Planung und Ausführung hinaus notwendig sind, um den Zweck der Datenerhebung zu erfüllen. Proben der Athleten sind beispielsweise aufzuheben, um aufgrund neuer Nachweisverfahren und -techniken, die später entwickelt werden, Substanzen aufdecken zu können, die zum Zeitpunkt der Probenahme noch nicht feststellbar waren. Informationen, die im Rahmen eines Diszipli-

---

[685] Vgl. *Gola/Schomerus*, BDSG, § 14 Rn. 7; *Bergmann/Möhrle/Herb*, BDSG, § 14 Rn. 14; *Simitis/Dammann*, BDSG, § 14 Rn. 15; *Däubler/Klebe/Wedde/Weichert*, BDSG, § 14 Rn. 7.

[686] So die *Art. 29-Datenschutzgruppe* in WP 162, S. 18, abrufbar unter http://ec.europa.eu/justice_home/fsj/privacy/docs/wpdocs/2009/wp162_de.pdf, letzter Aufruf am 18. März 2010

[687] So die *Art. 29-Datenschutzgruppe* in WP 162, S. 18, abrufbar unter http://ec.europa.eu/justice_home/fsj/privacy/docs/wpdocs/2009/wp162_de.pdf, letzter Aufruf am 18. März 2010.

[688] So die *Art. 29-Datenschutzgruppe* in WP 162, S. 18, abrufbar unter http://ec.europa.eu/justice_home/fsj/privacy/docs/wpdocs/2009/wp162_de.pdf, letzter Aufruf am 18. März 2010.

narverfahrens wegen eines möglichen Verstoßes gegen Anti-Doping-Bestimmungen gegen einen Athleten, nicht nur allgemein zur Entwicklung und Erforschung neuer Nachweismethoden beitragen, sondern gleichzeitig verdeutlichen, dass der Athlet in der Vergangenheit systematisch gedopt hat, ohne bei Dopingkontrollen aufgefallen zu sein, sind von enormer Bedeutung für das Dopingkontrollsystem.[689] Daten über den Aufenthaltsort und die Erreichbarkeit können auch im nachhinein relevant sein, wenn der Athlet wegen unerlaubter Einnahme einer verbotenen Substanz sanktioniert werden soll und im Rahmen dieses Verfahrens die Daten über seine Aufenthaltsorte und seine Erreichbarkeit in der Vergangenheit Aufschlüsse darüber geben, wie der Athlet die unerlaubte Leistungssteigerung bisher verheimlichen konnte. Werden diese personenbezogenen Daten dagegen nach kurzer Zeit, nach 18 Monaten oder nach Abschluss eines Verfahrens vor Ablauf von acht Jahren gelöscht, weil sie zur Dopingkontrollplanung nicht mehr gebraucht werden, besteht die grundsätzliche Gefahr, Informationen und Beweise, die zugleich zur sportrechtlichen Überführung des Athleten führen könnten, unwiederbringlich zu verlieren.

Wann der konkrete Zweck der Datenspeicherung im Einzelfall beendet ist, ist im Rahmen des Dopingkontrollsystems schwer zu ermitteln. Eine verallgemeinernde Betrachtung, welche Informationen im Einzelfall nachträglich für den Nachweis eines Verstoßes gegen Anti-Doping-Bestimmungen von Bedeutung sein können, gibt es nicht. Nicht nur die technische Entwicklung bei der Etablierung neuer Testmethoden, sondern auch gewonnene Erkenntnisse zu Dopingtechniken und Verschleierungsmechanismen der Athleten können in diesem Zusammenhang entscheidend werden. Gewinnen die Anti-Doping-Organisationen im Rahmen von Sanktion- und Disziplinarverfahren fundierte Erkenntnisse, so sind diese gemäß den Regelungen in WADA-Code und ISPP auf in der Vergangenheit liegende Sachverhalte anwendbar, soweit sie sich in dem selbstgesetzten Acht-Jahres-Zeitraum ereignet haben. Folglich kann es im Einzelfall erforderlich sein, Trainingspläne, Medizinische Ausnahmegenehmigungen oder Informationen zur Durchführung von Dopingkontrollen (Dopingkontrollformulare) als „Beweismittel" heranzuziehen.

Die Abgrenzungsschwierigkeiten werden an folgendem Beispiel deutlich: Ein Athlet aus dem Testpool der NADA beantragt eine Medizinische Ausnahme-

---

[689] Exemplarisch dafür stehen die im Rahmen der Tour de France 2008 nachgewiesenen „Positiv-Fälle". Durch die Etablierung eines neuen Testverfahrens konnte die Substanz „Cera", Mittel der nächsten Generation zum EPO-Doping, nachgewiesenen werden. Infolge der Etablierung des Nachweisverfahrens konnten weitere noch vorhandene Proben anderer Athleten ebenfalls auf die verbotene Substanz untersucht werden.

genehmigung beim zuständigen Gremium der NADA zum Zeitpunkt X und ihm wird diese Genehmigung erteilt. Fünf Jahre später stellt sich dann aber heraus, dass der Athlet die Genehmigung nur durch bewusst falsche Angaben und beeinflussende Einwirkung auf das Erteilungsverfahren erlangt hat. Bei tatsächlicher Kenntnis der Sachlage wäre die Genehmigung durch das zuständige Ärztekomitee nicht erteilt worden. Unmittelbar nach Erhalt der Genehmigung musste der Athlet im Rahmen einer unangekündigten Trainingskontrolle eine Dopingprobe abgegeben. Darin wurde die grundsätzlich verbotene Substanz aufgefunden, für die der Athlet zunächst die Ausnahmegenehmigung vorweisen konnte. Nachträglich würde nun ein Ergebnismanagement- und Disziplinarverfahren gegen den Athleten wegen eines möglichen Verstoßes gegen Art. 2.1 des NADA-Codes 2009 eingeleitet werden. Denn nur das Vorliegen einer gültigen Medizinischen Ausnahmegenehmigung zum Zeitpunkt des Vorhandenseins einer verbotenen Substanz im Körper des Athleten stellt keinen Verstoß gegen Art. 2.1 NADA-Code 2009 dar (Art. 4.4 NADA-Code 2009). Die rechtswidrig erlangte Medizinische Ausnahmegenehmigung gilt als nicht erteilt und löst damit nicht den Erlaubnistatbestand des Art. 4.4 NADA-Codes 2009 aus. Im Beispielsfall ist es allerdings so, dass die Kenntnis von der manipulativen Einwirkung einzig auf der Aussage des betroffenen Athleten basiert. Auf Anraten eines Rechtsbeistandes nimmt der Athlet im Rahmen des Disziplinarverfahrens jedoch Abstand von den gemachten Äußerungen und beruft sich im Wesentlichen darauf, dass ihm eine ordnungsgemäße Medizinische Ausnahmegenehmigung erteilt worden sei und ein Verstoß gegen Art. 2.1 NADA-Code 2009 nicht vorliege. Die Anti-Doping-Organisation trägt in diesem Fall die Beweislast dafür, dass ein Verstoß gegen Anti-Doping-Bestimmungen vorliegt. Die Beweislastumkehr bzw. der Anscheinsbeweis eines Verstoßes, wie in Art. 3.2.1 NADA-Code 2009 statuiert, greift nicht ein. Danach wird zu Lasten des Athleten widerlegbar vermutet, dass das vorliegende Analyseergebnis der Probe des Athleten gemäß dem „International Standard for Testing" durchgeführt und mit der Probe entsprechend verfahren wurde. Der hier darzulegende und zu beweisende Vorwurf erstreckt sich aber nicht auf das Vorhandensein einer verbotenen Substanz im Körper des Athleten. Dies ist – in dem fiktiven Fall – unstreitig. Streitig und zu beweisen ist, dass die Medizinische Ausnahmegenehmigung, die den Erlaubnistatbestand des Art. 4.4 NADA-Code 2009 auslösen würde, zu Unrecht erlangt wurde. Insoweit tritt keine Beweislastumkehr ein und es verbleibt bei der Beweispflicht der Anti-Doping-Organisation. Allerdings kann die Anti-Doping-Organisation diesen Beweis – unabhängig von der Verwertbarkeit der Aussage des Athleten – nicht mehr erbringen, wenn Unterlagen und Informationen zur Erteilung der Medizinischen Ausnahmegenehmigung nicht mehr vorliegen oder diese bereits zuvor vernichtet oder gelöscht wurden. Zum größten Teil handelt es sich dabei um personenbezogene oder besonders personenbezogene Daten des Athleten.

Das Beispiel zeigt, dass eine pauschale Aussage zur Aufbewahrung der Daten nicht getroffen werden kann. Denn der Zeitpunkt der „Feststellung eines (möglichen) Verstoßes gegen Anti-Doping-Bestimmungen" ist weder absehbar noch kalkulierbar. Der im Beispiel gewählte Zeitpunkt ist beliebig innerhalb der in Art. 17 NADA-Code statuierten Acht-Jahres-Frist ersetzbar. Auch nach zwei oder sechs Jahren würde sich die gleiche Situation ergeben. Der Zweck der Datenspeicherung wäre erst erreicht, wenn das nachträgliche Überprüfungsverfahren zu dem Ergebnis käme, dass auch nach den neuen Erkenntnissen ein Verstoß gegen Anti-Doping-Bestimmungen auszuschließen wäre. Dies würde jedoch zu einer uferlosen Datenspeicherung führen. Im Sinne des Verhältnismäßigkeitsprinzips ist die Festlegung einer zeitlichen und inhaltlichen Grenze aber dringend erforderlich. Schon allgemeine, außerhalb des Datenschutzes liegende, rechtsstaatliche Gründe, wie das Gebot der Rechtssicherheit und Rechtsklarheit gebieten es, einen Sachverhalt in zeitlicher Hinsicht abzuschließen.

Als Lösung könnte auf allgemeine gesetzliche Grundlagen zurückgegriffen werden, um die Verjährungsfristen zu statuieren.[690] Allerdings darf nicht verkannt werden, dass sich gerade aus den zivilrechtlichen oder strafrechtlichen Verjährungsfristen grundsätzlich kein Rückschluss auf die entsprechend lange Erforderlichkeit der Aufbewahrung ableiten lässt.[691] Die zeitliche Komponente ist regelmäßig nur eine von mehreren maßgeblichen Komponenten zur Bestimmung der Erforderlichkeit im Einzelfall. Inhaltlich konkretisierende Verpflichtungen, anfallende Unterlagen zu Dokumentations- und Nachweiszwecken aufzubewahren, bestehen jedoch auch nach dem BGB und dem StGB nicht. Gesetzliche Aufbewahrungsvorschriften mit Regelfristen ersetzen demnach keine wertende Einzelfallentscheidung.[692]

Die Bestimmung der Aufbewahrungsfristen unter Berücksichtigung ausschließlich datenschutzrechtlicher Grundsätze ist dagegen ebenfalls nicht geboten. Eine Abstufung der Speicherdauer für Daten, die im Rahmen von Dopingkontrollen, bei der Erteilung von Medizinischen Ausnahmegenehmigungen oder im Rahmen von Disziplinarverfahren, die keine Sanktionierung des beschuldigten Athleten zur Folge hatten, erhoben wurden, wird durch die Re-

---

[690] Zum Beispiel Regelverjährung nach § 78 Abs. 3 Nr. 4 StGB i. V. m. § 95 Abs. 1 Nr. 2a bzw. 2b AMG: 5 Jahre.
[691] Vgl. *Simitis/Dammann*, BDSG, § 14 Rn. 28.
[692] *VGH Hessen*, DVBl. 93, S. 616.

gelung in Art. 17 WADA-Code 2009 deutlich beschränkt. Die Verjährung knüpft vor allem an „den Zeitpunkt des festgestellten Verstoßes" und die „Einleitung eines Verfahrens auf Grund eines (möglichen) Verstoßes gegen Anti-Doping-Bestimmungen" an. Diese tatbestandlichen Voraussetzungen werden nicht durch die Ausgestaltung im ISPP konkretisiert. Offen bleibt weiterhin, wann personenbezogene Daten von Athleten nicht mehr benötigt werden, um den Zweck, also die Einleitung eines Verfahrens wegen eines (möglichen) Verstoßes gegen Anti-Doping-Bestimmungen, zu ermöglichen.

(3) (Zwischen-) Ergebnis

Im Ergebnis ist festzuhalten, dass es zur Aufgabenerfüllung für die Anti-Doping-Organisationen erforderlich sein kann, auch personenbezogene Daten der Athleten, die Angaben über Aufenthaltsort und Erreichbarkeit betreffen, längerfristig zum Zwecke der Feststellung von möglichen Verstößen gegen Anti-Doping-Bestimmungen aufzubewahren. Angemessen ist dies jedoch nur solange, wie die Daten im konkreten Einzelfall benötigt werden. Neben der Prüfung des Zwecks der Datenspeicherung sind immer die entgegenstehenden Interessen des Athleten und der Anti-Doping-Organisation zu berücksichtigen. Solange der Regelungsgeber, hier die WADA, die in WADA-Code und ISPP angedeuteten Vorschriften zur Speicherung von Daten nicht präzisiert und dem Schutz des informationellen Selbstbestimmungsrechts der Athleten angepasst hat, kommt der Erforderlichkeitsprüfung im Einzelfall erhebliche Bedeutung zu.

cc.) Ergebnis

Soweit die Datenverarbeitung im Dopingkontrollsystem auf einem rechtsgeschäftlichen oder rechtsgeschäftsähnlichen Schuldverhältnis zwischen den Athleten und den Anti-Doping-Organisationen beruht, bietet § 28 Abs. 1 Satz 1 Nr. 1 BDSG nur dann eine wirksame Rechtsgrundlage zur Erhebung, Verarbeitung und Nutzung personenbezogener Daten der Athleten, wenn der Umgang mit den Daten im Einzelfall für die Durchführung des Rechtsverhältnisses erforderlich ist. Dazu bedarf es einer maßgeblichen Interessenabwägung im Einzelfall. Liegen die Voraussetzungen vor, statuiert das Rechtsverhältnis zwischen Athlet, seinem nationalen Sport(fach)verband und der NADA ein rechtsgeschäftsähnliches Schuldverhältnis, das vor allem für das Speichern der erhobenen personenbezogenen Daten zur Erfüllung des eigenen Geschäftszwecks – der Dopingbekämpfung – eine legitime gesetzliche Rechtsgrundlage bildet.

b.) Wahrnehmung berechtigter Interessen und Interessenabwägung
Die gesetzliche Zulässigkeit des Datenumgangs kann sich möglicherweise
aber auch daraus ergeben, dass er gemäß § 28 Abs. 1 Satz 1 Nr. 2 BDSG zur
Wahrung berechtigter Interessen der verantwortlichen Stelle erforderlich ist
und schutzwürdige Interessen des Betroffenen nicht überwiegen.

aa.) Berechtigtes Interesse
Als berechtigtes Interesse der verantwortlichen Stelle kommt grundsätzlich
jedes von der Rechtsordnung gebilligte Interesse in Betracht, sei es ideeller
oder wirtschaftlicher Natur.[693] Die Dopingbekämpfung ist nicht nur das ver-
ankerte Ziel der Anti-Doping-Organisationen sondern steht gleichzeitig im
allgemeinen öffentlichen Interesse. Die Dopingbekämpfung ist in den Satzungen der NADA und den Sport(fach)verbänden in Deutschland festgeschrieben. Zur Verfolgung dieses Zwecks etablieren die Anti-Doping-
Organisationen ein Dopingkontrollsystem. Die Erhebung, Verarbeitung und
Nutzung personenbezogener Daten der Athleten bildet dafür die unentbehrli-
che Grundlage. Ein tatsächliches Interesse ideeller Natur der datenverarbei-
tenden Anti-Doping-Organisationen ist somit gegeben.

Aufgrund der ausufernden Begriffsbestimmung des berechtigten Interesses ist
eine Einschränkung geboten. Das berechtigte Interesse der verantwortlichen
Stelle muss sich vor allem auf den erforderlichen Umgang mit den Daten beziehen. Das berechtigte Interesse darf auf andere Weise nicht oder nicht angemessen gewahrt werden können und es darf keine objektive Alternative geben.[694] Daran fehlt es zum Beispiel, wenn anonymisierte Daten verwendet
werden können.[695] Ausgehend von dieser Vorgabe ist der Umgang mit Athletendaten in den einzelnen Bereichen des Dopingkontrollsystems zu bestimmen. Im Hinblick auf die Verarbeitung der Daten im Sinne der Speicherung
ist festzustellen, dass die Daten nicht auf andere, gleich geeignete Art und
Weise generiert werden können, um dem berechtigten Interesse der Anti-
Doping-Organisationen an einem funktionierenden Dopingkontrollsystem
nachzukommen. Eine Anonymisierung der Daten dergestalt, dass ein Personenbezug nicht mehr oder nur mit erheblichem und unverhältnismäßigem
Aufwand möglich ist (vgl. § 3 Abs. 6 BDSG), würde dem Zweck der Dopingbekämpfung und dem Dopingkontrollsystem entgegen stehen. Die gespeicherten Daten der Athleten müssen im jeweiligen Einzelfall zur Doping-

---

[693] *Bergmann/Möhrle/Herb,* Datenschutzrecht, § 28 Rn. 219; *Gola/Schomerus*, BDSG, § 28 Rn. 33;
Schaffland/Wiltfang, BDSG, § 28 Rn. 85.
[694] *Bergmann/Möhrle/Herb,* Datenschutzrecht, § 28 Rn. 222; *Gola/Schomerus*, BDSG, § 28 Rn. 33.
[695] *BAG,* DuD 2003, S. 773 (776).

kontrollplanung, zur Durchführung der Dopingkontrollen oder im Rahmen des Verfahrens zur Erteilung einer Medizinischen Ausnahmegenehmigung und im Ergebnismanagement- und Sanktionsverfahren bestimmbar und für die verantwortliche Stelle erreichbar sein. Im Ergebnis verfolgt gerade die Datenspeicherung im Rahmen des Dopingkontrollsystems, aber auch der Datenumgang der Anti-Doping-Organisationen im Allgemeinen ein berechtigtes Interesse im Sinne des § 28 Abs. 1 Satz 1 Nr. 2 BDSG.

bb.) Interessenabwägung
Darüber hinaus ist der Umgang mit den personenbezogenen Daten der Athleten gemäß § 28 Abs. 1 Satz 1 Nr. 2 BDSG aber nur zulässig, wenn kein Grund zur Annahme besteht, dass schutzwürdige Interessen des Betroffenen am Ausschluss des Datenumgangs überwiegen. Mit dem Begriff der schutzwürdigen Interessen stellt das Gesetz entsprechend dem primären Schutzziel aus § 1 Abs. 1 BDSG auf die Begriffe „Privat-, Intims- oder Vertraulichkeitssphäre" ab, die Synonyme für das auf Art. 1, 2 GG beruhende informationelle Selbstbestimmungsrecht des Betroffenen sind.[696] Das informationelle Selbstbestimmungsrecht ist ausschlaggebendes Schutzgut für die Athleten, die am aktiven Leistungs- und Wettkampfsport teilnehmen wollen und dazu aufgefordert sind, sich dem Dopingkontrollsystem der zuständigen Anti-Doping-Organisation anzuschließen. Die Schutzwürdigkeit der individuellen Belange der Athleten ist jedoch ein „wertebezogener, auszufüllender Begriff, der sich ohne Berücksichtigung der beabsichtigten Verwendung der gespeicherten Daten nicht konkretisieren lässt"[697].

Inwieweit die schutzwürdigen Interessen der Athleten gegenüber den berechtigten Interessen der Anti-Doping-Organisation vorrangig sind, ist somit im Rahmen einer Interessenabwägung zu ermitteln. Das Persönlichkeitsrecht des Betroffenen und der Stellenwert, den die Offenlegung und Verwendung der Daten für ihn hat, sind gegen die Interessen der speichernden Stelle und der Dritten, für deren Zwecke die Speicherung erfolgt, abzuwägen. Dabei sind Art, Inhalt und Aussagekraft der beanstandeten Daten an den Angaben und Zielen zu messen, für deren Zweck die Speicherung erfolgt.[698] Nur wenn die am Verhältnismäßigkeitsgrundsatz ausgerichtete Abwägung, die die speichernde Stelle vorzunehmen hat, keinen Grund zu der Annahme bietet, dass die Speicherung der in Frage stehenden Daten zu dem damit verfolgten

---

[696] Vgl. *BVerfGE* 65, 1; *Gola/Schomerus*, BDSG, § 28 Rn. 35.
[697] *Bergmann/Möhrle/Herb*, Datenschutzrecht, § 28 Rn. 223; dem zustimmend *BGH* NJW 1984, S. 436; *BGH* BB, 1984, S. 809.
[698] *Gola/Schomerus*, BDSG, § 28 Rn. 36.

Zweck schutzwürdige Belange des Betroffenen beeinträchtigt, ist die Speicherung zulässig.[699] Ausschlaggebend ist indes die Prüfung im Einzelfall. Eine summarische Prüfung der Belange des Betroffenen ist maßgebend, aber auch ausreichend.[700] Auf Seiten des Betroffenen ist entscheidend, wie erheblich das Gefährdungspotential ist, das von dem entsprechenden Datenumgang für das Recht auf informationelle Selbstbestimmung ausgeht. Dabei kann insbesondere relevant sein, inwieweit durch den Datenumgang Profilbildungsmöglichkeiten bestehen und Einblicke in persönliche Lebensumstände gewährt werden.[701] Ausgangspunkt sind die Daten selbst.[702] Eine Anwendung des § 28 Abs. 1 Satz 1 Nr. 2 BDSG auf besondere Arten personenbezogener Daten i. S. v. § 3 Abs. 9 BDSG scheidet von vornherein aus. Die Verwendung dieser Daten wird – sofern die Verarbeitung ohne Einwilligung des Betroffenen im Sinne des § 4a Abs. 3 BDSG erfolgt ist – abschließend durch die in § 28 Abs. 6 bis 9 BDSG näher bestimmten Voraussetzungen geregelt. Demzufolge sind sämtliche Gesundheitsdaten, die von der zuständigen Anti-Doping-Organisation vor allem im Rahmen des Genehmigungsverfahrens von Medizinischen Ausnahmegenehmigungen erfasst und verarbeitet werden, nicht mit abzuwägen.

Eine latente Gefahr, Bewegungsprofile von Athleten zu erstellen und Einblicke in deren persönliche Lebensumstände zu erhalten, bieten vor allem die Daten, die im Rahmen der Organisation und Planung von Dopingkontrollen erhoben und verarbeitet werden. Die umfangreichen Angaben, die die Athleten regelmäßig zum Aufenthaltsort und ihrer Erreichbarkeit machen, sind grundsätzlich dazu geeignet, dass verantwortliche Stellen ein erhebliches Maß an Informationen über die Athleten sammeln. Für die Planung von Trainingskontrollen ist es notwendig, von bestimmten Athleten für jeden Tag des folgenden Quartals die vollständigen Angaben zum Wohn- und Übernachtungsort, beispielsweise zur Wohnung, vorübergehender Unterkünfte oder Hotels und zum Trainingsort zu erhalten. Ebenso sind Angaben zu dem Ort zu machen, an dem der Athlet einer „regelmäßigen Tätigkeit" nachgeht. Als Beispiel sind insoweit Arbeitsstätte, Universität oder Schule zu nennen.[703] Diese Informationen ermöglichen es, erheblich in das Recht auf informationelle Selbstbestimmung einzugreifen. Das Gefährdungspotential ist insoweit erhöht. Allerdings ist im Rahmen der Interessenabwägung auch zu berücksich-

---

[699] *BGH* NJW 1996, S. 2505; *Gola/Schomerus*, BDSG, § 28 Rn. 36.
[700] *Simitis/Simitis*, BDSG, § 28 Rn. 164.
[701] *Kühling/Seidel/Sivridis*, Datenschutzrecht, S. 168.
[702] *Bergmann/Möhrle/Herb*, BDSG, § 28 Rn. 228; *Schaffland/Wiltfang*, BDSG, § 28 Rn. 92; *Weichert*, WRP 1996, S. 528; *Breinlinger*, RDV 1997, S. 248f.
[703] Siehe dazu ausführlich 1. Teil, C. IV.

tigen, dass das Recht auf informationelle Selbstbestimmung nicht uneingeschränkt gilt und nicht jede denkbare Interessenverletzung zur Unzulässigkeit
der Datenverarbeitung führt. Das allgemeine Persönlichkeitsrecht reicht nur
bis zu einem Verstoß gegen die verfassungsmäßige Ordnung. Die Beschränkungen bedürfen gemäß Art. 2 Abs. 1 GG einer gesetzlichen Grundlage, aus
der sich die Voraussetzungen und der Umfang der Beschränkungen klar und
für jedermann erkennbar ergeben. Bei seinen Regelungen hat der Gesetzgeber
ferner den Grundsatz der Verhältnismäßigkeit zu beachten.[704] Beiden Vorgaben hat der Gesetzgeber im BDSG dem Grunde nach Rechnung getragen.
§ 4 Abs.1 BDSG statuiert drei Legitimationsgrundlagen, die – jede für sich –
tatbestandlich eine Verhältnismäßigkeitsprüfung vorsehen. Soweit die Daten
der betroffenen Athleten gemäß § 28 Abs. 1 Satz 1 Nr. 2 BDSG in zulässiger
Art und Weise erhoben, verarbeitet oder genutzt werden, ist diese vage Zuläs-
sigkeitsalternative wertausfüllungsbedürftig. Das Gesetz gibt keine konkreten
Maßstäbe vor, um die Abwägungskriterien näher auszugestalten. Eine konkretisierende Rechtsprechung existiert ebenfalls nicht.[705] Die Zulässigkeitsbewer-
tung wird damit in beträchtlichem Umfang in die Hände der verantwortlichen
Stelle gelegt. Diese hat den Schwerpunkt der Prüfung darauf zu legen, ob im
Einzelfall die Abwägung zugunsten einer auf § 28 Abs. 1 Satz 1 Nr. 2 BDSG
gestützten Datenverarbeitung bei Verhältnismäßigkeit des Eingriffs in das
informationelle Selbstbestimmungsrecht des Betroffenen durchgeführt wurde.

(1) Verhältnismäßigkeit

Aus dem verfassungsrechtlich verankerten Rechtsstaatsprinzip leitet sich der
Grundsatz der Verhältnismäßigkeit ab. Der Begriff stellt ein Relationsprinzip
auf. Es integriert zum einen das Element des „Verhältnisses" als Aufeinan-
derbezogenheit von zwei sachlich miteinander verbundenen Bezugsgrößen
und zum anderen das Element des „Maßes" im Sinne der Angemessenheit.[706]
Der Verhältnismäßigkeitsbegriff umfasst demnach zwei variable Größen: den
Zweck und das Mittel, sowie den Beurteilungsmaßstab, der wegen der Ein-
deutigkeit des Untersuchungsergebnisses – verhältnismäßig oder unverhältnismäßig – eine Konstante sein muss.[707] Angewandt auf die vorliegende
Sachkonstellation müsste die Datenverarbeitung durch die Anti-Doping-
Organisationen geeignet, erforderlich und im Einzelfall angemessen sein, um
den verfolgten, legitimen Zweck zumindest zu fördern.

---

[704] *BVerfGE*, 65, 1 (43 ff.).
[705] *Kühling/Seidel/Sivridis,* Datenschutzrecht, S. 168 f.
[706] *Ossenbühl*, Jura 1997, S. 617 (617).
[707] *Jakobs*, Verhältnismäßigkeitsgrundsatz, S. 13 und 23 ff.

(a) Legitimer (Schutz-) Zweck

Zunächst muss jeder Eingriff in das verfassungsrechtlich geschützte Recht auf informationelle Selbstbestimmung durch einen legitimen Zweck motiviert sein. Die Erhebung, Verarbeitung und Nutzung personenbezogener Daten der Athleten durch die nationalen Sport(fach)verbände und die NADA, dient der Umsetzung eines Dopingkontrollsystems. Das Dopingkontrollsystem ist die wesentliche Ausgestaltung der Dopingbekämpfung in Deutschland. Die (nationale) Dopingbekämpfung statuiert ein rechtmäßiges Schutzinteresse der Anti-Doping-Organisationen. Der Kampf gegen Doping im Sport verfolgt den Schutz mehrerer Rechtsgüter. Sowohl die Gesundheitsschädlichkeit des Dopings als auch die Verletzung elementarer Grundprinzipien des Sports sind Kernmaximen, auf die sich die Dopingbekämpfung stützt. Durch Doping wird die Glaubwürdigkeit des Leistungssports ebenso beeinträchtigt wie die Grundwerte von Chancengleichheit und Fair Play.[708] Mit der Einführung von Anti-Doping-Regeln, der präventiven Anti-Doping-Arbeit mit den am (Leistungs-) Sport beteiligten Personen und Organisationen, sowie der systematischen Verfolgung von Verstößen gegen Anti-Doping-Bestimmungen, unterstützen die Anti-Doping-Organisationen den Schutz, der durch Doping gefährdeten Rechtsgüter der Athleten. Die Erhebung, Verarbeitung und Nutzung der personenbezogenen Daten im Rahmen der Dopingkontrollplanung, der Dopingkontrollen oder der Erteilung Medizinischer Ausnahmegenehmigungen sind maßgeblicher Bestandteil dieses Ziels und selbst legitimer Zweck.

(b) Geeignetheit

Das verfolgte Ziel muss zudem geeignet sein, den legitimen Zweck zu fördern.[709] Das Rechtsstaatsprinzip verbietet belastende Maßnahmen, die zur Erreichung der verfolgten Zwecke schlechthin ungeeignet sind. Das gewählte Mittel muss die Wahrscheinlichkeit der Erreichung des gewünschten Zweckes erhöhen.[710] Die Datenverarbeitung im Dopingkontrollsystem erfolgt zum Zweck der Dopingkontrollplanung sowie der Durchführung der Dopingkontrollen. Die Dopingkontrollen erfolgen dabei unangekündigt und zielgerichtet. Für die effektive Organisation ist es erforderlich, dass die Anti-Doping-Organisation Kenntnis darüber hat, wo sich ein Athlet des Testpools der NADA aufhält. Nur so können die Kontrolleure beauftragt werden, die be-

---

[708] Dazu ausführlich und durchaus kritisch zum Gesundheitsschutz der Dopingbekämpfung: *Soyez*, Verhältnismäßigkeit des Dopingkontrollsystems, S. 75 ff.
[709] *BVerfGE* 30, 292 (316); 33, 171 (187); 39, 210 (230); 40, 196 (222); *Pieroth/Schlink*, Grundrechte, Rn. 283.
[710] *BVerfGE*, 33, 171 (187).

stimmten Athleten aufzusuchen und zu kontrollieren.[711] Soweit Daten auch im Rahmen des Ergebnismanagement- und Disziplinarverfahrens verarbeitet werden, dient dies ausschließlich dazu, die einschlägigen Anti-Doping-Bestimmungen zu befolgen. Die Erhebung, Verarbeitung und Nutzung sämtlicher personenbezogener Daten der Athleten fördern die Effektivität des Dopingkontrollsystems. Das Vorgehen der Anti-Doping-Organisationen ist demnach im Sinne der Verhältnismäßigkeitsprüfung geeignet.

(c) Erforderlichkeit

Des Weiteren muss der Eingriff erforderlich sein. Das bedeutet, es darf kein anderes gleichwertiges, aber milderes Mittel zur Verfügung stehen.[712] Gleichwertig ist ein Mittel dann, wenn es – entsprechend der Geeignetheit – dieselbe Steigerung der Erfolgswahrscheinlichkeit mit sich bringt. Das BVerfG verlangt sogar eine eindeutig gleichwertige Alternative.[713] Die Pflicht zur Wahl eines milderen Mittels besteht somit nur, soweit der weitergehende Eingriff keinen besseren Erfolg verspricht.[714] Stellt man auf die Erhebung, Verarbeitung und Nutzung der Daten bei der Organisation und Durchführung der Dopingkontrollen ab, wird ersichtlich, dass anderweitige Mittel und Wege nachzuweisen, ob ein Athlet verbotene Substanzen eingenommen oder verbotene Methoden angewendet hat, gegenwärtig nicht existieren.[715] Das Dopingkontrollsystem ist auf die Durchführung effektiver Dopingkontrollen angewiesen. Die Kontrollpraxis, aber auch die medizinischen und analytischen Erkenntnisse der letzten Jahre und Jahrzehnte verdeutlichen, dass ein Verzicht auf Dopingkontrollen dem Schutz der aufgezeigten Rechtsgüter nicht entsprechen kann. Auch eine Beschränkung der Kontrollen auf den Zeitraum unmittelbar vor oder nach einem Wettkampf ist nicht in gleichem Maße geeignet, eine effektive Dopingbekämpfung zu betreiben. Viele Substanzen und Methoden sind aufgrund ihrer kurzen Abbauzeit weder im Urin noch im Blut des Athleten über einen längeren Zeitraum nachweisbar. Athleten könnten durch geschicktes Berechnen der Abbau- und Halbwertszeit Dopingmittel gezielt einnehmen, ohne dass der Nachweis der Leistungsmanipulation im Rahmen des Wettkampfes erbracht werden kann. Deshalb wurden die Dopingkontrollen auf den Zeitpunkt außerhalb des Wettkampfes erweitert. Dopingkontrollen und die Durchführung von Urin- und Blutproben stellen gegenwärtig das einzig effektive Mittel dar, um unangekündigt und gezielt nachzuprüfen, ob ein

---

[711] Siehe 1. Teil, C. I und II.
[712] *BVerfGE* 30, 292 (316), *Jarass/Pieroth*, GG, Art. 20 Rn. 85.
[713] *BVerfGE* 25, 1 (20); 30, 292 (319).
[714] *BVerfGE* 57, 250 (270).
[715] Siehe 1. Teil, C. I und II.

Athlet verbotene Substanzen eingenommen oder verbotene Methoden angewendet hat. Um die Kontrolltätigkeit daher außerhalb des Wettkampfes, sowohl an der Trainingsstätte als auch an dem Wohnort oder dem gewöhnlichen
Aufenthaltsort des Athleten durchführen zu können, ist es unerlässlich, aktua-
lisierte Aufenthalts- und Erreichbarkeitsinformationen der Athleten zu erhalten. Mitunter wird sogar diskutiert[716], zur Aufenthaltskontrolle verpflichtete
Athleten mit einem GPS-Empfänger auszustatten, der in kurzen Abständen
per Funk die aktuellen Standortdaten an die zuständige Anti-Doping-
Organisation meldet. Neben der Frage nach der gleichen Eignung einer solchen Maßnahme, insbesondere im Hinblick auf die Manipulationsmöglichkeit
der technischen Kontrolle, stellt diese Alternative eine umfassende Überwachung dar, die dem Betroffenen jede Möglichkeit zur Ausübung einer unbeo-
bachteten Bewegungsfreiheit nehmen würde und einen massiven Eingriff in
seine Persönlichkeitsrechte darstellt. Obwohl diese Alternative ursprünglich
aus dem Kreis der betroffenen Athleten selbst hervorging, ist sie zumindest
unangemessen.

Ein anderweitiges, gleichartiges und gleich geeignetes Mittel zur Organisation
und Planung von Dopingkontrollen, vor allem der Trainingskontrollen, ist
nicht ersichtlich. Lediglich der Umfang der Datenerhebung und Speicherung
kann an die jeweiligen Erfordernisse im Einzelfall angepasst werden. Nicht
mehr benötigte Daten der Athleten sind zu löschen.[717] Insgesamt ist damit die
Datenverarbeitung zum Zwecke der Dopingkontrollplanung nach der Beurteilung der zur Verfügung stehenden Mittel als erforderlich zu bewerten.

(d) Angemessenheit/ Verhältnismäßigkeit im engeren Sinne
In einem weiteren Prüfungsschritt verlangt der Grundsatz der Verhältnismäßigkeit im engeren Sinne, dass die als geeignet und erforderlich festgestellte
Maßnahme in angemessenem Verhältnis zu dem Gewicht und der Bedeutung
des beeinträchtigten Rechts steht.[718] Je schwerwiegender der Eingriff ist, umso wichtiger muss das Ziel sein, um einen Eingriff zu rechtfertigen.[719] Dem
Recht auf informationelle Selbstbestimmung steht das schutzwürdige Recht
der Anti-Doping-Organisationen entgegen, durch die Erhebung, Verarbeitung
und Nutzung personenbezogener Daten der Athleten das Dopingkontrollsystem zu verwirklichen, um damit die Dopingbekämpfung zu verstärken.

---

[716] *Simeoni*, Die Wende?, FAZ vom 19. Januar 2007, Nr. 16, S. 30.
[717] Siehe dazu auch 2. Teil, D. II. 3. a.)
[718] *BVerfGE* 50, 217 (227); 67, 157 (173); 80, 103 (107).
[719] *Epping*, Grundrechte, Rn. 55.

Neben den Urin- und Blutwerten der Athleten sammeln die Anti-Doping-Organisationen maßgeblich die Daten über den Aufenthaltsort und die Erreichbarkeit der Athleten. Dass die Abgabe der Aufenthalts- und Erreichbarkeitsinformationen einen notwendigen Bestandteil des gegenwärtigen Dopingkontrollsystems darstellen, ist systemimmanent. Die Art. 29-Datenschutzgruppe führt in ihrem zweiten Votum zum WADA-Code vom 6. April 2009 insoweit aus, dass die Athleten, die durch ihren internationalen Sport(fach)verband oder durch die NADA für die Aufnahme in den registrierten Testpool (RTP) ausgewiesen wurden, gemäß dem WADA-Code und dem ISPP dazu verpflichtet sind, genaue und aktuelle Informationen über ihren Aufenthaltsort und ihre Erreichbarkeit zu geben.[720] Die Art. 29-Datenschutzgruppe macht weiter deutlich, dass die Bereitstellung derartiger Daten hauptsächlich durch das Erfordernis, effektive Doping-Kontrollprogramme außerhalb von Wettkämpfen durchzuführen, gerechtfertigt sei.[721] Dieses Erfordernis müsse jedoch dadurch erfüllt werden, dass ausschließlich erforderliche und angemessene personenbezogene Daten unter Einhaltung der Datenschutzprinzipien verarbeitet werden. Dopingkontrollen seien zu geeigneten Zeiten und mit geeigneten Methoden ohne unverhältnismäßiges Eingreifen in das Privatleben der Athleten durchzuführen. Dabei ist jedoch zu berücksichtigen, dass die Informationen über den Aufenthaltsort und die Erreichbarkeit, sowie die Zeitfenster für die Kontrollen unter Berücksichtigung der Anforderungen an die Notwendigkeit und die Zumutbarkeit in Bezug auf die Zwecke der Trainingskontrollen genau festgelegt werden. Zumutbar ist die Erhebung der Daten dann nicht mehr, wenn Informationen zu einer ungebührlichen Einmischung in das Privatleben der Athleten oder zur Offenlegung sensibler Daten der Athleten und/oder Dritter (wie zum Beispiel ihrer Angehörigen) führen.[722] Um einer unzumutbaren Datenerhebung von vornherein zu begegnen, werden bereits vor Beginn der individuellen, am Athleten orientierten Organisation der Dopingkontrollen, Analysen und Abwägungsprozesse von den Anti-Doping-Organisationen durchgeführt. Sportarten werden nach Risikogruppen eingeteilt. Das Gefährdungspotential von Doping im Allgemeinen und einzelner Dopingsubstanzen und -methoden in der jeweiligen Sportart oder Disziplin wird verobjektiviert. Diese Vorge-

---

[720] *Art. 29-Datenschutzgruppe*, WP 162, S. 6,
abrufbar unter http://ec.europa.eu/justice_home/fsj/privacy/docs/wpdocs/2009/wp162_de.pdf, letzter Aufruf am 18. März 2010.
[721] *Art. 29-Datenschutzgruppe*, WP 162, S. 6,
abrufbar unter http://ec.europa.eu/justice_home/fsj/privacy/docs/wpdocs/2009/wp162_de.pdf, letzter Aufruf am 18. März 2010.
[722] *Art. 29-Datenschutzgruppe*, WP 162, S. 6 f.,
abrufbar unter http://ec.europa.eu/justice_home/fsj/privacy/docs/wpdocs/2009/wp162_de.pdf, letzter Aufruf am 18. März 2010.

hensweise ist im WADA-Code 2009 und im „International Standard for Testing" von der WADA berücksichtigt worden. In Art. 5.2 der englischen Fassung des WADA-Code 2009 heißt es:

„Anti-Doping-Organizations with Testing jurisdiction shall conduct Testing conformity with the International Standard for Testing".

Ferner gibt der „International Standard for Testing" vor, dass ein „Test Distribution Plan"[723] von der zuständigen Anti-Doping-Organisation aufgestellt werden soll. Danach sollen die Risikobewertung der Sportarten, in welcher der Athlet an Wettkämpfen teilnimmt, das Niveau auf welchem der Athlet an Wettkämpfen teilnimmt und persönliche Risikofaktoren des Athleten die zentrale Rolle bei der Auswahl der Athleten zum RTP spielen.

Auch die NADA hat die Testpooleinteilung entsprechend der Umsetzung des „International Standards for Testing" ausgerichtet. In einer Übersicht zur Risikobewertung wird zunächst Folgendes festgestellt: „Der von der WADA erstellte „International Standard for Testing" (IST) beschreibt den Bedarf einer Risikobewertung für die Planung von Dopingkontrollen. Er stellt fest, dass eine Risikobewertung eine Auswertung der verfügbaren Dopinganalysestatistiken, Dopingtrends, Trainingsperioden und Wettkampfsaisons, die körperliche Beanspruchung durch die einzelnen Sportarten und die leistungssteigernde Wirkung der verschiedenen Dopingmittel umfassen sollte."[724] Neben dem empirischen Risiko der Dopinggefährdung in einer Sportart, dem physiologischen Risiko, also der Bewertung des leistungssteigernden Potentials der Anwendung von Substanzen und Methoden der Verbotsliste in einer Sportart, werden auch das öffentliche bzw. mediale Risiko in Form der Bewertung von Ansehen und öffentlichem Interesse der Sportart und das finanzielle Risiko, wie Preisgelder und Gehaltsstrukturen, bei der Kategorisierung der Sportarten und Verbände berücksichtigt.[725] Die darauf folgende Einteilung der Athleten in den Testpool der NADA erfolgt ausschließlich unter Berücksichtigung dieser Kriterien. Aufgrund der Vorauswahl kommt es zu einem pyramidisch zulaufenden Testpoolsystem.[726] Die Vorauswahl ermöglicht es den (nationalen)

---

[723] Art. 4.1, abrufbar auf der Homepage der WADA unter http://www.wada-ama.org/Documents/World_Anti-Doping_Program/WADP-IS-Testing/WADA_Int.Standard_Testing_2009_EN.pdf, letzter Aufruf am 18. März 2010.
[724] Abrufbar auf der Homepage der NADA unter http://www.nada-bonn.de/uploads/media/090101_NADA_Risikobewertung.pdf, letzter Aufruf am 18. März 2010.
[725] Siehe Risikobewertung der NADA, abrufbar auf der Homepage der NADA unter http://www.nada-bonn.de/uploads/media/090101_NADA_Risikobewertung.pdf, letzter Aufruf am 18. März 2010.
[726] Siehe unter 1. Teil, C. II.

Anti-Doping-Organisationen bereits vor der Verpflichtung einzelner Athleten, Aufenthalts- und Erreichbarkeitsinformationen abzugeben oder für Trainingskontrollen herangezogen zu werden, den Kreis der Betroffenen also entsprechend einzuschränken. Damit tragen die verantwortlichen Stellen maßgeblich dazu bei, dass personenbezogene Daten nicht überproportional und undifferenziert erhoben, verarbeitet oder genutzt werden.

Fraglich ist jedoch, ob auch der Umfang der Datenerhebung im Hinblick auf die verbliebenen Athleten, die in das Testpoolsystem der NADA aufgenommen werden und dementsprechende Meldepflichten haben, verhältnismäßig im engeren Sinne ist. Athleten im RTP der NADA, dem höchsten Testpool, unterliegen zum Beispiel den meisten Verpflichtungen[727]. Die Art. 29-Datenschutzgruppe führt insoweit aus, dass es für sie aus datenschutzrechtlicher Sicht grundsätzlich verhältnismäßig sei, wenn personenbezogene Daten, die in Bezug auf das spezifische 60-Minuten Zeitfenster angefordert werden, auf Name und Anschrift jedes Ortes, an dem der Athlet trainiert, arbeitet oder eine andere regelmäßige Tätigkeit ausübt, beschränkt werden.[728] Darüber hinaus gehende Informationen zum täglichen Aufenthaltsort und der Erreichbarkeit seien demgegenüber nur noch für ungefähr vier Stunden am Tag als verhältnismäßig anzusehen.[729]

Die darüber hinausgehende Erhebung und Verarbeitung von personenbezogenen Daten müsste im Vergleich zum Zweck der Dopingkontrollplanung folglich unangemessen sein. Die Festlegung eines bestimmten Zeitraums, in dem bzw. für den Daten der Athleten zur Organisation und Durchführung von Trainingskontrollen erhoben werden dürfen, kann jedoch keine geeignete Grundlage für die Sicherstellung eines effektiven Dopingkontrollsystems außerhalb von Wettkämpfen darstellen. Unabhängig davon, dass nicht ersichtlich wird, wie und auf welchen Zeitraum sich diese vier Stunden beziehen sollen, ist offensichtlich, dass eine Dopingkontrollplanung für Trainingskontrollen außerhalb des Zeitraumes unmöglich wird. Mangels vorliegender, präziser Aufenthaltsinformationen können die Anti-Doping-Organisationen unangekündigte Zielkontrollen nicht durchführen. Das Antreffen eines Athleten zur Dopingkontrolle wäre dem absoluten Zufall überlassen. Ebenso ist eine (zeitliche) Beschränkung nicht per se geeignet, das informationelle Selbstbestim-

---

[727] Zu den einzelnen Meldepflichten der Athleten siehe ausführlich 1. Teil C. IV. 5.
[728] *Art. 29-Datenschutzgruppe*, WP 162, S. 7, abrufbar unter http://ec.europa.eu/justice_home/fsj/privacy/docs/wpdocs/2009/wp162_de.pdf, letzter Aufruf am 18. März 2010.
[729] *Art. 29-Datenschutzgruppe*, WP 162, S. 7, abrufbar unter http://ec.europa.eu/justice_home/fsj/privacy/docs/wpdocs/2009/wp162_de.pdf, letzter Aufruf am 18. März 2010.

mungsrecht des Athleten zu schützen. Ist dieser gehalten, innerhalb der vier Stunden Angaben zu machen, die private und persönliche Bereiche tangieren, so ist unabhängig von der zeitlichen Vorgabe ein unangemessener Eingriff gegeben.

Entscheidend für die Bestimmung der Verhältnismäßigkeit der Erhebung, Verarbeitung und Nutzung personenbezogener Daten der Athleten muss daher die Frage nach der Zumutbarkeit sein. Im Allgemeinen ist die Grenze der Zumutbarkeit dann überschritten, wenn eine Maßnahme für den Einzelnen im Verhältnis zu den staatlichen Zielen unzumutbar ist.[730] Bezogen auf die Erhebung der personenbezogenen Daten in Form der Aufenthalts- und Erreichbarkeitsinformationen der Athleten bedeutet dies, dass die Erfüllung dieser Verpflichtung für die Athleten nicht unzumutbar sein darf. Für die mögliche Unzumutbarkeit des Meldepflichtsystems lässt sich anführen, dass in keiner anderen Berufs- oder Vergleichsgruppe Personen verpflichtet sind, Angaben zu ihrer persönlichen Erreichbarkeit und zu ihrem Aufenthaltsort für einen Zeitraum von drei Monaten im Voraus abzugeben. Ferner sind Athleten verpflichtet, Angaben zu ihrem gewöhnlichen Aufenthaltsort abzugeben. Leicht kann die Datenerhebung in diesem Zusammenhang in den Bereich der unzulässigen Erstellung von Bewegungsprofilen abgleiten. Schließlich schränkt die Ein-Stunden-Regelung einen Athleten de facto in seiner persönlichen Handlungsfreiheit ein. Er ist maßgeblich verpflichtet, quasi gezwungen, in der von ihm angegebenen Stunde an dem maßgeblichen Ort zu verbleiben, will er nicht bei einem nicht erfolgreichen Kontrollversuch Gefahr laufen, entsprechende Konsequenzen tragen zu müssen. Wird der Athlet innerhalb von 18 Monaten drei Mal innerhalb der von ihm angegebenen Stunde an dem von ihm angegebenen Ort nicht zur Durchführung einer Dopingkontrolle angetroffen, riskiert der Athlet ein Disziplinarverfahren, dass in der Folge eine Mindestsperre von einem Jahr vorsieht.[731] Dies alles spricht dafür, dass die Erfassung und Verarbeitung dieser personenbezogenen Daten für den Athleten unzumutbar ist.

Für die Aufrechterhaltung des Dopingkontrollsystems spricht, dass die nationale und internationale Dopingbekämpfung ein wichtiges Anliegen der Allgemeinheit darstellt und Chancengleichheit und Fairness in sportlichen Wettkämpfen maßgeblich im öffentlichen Interesse liegen. Vor allem die detaillierte Einzelbetrachtung der von den Athleten zu erfüllenden Pflichten im Rahmen des Meldesystems ist maßgeblich, um zu beurteilen, ob eine Unzumutbarkeit vorliegt oder nicht. Zunächst ist deshalb voranzustellen, dass die

---

[730] *Epping*, Grundrechte, Rn. 55.
[731] Vgl. Art. 2.4 i. V. m. Art. 10.3.3 NADA-Code 2009 abrufbar auf der Homepage der NADA unter http://www.nada-bonn.de/, letzter Aufruf am 18. März 2010.

Athleten, die verpflichtet sind, ihre Aufenthalts- und Erreichbarkeitsinformationen abzugeben und zu aktualisieren, jederzeit und uneingeschränkt die Möglichkeit haben, ihre Daten zu korrigieren und zu überarbeiten. Die vorausschauende Abgabe der Quartalsmeldungen ist damit zwar nicht entbehrlich, zeigt aber, dass die im Vorfeld angegebenen Informationen auch kurzfristig und zeitnah noch geändert werden können. Die Übermittlung dieser Angaben ist zudem erleichtert. Durch die Verwendung des onlinebasierten Abmeldesystems ADAMS haben die Athleten die Möglichkeit, ihre Daten im Internet zu aktualisieren. Daneben können die Athleten durch Übermittlung einer SMS[732] über das Mobiltelefon ebenfalls Änderungen und Ergänzungen ihrer Daten vornehmen. Schließlich steht den Athleten der telefonische Kontakt mit der zuständigen Stelle innerhalb der Anti-Doping-Organisation oder die Übermittlung der Informationen per Fax zur Verfügung. Ebenso ist zu berücksichtigen, dass gerade Berufssportler, aber auch andere Leistungs- und Spitzensportler regelmäßig über Trainings- und Wettkampfpläne bereits Wochen im Voraus Kenntnis erlangen. Meistens bestehen Saison- oder Jahrespläne. Diese geplante Koordinierung von Terminen ermöglicht es gerade dem Leistungssportler, sich gezielt und kontinuierlich auf Wettkämpfe vorzubereiten und zu trainieren. Eine solche Vorgehensweise gehört zum routinemäßigen Ablauf der Tages-, Wochen- oder Monatsplanung eines Leistungssportlers. Daran knüpft auch die Vorgabe der Dopingregelwerke an, Aufenthalts- und Erreichbarkeitsangaben zu tätigen. Die maßgeblichen Eckpunkte: Training, Wettkampfphase, Arbeit und Wohnung sind für die Kontrollplanung entscheidend, aber auch ausreichend. Denn diese Angaben gehören zu einem Bereich der Athleten, der im unmittelbaren Zusammenhang mit dem Leistungssport, also der Ausübung einer (beruflichen) Haupt- oder Nebentätigkeit steht.

Soweit die Angabe der Daten bei Athleten lediglich aufgrund ihrer Freizeit- und Hobbybeschäftigung erhoben werden, da die Athleten zwar einem (A-) Kader angehören, ihre Sportart aber nicht den Bereich des finanziellen Nebenerwerbs ermöglicht, ist zu berücksichtigen, dass damit die Privatsphäre der Athleten berührt sein kann. Ein Eingriff in die Privatsphäre ist aber nicht per se unangemessen oder unverhältnismäßig. Je stärker in den Bereich privater Lebensführung eingegriffen wird, umso höhere Anforderungen sind an den verfolgten Zweck zu stellen. Weitergehende Information bezüglich des Inhalts der Tätigkeit, die ein Athlet am angegebenen Ort, insbesondere am Arbeitsplatz oder am Wohnort, ausübt, sind für die Dopingkontrollplanung nicht von Bedeutung. Entscheidend ist vielmehr, dass die Angaben eine Kontroll-

---

[732] Short Message Services; Mit einer Kurzmitteilung kann der Athlet kurz und prägnant darlegen, dass er z.B. seinen Aufenthaltsort oder seine Trainingszeiten geändert hat.

planung ermöglichen und eine organisierte Dopingkontrolle auf den Informationen des Athleten basierend tatsächlich durchgeführt werden kann. Angaben, die der Athlet zum „Übernachtungsort" macht, sind auf die Daten zur faktischen Erreichbarkeit beschränkt.

Auch das Bundesverfassungsgericht hat im Volkszählungsurteil die Anforderungen an den Eingriff in das Recht auf informationelle Selbstbestimmung konkretisiert[733]. Das Recht auf informationelle Selbstbestimmung ist nicht schrankenlos gewährleistet. Der Einzelne hat nicht ein Recht im Sinne einer absoluten, uneingeschränkten Herrschaft über „seine" Daten; er ist vielmehr eine sich innerhalb der sozialen Gemeinschaft entfaltende, auf Kommunikation angewiesene Persönlichkeit. Informationen, auch soweit sie personenbezogen sind, stellen ein Abbild sozialer Realität dar, das nicht ausschließlich dem Betroffenen allein zugeordnet werden kann.[734] Demzufolge hat auch der Athlet, der sich im Rahmen der Testpoolzugehörigkeit Dopingkontrollen außerhalb des Wettkampfes unterzieht und dafür Angaben zu seinem Aufenthaltsort und seiner Erreichbarkeit macht, keine uneingeschränkte Möglichkeit, sich auf das Recht auf informationelle Selbstbestimmung zu berufen. Das Grundgesetz – wie auch das Bundesverfassungsgericht in seiner Rechtsprechung betont – hat die Spannung zwischen Individuum und Gemeinschaft im Sinne der Gemeinschaftsbezogenheit und Gemeinschaftsgebundenheit der Person entschieden.[735] Grundsätzlich muss daher der Einzelne Einschränkungen seines Rechts auf informationelle Selbstbestimmung im überwiegenden Allgemeininteresse hinnehmen. Soweit daher die Angabe der personenbezogenen Daten im Sinne der im Voraus abzugebenden Quartalsmeldungen betroffen ist, ist die Erhebung der Daten solange nicht unangemessen, wie sich die Datenerhebung darauf beschränkt, Informationen zu erhalten, die ausschließlich die Organisation und Durchführung der Dopingkontrolle betreffen. Fraglich bleibt aber, ob Einzelvorgaben des Dopingkontroll- und Meldesystems verhältnismäßig sind. Maßgeblich müsste zum Beispiel die Etablierung des 60-minütigen Zeitfensters im Verhältnis zum statuierten Zweck der Dopingbekämpfung für die Athleten zumutbar sein. De facto führt die Bereithaltung des Athleten für eine bestimmte Zeit an einem bestimmten Ort zu einem Eingriff in sein Recht auf informationelle Selbstbestimmung, weil er diese Angaben aufgrund seiner Verpflichtung zur Angabe seiner Aufenthalts- und Erreichbarkeitsinformationen tätigt. Zugleich wird damit die Fortbewegungsfreiheit des Einzelnen, als weitere Ausgestaltung der allgemeinen Handlungsfreiheit, nachhaltig betroffen. Folglich wird in den Schutzbereich von

---

[733] *BVerfGE* 65, 1 (43 ff.).
[734] *BVerfGE* 65, 1 (43 ff.).
[735] *BVerfGE* 65, 1 (43 ff.).

Art. 2 Abs. 2 Satz 2 GG eingegriffen, wenn der Athlet seinen festgelegten Aufenthaltsort nicht verlassen kann, da ihm bei einem nicht erfolgreichen Kontrollversuch innerhalb des Zeitfensters eine mögliche Disziplinarmaßnahme droht. Der Eingriff ist nur dann rechtmäßig, wenn er im Wege der Güterabwägung verhältnismäßig ist.

Die Festlegung des 60-Minuten-Zeitfensters trägt auf der anderen Seite aber entscheidend dazu bei, das Dopingkontrollsystem lückenloser und effektiver zu gestalten. Die Festlegung eines bestimmten Zeitraums, in dem der kontrollierenden Anti-Doping-Organisation bekannt ist, an welchem Ort sich ein Athlet aufhält, gestaltet die Durchführung von Dopingkontrollen erfolgreicher. Die bisherige Regelung besagte, dass sich Athleten des NTP[736] lediglich dann „abmelden" mussten, wenn sie sich länger als 24 Stunden von ihrem gewöhnlichen Aufenthaltsort entfernten.[737] Die Durchführung der Kontrolle scheiterte dann oftmals daran, dass der zu kontrollierende Athlet nicht an dem angegebenen Ort anzutreffen war. Im Rahmen des daran anschließenden administrativen Ergebnismanagementverfahrens der Sport(fach)verbände wegen eines möglichen Verstoßes gegen Anti-Doping-Bestimmungen bestätigte sich in vielen Fällen – nach entsprechender Anhörung der Betroffenen – ein solcher Verstoß nicht.[738] Dennoch verblieb es dabei, dass eine Dopingkontrolle zum gezielt geplanten Zeitpunkt nicht möglich war. Durch die Festlegung des 60-Minuten-Zeitfensters sowie die Anpassung des Meldepflichtsystems kam es bereits in der ersten Jahreshälfte des Jahres 2009 zu einer deutlichen Reduzierung der erfolglosen Kontrollversuche. Ausschlaggebend für die Interessenabwägung im Rahmen der Verhältnismäßigkeitsprüfung ist aber die Notwendigkeit der Datenerhebung und nicht deren Effizienz.[739] Die Verbesserung eines Systems, das überwiegend Daten erhebt, die nicht zur konkreten Umset-

---

[736] Bis zur Einführung des NADA-Codes am 1. Januar 2009 sah das vorherige Testpoolmodell eine Unterteilung in den Allgemeinen Testpool I und II (ATP I und II) sowie den Nationalen Testpool (NTP) als höchsten Testpool vor.

[737] Missed Test Policy der NADA, abrufbar auf der Homepage der NADA unter www.nada-bonn.de, letzter Aufruf am 18. März 2010.

[738] Siehe Jahres- und Tätigkeitsbericht 2008 der NADA, S. 19 f.; abrufbar auf der Homepage der NADA unter http://www.nada-bonn.de/fileadmin/user_upload/nada/Downloads/Dopingbilanzen /090508_NADA_Jahresbericht-2008.pdf, letzter Aufruf am 18. März 2010. Danach gab die NADA im Jahr 2008 491 Meldungen über „nicht erfolgreiche Kontrollversuche" und 297 mögliche Meldepflichtverstöße aufgrund der Nichtabgabe oder nicht vollständigen Abgabe der „Whereabouts" (Quartalsmeldungen) zur Überprüfung der Athleten an die Verbände ab. In 254 Fällen hat der Verband einen Meldepflichtverstoß festgestellt. In 2/3 der Fälle haben sich mögliche Verstöße nicht konkretisiert.

[739] So die *Art. 29-Datenschutzgruppe*, WP 162, S. 7, siehe http://ec.europa.eu/justice_home/fsj/privacy/docs/wpdocs/2009/wp162_de.pdf., letzter Aufruf am 18. März 2010.

zung des Erhebungszwecks eingesetzt werden, wäre datenschutzrechtlich nicht zulässig.

Für die Güterabwägung zu berücksichtigen ist zudem, dass ein Athlet, der unter Abwägung sportwissenschaftlicher und dopingspezifischer Kriterien in den Testpool aufgenommen wurde, aufgrund der vertraglichen Vereinbarung zwischen der NADA und dem nationalen Sport(fach)verband grundsätzlich aber nur einer bestimmten Anzahl von Trainingskontrollen unterzogen werden kann. Trotz der entsprechenden Subventionierung der Dopingkontrollen durch den Bund und die NADA[740] ist das Auftragskontingent der Sport(fach)verbände beschränkt. Bei einer Verteilung von 5.500 der 8.000 Trainingskontrollen, die die NADA im Auftrag der nationalen Sport(fach)verbände durchgeführt hat, auf ungefähr 1.500 Topathleten in Deutschland[741] blieb es bei einer durchschnittlichen Anzahl von knapp vier Kontrollen pro Athlet im Jahr. Selbst wenn sich diese Anzahl durch unterschiedliche Einflüsse, wie Risikosportarten, zusätzliche Kontrollen durch den internationalen Sport(fach)verband oder zusätzlich in „Eigenregie" durch die NADA durchgeführte und finanzierte Kontrollen verschiebt, steht die Anzahl der Kontrollen grundsätzlich außer Verhältnis zum Umfang der erhobenen und verarbeiteten Daten der Athleten. Gemäß den Vorgaben von WADA- und NADA-Code 2009 besteht die Möglichkeit, einen Athleten, jeden Tag im Jahr, 24-Stunden am Tag zu Dopingkontrollen außerhalb des Wettkampfes heranzuziehen, soweit der Anwendungsbereich eröffnet ist. Dazu bedarf es der Informationen über den Aufenthaltsort und der Erreichbarkeit, die aber nur in durchschnittlich maximal drei Prozent des Jahres zur tatsächlichen Dopingkontrollplanung herangezogen werden. In der übrigen Zeit macht ein Athlet nicht nur zur unmittelbaren Kontrollplanung herangezogene Angaben über seinen Aufenthaltsort und die Erreichbarkeit, sondern hält sich täglich für 60 Minuten an einem von ihm bestimmten Ort für Dopingkontrollen bereit, obwohl diese nicht zwangsläufig durchgeführt werden.

Das Dopingkontrollsystem, das aus unangekündigten und zielgerichteten Kontrollen besteht, macht es jedoch grundsätzlich erforderlich, über den gesamten Zeitraum des Testpooljahres bereits im zeitlichen Vorfeld einen zuverlässigen Überblick über Aufenthaltsort und Erreichbarkeit der Athleten zu haben. Eine unangekündigte Kontrolle innerhalb eines täglich festgelegten

---

[740] Siehe dazu 2. Teil, A. II.
[741] Siehe hierzu den Jahresbericht 2008 der NADA vom 30. April 2009, S. 19, abrufbar auf der Homepage der NADA unter http://www.nada-bonn.de /fileadmin/user_upload/nada/Downloads/Dopingbilanzen/090508_NADA_Jahresbericht-2008.pdf, letzter Aufruf am 18. März 2010.

Zeitfensters ist nur dann möglich, wenn der darüber hinausgehende Zeitraum ausreicht, um sicherzustellen, dass die Dopingkontrolle ohne vorherige Kenntnis oder Kenntnisnahmemöglichkeit des Athleten erfolgt. Die Erhebung und Verarbeitung der Daten erfolgt somit immer zweckgebunden.

Die Festlegung des 60-Minuten-Zeitfensters ist für den Athleten aber trotz der Zweckbindung nur dann zumutbar und im Sinne des Datenschutzrechts verhältnismäßig, wenn darüber hinaus eine uferlose Datenerhebung vermieden wird. Das Dopingkontrollsystem stellt eine Begrenzung der tatsächlichen Datenerhebung und -verarbeitung ungeachtet des von WADA- und NADA-Code 2009 vorgegebenen Ziels der uneingeschränkten Dopingkontrolltätigkeit sicher. Das 60-Minuten-Zeitfenster ist, wie die übrigen Angaben zum Aufenthaltsort und zur Erreichbarkeit, begrenzt auf ein Quartal im Voraus abzugeben. Der Athlet ist aber auch nach der Festlegung des Zeitfensters jederzeit und kurzfristig berechtigt, Änderungen vorzunehmen, Informationen zu ändern, zu ergänzen oder zu löschen. Zudem ist er berechtigt, den Zeitpunkt so zu wählen, dass dringende Termine oder berufliche Anliegen nicht tangiert werden. Der Athlet bleibt somit immer und uneingeschränkt Herr seiner Daten. Nur er bestimmt Art und Umfang der zur Verfügung gestellten Daten. Aufgrund der aufgezeigten fortschrittlichen Entwicklung der Dopingkontrollmaßnahmen, die nicht nur die Interessen der effektiven Dopingbekämpfung berücksichtigt, sondern vorrangig die Interessen der Athleten mit aufnimmt, ist auch die Festlegung des 60-Minuten-Zeitfensters im Ergebnis zumutbar und angemessen, um den legitimen Zweck zu erreichen. Die dafür erforderliche Erhebung und Verarbeitung personenbezogener Daten der betroffenen Athleten ist somit ebenfalls verhältnismäßig.

(2) Ergebnis

Im Ergebnis führt die Prüfung der Verhältnismäßigkeit im Rahmen der Interessenabwägung dazu, dass es für die Anti-Doping-Organisation als verantwortliche Stelle gemäß § 28 Abs. 1 Satz 1 Nr. 2 BDSG angemessen ist, personenbezogene Daten der betroffenen Athleten zu erheben, zu verarbeiten oder zu nutzen. Die Erhebung und Verarbeitung dient der Wahrung berechtigter Interessen und ist zur Dopingkontrollplanung unerlässlich. Soweit eine konkrete Einzelfallprüfung nicht belegt, dass die Athleten über das gegenwärtig bestehende System der Meldepflichten hinaus Angaben machen müssen, die in die Intimsphäre der Athleten eingreifen, ist die Datenverarbeitung im Sinne eines notwendigen Dopingkontrollsystems zumutbar. Ein Grund zu der Annahme, dass das schutzwürdige Interesse des Betroffenen an dem Ausschluss der Verarbeitung überwiegt, besteht mithin nicht.

c.) Besondere Arten personenbezogener Daten, § 28 Abs. 6 bis 9 BDSG

Soweit der Athlet keine ausdrückliche Einwilligung gemäß § 4a Abs. 3 BDSG erteilt hat, ist ein Umgang mit besonderen Arten personenbezogener Daten im Sinne von § 3 Abs. 9 BDSG mit speziellen Anforderungen an die gesetzliche Legitimationsgrundlage gemäß § 28 BDSG verbunden. Erfolgt der Datenumgang der Anti-Doping-Organisationen für eigene Geschäftszwecke, so finden sich in § 28 Abs. 6 BDSG vier Zulässigkeitsvarianten. Im Rahmen der Dopingkontrollen werden in erster Linie Daten zur Gesundheit der Athleten erhoben, sei es als Blut- oder Urinwert oder im Rahmen des Genehmigungsverfahrens bei Medizinischen Ausnahmegenehmigungen.

aa.) Durchsetzung rechtlicher Ansprüche, § 28 Abs. 6 Nr. 3 BDSG

§ 28 Abs. 6 Nr. 3 BDSG legitimiert den Umgang mit sensiblen Daten, sofern die Geltendmachung, Ausübung oder Verteidigung rechtlicher Ansprüche erforderlich ist und kein Grund zu der Annahme besteht, dass schutzwürdige Interessen des Betroffenen überwiegen. Erfasst sind damit Ansprüche aus rechtsgeschäftlichen, aber auch rechtsgeschäftsähnlichen Schuldverhältnissen.[742] Dem besonders sensiblen Charakter der Daten wird dadurch Rechnung getragen, dass der Datenumgang nur zulässig ist, wenn nach einer Interessenabwägung entgegenstehende schutzwürdige Betroffeneninteressen nicht überwiegen.[743] Soweit die Rechtsbeziehung zwischen Athleten und Anti-Doping-Organisation durch ein rechtsgeschäftliches oder rechtsgeschäftsähnliches Schuldverhältnis geprägt ist, kommt es für die Zulässigkeit des Datenumgangs gemäß § 28 Abs. 6 Nr. 3 BDSG maßgeblich darauf an, dass die Interessen der Athleten an dem Ausschluss des Datenumgangs überwiegen.

Die Erhebung, Verarbeitung und Nutzung sensibler personenbezogener Daten im Rahmen des Dopingkontrollverfahrens dient wesentlich dazu, Verstöße gegen Anti-Doping-Bestimmungen unmittelbar feststellen zu können. Die Dopingprobe, in Form der Urin- oder Blutabgabe, bietet die Grundlage für eine medizinisch-analytische Überprüfung. Die Auswertung ermöglicht es, festzustellen und nachzuweisen, ob der Athlet verbotene Substanzen eingenommen oder verbotene Methoden angewendet hat. Die Dopinganalytik steht somit im Mittelpunkt des nationalen und internationalen Dopingkontrollsystems. Allerdings ist gleichzeitig zu beachten, dass Blut und Urin maßgebliche Träger von DNA- und Erbgutinformationen sind. Die betroffenen Athleten

---

[742] So in Bezug auf vertragliche Beziehungen und vertragsähnliche Vertrauensverhältnisse: *Simitis/Simitis*, BDSG, § 28 Rn. 331; *Bergmann/Möhrle/Herb*, Datenschutzrecht, § 28 Rn. 368; a. A. *Franzen*, RDV 2003, S. 1 (3).

[743] *Kühling/Seidel/Sivridis*, Datenschutzrecht, S. 176.

haben ein maßgebliches Interesse daran, diese Informationen zu schützen. Diesem Schutzbedürfnis wird im Rahmen des Analyseverfahrens dadurch Rechnung getragen, dass die Untersuchung der vorgelegten Proben durch die Labore anonymisiert erfolgt. Eine Zuordnung personenbezogener Informationen ist nicht möglich.[744] Ferner erfolgt die Analyse ausschließlich in Bezug auf den Nachweis verbotener Substanzen und Methoden, ohne dass dabei auf Gesundheitsmerkmale der Athleten geachtet wird oder diese aufgedeckt werden. Ein über den ausschließlichen Zweck der Aufdeckung von Dopingverstößen hinausgehendes Interesse an der Verarbeitung der sensiblen Daten besteht nicht.

Ebenso überwiegen die Athleteninteressen bei der Erhebung und Verarbeitung sensibler Daten, bei der Erteilung von Medizinischen Ausnahmegenehmigungen durch die NADA nicht. Ein Ausschluss der Datenverarbeitung liegt nicht vor. Im Genehmigungsverfahren wird sichergestellt, dass die Gesundheitsdaten, die zur medizinischen Beurteilung des Sachverhalts erforderlich sind, ausschließlich als verschlossene Arztsache deklariert und von den zuständigen Ärzten und dem medizinischen Hilfspersonal bearbeitet werden.[745] Gesetzliche Schutzmechanismen sichern den besonderen Umgang mit den sensiblen Daten durch die handelnden Personen. Die Daten werden zudem ausschließlich im Rahmen des Genehmigungsverfahrens verarbeitet.

Folglich ist in beiden Fällen transparent, dass die sensiblen Daten zur Erfüllung eines Auftrags erforderlich sind. Eine Interessenabwägung macht ferner deutlich, dass schutzwürdige Rechte des Betroffenen durch die Erhebung, Verarbeitung und Nutzung der Daten nicht unangemessen tangiert sind. Demzufolge ist § 28 Abs. 6 Nr. 3 BDSG grundsätzlich geeignet, im Einzelfall eine Legitimationsgrundlage zu bieten.

bb.) Wissenschaftliche Forschung, § 28 Abs. 6 Nr. 4 BDSG
Schließlich ist der Umgang mit sensiblen Daten nach § 28 Abs. 6 Nr. 4 BDSG zulässig, wenn dies zur Durchführung der wissenschaftlichen Forschung erforderlich ist. Das Eigenforschungsinteresse der verantwortlichen Stelle wird geschützt.[746] Die Forschungstätigkeit kann die eigentliche Aufgabe der verantwortlichen Stelle sein, im Geschäftszweck eines Unternehmens als Dauer-

---

[744] Siehe 1. Teil, C. III.
[745] Siehe hierzu die Ausführungen im Formular "Standard TUE 2010" der NADA, abrufbar unter http://www.nada-bonn.de/fileadmin/user_upload/nada/Downloads/Formulare/Formular_TUE_Standard_2010.pdf, letzter Aufruf am 18. März 2010.
[746] *Bergmann/Möhrle/Herb*, Datenschutzrecht, § 28 Rn. 366; *Simitis/Simitis*, BDSG, § 28 Rn. 355.

aufgabe mit enthalten sein oder im Einzelfall entweder von der verantwortlichen Stelle selbst oder in deren Auftrag durchgeführt werden.[747] Der Stiftungszweck der NADA sieht vor, dass die Förderung des Anti-Doping-Kampfes im Sport im Wesentlichen durch die Durchführung und Fortentwicklung des Dopingkontrollsystems, insbesondere durch Erstellung und Durchsetzung der Kontrollmechanismen und Analyseverfahren gewährleistet wird.[748] Die Dopingbekämpfung durch wissenschaftliche Forschung zu fördern, ist somit eine grundlegende, auf Dauer angelegte Aufgabe der NADA. Zur Erfüllung dieser Aufgabe kann sie Hilfspersonen und Sachverständige hinzuziehen oder die Aufgabe auf Dritte übertragen.[749] Auch wenn die NADA die Analyse der Dopingproben von entsprechend ausgewählten Laboren ausführen lässt, ist ihr deren Tätigkeit zuzurechnen. Die Labore werden von der NADA mit der Analyse der Dopingproben betraut. Die Analyse erfolgt nicht nur zum Nachweis verbotener Substanzen, sondern vor allem zu wissenschaftlichen Forschungszwecken und zur Fortentwicklung des Anti-Dopingkampfes.

Gemäß § 28 Abs. 6 Nr. 4 BDSG muss das wissenschaftliche Interesse der verantwortlichen Stelle das Interesse des Betroffenen am Ausschluss der Erhebung, Verarbeitung und Nutzung der Daten erheblich überwiegen und der Zweck der Forschung auf andere Weise nicht oder nur mit unverhältnismäßigem Aufwand erreichbar sein. Die Dopingbekämpfung dient den Athleten, die im Interesse an einem „sauberen", dopingfreien Sport an nationalen und internationalen Wettkämpfen teilnehmen wollen. Denn Chancengleichheit und Fair Play sind nicht nur für die Anti-Doping-Organisationen, sondern auch für die Athleten die herausragenden Grundprinzipien des Sports. Zur Ausgestaltung und Verwirklichung dieser Grundsätze mit dem Ziel eines (nahezu) dopingfreien Leistungssports ist die Förderung der wissenschaftlichen Forschung unabdingbar. Diese basiert auf der Verbesserung bestehender Konzepte sowie der Entwicklung neuer Nachweismethoden. Grundlage wissenschaftlicher Dopinganalytik ist dabei das zur Verfügung gestellte Material in Form der Blut- und Urinproben. Soweit von der verantwortlichen Stelle sichergestellt werden kann, dass die sensiblen Gesundheitsdaten ausschließlich zu diesem Zweck bestimmt sind, sind keine grundlegend entgegenstehenden Interessen der Athleten ersichtlich. Im Rahmen der Dopingkontrollen werden die Athleten mit Hilfe des Dopingkontrollformulars auf die wissen-

---

[747] *Simitis/Simitis*, BDSG, § 28 Rn. 261.
[748] Siehe § 2 Abs. 2 Satz 2 Nr. 2 der NADA-Stiftungsverfassung.
[749] Siehe § 2 Abs. 3 der NADA-Stiftungsverfassung.

schaftliche Verwendung der Probe zu Forschungszwecken hingewiesen.[750] Unter dem Punkt „Zustimmung zur Forschung (freiwillig) kann der Betroffene diese Erklärung sogar gesondert unterzeichnen:

Um zur Bekämpfung des [sic] Doping im Sport beizutragen, stimme ich durch untenstehende Unterschrift zu, dass meine Probe für Anti-Doping-Forschungszwecke verwendet wird. Wenn alle Analysen abgeschlossen sind und meine Probe ansonsten vernichtet würde, darf sie dann durch jedes von der WADA akkreditierte Labor für Anti-Doping-Forschung jeglicher Art verwendet werden, vorausgesetzt, dass sie nicht mehr als meine Probe identifiziert werden kann".

Diese Erklärung genügt den datenschutzrechtlichen Anforderungen an die Einwilligung.[751] Die anonymisierte Verarbeitung der sensiblen Daten, die den Anforderungen an § 3a BDSG gerecht wird[752], zeigt darüber hinaus, dass die Forschung zum Zwecke des Anti-Doping-Kampfes – auch bei nicht erfolgter Einwilligung – im Einklang mit geltenden nationalen Datenschutzbestimmungen steht. Dass der dargelegte Zweck der Forschung nicht anderweitig erreichbar ist, bedingt das Dopingkontrollsystem. Die Forschung bezieht sich auf einen abgeschlossenen Kreis der am Dopingkontrollsystem angeschlossenen Leistungssportler. Forschungsmaterial, das aus anderen Bereichen außerhalb dieses Systems generiert wird, kann als Vergleichsmaterial nicht dienen. Die Weiterentwicklung der Dopinganalytik wäre nicht mehr möglich.

Insgesamt kann § 28 Abs. 6 Nr. 4 BDSG demnach eine geeignete Grundlage zur Erhebung, Verarbeitung und Nutzung besonderer Arten personenbezogener Daten im Dopingkampf bieten. Allerdings darf das Merkmal der wissenschaftlichen Forschung nicht als Synonym für einen unbegrenzt zulässigen Umgang mit den sensiblen Daten der Athleten missbraucht werden. Die Erhebung, Verarbeitung oder die Nutzung muss daher stets im Einzelfall verhältnismäßig sein.

---

[750] Siehe *NADA*, „Ich werde kontrolliert" in: Nickel/Rous, Anti-Doping-Handbuch (2009), Bd. 1, S. 113 (132).
[751] So *Schaar*, Anforderungen des Datenschutzes an Dopingkontrollen, S. 19, abrufbar unter http://www.bfdi.bund.de/cln_134/DE/Oeffentlichkeitsarbeit/Infomaterial/BfDInformationsbroschu eren/BfDInformationsbroschueren_node.html, letzter Aufruf am 18. März 2010.
[752] So *Schaar*, Anforderungen des Datenschutzes an Dopingkontrollen, S. 19, abrufbar unter http://www.bfdi.bund.de/cln_134/DE/Oeffentlichkeitsarbeit/Infomaterial/BfDInformationsbroschu eren/BfDInformationsbroschueren_node.html, letzter Aufruf am 18. März 2010.

cc.) Gesundheitsbereich, § 28 Abs. 7 BDSG

§ 28 Abs. 7 Satz 1 BDSG bestimmt – in entsprechender Umsetzung von Art. 8 Abs. 3 Datenschutzrichtlinie –, dass die Erhebung sensibler Daten zulässig ist, wenn dies zum Zweck der Gesundheitsvorsorge, der medizinischen Diagnostik, der Gesundheitsversorgung oder Behandlung oder für die Verwaltung von Gesundheitsdaten durch ärztliches Personal oder durch sonstige Personen, die einer Geheimhaltungspflicht unterliegen, erfolgt. Die Erhebung sensibler Daten der Athleten im Rahmen des Verfahrens zur Erteilung Medizinischer Ausnahmegenehmigungen erfolgt ausschließlich durch Ärzte und medizinisches Hilfspersonal. Dieser Personenkreis unterliegt den Geheimhaltungspflichten des § 203 StGB. Die im Rahmen des Genehmigungsverfahrens erhobenen Gesundheitsdaten der Athleten dienen ausschließlich der medizinischen Diagnostik. Dafür ist zudem die administrative Bearbeitung notwendig. § 28 Abs. 7 Satz 1 BDSG stellt eine legitime Grundlage zur Erhebung personenbezogener Daten im Zusammenhang mit der Erteilung Medizinischer Ausnahmegenehmigungen dar.

Die Verarbeitung und Nutzung der so erhobenen Daten ist gemäß § 28 Abs. 7 Satz 2 BDSG zu den aufgeführten Zwecken, aber nur unter Einhaltung der Geheimhaltungspflichten zulässig. Die Grenzen der zulässigen Datenverarbeitung und Nutzung statuiert insofern § 203 StGB. Den verantwortlichen Stellen, die aufgrund der dort normierten Schweigepflichten zum besonders vertraulichen Umgang mit den sensiblen Daten verpflichtet sind, ist die Verarbeitung der Daten gestattet.[753] Soweit die Anti-Doping-Organisationen bei der Speicherung und bei der Übermittlung der Daten sicherstellen, dass nur die Personen und Stellen mit den sensiblen Daten der Athleten in Berührung kommen, die entsprechend der Geheimhaltungsverpflichtungen dazu ermächtigt sind, kann § 28 Abs. 7 BDSG ebenfalls eine legitime Grundlage zur Erhebung, Verarbeitung und Nutzung besonderer personenbezogener Daten darstellen.

---

[753] *Gola/Schomerus*, BDSG, § 28 Rn. 74.

d.) Sonderfall: Veröffentlichung von Disziplinarentscheidungen
Einen deutlichen Konflikt zwischen den rechtlichen Grundlagen der Doping-bekämpfung und dem Datenschutzrecht bietet die Veröffentlichung von Sank-tionsentscheidungen durch den Sport(fach)verband bei Verstoß eines Athleten gegen Anti-Doping-Bestimmungen.[754] Die internationalen und nationalen Sport(fach)verbände sind gehalten, die Verbandsentscheidung, nach Ab-schluss eines Disziplinarverfahrens und endgültiger Feststellung eines Ver-stoßes gegen Anti-Doping-Bestimmungen, der Öffentlichkeit mitzuteilen. In der Zeit, in der Sport und Internet eine untrennbare Symbiose[755] eingegangen sind, liegt es nahe, dass die Sport(fach)verbände dieser Verpflichtung durch die Veröffentlichung auf ihrer Homepage nachkommen. Damit tangieren das Sportrecht und die Anti-Doping-Bekämpfung aber persönlichkeits- und da-tenschutzrechtliche Aspekte.

aa.) Anforderungen an die Veröffentlichung gemäß NADA-Code
Im NADA-Code 2009 finden sich unter Art. 14.3.2 Regelungen zur Informa-tion der Öffentlichkeit über Dopingverstöße. In der Vorschrift heißt es:

„Spätestens zwanzig Tage, nachdem die Entscheidung ergangen ist, dass ein Verstoß gegen Anti-Doping-Bestimmungen vorliegt oder gegen eine Ent-scheidung eines Disziplinarorgans kein Rechtsmittel mehr eingelegt werden kann, soll die für das Ergebnismanagement zuständige Anti-Doping-Organisation die Entscheidung veröffentlichen und dabei insbesondere Anga-ben zu Sportart, zur verletzen Anti-Doping-Bestimmung, zum Namen des Ath-leten oder der anderen Person, die den Verstoß begangen hat, zur verbotenen Substanz oder zur verbotenen Methode sowie zu den Konsequenzen machen".

Damit setzt die Regelung die maßgebliche Vorgabe des WADA-Codes 2009 zur Veröffentlichung von Sanktionsentscheidungen um. Auffällig ist jedoch, dass im NADA-Code 2009 der Hinweis in Art. 14.2.4 WADA-Code 2009 zur Veröffentlichung der Sanktionsentscheidung auf der Web-Site der jeweiligen Anti-Doping-Organisation für mindestens ein Jahr[756] fehlt. Dies ist jedoch

---

[754] Siehe dazu ausführlich *Vieweg/Röhl*, SpuRt 2009, S. 192 ff.; siehe zur Online-Veröffentlichung von Verbandsentscheidungen auch *LG Hamburg*, SpuRt 2009, S. 205 und OLG Karlsruhe, SpuRt 2009, S. 204; zuletzt auch Hanseatisches Oberlandesgericht, Causa Sport 2/2010, S. 145 ff.
[755] *Vieweg/Röhl*, SpuRt 2009, S. 192.
[756] Siehe Art. 14.2.4 WADA-Code 2009: „For purposes of Article 14.2, publication shall be ac-complished at a minimum by placing the required information on the Anti-Doping-Organization`s Web site and leaving the information up for at least one (1) year"; abrufbar auf der Homepage der WADA unter http://www.wada-ama.org/rtecontent/document/code_v2009_En.pdf, letzter Aufruf am 18. März 2010.

grundsätzlich zulässig. Art. 14 WADA-Code 2009 ist keine von den Anti-Doping-Organisationen zwingend zu übernehmende Vorschrift.[757] Unter Berücksichtigung datenschutzrechtlicher Gesichtspunkte hat die NADA auf die Veröffentlichungsverpflichtung im Internet verzichtet. Lediglich der Inhalt der zu veröffentlichenden Entscheidung ist im NADA-Code vorgeben und demnach im Rahmen einer ordnungsgemäßen Umsetzung durch die nationalen Sport(fach)verbände zu transferieren. Eine Veröffentlichung der Entscheidungen kann demnach auch in einem Verbandsorgan (Zeitschrift oder Magazin) erfolgen. Dem Sport(fach)verband steht insoweit ein Wahlrecht zu.

Nicht außer Acht gelassen werden darf jedoch, dass die Anti-Doping-Organisationen insgesamt gehalten sind, die Maßgaben der WADA zu beachten. Dies gebietet die internationale Harmonisierung der Anti-Doping-Regelwerke. Somit ist weiter fraglich, inwieweit die Veröffentlichung von Sanktionsentscheidungen, insbesondere unter Nutzung des Mediums Internet im Sinne einer datenschutzrechtlichen Legitimation geeignet und angemessen ist. Nicht auszuschließen ist, dass die nationalen Sport(fach)verbände im Anwendungsbereich des BDSG das Internet bzw. die jeweilige Verbandshomepage nutzen, um Entscheidungen der Disziplinarorgane in dem in Art. 14.3.2 NADA-Code 2009 genannten Umfang darzustellen. Der nationale Sport(fach)verband ist gehalten, die Anti-Doping-Regelwerke seines jeweiligen internationalen Sport(fach)verbandes umzusetzen und anzuerkennen. Soweit diese auf Art. 14.2.4 des WADA-Codes 2009 Bezug nehmen, besteht für den nationalen Sport(fach)verband ein nicht unerheblicher Interessenkonflikt. Um dem „Weniger", dass der NADA-Code 2009 an Vorgaben macht und dem „Mehr" der Anforderungen an den WADA-Code 2009 Rechnung zu tragen, dürften die meisten nationalen Sport(fach)verbände von der Möglichkeit Gebrauch machen, die Sanktionsentscheidungen im Internet entsprechend zu veröffentlichen.

bb.) Legitimationsgrundlagen
Die Veröffentlichung von personenbezogenen Daten der Athleten im Rahmen der Sanktionsentscheidungen ist nach dem bisher Ausgeführten nur zulässig, wenn der Athlet in diese Art und Weise der Datenverarbeitung eingewilligt hat oder sie sich gemäß § 28 Abs. 1 Satz 1 Nr. 1 – 3 BDSG legitimieren lässt.

---

[757] Vgl. hierzu die Ausführungen in 1. Teil, B. VII; siehe auch WADA-Code 2009, abrufbar auf der Homepage der WADA unter http://www.wada-ama.org/rtecontent/document/code_v2009_En.pdf, letzter Aufruf am 18. März 2010.

(1) Einwilligung gemäß § 4a BDSG

Zulässige Rechtsgrundlage für die Veröffentlichung von Sanktionsentscheidungen im Internet kann zunächst die ordnungsgemäße Einwilligungserklärung des Athleten sein. Sind die tatbestandlichen Voraussetzungen der Einwilligung gemäß § 4a BDSG erfüllt und hat der betroffene Athlet eine solche
Einwilligung erteilt, so ist auch die Veröffentlichung von Sanktionsentscheidungen im Internet dem Grunde nach gerechtfertigt. Entscheidend ist bei der
Veröffentlichung von Sanktionsentscheidungen des Verbandes im Internet
vor allem der Umfang der übermittelten Daten. Zwar erfasst die Einwilligung
auch die Verarbeitung besonderer Arten personenbezogener Daten. Allerdings
ist insoweit erforderlich, dass der betroffene Athlet wissen und zur Kenntnis
nehmen kann, in welchem Umfang der Verband eine Sanktionsentscheidung
veröffentlicht.

Gemäß Art. 14.3.2 NADA-Code: *soll spätestens zwanzig (20) Tage, nachdem
die Entscheidung ergangen ist, dass ein Verstoß gegen Anti-Doping-
Bestimmungen vorliegt oder gegen die Entscheidung des Disziplinarorgans
kein Rechtsmittel mehr eingelegt werden kann, die für das Ergebnismanagement zuständige Anti-Doping-Organisation die Entscheidung Veröffentlichen
und dabei insbesondere Angaben zur Sportart, zur verletzten Anti-Doping-
Bestimmung, zum Namen des Athleten oder der anderen Person, der/die den
Verstoß begangen hat, zur Verbotenen Substanz oder zur Verbotenen Methode sowie zu den Konsequenzen machen.*

Die Konsequenzen werden im NADA-Code 2009 ebenfalls definiert und
können die Annullierung von Ergebnissen, die Disqualifikation, die vorläufi-
ge Suspendierung oder die Sperre des Athleten umfassen.

(2) Erlaubnistatbestände des § 28 Abs. 1 Satz 1 Nr. 1 bis 3 BDSG

Soweit eine wirksame Einwilligung gemäß § 4a BDSG nicht vorliegt, kommt
ein Erlaubnistatbestand des § 28 Abs. 1 Satz 1 Nr. 1 – 3 BDSG als mögliche
Rechtsgrundlage für Internetveröffentlichungen von Sanktionsentscheidungen
durch Disziplinarorgane der nationalen Sport(fach)verbände in Betracht. Allgemeine Voraussetzung zur Verwirklichung dieser Tatbestände ist zunächst,
dass das Erheben, Speichern, Verändern oder Übermitteln personenbezogener
Daten oder ihre Nutzung als Mittel für die Erfüllung eigener Geschäftszwecke
die Grundlage der Datenverarbeitung ist. Bei der Veröffentlichung von personenbezogenen Daten handelt es sich um einen besonderen Fall der Übermitt-

lung im Sinne von § 3 Abs. 4 Satz 2 Nr. 3 BDSG.[758] Durch die Bereitstellung personenbezogener Daten in einem öffentlich zugänglichen Medium können die Informationen von Dritten zur Kenntnis genommen werden. Es kommt zu einer Weitergabe der Informationen. Die Veröffentlichung der Daten soll einzig zur Erfüllung der Geschäftszwecke des jeweiligen verantwortlichen Sport(fach)verbandes erfolgen. Die Datenverarbeitung ist Hilfsmittel zur Erfüllung bestimmter anderer, eigener Zwecke der Daten verarbeitenden Stelle.

(a) Wahrung berechtigter Interessen

Die Zulässigkeit der Veröffentlichung von Sanktionsentscheidungen aufgrund einer Ermächtigungsgrundlage des § 28 Abs. 1 Satz 1 BDSG könnte sich maßgeblich aus Nr. 2 ergeben. Dies ist der Fall, wenn die Veröffentlichung zur Wahrung berechtigter Interessen der verantwortlichen Stelle erforderlich ist und schutzwürdige Interessen des betroffenen Athleten nicht überwiegen. Die Veröffentlichung von Sanktionsentscheidungen dient in unterschiedlicher Art und Weise der Durchführung eines effektiven Anti-Doping-Kampfes. Durch öffentlich gemachte Verstöße gegen Anti-Doping-Bestimmungen entsteht mithin eine Abschreckungswirkung. Die Veröffentlichung dieser Information ist aber auch im allgemeinen Interesse. Denn die Mitteilung von Sanktionsentscheidungen dient dabei als wichtiges Instrument zur transparenten Gestaltung der Dopingbekämpfung durch die Verbände. Folglich dient die Veröffentlichung der Sanktionsentscheidungen als entscheidendes Mittel zur Verfolgung des Geschäftszwecks.

(b) Verhältnismäßigkeit

Inwieweit diese berechtigten Interessen des Sport(fach)verbandes dem Interesse des Athleten an der Nichtveröffentlichung entgegenstehen, ist erneut durch Abwägung zu bestimmen.

(aa) Legitimer Zweck

Voraussetzung ist, dass der Veröffentlichung der Sanktionsentscheidung im Internet ein legitimer Zweck zugrunde liegt. Das eingesetzte Mittel der Internetveröffentlichung verfolgt einen sowohl spezial- als auch generalpräventiven Ansatz. Der Erziehungsgedanke, der mit der Verbandssanktion einhergeht, wird für den Einzelnen gerade bei der Veröffentlichung eines Verstoßes berücksichtigt. Ebenso wird deutlich, dass ein Verstoß gegen Anti-Doping-

---

[758] *Simitis/Dammann*, BDSG, § 3 Rn. 163; *Gola/Schomerus*, BDSG, § 3 Rn. 33.

Bestimmungen entsprechende Sanktionen nach sich zieht. Eine entsprechende Abschreckungswirkung wird erzeugt. Schließlich unterstreicht die Maßnahme die Bemühungen der im Sport engagierten Institutionen, die Glaubwürdigkeit des „sauberen" (Leistungs-)Sports zu erhalten und zu unterstreichen. Ein legitimer Zweck liegt somit vor.

(bb) Geeignetheit
Ferner ist das Mittel der Veröffentlichung der Entscheidung im Internet geeignet, wenn es die Erreichung des verfolgten Zwecks fördert.[759] Die Veröffentlichung der Sanktionsentscheidungen trägt dazu bei, der Öffentlichkeit die ordnungsgemäße Ahndung von Verstößen gegen Anti-Doping-Bestimmungen zu präsentieren. Dieses Vorgehen unterstützt damit im Wesentlichen die Glaubwürdigkeit und die Echtheit des Sports.

(cc) Erforderlichkeit
Fraglich ist, ob die Veröffentlichung der Sanktionsentscheidungen im Internet erforderlich ist. Dies ist der Fall, wenn der Zweck nicht durch ein gleich wirksames, aber weniger belastendes Mittel erreichbar ist.[760] Die Veröffentlichung der gemäß Art. 14.3.2 NADA-Code 2009 geforderten Informationen im Internet wäre unter dem Aspekt der Notwendigkeit unverhältnismäßig, wenn der damit verfolgte Zweck, nämlich die Erzeugung einer Abschreckungswirkung sowie die Erhaltung der Glaubwürdigkeit des „sauberen" Leistungssports, auch dann erreicht werden kann, wenn die Entscheidungen entweder in einem anderem Medium veröffentlicht werden oder der Umfang der zur Verfügung gestellten personenbezogenen Daten reduziert wird bzw. eine Anonymisierung der betroffenen Person erfolgen kann. Das Internet dient als elektronische Plattform dazu, eine Fülle an Informationen und Daten zur erhalten, auszutauschen oder zur Verfügung zu stellen.[761] Aufgrund der technischen Besonderheiten von Online-Publikationen ist es jedermann im Vergleich zur Nutzung traditioneller Veröffentlichungsformen, wie Verbandszeitungen, (Tages-)Presse, Hörfunk oder Fernsehen möglich, – auch anonym – jederzeit und an jedem Ort digitale Informationen einzugeben, abzurufen oder zu speichern.

---

[759] *Pieroth/Schlink,* Grundrechte, Rn. 283.
[760] *Pieroth/Schlink,* Grundrechte, Rn. 285.
[761] Siehe „Datenschutz im Verein", Informationen über die datenschutzrechtlichen Rahmenbedingungen beim Umgang mit personenbezogenen Daten in der Vereinsarbeit, Merkblatt des Innenministeriums Baden-Württemberg, 2005 abrufbar unter http://www.innenministerium.baden-wuerttemberg.de/fm7/1227/Verein%2009%202006.pdf, letzter Aufruf am 18. März 2010.

Zu berücksichtigen ist zudem, dass die im Internet einmal eingestellten Informationen aufgrund systemimmanenter technischer Funktionen[762] auch bei (vermeintlicher) Löschung noch auf Dauer abrufbar sein können. Zur Erreichung des dargestellten Zwecks, eine Abschreckungswirkung verbunden mit regelkonformem Verhalten zu erzeugen, könnte es folglich ausreichen, dass die Sanktionsentscheidungen lediglich organisations- oder verbandsintern publiziert werden. Die Entscheidungen wären dann nur für verantwortliche Personen einsehbar. Dies könnte zum Beispiel in einem zugriffsgeschützten und nichtöffentlichen Intranet-Forum erfolgen. Darüber hinaus gehende Offenlegungen könnten aber auch in anonymisierter Form ohne Namensnennung des betroffenen Athleten erfolgen, soweit sie zu statistischen Zwecken erfolgen. Damit würde ein Mittel statuiert, dass grundsätzlich weniger in die Persönlichkeitsrechte des Athleten eingreift.

Allerdings müsste die anonymisierte oder nur für einen begrenzten Bereich zugängliche Veröffentlichung den Zweck der Veröffentlichung sportgerichtlicher Entscheidungen, insbesondere im Anti-Doping-Bereich, erfüllen. Denn neben dem Merkmal der „gleichen Eignung" kommt es bei der Erforderlichkeit eines Mittels vor allem darauf an, dass das vergleichbare Mittel den angestrebten Zweck in gleichem Maße erreichen kann, wie das zunächst statuierte. Nur dann kann das Alternativmittel die Erforderlichkeit des eingesetzten Mittels in Abrede stellen. Dies ist im Falle der Veröffentlichung einer Sanktionsentscheidung durch den jeweiligen Sport(fach)verband, infolge eines Verstoßes gegen Anti-Doping-Bestimmungen des Athleten, auf der Verbandshomepage indes nicht ersichtlich. Die Veröffentlichung erfolgt nicht nur zu statistischen Zwecken, sondern vorrangig zur Festsetzung einer Abschreckungswirkung und zur Veranschaulichung der Sanktionierung von Dopingverstößen gegen einen bestimmten Athleten aufgrund eines bestimmten Verstoßes. Eine Verallgemeinerung oder Anonymisierung kann dabei den verfolgten Zweck ebenso wenig gewährleisten, wie die Veröffentlichung in einem abgegrenzten und zugriffsgeschützten Bereich im Internet.

Die Veröffentlichung der Sanktionsentscheidungen im Internet hat die Veröffentlichung in den „amtlichen Mitteilungen" der Verbände und somit in den Printmedien ergänzt oder teilweise sogar ersetzt. Die amtlichen Mitteilungen dienen als „Sprachrohr" und Veröffentlichungsorgan der (Sport)Verbände und Vereine in Deutschland. In ihnen werden aktuelle Nachrichten zum Verbands- und Vereinsgeschehen, wie bevorstehende Wettkämpfe und andere Ereignisse, Satzungs- und Regelwerksänderungen und – seit jeher – auch

---

[762] Verlinkung, sogenannte Deep-Links oder durch die Erfassung von Suchmaschinen (z.B. google, yahoo) mit Hilfe sogenannter Applikationen etc.

Sanktionsentscheidungen veröffentlicht. Die amtlichen Mitteilungen sind für jedermann und nicht nur für Verbands- und Vereinsmitglieder einsehbar. Nachrichten und Entscheidungen werden zudem nicht anonymisiert veröffentlicht. Dies dient dem legitimen Zweck, einer Vielzahl von Interessierten Verbands- und Vereinsinformationen zur Verfügung zu stellen. Keinen anderen Zweck verfolgt daher auch die Veröffentlichung von Informationen der Verbände über eine Homepage im Internet. Verbände nutzen das Medium Internet, um sich selbst darzustellen und „Werbung in eigener Sache" zu betreiben. Hinsichtlich der Veröffentlichung von Sanktionsentscheidungen, aufgrund eines Verstoßes gegen Anti-Doping-Bestimmungen durch einen Athleten, macht der Verband gleichzeitig deutlich, dass er das entsprechende Verfahren ordnungsgemäß durchgeführt und schließlich entschieden hat. Die Veröffentlichung stellt den letzten Schritt dar, um in der Außendarstellung die glaubhafte Dopingbekämpfung transparent und nachvollziehbar zu gestalten.

Die Veröffentlichung ist demnach erforderlich. Ein gleich geeignetes, aber dennoch milderes Mittel ist gegenwärtig weder in der anonymisierten noch in der zugriffbegrenzten Veröffentlichung im Internet zu sehen.

(dd) Angemessenheit/ Verhältnismäßigkeit im engeren Sinne
Ob die Veröffentlichung eines rechtskräftigen Urteils im Internet unter voller Namensnennung der Parteien zulässig ist, ist schließlich im Rahmen einer Abwägung zwischen dem Recht auf freie Meinungsäußerung des Veröffentlichers einerseits und dem Allgemeinen Persönlichkeitsrecht des Genannten andererseits festzustellen.[763] Insbesondere verlangt § 28 Abs. 1 Nr. 1 BDSG, dass eine Übermittlung von personenbezogenen Daten stets die Abwägung zwischen dem schutzwürdigen Interesse des Betroffenen an dem Ausschluss der Verarbeitung oder Nutzung und der Wahrung berechtigter Interessen der verantwortlichen Stelle erfolgt. Im Gegensatz zur Veröffentlichung der Daten in gedruckten, von der Natur der Sache her einem begrenzten, interessierten Kreis zugänglichen Publikationen und Verzeichnissen, stellt die Bereitstellung im Internet eine Veröffentlichung in einer für jedermann global abrufbaren, virtuellen Zeitung dar, wobei diese Daten mit anderen im Internet anzutreffenden Daten über die betroffene Person problemlos verknüpft und losgelöst von dem Zweck der ursprünglichen Veröffentlichung werden können.[764]

---

[763] *Hoeren*, Internetrecht, S. 384 f.; *Vieweg/Röhl*, SpuRt 2009, S. 192 (194 f.).
[764] *Gola/Schomerus*, BDSG, § 28 Rn. 22b.

200

Mit Beschluss vom 27. November 2009[765] stellt auch der Düsseldorfer Kreis[766] heraus, dass seiner Auffassung nach die uneingeschränkt zugängliche Veröffentlichung von sportgerichtlichen Entscheidungen im Internet unzulässig sei. Die weltweite Verfügbarkeit und Recherchierbarkeit der personenbezogenen Daten der betroffenen Athleten seien ein Eingriff in das informationelle Selbstbestimmungsrecht der Betroffenen und würden von diesen zumeist als besonders gravierend empfunden.

Zu berücksichtigen ist allerdings, dass von der Rechtsprechung bereits entschieden wurde, dass ein Sportverband beispielsweise die Sperre eines Spielers auf seiner Internet-Homepage veröffentlichen darf. Eine Veröffentlichung auf der Homepage sei – so das OLG Karlsruhe[767] – die praktikabelste Möglichkeit, über die jeweils aktuellen Sperren zu informieren. Es sei nicht erkennbar, dass die Veröffentlichung geeignet gewesen sei, dem Kläger einen erheblichen Persönlichkeitsschaden zuzufügen, da eine solche – anders als eine Berichterstattung in der Presse oder gar im Fernsehen – keine besondere Breitenwirkung entfalte. Es erhielten schließlich nur solche Personen Informationen über den Kläger, die von sich aus aktiv wurden, die Website aufriefen und sich über mehrere Links zu den Spielsperren „durchklickten". Dass der Eintrag über den Kläger auch bei Eingabe seines Namens auf einer Internetsuchmaschine erscheine, mache die Veröffentlichung auf der Website nicht rechtswidrig. Hinzu komme, dass es grundsätzlich ebenso erlaubt sei, sich Informationen über einen Dritten zu beschaffen sowie Informationen über einen Dritten zu erteilen. Der Umstand, dass Suchmaschinen die Beschaffung solcher Informationen erleichtern, ändere hieran nichts. Mit der Möglichkeit einer solchen Suche sei keinerlei öffentliche Stigmatisierung oder Prangerwirkung verbunden.

Vergleichbar ist dies mit der Sanktion, die ein Verband gegen einen Athleten aufgrund eines Verstoßes gegen Anti-Doping-Bestimmungen festgelegt hat und nun auf der verbandseigenen Homepage veröffentlicht. Ebenfalls ist nicht zu erkennen, inwieweit die Möglichkeit, losgelöst vom ursprünglichen Infor-

---

[765] Abrufbar über die Homepage des Bundesbeauftragten für den Datenschutz und die Informationsfreiheit (BfDI) unter http://www.bfdi.bund.de/SharedDocs/Publikationen/Entschliessungssammlung/DuesseldorferKreis/Nov09Sportgerichtsentscheidungen.html?nn=409242, letzter Aufruf am 18. März 2010.
[766] Der Düsseldorfer Kreis ist eine informelle Vereinigung der obersten Aufsichtsbehörden, die in Deutschland die Einhaltung des Datenschutzes im nicht-öffentlichen Bereich überwachen. Seit 1997 trifft sich der Düsseldorfer Kreis, um sich über die einheitliche Anwendung des BDSG auszutauschen und zu verständigen.
[767] *OLG Karlsruhe*, SpuRt 2009, S. 204. *Anmerkung*: In seinem Beschluss vom 27. November 2009 tritt der Düsseldorfer Kreis der Rechtsprechung des OLG Karlsruhe ausdrücklich entgegen.

mationszweck, im Internet allgemein nach Information über einen bestimmten Athleten zu suchen, zur Erstellung eines Persönlichkeitsprofils genutzt werden kann[768]. Ohne die besondere Eingriffsqualität zu vernachlässigen, die durch die Veröffentlichung von Sanktionsentscheidungen im Internet entstehen, ist festzustellen, dass die notwendige Interessenabwägung hier nicht dazu führt, dass das Veröffentlichungsinteresse hinter dem Interesse der von der Internetveröffentlichung betroffenen Personen zurücktreten muss.

(c) (Zwischen-) Ergebnis
Die Veröffentlichung von Sanktionsentscheidungen bei Verstößen gegen Anti-Doping-Bestimmungen durch Athleten auf der Homepage der Verbände ist damit nach hier vertretener Auffassung verhältnismäßig.

cc.) Ergebnis
Zusammenfassend ist festzuhalten, dass die Anti-Doping-Regelwerke der NADA eine Pflicht zur Veröffentlichung von Sanktionsentscheidungen im Internet nicht zwingend vorsehen. Verpflichtend ist lediglich, dass die Entscheidung veröffentlicht wird. Den Sport(fach)verbänden steht es demnach frei, wie eine Veröffentlichung der aktuellen Informationen sichergestellt wird. Nach hier vertretener Auffassung ist die Veröffentlichung der Entscheidungen im Wege einer Entäußerung wahrer Tatsachen durch den Sport(fach)verband nicht nur aufgrund verbandsautonomer Ausgestaltung der Verbandsregelwerke, sondern auch durch das Grundrecht der Meinungsäußerungsfreiheit ausreichend legitimiert. Der Athlet unterwirft sich freiwillig dem Anti-Doping- und Verbandsregelwerk. Er erkennt diese ausdrücklich als für sich verbindlich an. Ebenso muss sein Recht auf informationelle Selbstbestimmung, das nicht uneingeschränkt gilt, hinter dem Meinungsäußerungsrecht in Bezug auf wahre Tatsachen zurückstehen. Er hat die Veröffentlichung demzufolge zu dulden. Die Veröffentlichung im Internet ist nicht rechtswidrig. Entgegen des Beschlusses des Düsseldorfer Kreises ist der Rechtsprechung des OLG Karlsruhe zuzustimmen. Eine besondere Breitenwirkung des Internets besteht nur bei bestimmter und detaillierter Recherche. Diejenigen, die Name und Sportart des Athleten bewusst suchen, sind auch maßgebliche Adressaten der Veröffentlichung von Sperren und Sanktionen. Werden darüber hinaus technische Hilfsmittel zur Verhinderung einer unbeabsichtigten Verlinkung des Namens verwendet, ist die Veröffentlichung im Internet auch verhältnismäßig. Einer Anonymisierung der Daten oder der

---

[768] Siehe insoweit *Gola/Schomerus*, BDSG, § 28 Rn. 22b.

Verwendung des passwortgeschützten Intranets bedarf es mithin nicht, um die Erforderlichkeit des Mittels zu gewährleisten. Im Hinblick auf den Sinn und Zweck der Veröffentlichung von Sanktionsentscheidungen gegen Athleten werden damit keine milderen Mittel statuiert, die zugleich gleich geeignet sind, um den Zweck zu erreichen.

4. Sperren und Löschen personenbezogener Daten, § 35 Abs. 2 BDSG

Gemäß § 35 Abs. 2 Satz 1 BDSG ist eine Löschung personenbezogener Daten grundsätzlich jederzeit zulässig. Ausnahmen bestehen nur in den Fällen des § 35 Abs. 3 Nr. 1 und 2 BDSG, wenn bestimmte Aufbewahrungsfristen entgegenstehen oder Grund zu der Annahme besteht, dass schutzwürdige Belange des Betroffenen beeinträchtigt würden.[769] § 35 Abs. 2 Satz 2 BDSG regelt hingegen die Fälle, in denen über die Zulässigkeit hinaus eine Löschungsverpflichtung besteht. Dies gilt zunächst, wenn die Speicherung der Daten unzulässig ist (Nr. 1) oder es sich um in Nr. 2 aufgeführte sensible Daten handelt, deren Richtigkeit von der verantwortlichen Stelle nicht bewiesen werden kann. Eine Verpflichtung zur Löschung besteht weiter bei der Datenverarbeitung für eigene Zwecke, wenn die Speicherung der Daten für die Erfüllung des Zwecks nicht mehr erforderlich ist (Nr. 3). Schließlich sind nach Nr. 4 auch solche Daten zu löschen, die geschäftsmäßig zum Zweck der Übermittlung verarbeitet werden, wenn eine turnusmäßige Prüfung ergibt, dass eine länger währende Speicherung nicht erforderlich ist.

Für die Feststellung, ob und wann eine Löschungsverpflichtung der Anti-Doping-Organisationen in Bezug auf gespeicherte personenbezogene Daten der Athleten besteht, kommt es deshalb entscheidend auf den Wegfall des Speicherungszwecks an. Anhand der Verjährungsvorschriften in WADA- und NADA-Code 2009 ist unter Verhältnismäßigkeitsgesichtspunkten zu bestimmen, wann Athletendaten im Einzelfall nicht mehr dem Zweck der Datenerhebung entsprechen.[770] Legitimationsgrundlage für die Löschungsverpflichtung der Athletendaten durch die zuständigen Anti-Doping-Organisationen ist somit § 35 Abs. 2 Satz 2 Nr. 3 BDSG.

5. Sperrung statt Löschung, § 35 Abs. 3 BDSG

Anstelle der Löschung der personenbezogenen Daten kann in den Fällen von § 35 Abs. 3 BDSG die Sperrung der Daten erfolgen. Dadurch wird die generelle Löschungspflicht des § 35 Abs. 2 BDSG eingeschränkt. Die Sperrung im

---

[769] *Kühling/Seidel/Sivridis*, Datenschutzrecht, S. 213.
[770] Siehe dazu ausführlich 2. Teil, D II 3. a.) bb.).

Sinne von § 35 Abs. 3 BDSG tritt an die Stelle der Löschung, soweit einer Löschung gesetzliche, satzungsmäßige oder vertragliche Aufbewahrungsfristen entgegenstehen (Nr. 1), Grund zur Annahme besteht, dass durch eine Löschung schutzwürdige Interessen des Betroffenen beeinträchtigt würden (Nr. 2) oder eine Löschung wegen der besonderen Art der Speicherung nicht oder nur mit unverhältnismäßig hohem Aufwand möglich ist (Nr. 3). Begrifflich ist das Sperren gemäß § 3 Abs. 4 Nr. 4 BDSG das Kennzeichnen personenbezogener Daten, um ihre weitere Verarbeitung oder Nutzung einzuschränken.

a.) Aufbewahrungsfristen, § 35 Abs. 3 Nr. 1 BDSG

Es könnte die Sperrung statt der Löschung von Athletendaten gemäß § 35 Abs. 2 Satz 2 Nr. 1 BDSG in Betracht kommen. Soweit die personenbezogenen Daten der Athleten nicht mehr benötigt werden, sind diese im Sinne von § 35 Abs. 2 Satz 2 Nr. 3 BDSG zu löschen. Dies könnte zum Beispiel dann der Fall sein, wenn Athleten aus dem Testpoolsystem der NADA wegen Zeitablaufs, aufgrund einer Nicht(mehr)berücksichtigung oder durch das Karriereende ausgeschieden sind und die Daten danach zur Zweckerfüllung der Speicherung nicht weiter erforderlich sind. Stehen aber satzungsmäßige oder vertragliche Aufbewahrungsfristen der Löschung entgegen, sind die Daten nicht zu löschen, sondern zu sperren.[771] Gesetzliche Aufbewahrungsfristen, die eine Sperrung der Daten der Löschung vorziehen würden, sind im Bereich der nationalen und internationalen Dopingbekämpfung nicht ersichtlich. Weder die Datenschutzrichtlinie noch das BDSG statuieren Fristen, die eine Archivierung der Daten über die Erfüllung des Speicherungszwecks hinaus legitimieren. Auch satzungsmäßig oder vertraglich festgehaltene Aufbewahrungsfristen, die nicht unmittelbar an den Speicherungszweck anknüpfen, sind nicht ersichtlich. Sowohl WADA- als auch NADA-Code 2009 statuieren lediglich Verjährungsvorschriften. Der ISPP stellt ebenfalls auf ein zweckgebundenes Speichern personenbezogener Daten ab. Werden die personenbezogenen Daten nicht länger für einen bestimmten Zweck benötigt, sollen sie gelöscht, zerstört oder dauerhaft anonymisiert werden.[772]

---

[771] Es handelt sich um sog. Archivdaten. Zum Begriff siehe auch *Bergmann/Möhrle/Herb*, BDSG, § 35 Rn. 96.

[772] Siehe auch Art. 10.3 ISPP, abrufbar auf der Homepage der WADA unter http://www.wada-ama.org/Documents/World_Anti-Doping_Program/WADP-IS-PPPI/WADA_IS_PPPI_2009_EN.pdf, letzter Aufruf am 18. März 2010.

b.) Erschwerte oder unmögliche Löschung, § 35 Abs. 3 Nr. 3 BDSG

In den Fällen, in denen es den verantwortlichen Stellen wegen der besonderen Art der Speicherung nicht oder nur mit unverhältnismäßig hohem Aufwand möglich ist, Daten zu löschen, sind die Daten gemäß § 35 Abs. 3 Nr. 3 BDSG zu sperren. Unverhältnismäßiger Löschaufwand liegt beispielsweise dann vor, wenn Einzeldaten in einem Datenverarbeitungsverfahren aus einem umfang-reichen Datenbestand zu löschen sind und kein Löschprogramm vorhanden ist.[773] Insbesondere in Bezug auf die Erhebung, Verarbeitung und Nutzung personenbezogener Athletendaten im automatisierten Verfahren unter Einsatz der ADAMS-Datenbank ist eine Löschung der Daten nur durch den Betreiber WADA möglich. Allen anderen Anti-Doping-Organisationen ist – auch wenn sie als verantwortliche Stelle im Sinne von § 3 Abs. 7 BDSG gelten – eine unmittelbare Löschung von Athletendaten in ADAMS nicht möglich.[774] Die Anti-Doping-Organisationen können nur die Nutzung der Athletendaten durch technische Funktionen im System einschränken. Es erfolgt eine ent-sprechende Kennzeichnung, indem der betroffene Athlet den Status „retired" erhält. Die Daten können danach nicht mehr unmittelbar von den lese- und schreibberechtigten Anti-Doping-Organisationen eingesehen werden. Aller-dings ist es der federführenden Anti-Doping-Organisation („custodial organi-zation") möglich, den Status wieder aufzuheben. Die Anti-Doping-Organisationen können lediglich die WADA mit der Löschung der Daten be-auftragen. Gemäß § 35 Abs. 3 Nr. 3 BDSG stellt die Sperrung insofern eine verhältnismäßige Alternative dar, um den Schutz des Rechts auf informatio-nelle Selbstbestimmung des Athleten sicherzustellen.

6. Ergebnis

Der Umgang mit personenbezogenen Daten im Rahmen des Dopingkontroll-systems findet in den §§ 28, 35 BDSG legitime Rechtsgrundlagen. Sowohl die Erhebung, Speicherung, Veränderung, Übermittlung und Nutzung als auch das Sperren und Löschen von Athletendaten ist aufgrund der Normen des BDSG grundsätzlich zulässig. Festzuhalten ist jedoch, dass der individu-elle Umgang mit den personenbezogenen Daten der Athleten stets am Grund-satz der Verhältnismäßigkeit zu messen ist. Bei der Erhebung, Verarbeitung oder Nutzung der Athletendaten durch die zuständige Anti-Doping-Organisation ist eine Abwägung der entgegenstehenden Interessen vorzuneh-men. Inwieweit die §§ 28, 35 BDSG somit den Umgang mit den Daten zulas-sen und als einschlägige Rechtsgrundlagen herangezogen werden können, kann nur im jeweiligen Einzelfall abschließend entschieden werden.

---

[773] Vgl. *Bergmann/Möhrle/Herb*, Datenschutzrecht, § 35 Rn. 109.
[774] Siehe hierzu ausführlich 1. Teil, C. IV. 3.

F. Rechte des Betroffenen

Als Ausgestaltung des Transparenzgebots gibt das BDSG den Betroffenen Rechte, mit Hilfe derer sie selbst die Verarbeitung ihrer Daten bei der verantwortlichen Stelle kontrollieren können. Gemäß § 6 Abs. 1 BDSG sind dies das Recht auf Auskunft, Berichtigung, Löschung und Sperrung von Daten. Diese Kontrollinstrumente werden unabdingbar gewährt. Das bedeutet, sie können nicht durch Rechtsgeschäft ausgeschlossen oder beschränkt werden. Sie gelten höchstpersönlich und sind nicht übertragbar, abtretbar oder vererblich.[775] Nachfolgend soll sich die Prüfung der Betroffenenrechte auf Ansprüche auf Auskunft, Berichtigung und Widerspruch beschränken. Soweit eine Verpflichtung zur Löschung oder Sperrung personenbezogener Daten der Athleten für die verantwortlichen Stellen gemäß § 35 Abs. 2 bzw. 3 BDSG besteht, ist damit gleichzeitig ein Anspruch des Betroffenen verbunden.[776]

I. Auskunftsanspruch, § 34 Abs. 1 Satz 1 BDSG

1. Voraussetzungen

Um eine Kontrolle über seine personenbezogenen Daten überhaupt ausüben zu können, muss ein Betroffener zunächst Kenntnis von den gespeicherten Daten erlangen. Über sein Auskunftsrecht gegenüber nicht-öffentlichen Stellen gemäß § 34 Abs. 1 Satz 1 BDSG[777] kann der Athlet von der zuständigen Anti-Doping-Organisation Auskunft verlangen über die zu seiner Person gespeicherten Daten, den Empfänger oder die Kategorien von Empfängern, an die Daten weitergegeben werden sowie den Zweck der Speicherung. Damit setzt das BDSG zugleich die maßgeblichen Vorgaben der Datenschutzrichtlinie um. Gemäß Art. 12 der Datenschutzrichtlinie muss eine betroffene Person grundsätzlich frei und ungehindert in angemessenen Abständen und ohne unzumutbare Verzögerung oder übermäßige Kosten Mitteilung in verständlicher Form über die Verarbeitung der sie betreffenden Daten erhalten. Davon umfasst sind insbesondere Informationen über die Zweckbestimmung der Verarbeitung, die Datenkategorien, die Empfänger, an die die Daten übermittelt werden sowie die Herkunft der Daten und den logischen Aufbau der sie betreffenden Entscheidungen. Die Auskunft ist unentgeltlich, § 34 Abs. 8 Satz 1 BDSG und auf Verlangen des Betroffenen in Textform zu erteilen, § 34 Abs. 6 BDSG.

---

[775] *Gola/Schomerus*, BDSG, § 6 Rn. 3.
[776] Eine Übersicht über außerhalb des BDSG stehender Löschungsansprüche des Betroffenen (z.B. aus §§ 823 f. BGB) findet sich bei *Bergmann/Möhrle/Herb*, Datenschutzrecht, § 35 Rn. 78 ff.
[777] In der Form des BDSG („BDSG-Novelle I") mit Stand vom 1. April 2010.

2. Ausnahmen von der Auskunftspflicht

Fraglich ist allerdings, wie weit das Auskunftsverlangen des Betroffenen im Einzelfall reicht. Zwar kann sich der betroffene Athlet unabhängig von seiner Einwilligung jederzeit über den Stand der Datenverarbeitung bei der zuständigen Anti-Doping-Organisation erkundigen. Im Bereich der Dopingbekämpfung hat der Athlet aber mit dem datenschutzrechtlich gewährten Auskunftsanspruch die Möglichkeit, den Zweck der Dopingkontrollen zu konterkarieren. Das Dopingkontrollsystem basiert auf der Organisation und Durchführung unangekündigter Dopingkontrollen. Verlangt der Athlet aktuelle Auskünfte über Art und Umfang der gespeicherten Daten sowie die Übermittlung der Daten, so kann er damit das Überraschungsmoment der Dopingkontrollen ausschalten. Um den Zweck der gegenwärtigen Ausgestaltung der Dopingbekämpfung nicht zu gefährden, könnte das Auskunftsrecht eingeschränkt sein.

a.) Beschränkung des Auskunftsrechts, § 34 Abs. 1 Satz 4 BDSG

In Umsetzung von Art. 13 Abs. 1 der Datenschutzrichtlinie, der vorsieht, dass die Mitgliedstaaten Rechtsvorschriften erlassen können, die die Pflichten und Rechte unter anderem gemäß Art. 12 Datenschutzrichtlinie beschränken, sofern dies für einen der in der Norm enumerativ[778] aufgezählten Fälle notwendig ist, hat der Gesetzgeber Ausnahmetatbestände aufgenommen. Das BDSG statuiert demgemäß in § 34 Abs. 1 Satz 4 BDSG, dass die Auskunft über die Herkunft und die Empfänger der Daten verweigert werden kann, soweit das Interesse an der Wahrung des Geschäftsgeheimnisses gegenüber dem Informationsinteresse des Betroffenen überwiegt. Erforderlich ist eine Abwägung der beiden entgegenstehenden Interessen, wobei diese im Einzelfall von der verantwortlichen Stelle wahrzunehmen ist.[779] Die Anti-Doping-Organisation hat im Falle eines Auskunftsersuchens eines Athleten zu prüfen, inwieweit das dargelegte Verlangen nach Art und Umfang verhältnismäßig ist. Ein überwiegendes Interesse an der Wahrung des Geschäftsinteresses hat die verantwortliche Stelle in der Regel dann, wenn die Preisgabe der Informationen die Geschäftsbeziehung nachhaltig stört oder deren Erfolg gefährdet.[780] Soweit sich die verlangte Auskunft des Athleten auf Informationen zu konkret bevorstehenden Dopingkontrollen, zur beabsichtigten Dopingkontrollplanung oder den konkreten Austausch der Informationen zwischen Anti-Doping-Organisationen beziehen, überwiegt das Geheimhaltungsinteresse der verantwortlichen Stelle. Mit der vollumfänglichen Auskunftserteilung wäre der

---

[778] Art. 13 Abs. 1 der Datenschutzrichtlinie ist abschließend, siehe *Ehmann/Helfrich*, EG-Datenschutzrichtlinie, Art. 13 Rn. 8 f.
[779] *Bergmann/Möhrle/Herb*, Datenschutzrecht, § 34 Rn. 51.
[780] *Bergmann/Möhrle/Herb*, Datenschutzrecht, § 34 Rn. 51.

Zweck der Dopingkontrollplanung, unangekündigte Dopingkontrollen am Athleten durchzuführen, gefährdet. Das Auskunftsverlangen überwiegt jedoch, wenn der Athlet lediglich Informationen über den Stand der Analyse und Auswertung seiner bereits erfolgten Dopingproben begehrt. Ebenso ist das Auskunftsrecht nicht beschränkt, wenn der betroffene Athlet begründete Zweifel an der Richtigkeit der Daten vorträgt. Die Zweifel sind gegenüber der verantwortlichen Stelle entsprechend glaubhaft zu machen.

Überwiegt das Interesse der verantwortlichen Stelle an der Wahrung des Geschäftsgeheimnisses, kann sie die Auskunft verweigern. Die Entscheidung ist dem Betroffenen mit entsprechender Begründung mitzuteilen. Die Ausnahme von der Auskunftspflicht im Sinne von § 34 Abs. 1 Satz 4 BDSG umfasst allerdings nicht die Auskunft der Kategorien der Empfänger. Diese sind dem Betroffenen auch dann mitzuteilen, wenn das Geschäftsinteresse überwiegt.[781]

b.) Auskunftsverweigerungsrecht, § 34 Abs. 7 BDSG
Ein Auskunftsverweigerungsrecht besteht gemäß § 34 Abs. 7 BDSG nicht, wenn der Betroffene nach § 33 Abs. 2 Satz 1 Nr. 2, 3 und 5 bis 7 BDSG nicht zu benachrichtigen ist. Die Ausnahmetatbestände des § 33 Abs. 2 Satz 1 BDSG müssen nicht kumulativ sondern alternativ vorliegen.[782]

aa.) § 34 Abs. 7 BDSG i. V. m. § 33 Abs. 2 Satz 1 Nr. 2 BDSG
§ 34 Abs. 7 BDSG i. V. m. § 33 Abs. 2 Satz 1 Nr. 2 BDSG sieht vor, dass die Auskunftsverpflichtung nicht besteht, wenn die Daten nur aufgrund gesetzlicher, satzungsmäßiger oder vertraglicher Aufbewahrungspflichten nicht gelöscht werden dürfen oder ausschließlich der Datensicherung und Datenkontrolle dienen und eine Benachrichtigung einen unverhältnismäßigen Aufwand erfordern würde. Ein auf diese Vorschrift gestütztes Auskunftsverweigerungsrecht steht den Anti-Doping-Organisationen allerdings nicht zu. Soweit Athletendaten zum Zwecke der Dopingbekämpfung erhoben, verarbeitet oder genutzt werden, ist die Auskunftspflicht nicht ausgeschlossen.[783] Die Norm greift indes ein, wenn Daten nur noch aufgrund von Aufbewahrungsfristen gespeichert werden. Es liegen weder gesetzliche noch satzungsmäßig oder vertraglich festgelegte Aufbewahrungsvorschriften vor, die ausschließlich den Zweck der Speicherung von Athletendaten beinhalten.

---

[781] *Bergmann/Möhrle/Herb*, Datenschutzrecht, § 34 Rn. 55.
[782] *Simitis/Dix*, BDSG, § 34 Rn. 54.
[783] *Bergmann/Möhrle/Herb*, Datenschutzrecht, § 33 Rn. 82; *Simitis/Dix*, BDSG, § 33 Rn. 68.

bb.) § 34 Abs. 7 BDSG i. V. m. § 33 Abs. 2 Satz 1 Nr. 3 BDSG

Gemäß § 34 Abs. 7 i. V. m. § 33 Abs. 2 Satz 1 Nr. 3 BDSG entfällt die Auskunftspflicht aber auch, wenn die personenbezogenen Daten nach einer Rechtsvorschrift oder ihrem Wesen nach, insbesondere wegen des überwiegenden berechtigten Interesses einer dritten Person geheim gehalten werden müssen. Eine Rechtsvorschrift, aus der sich ergibt, dass personenbezogene Daten, die im Zusammenhang mit der Dopingbekämpfung erhoben, verarbeitet oder genutzt werden, einer allgemeinen Geheimhaltungspflicht unterfallen, besteht nicht. Nach der zweiten Alternative der Norm unterbleibt die Auskunftserteilung, wenn die personenbezogenen Daten oder die Tatsache ihrer Speicherung ihrem Wesen nach, insbesondere wegen der überwiegenden Interessen eines Dritten geheim gehalten werden müssen. Das Wesen ist dabei nicht eine natürliche Eigenschaft der Information; entscheidend ist vielmehr, dass der mit der Geheimhaltung verfolgte Zweck von der Rechtsordnung als schutzbedürftig anerkannt ist.[784] Von einem Gebot zur Geheimhaltung („müssen") kann nur gesprochen werden, wenn dieser Zweck durch die Auskunft in gravierender Weise beeinträchtigt würde.[785] Athletendaten, die zur Organisation und Durchführung der Dopingkontrollen erhoben werden, sind grundsätzlich nicht geheim. Insbesondere Angaben über ihren Aufenthaltsort und ihre Erreichbarkeit werden von den Athleten selbst generiert und den Anti-Doping-Organisationen zwecks Durchführung der Dopingkontrollen zur Verfügung gestellt. Eine Geheimhaltungsverpflichtung der Anti-Doping-Organisationen gegenüber den Athleten ergibt sich hieraus nicht. Ebenso stehen diese Daten nicht im überwiegenden rechtlichen Interesse eines Dritten. Der persönliche Anwendungsbereich der Norm betrifft ausschließlich die rechtlichen Interessen Dritter. Überwiegende rechtliche Interessen der verantwortlichen Stelle rechtfertigen die Auskunftsverweigerung nicht.[786] Demzufolge kann die Anti-Doping-Organisation, die die personenbezogenen Daten des Athleten verarbeitet, die Auskunft hierüber nicht unter Verweis auf die eigenen Zwecke gemäß § 34 Abs. 4 i. V. m. § 33 Abs. 2 Satz 1 Nr. 3 BDSG verweigern.

Auch medizinische Daten sind ihrem Wesen nach nicht geheim.[787] Der Gesetzgeber hat mit der Schaffung des datenschutzrechtlichen Auskunftsanspruchs bewusst die ärztliche Aufklärungspflicht erweitert und die Bedeutung einer präzisen und umfassenden Information als Grundlage für das Selbstbe-

---

[784] *Meyer/Borgs*, VwVfG, § 29 Rn. 20.

[785] *Simitis/Mallmann*, BDSG, § 19 Rn. 98.

[786] *Simitis/Dix*, BDSG, § 33 Rn. 84.

[787] *Simon/Weiß/Simitis/Mallmann*, Zur Autonomie des Individuums (2000), S. 237 ff.

stimmungsrecht von Patientinnen und Patienten anerkannt.[788] Lediglich die Form der Auskunftserteilung kann in diesem Fall besondere Anforderungen mit sich bringen.[789] Eine Verweigerung der Auskunftserteilung über medizinische Daten, die im Rahmen des Verfahrens zur Erteilung von Medizinischen Ausnahmegenehmigungen erhoben und verarbeitet werden, ist nicht über den Ausnahmetatbestand des § 33 Abs. 2 Satz 1 Nr. 3 BDSG gerechtfertigt.

Fraglich ist allerdings, inwieweit Daten, die im Zusammenhang mit der Dopingkontrollplanung von der zuständigen Anti-Doping-Organisation über einen Athleten erhoben und verarbeitet werden, dem Ausnahmetatbestand des § 33 Abs. 2 Satz Nr. 3 BDSG unterfallen. Ihrem Wesen nach sind sie erforderlich, um den maßgeblichen Zweck von Trainingskontrollen zu gewährleisten. Nach den Vorgaben des WADA- und NADA-Codes 2009 sind Dopingkontrollen außerhalb des Wettkampfes grundsätzlich als Zielkontrollen und unangekündigt durchzuführen. Verlangt ein Athlet Auskunft über Daten zur Dopingkontrollplanung, ist die Auskunft über Herkunft und Empfänger bereits unter Verweis auf die Wahrung der Geschäftsgeheimnisse im Sinne von § 34 Abs. 1 Satz 4 BDSG von der Anti-Doping-Organisation grundsätzlich nicht zu erteilen. Der Verweis von § 34 Abs. 7 BDSG auf § 33 Abs. 2 Satz 1 Nr. 3 BDSG geht jedoch weiter. Danach bestünde ein umfassendes Auskunftsverweigerungsrecht. Liegen die Tatbestandsvoraussetzungen vor, ist die verantwortliche Stelle auch nicht verpflichtet, dem Athleten zum Beispiel Auskunft über die Kategorie der Empfänger zu geben.

Gemäß § 33 Abs. 2 Satz 1 Nr. 3 BDSG können die Daten nur dann vollständig geheim gehalten werden, wenn überwiegende rechtliche Interessen eines Dritten vorliegen. Das Auskunftsverlangen des Athleten ist somit dann ausgeschlossen, wenn rechtliche Interessen anderer Anti-Doping-Organisationen entgegenstehen, insbesondere wenn die Dopingkontrollplanung auf Hinweise und Informationen Dritter angewiesen ist, um unangekündigte Zielkontrollen sicherzustellen. Der Informationsaustausch zwischen der NADA und den nationalen Sport(fach)verbänden ist somit ebenso von überwiegendem rechtlichem Interesse eines Dritten, wie die jeweils aktuellen Informationen zur Kontaktaufnahme der Anti-Doping-Organisationen mit den Dopingkontrolleuren und den Laboren. Hier liegt es im maßgeblichen Interesse des Dritten bzw. des Empfängers, dass der Betroffene nicht mit einer entsprechenden Auskunft versorgt wird.

---

[788] *Simitis/Dix*, BDSG, § 33 Rn. 76.
[789] Siehe dazu vor allem *Simitis/Dix*, BDSG, § 34 Rn. 51 m. w. N.

Auch bei restriktiver Auslegung des Auskunftsverweigerungsrechts ist ein uneingeschränktes Auskunftsrecht der Athleten bezüglich ihrer Daten im Verhältnis zum Zweck der Datenverarbeitung nicht angemessen. Erhielten die Athleten uneingeschränkten Zugang zum Informationsfluss im Rahmen der Dopingkontrollplanung, könnten sie diese Informationen nutzen, um Dopingpraktiken zu steuern oder Manipulations- und Verschleierungstaktiken danach auszurichten.[790] Demzufolge ist das Auskunftsrecht des Athleten, bezogen auf die (gegenwärtige und zukünftige) Dopingkontrollplanung sowie die Einsicht in bestehende Blut- und Urinprofile nicht nur gemäß § 34 Abs. 1 Satz 4 BDSG zu begrenzen, sondern gemäß § 34 Abs. 7 i. V. m. § 33 Abs. 2 Satz 1 Nr. 3 BDSG ihrem Wesen nach vollständig geheim zu halten.

cc.) § 34 Abs. 7 BDSG i. V. m. § 33 Abs. 2 Satz 1 Nr. 5 BDSG

Gemäß § 34 Abs. 7 i. V. m. § 33 Abs. 2 Satz 1 Nr. 5 BDSG wäre eine darüber hinaus gehende Ausnahme zur Auskunftsverpflichtung gegenüber dem Athleten gegeben, wenn die Speicherung oder Übermittlung für Zwecke der wissenschaftlichen Forschung erforderlich wäre und die Auskunft einen unverhältnismäßigen Aufwand erfordern würde. Voraussetzung für die Anwendbarkeit dieses Ausnahmetatbestandes ist, dass personenbezogene Daten von Athleten zum Zwecke der wissenschaftlichen Forschung erhoben, verarbeitet und genutzt werden. Anti-Doping-Organisationen werten in ihrem Auftrag genommene Dopingproben der Athleten aus. Insbesondere die NADA ist auf der Grundlage ihrer Stiftungssatzung ermächtigt, das Dopingkontrollsystem durch wissenschaftliche Forschung voranzubringen.[791] Dazu bedient sie sich in zulässiger Weise WADA-akkreditierter Labore. Soweit sie aus dem Dopingkontrollverfahren Daten der Athleten speichert oder übermittelt, ist der Tatbestand des § 33 Abs. 2 Satz 1 Nr. 5 BDSG erfüllt. Allerdings ist der Auskunftsanspruch der Athleten dann ausgeschlossen, wenn die Informationen nur unter unverhältnismäßigem Aufwand erfolgen können. In Anbetracht der Tatsache, dass das Auskunftsersuchen in Bezug auf Informationen zum Dopingkontrollverfahren regelmäßig sensible Daten des Betroffenen betrifft, sind an die Statuierung eines Auskunftsverweigerungsrechts im Einzelfall hohe Anforderungen zu stellen. Dabei ist der Gefährdungsgrad des Persönlichkeitsrechts des Athleten maßgeblich. Wenn überhaupt, dürfte ein Auskunfts-

---

[790] Am Beispiel des sog. Blutpasses der UCI zeigt sich, dass dieses Modell nicht nur präventiven Charakter haben kann. Die Einsicht und Auswertungsmöglichkeit der jeweiligen Blutwerte könnte von den Athleten ebenfalls dazu verwendet werden, sich an bestimmte Grenzen „heranzudopen". Bestehende Referenzwerte können als Anhaltspunkte und Hinweise für den Athleten dienen, das bestehende „Level zu halten"; siehe dazu auch *Emanuel*, SpuRt 2009, S. 195 (196 f.).
[791] Siehe 2. Teil, D. II. 3. c.)

verweigerungsrecht der verantwortlichen Stelle nur an den Schnittstellen zur massiven Gefährdung des Geschäftszwecks einschlägig sein.

dd.) § 34 Abs. 7 BDSG i. V. m. § 33 Abs. 2 Satz 1 Nr. 7 lit. b) BDSG

Schließlich besteht ein Auskunftsverweigerungsrecht der verantwortlichen Stelle gemäß § 34 Abs. 7 i. V. m. § 33 Abs. 2 Satz 1 Nr. 7 lit. b) BDSG, wenn die Daten für eigene Zwecke gespeichert sind und eine Auskunft die Geschäftszwecke der verantwortlichen Stelle erheblich gefährden würde. Es sei denn, dass das Interesse an der Benachrichtigung die Gefährdung überwiegt. Geschäftszwecke stehen allerdings nur dann in Frage, wenn es um eine wirtschaftliche Betätigung der verantwortlichen Stelle geht.[792] Nicht erfasst sind geschäftliche Interessen der verantwortlichen Stelle[793] sowie das Rechtsverhältnis zwischen ihr und dem Betroffenen. Soweit der Austausch von Informationen zur Dopingbekämpfung dem grundsätzlichen Anwendungsbereich der Norm unterfällt, ist ein Auskunftsverweigerungsrecht im Sinne des § 33 Abs. 2 Satz 1 Nr. 7 lit. b) BDSG zu begründen, wenn erhebliche Geschäftsinteressen tangiert sind. Eine Verweigerung der Auskunft ist danach nur gerechtfertigt, wenn sich das Auskunftsverlangen auf konkrete Maßnahmen und Vorgänge der Anti-Doping-Organisation zur Verfolgung von möglichen Verstößen gegen Anti-Doping-Bestimmungen bezieht.

3. Ergebnis

Im Ergebnis lässt sich festhalten, dass den Athleten ein Auskunftsanspruch bezüglich des Umgangs mit ihren personenbezogenen Daten gegenüber der zuständigen Anti-Doping-Organisation zusteht. Allerdings ist dieser Anspruch inhaltlich nicht grenzenlos gewährleistet. Soweit erhebliche Interessen der Anti-Doping-Organisation, insbesondere im Hinblick auf die Dopingkontrollplanung und der Durchführung der Dopingkontrollen, dem Auskunftsverlangen des Athleten entgegenstehen, kann eine teilweise oder vollständige Verweigerung der Auskunft im Einzelfall verhältnismäßig sein. In diesem Fall ist dem Athleten eine entsprechende Begründung zur Ablehnung seines Antrages zu übermitteln.

---

[792] *Simitis/Dix*, BDSG, § 33 Rn. 104.
[793] *Gola/Schomerus*, BDSG, § 33 Rn. 39; *Schaffland/Wiltfang*, BDSG, § 33 Rn. 85.

II. Benachrichtigung, § 33 Abs. 1 BDSG

1. Voraussetzungen

Werden personenbezogene Athletendaten erstmals für eigene Zwecke ohne Kenntnis des betroffenen Athleten gespeichert, ist er gemäß § 34 Abs. 1 Satz 1 BDSG von der Speicherung, der Art der Daten, der Zweckbestimmung der Erhebung, Verarbeitung oder Nutzung und der Identität der verantwortlichen Stelle zu benachrichtigen. Sowohl seitens der nationalen Sport(fach)verbände als auch seitens der NADA ist infolgedessen sicherzustellen, dass die an das Dopingkontrollsystem anzubindenden Athleten entsprechend benachrichtigt werden.

2. Ausnahmen von der Benachrichtigungspflicht, § 33 Abs. 2 BDSG

Eine Pflicht zur Benachrichtigung besteht dagegen nicht, wenn diese aufgrund eines einschlägigen Ausnahmetatbestandes gemäß § 33 Abs. 2 BDSG entfällt. Die Ausnahmetatbestände sind eng und im Zweifel zugunsten des Betroffenen auszulegen.[794] Neben den im Zusammenhang mit dem Auskunftsverweigerungsrecht gemäß § 34 Abs. 7 BDSG bereits näher erörterten Ausschlussgründen[795] ist insbesondere § 33 Abs. 2 Satz 1 Nr. 1 BDSG maßgeblich. Danach entfällt die Benachrichtigungspflicht, wenn der Betroffene auf andere Weise Kenntnis von der Speicherung oder der Übermittlung erlangt hat. Mit der Aufnahme des Athleten in das Dopingkontrollsystem wird er sowohl von seinem nationalen Sport(fach)verband als auch von der NADA über Art und Umfang der zu erhebenden Daten und deren Verarbeitung und Nutzung informiert. Der Athlet ist dabei regelmäßig mit der Unterzeichnung einer Einwilligungserklärung konfrontiert, die den Anforderungen des § 4a BDSG entspricht. Damit liegt die notwendige Kenntniserlangung zur Begründung des Ausnahmetatbestandes in § 33 Abs. 2 Satz 1 Nr. 1 BDSG regelmäßig vor, wenn offensichtlich ist, welche Art von Daten gespeichert oder übermittelt werden sollen.[796]

III. Berichtigung, § 35 BDSG

Soweit gespeicherte Informationen über Betroffene unvollständig oder unrichtig sind, müssen diese auf Antrag des Betroffenen gemäß § 35 Abs. 1 BDSG von Amts wegen berichtigt werden. Die Unrichtigkeit kann darauf be-

---

[794] *Auernhammer*, BDSG, § 33 Rn. 10; *Bergmann/Möhrle/Herb*, Datenschutzrecht, § 33 Rn. 65; a.A. *Schaffland/Wiltfang*, BDSG, § 33 Rn. 33.
[795] Siehe 2. Teil, F. I. 2.
[796] So auch *Bergmann/Möhrle/Herb*, Datenschutzrecht, § 33 Rn. 72.

ruhen, dass es sich um falsche oder unvollständige Daten handelt oder eine Kontextverfälschung eingetreten ist, wobei grundsätzlich eine Geringfügigkeit nicht schadet.[797] Die Anti-Doping-Organisation muss die Richtigkeit der Athletendaten nicht erst auf Antrag des Athleten herstellen, sondern kann diese im Wege des Handelns nach dem Grundsatz der Datenqualität[798] selbst veranlassen.

IV. Widerspruch, § 35 Abs. 5 BDSG

Gemäß § 35 Abs. 5 BDSG, der die Vorgabe von Art. 14 lit. a) der Datenschutzrichtlinie umsetzt, kann der Betroffene auch eine an sich rechtmäßige Verarbeitung und Nutzung seiner Daten unterbinden, wenn er darlegen kann, dass ein schutzwürdiges Interesse aufgrund seiner besonderen persönlichen Situation das Erhebungs-, Verarbeitungs- oder Nutzungsinteresse der verantwortlichen Stelle überwiegt. Dies gilt jedoch nicht, wenn eine Rechtsvorschrift zur Erhebung, Verarbeitung oder Nutzung verpflichtet. Gesetzliche Bestimmungen, die den Umgang mit personenbezogenen Athletendaten im Rahmen der Dopingbekämpfung vorschreiben, sind im Hinblick auf die nationalen Anti-Doping-Regeln nicht gegeben. Die Beurteilung, ob somit ein Widerspruchsrecht eines betroffenen Athleten gegen die Verwendung seiner personenbezogenen Daten im Rahmen der Datenverarbeitung im Anti-Doping-Kampf besteht, erfordert erneut eine Abwägung der Interessen im Einzelfall. Maßgeblich ist wiederum, dass der Athlet persönliche Gründe vortragen kann, die gegenüber den Interessen der zweckgebundenen Datenverarbeitung bei der Dopingbekämpfung vorrangig und schutzwürdig sind. Die Voraussetzungen werden nur in Ausnahmefällen erfüllt sein. Vor dem Hintergrund, das dem Widerspruch eine rechtmäßige Verarbeitung und Nutzung zugrunde liegt, ist bei der Prüfung des Vorliegens einer besonderen persönlichen Situation, die das Interesse der verantwortlichen Stelle zurücktreten lässt, ein besonders strenger Maßstab anzulegen.[799] Dazu ist erforderlich, dass der Betroffene wirtschaftliche, soziale, ideelle oder persönliche Interessen vorbringt.[800] Ferner ist die Interessenabwägung durch die verantwortliche Stelle vorzunehmen. Nur soweit der Athlet darlegen und beweisen kann, dass die rechtmäßige Verarbeitung oder Nutzung seiner Daten für ihn unverhältnismäßig ist, dringt er mit seinem Widerspruch durch. Im Falle eines begründeten Wi-

---

[797] *Gola/Schomerus*, BDSG, § 20 Rn. 3.

[798] Danach müssen Daten richtig und auf dem neuesten Stand sein. Vgl. hierzu auch *Dammann/Simitis*, EG-Datenschutzrichtlinie, Art. 6 Rn. 14; *Ehmann/Helfrich*, EG-Datenschutzrichtlinie, Art.6 Rn. 25.

[799] Begründung zu § 20 des Entwurfes zum BDSG 1990.

[800] *Scheja*, Datenschutzrechtliche Zulässigkeit (2005), S. 131.

derspruchs müssen die an dem nationalen und internationalen Austausch von Athletendaten beteiligten Anti-Doping-Organisationen dafür sorgen, dass die Daten nicht weiter verwendet werden. Abhängig von dem Schutzbedürfnis der betroffenen Athleten müssen die Daten gesperrt oder gelöscht werden.

V. Ergebnis

Folglich stehen den Athleten eine Reihe von unmittelbaren Rechten zur Verfügung, die es ihnen ermöglichen, die erforderliche Kontrolle über den Umgang mit ihren personenbezogenen Daten durch die verantwortlichen Stellen auszuüben. Neben dem Recht, Auskunft und Benachrichtigung zu verlangen, um so einen Einblick über die Datenverarbeitung zu bekommen, können die Athleten mit der Ausübung ihrer Rechte auf Berichtigung, Sperrung, Löschung oder durch Einlegung eines Widerspruchs korrigierend auf die Datenverarbeitung im Rahmen des Dopingkontrollsystems einwirken. Maßgebliche Rechte zum Schutz des Rechts auf informationelle Selbstbestimmung werden somit angemessen gewahrt.

G. Grenzüberschreitender Datenverkehr

Gesondert zu prüfen ist, inwieweit die grenzüberschreitende Übermittlung personenbezogener Daten zum Zwecke der Dopingbekämpfung datenschutzrechtlich unbedenklich ist. Hier treten grundlegende Unterschiede in der Ausgestaltung der beiden Regelungsbereiche auf. Die internationale Anti-Doping-Bekämpfung basiert auf dem permanenten Austausch von Informationen zwischen den Anti-Doping-Organisationen. Mittelpunkt der Koordinierung des weltweiten Anti-Doping-Kampfes ist die WADA mit Sitz in Montreal/Kanada. Die Datenschutzrichtlinie harmonisiert hingegen in hohem Maße das europäische und nationale Datenschutzrecht. Sie schafft damit aber zugleich einen datenschutzrechtlichen Binnenraum und schirmt diesen nach außen ab.[801] Bei der Beurteilung der Übermittlung personenbezogener Daten von Deutschland ins Ausland ist folglich zwischen der Übermittlung in den datenschutzrechtlichen Binnenraum (innergemeinschaftliche Übermittlung) und der Übermittlung in einen Drittstaat zu unterscheiden. Ebenso fraglich ist, wie die Legitimationsgrundlage für die grenzüberschreitende Übermittlung personenbezogener Athletendaten ausgestaltet ist. Der deutsche Gesetzgeber hat die Vorgaben der Datenschutzrichtlinie zum grenzüberschreitenden Datenverkehr in den § 4b und 4c BDSG geregelt.

---

[801] *Kühling/Seidel/Sivridis*, Datenschutzrecht, S. 152.

I. Innergemeinschaftliche Übermittlung

Nach § 4b Abs. 1 BDSG gelten für die Übermittlung personenbezogener Daten an Stellen in anderen EU- und EWR-Mitgliedsstaaten[802] oder an Organe und Einrichtungen der Europäischen Gemeinschaft die §§ 28 bis 30 BDSG nach Maßgabe der für diese Übermittlung anwendbaren Gesetze und Vereinbarungen, soweit die Übermittlung im Rahmen von Tätigkeiten erfolgt, die ganz oder teilweise in den Anwendungsbereich der Europäischen Gemeinschaft fallen. Mit dieser Regelung wird das im Titel der Datenschutzrichtlinie erwähnte Prinzip des freien Datenverkehrs innerhalb Europas festgeschrieben.[803] Aufgrund von Art. 1 Abs. 2 der Datenschutzrichtlinie ist die Europäische Union als formeller Großraum anzusehen, in dem die rechtliche Gleichbehandlung der Verarbeitung personenbezogener Daten durch die Mitgliedsstaaten weitgehend gewährleistet sein soll.[804] Dementsprechend wird mit § 4b Abs. 1 BDSG der innergemeinschaftliche Datenverkehr dem inländischen gleichgestellt, indem für den nicht-öffentlichen Bereich auf die Geltung der allgemeinen Erlaubnistatbestände der §§ 28 – 30 BDSG verwiesen wird. Obwohl § 4b Abs. 1 BDSG keine entsprechenden Bestimmungen aufweist, gelten als Rechtsgrundlagen für zulässige innergemeinschaftliche Übermittlungen auch Einwilligungen der Betroffenen[805] oder die Erfüllung bereichsspezifischer Erlaubnistatbestände in „anderen Rechtsvorschriften" im Sinne von § 4 Abs. 1 BDSG. Dies resultiert aus der Systematik des BDSG, nach der das Verbot mit Erlaubnisvorbehalt nach § 4 Abs. 1 BDSG auch für die §§ 4b, 4c BDSG gilt, und andererseits aus dem datenschutzrechtlichen Gleichstellungsgebot der EG-Datenschutzrichtlinie für den inländischen und den innergemeinschaftlichen Datenverkehr.[806]

II. Übermittlung in Drittstaaten

In Umsetzung des Art. 25 Abs. 1 der Datenschutzrichtlinie regelt § 4b Abs. 2 BDSG die Fälle der Übermittlung, in denen entweder der Empfänger nicht zu den in § 4b Abs. 1 BDSG genannten Stellen gehört und/ oder die Übermittlung personenbezogener Daten im Rahmen von Tätigkeiten er-

---

[802] EWR-Abkommen vom 2.5.1992, *BGBl.* II 1993, S. 266, das zugehörige Anpassungsprotokoll vom 17.3.1993, *BGBl. II* 1993, S. 1294 und die Bekanntmachung vom 14.10.1993, *BGBl. I* 1993, S. 1666.

[803] *Scheja*, Datenschutzrechtliche Zulässigkeit (2005), S. 107; dazu auch Dammann, RDV 2002, S. 70 ff.

[804] *Bergmann/Möhrle/Herb*, Datenschutzrecht, § 4b Rn. 12; *Gola/Schomerus*, BDSG, § 4b Rn. 2.

[805] Begründung des Regierungsentwurfs zu § 4b Abs. 1 BDSG *BT-Drucks.* 14/4329 vom 13.10.2000, abrufbar unter http://dip21.bundestag.de/dip21/btd/14/043/1404329.pdf, letzter Aufruf am 18. März 2010.

[806] *Bergmann/Möhrle/Herb*, Datenschutzrecht, § 4b Rn. 12; *Duhr/Naujok/Peter/Seiffert*, DuD 2002, S. 5 (15).

folgt, die nicht in den Anwendungsbereich des EG-Vertrags fallen.[807] Gemäß § 4b Abs. 2 Satz 1 BDSG gelten die Vorgaben des Abs. 1 entsprechend. Zur Gewährleistung des datenschutzrechtlichen Schutzniveaus im europäischen Binnenraum, ist eine Umgehung zu verhindern. Gemäß § 4b Abs. 2 Satz 2 BDSG hat deshalb eine Übermittlung außerhalb des Geltungsbereichs der Datenschutzrichtlinie zu unterbleiben, soweit schutzwürdige Interessen des Betroffenen dem entgegenstehen.[808] Dies ist insbesondere dann der Fall, wenn beim Empfänger ein angemessenes Datenschutzniveau nicht gewährleistet ist. Voraussetzung für die zulässige Übermittlung von Daten außerhalb des Geschäftsbereichs der Datenschutzrichtlinie ist, soweit der Anwendungsbereich im vorliegenden Fall eröffnet ist (1.), dass die Übermittlung auf eine Ermächtigungsgrundlage des BDSG gestützt werden kann. (2.) Die Übermittlung hat zu unterbleiben, wenn beim Empfänger der Daten ein angemessenes Datenschutzniveau (3.) nicht gewährleistet ist. Es sei denn eine Ausnahme gemäß § 4c BDSG oder § 4b Abs. 2 Satz 3 BDSG ist einschlägig (4.).

1. Eröffnung des Anwendungsbereichs

a.) Voraussetzungen

Zunächst müsste der Anwendungsbereich des § 4b Abs. 2 BDSG eröffnet sein. Voraussetzung dafür ist, dass die nationalen Sport(fach)verbände oder die NADA personenbezogene Daten an in einem Drittland gelegene Anti-Doping-Organisation im Sinne von § 3 Abs. 4 Satz 2 Nr. 3 BDSG übermitteln. Entscheidendes technisches Instrument zur Bereitstellung von Athletendaten zwecks Informationsaustausches im Dopingkontrollsystem ist die ADAMS-Datenbank. Indem die WADA die ADAMS Datenbank auf einem Server in Kanada „hostet"[809], hält sie diese für die zugriffberechtigten Anti-Doping-Organisationen und Athleten weltweit zum Abruf über das Internet bereit. Diese können regelmäßig von jedem Ort und zu jeder Zeit über die entsprechende Website der WADA auf ADAMS zugreifen.[810]

---

[807] *Klug*, BDSG-Interpretation, S. 30; zum internationalen Datenschutz und Übermittlung von Daten in Drittländer auch *Dammann*, RDV 2002, S. 70 ff.; *ders.*, RDV 2004, S. 19 ff.

[808] *Kühling/Seidel/Sivridis*, Datenschutzrecht, S. 154.

[809] Als "Hosting" (oder "Hosten") bezeichnet man das Bereitstellen von Webspace, Servern oder Programmen im Internet. Der Begriff Hosting leitet sich vom Engl.: to host (Dt.: beherbergen, unterbringen) ab, siehe auch http://www.lexitron.de/main.php?detail=true&eintrag=879, letzter Aufruf am 18. März 2010.

[810] Abrufbar unter anderem über die Homepage der WADA und generell unter https://adams.wada-ama.org/adams/login.do?nopopup=true, letzter Aufruf am 18. März 2010.

b.) Erheben personenbezogener Daten „im Inland" über ADAMS

Eine Datenerhebung im Inland nach § 1 Abs. 5 Satz 2 BDSG kann vorliegen, wenn ein inländischer Nutzer das Internetangebot einer Anti-Doping-Organisation (ADAMS) besucht, die in einem Drittland niedergelassen ist, und in eine „Eingabemaske" oder in dafür vorgesehene Dateneingabefelder personenbezogene Informationen eingibt, die die Anti-Doping-Organisation für das Dopingkontrollsystem nutzt. Erheben ist gemäß § 3 Abs. 3 BDSG das Beschaffen von Daten über den Betroffenen. Eine Erhebung bedingt ein aktives Handeln der erhebenden Stelle.[811] Erforderlich ist aber auch ein zielgerichtetes Beschaffen der Daten, das von einem zurechenbaren Willen der erhebenden Stelle getragen wird.[812]

In technischer Hinsicht erfolgt der Datenverarbeitungsvorgang über ADAMS nach dem Client-Server-Prinzip[813]. Die WADA hat einen Server erstellt, der einen entsprechenden Dienst (Client) anbietet. Dieses Programm kann von einem anderen Client genutzt werden. Auf Anfrage eines Clients der Anti-Doping-Organisationen oder Athleten können Daten dann vom Server der WADA an den Client übermittelt werden. Dieser empfängt die Datei[814] und macht sie für den Nutzer transparent, indem er die Daten auf dem Bildschirm abbildet. Der Inhalt der Datei ermöglicht dem Nutzer durch bestimmte Eingaben in Datenfelder personenbezogene Daten einzugeben und an den Server zurück zu übermitteln. Erfolgt dies, können die vom Server empfangenen Informationen sogleich automatisch zur Speicherung in einer Datenbank weitergeleitet oder dauerhaft zur weiteren Verarbeitung oder Nutzung auf einem Webserver selbst gespeichert werden.[815] Die NADA stützt ihre Dopingkontrollplanung im Wesentlichen auf die aus der Datenbank generierten Informationen. Anti-Doping-Organisationen und Athleten, die das System nutzen, können ihre Daten durch die Eingabefelder auf der internetgestützten Plattform selbst erstellen oder abrufen.[816]

---

[811] *Bergmann/Möhrle/Herb*, Datenschutzrecht, § 3 Rn. 62; *Däubler/Weichert*, BDSG, § 3 Rn. 24.

[812] *Däubler/Weichert*, BDSG, § 3 Rn. 23; *Simitis/Dammann*, BDSG, § 3 Rn. 108.

[813] Das Client-Server-Modell beschreibt eine Möglichkeit, Aufgaben und Dienstleistungen innerhalb eines Netzwerkes zu verteilen. Siehe dazu ausführlich: *Scheja*, Datenschutzrechtliche Zulässigkeit (2005), S. 10 ff.

[814] Zum Beispiel die Anfrage zur kalendarischen Übersicht der Aufenthalts- und Erreichbarkeitsinformationen der Athleten, siehe dazu das ADAMS Handbuch für Athleten, in deutscher Fassung abrufbar über die Homepage der NADA unter http://www.nada-bonn.de/fileadmin/user_upload/nada/ADAMS/ADAMS_Athlete_Guide_V_2_0_1_GERM_Feb2009.pdf, letzter Aufruf am 18. März 2010.

[815] *Scheja*, Datenschutzrechtliche Zulässigkeit (2005), S. 81.

[816] Zur Funktionsweise des Internets ausführlich *Mocker/Mocker*, Intranet – Internet (2000), S. 82 f.

Inhaltlich ist ADAMS eine nach bestimmten Kategorien geordnete und strukturierte Datenbank. Die erforderlichen Athletendaten werden ziel- und zweckgerichtet aufgenommen. Athleten und Anti-Doping-Organisationen betreiben dabei eine aktive Dateneingabe. Unerheblich ist insoweit, dass die Aufnahme von Daten unter Anwendung automatisierter Verfahren erfolgt. Denn die Steuerung der automatisierten Aufnahme und Weiterverarbeitung der personenbezogenen Daten, insbesondere im Hinblick auf die Angaben zu Aufenthaltsort und Erreichbarkeit, erfolgt unter Einsatz entsprechender Software und Programmierung zielgerichtet. Die Beschaffung erfolgt willentlich, da die WADA die Aufnahme der Athletendaten ausdrücklich bezweckt, um den internationalen Anti-Doping-Kampf zu harmonisieren. Die Beschaffung personenbezogener Daten der Athleten über das Internet stellt somit eine Erhebung im Sinne von § 3 Abs. 3 BDSG dar.

Gemäß § 1 Abs. 5 Satz 2 BDSG setzt die Anwendbarkeit des BDSG weiter voraus, dass die Erhebung „im Inland" erfolgt. Sowohl die Verarbeitung als auch die Nutzung personenbezogener Daten sind im Hinblick auf die territoriale Zuordnung gemäß § 1 Abs. 5 Satz 2 BDSG wenig problematisch. Es handelt sich um physische, an einen Datenträger gebundene Vorgänge, der an einem bestimmten Ort belegen ist und somit die Zuordnung möglich macht.[817] Im Gegensatz dazu ist die territoriale Einordnung bei der Erhebung der personenbezogenen Daten deutlich problematischer. Insoweit kommen mehrere Orte in Betracht. So könnte zum Beispiel der Ort der Dateneingabe durch den Nutzer, also den Athleten oder die Anti-Doping-Organisation, ausschlaggebend sein. Dieser kann aber je nach Nutzung durch die Athleten im In- oder EU-Ausland aber auch im Drittland liegen. Allerdings könnte stattdessen auf den Ort abzustellen sein, an dem ADAMS von der WADA auf dem Server „gehostet" wird. Dieser liegt in Kanada, mithin in einem Drittland. Schließlich könnte aber auch der Ort der Kenntnisnahme von den Daten durch die verantwortliche Stelle entscheidend sein. Damit würde der Schwerpunkt der Datenerhebung bei deutschen Athleten durch die nationalen Sport(fach)verbände und die NADA in Deutschland in das Zentrum der territorialen Zuordnung gerückt.

Eine valide gesetzliche Entscheidungsgrundlage liegt zunächst nicht vor. Das BDSG trifft keine Regelung, unter welchen Voraussetzungen eine Erhebung im Inland erfolgt.[818] In der Begründung zu § 1 Abs. 5 BDSG macht der Gesetzgeber jedoch deutlich, dass damit Art. 4 Abs. 1 lit. c) der Datenschutz-

---

[817] *Simitis/Dammann*, BDSG, § 1 Rn. 220 f.
[818] *Scheja*, Datenschutzrechtliche Zulässigkeit (2005), S. 86.

richtlinie umgesetzt werden soll.[819] Folglich ist bei der Auslegung von § 1 Abs. 5 BDSG nach dem Willen des Gesetzgebers auf Art. 4 Abs. 1 lit. c) der Datenschutzrichtlinie zurückzugreifen und die dort genannten Voraussetzungen sind in die nationale Datenschutzregelung „hineinzulesen".[820] Nach Art. 4 Abs. 1 lit. c) der Datenschutzrichtlinie wendet jeder Mitgliedstaat die Vorschriften, die er zur Umsetzung der Richtlinie erlässt, auf alle Verarbeitungen personenbezogener Daten an, die von einem für die Verarbeitung Verantwortlichen ausgeführt werden, der nicht im Gebiet der Gemeinschaft niedergelassen ist und zum Zwecke der Verarbeitung personenbezogener Daten auf automatisierte oder nicht automatisierte Mittel zurückgreift, die im Hoheitsgebiet des betreffenden Mitgliedstaats belegen sind, es sei denn, dass diese Mittel nur zum Zweck der Durchfuhr durch das Gebiet der Europäischen Gemeinschaft verwendet werden.

Die Vorgaben der Datenschutzrichtlinie stehen den (nationalen) Umsetzungsvorschriften nicht entgegen. Aus dem Wortlaut der Norm ist zu entnehmen, dass eine Differenzierung zwischen der Erhebung, Verarbeitung oder Nutzung, wie es das BDSG vorsieht, nicht erfolgt. Vielmehr wird in Art. 2 lit. b) der Datenschutzrichtlinie das Erheben als Unterfall der Verarbeitung genannt und im Folgenden, wie auch in Art. 4 Abs. 1 lit. c) der Datenschutzrichtlinie nur noch der Oberbegriff Verarbeitung verwendet. Darüber hinaus ist die Anwendung auch nicht ausgeschlossen („es sei denn"), da die Erhebung von personenbezogenen Daten der Athleten im Inland durch die Anti-Doping-Organisationen und die WADA nicht zum Zwecke der Durchfuhr der Daten durch das Gebiet der Europäischen Gemeinschaft erfolgen soll.

Weitere Voraussetzung ist, dass der für die Verarbeitung Verantwortliche im Drittland zum Zwecke der Datenerhebung auf „automatisierte oder nicht automatisierte Mittel zurückgreifen muss, die im Hoheitsgebiet des betreffenden Mitgliedsstaats belegen sind." Fraglich ist dabei, was unter dem Begriff „Mittel" zu verstehen ist. Die Datenschutzrichtlinie definiert diesen Begriff nicht weiter. Die englische Fassung der Richtlinie beinhaltet das Wort „equipment".[821] In der deutschen Übersetzung bedeutet dies „(technische) Ausrüstung", „Material" oder „Gerät".[822] Unter den Begriff „equipment" lässt sich demnach zumindest jede Form computertechnischer „Hardware" wie

---

[819] *BT-Drucks.* 14/4329 vom 13.10.2000 abrufbar unter http://dip21.bundestag.de/dip21/btd/14/043/1404329.pdf, letzter Aufruf am 18. März 2010.

[820] So *Simitis/Dammann*, BDSG, § 1 Rn. 214.

[821] Abrufbar unter http://ec.europa.eu/justice_home/fsj/privacy/docs/95-46-ce/dir1995-46_part1_en.pdf, letzter Aufruf am 18. März 2010.

[822] Siehe *Duden – die deutsche Rechtschreibung*, S. 403.

„clients" und „server" fassen.[823] Dies ist auch vom weit gefassten Wortsinn der deutschen Übersetzung getragen. Danach ist ein automatisiertes Mittel im Sinne dieser Regelung ein physisch innerhalb eines Mitgliedsstaates belegenes EDV-System, durch das Informationsdienstleistungen angeboten werden.[824] Auch der in der französischen Fassung der Datenschutzrichtlinie verwendete Begriff „moyens"[825] bestätigt die dargelegte weite Auslegung des Begriffs. Denn „moyens" kann ebenfalls mit dem Begriff „Mittel" übersetzt werden.[826] Clients der Athleten oder der Anti-Doping-Organisationen, die sich körperlich innerhalb der EU befinden, sind damit automatisierte Mittel im Sinne von Art. 4 Abs. 1 lit. c) der Datenschutzrichtlinie.

aa.) Gezielter Einfluss auf den inländischen Client des Nutzers
Allerdings müsste die WADA als Anbieter und „Host" des zentralen ADAMS-Servers auch auf diese Mittel zugreifen. Wichtig ist dafür, dass der für die Verarbeitung Verantwortliche auf die im Inland befindlichen Mittel einwirkt.[827] Ein Bedienen oder bloßes Benutzen reicht nicht aus. Vielmehr muss er zielgerichtet auf sie Einfluss nehmen und hinsichtlich des Dateninhalts und der Art seiner Verwendung ausschlaggebend entscheiden können.[828] Eigentumsverhältnisse und Gesichtspunkte der Kostentragung sind nicht ausschlaggebend.[829] Die WADA „hostet" ADAMS und stellt die Anwendung von ADAMS über das Internet weltweit zur Verfügung. Allerdings greifen auch Athleten und Anti-Doping-Organisationen entsprechend ihrer Zugangsberechtigung auf die Datenbank zu. Dies erfolgt jeweils über einen entsprechenden „Log-In" in die speziell geschaltete Website der WADA. „Loggt" sich ein Athlet oder eine Anti-Doping-Organisation aus Deutschland über die Website der WADA zum Zwecke der Dateneintragung in ADAMS in das System ein, müsste für die Anwendung des BDSG sichergestellt sein, dass ein gezielter Zugriff und Einfluss auf den inländischen Client des Athleten durch die WADA erfolgt.

Das deutsche (Datenschutz-)Recht ist in den Fällen anwendbar, in denen sich aus den Drittstaaten erbrachte Internet-Angebote erkennbar an deutsche Nutzer richten, wenn dabei personenbezogene Daten erhoben werden, die durch

---

[823] So auch *Scheja*, Datenschutzrechtliche Zulässigkeit (2005), S. 87.
[824] Siehe auch *Duhr/Naujok/Peter/Seiffert*, DuD 2002, S. 5 (7).
[825] Abrufbar unter http://ec.europa.eu/justice_home/fsj/privacy/docs/95-46-ce/dir1995-46_part1_fr.pdf, letzter Aufruf am 18. März 2010.
[826] *Langenscheidt* – Taschenwörterbuch Französisch, S. 137.
[827] *Scheja*, Datenschutzrechtliche Zulässigkeit (2005), S. 87.
[828] *Duhr/Naujok/Peter/Seiffert*, DuD 2002, S. 5 (7).
[829] *Dammann/Simitis*, EG-Datenschutzrichtlinie, Art. 4 Rn. 6.

ein vom Anbieter gesteuertes Verfahren auf dem Rechner des Nutzers an den Anbieter übermittelt werden.[830] In Abgrenzung dazu ist das BDSG nicht anwendbar, wenn lediglich eine Website eines im Drittland ansässigen Anbieters aufgerufen wird.[831] Zwar wird wegen der dem Internet zugrunde liegenden Protokolle stets unter anderem die IP-Adresse[832] – Daten über den vom Nutzer verwendeten Rechner, die URL[833] der aufgerufenen und die URL der zuvor aufgerufenen Seite („Referrer"[834]) – an die Anbieter übertragen, doch werden die entsprechenden Übermittlungsvorgänge durch den Nutzer ausgelöst und der Anbieter hat keine Möglichkeit, den durch technische Protokolle festgelegten Umfang der an ihn übermittelten Daten zu steuern.[835] Die ADAMS-Nutzung hingegen ist von der WADA steuerbar. Um zunächst überhaupt einen Zugriff auf das Internetangebot der WADA in ADAMS zu erhalten, bedarf es des „Log-Ins". Mittels Zugriffsbegrenzung kann die WADA eine Vorauswahl treffen und somit den Kreis der Zugriffsberechtigten bestimmen. Darüber hinaus hat die WADA durch die Konfiguration der Datenkategorien sichergestellt, dass Art und Umfang der übermittelten Daten zweckbestimmt und demnach begrenzt sind. Indem der Athlet über den Bildschirm seines Clients ein bestimmtes visualisiertes Bild des Servers – umgesetzt durch seinen Client – erhält, nimmt die WADA einen erheblichen Einfluss auf den im Inland befindlichen Client des Nutzers. Die Tatsache, dass die tatsächliche Herrschaft über den Client ausschließlich beim Nutzer liegt, steht der gezielten Einflussnahme auf die Dateneingabe nicht entgegen.[836] Entscheidend für die Anwendung des BDSG ist vielmehr, dass die WADA sich nicht nur im Inland befindliche Mittel zu Nutze macht, sondern darüber hinaus auf diese steuernden Einfluss nimmt. Indem die WADA über ihr auf einem Server „gehostetes" Internetangebot vom Client eines inländischen Nutzers zur zielgerichteten Datenerhebung Gebrauch macht, greift sie auf den Client zu. Eine inländische Datenerhebung im Sinne von § 1 Abs. 5 Satz 2 BDSG liegt demnach vor.

---

[830] *Schaar*, Datenschutz im Internet, S. 81; *Duhr/Naujok/Peter/Seiffert*, DuD 2002, S. 5 (7).

[831] *Schaar*, Datenschutz im Internet, S. 81.

[832] Eine IP-Adresse ist eine Adresse in Computernetzen, die – wie zum Beispiel das Internet – auf dem Internetprotokoll IP basieren. Sie wird Geräten zugewiesen, die an das Netz angebunden sind und macht die Geräte so adressierbar und erreichbar.

[833] URL = Uniform Ressource Locator. Jede URL besteht aus der Bezeichnung des verwendeten Protokolls, der Domain des Anbieters und der Bezeichnung des logischen Standorts der Daten in der Domain.

[834] Ein Referrer ist die Internetadresse der Webseite, von der der Benutzer durch Anklicken eines Links zu der aktuellen Seite gekommen ist (Engl.: to refer = verweisen).

[835] *Schaar*, Datenschutz im Internet, S. 81; *Duhr/Naujok/Peter/Seiffert*, DuD 2002, S. 5 (7).

[836] So auch *Scheja*, Datenschutzrechtliche Zulässigkeit, S. 89; a.A.: Berliner Beauftragter für Datenschutz und Informationsfreiheit, Jahresbericht 2002, Kapitel 4.7.2; http://www.datenschutz-berlin.de/jahresbe/02/teil4_7.htm, letzter Aufruf am 18. März 2010.

bb.) Standort des Servers

Dem wird jedoch teilweise entgegengehalten, dass es für die Anwendbarkeit des BDSG bei Datenerhebungen über das Internet nicht auf den Standort des Clients, sondern auf den Standort des Servers ankomme, auf dem ein Internetangebot „gehostet" wird.[837] Eine zielgerichtete Einflussnahme eines Internetanbieters auf inländische Clients sei damit nicht gegeben. Zur Begründung wird angeführt, dass der Internetanbieter lediglich die Form der Dateneingabe, also die Eingabefelder und deren Anordnung bestimmen könne, während die Entscheidung, welche Daten übersendet würden, allein dem Nutzer obliege.[838] Auch eine Registrierung durch den Nutzer, die zur weitergehenden Bedienung der Website erforderlich würde, sei kein ausreichendes Kriterium, um eine gezielte Einflussnahme des Internetanbieters geltend zu machen.[839] Nur wenn der Server, auf dem das Internetangebot „gehostet" werde, im Inland belegen sei, greife die erhebende Stelle im Drittland auf inländische Mittel zurück und das BDSG käme zur Anwendung.[840]

Zwar ist nachvollziehbar, dass sich ein in einem Drittland ansässiges Unternehmen dem Geltungsbereich des BDSG entziehen kann, wenn es sein Internetangebot auf einem in einem Drittland belegenen Server „hosten" würde.[841] Der Nutzer würde davon auch keine Kenntnis erlangen, soweit er nicht den tatsächlichen Standort des Servers kennt. Die bewusste Preisgabe der Informationen ist demzufolge nur nicht möglich, wenn der Nutzer keine Kenntnis vom Transfer seiner Daten in ein Drittland hat. Die Preisgabe seiner personenbezogenen Daten mittels ADAMS an die im Drittland belegene WADA erfolgt allerdings in voller Kenntnis des Athleten darüber, dass sich der von der WADA „gehostete" Server in Kanada befindet[842]. Ebenso besteht nicht die Gefahr einer ungerechtfertigten Benachteiligung anderer Internetanbieter. Die WADA hat insoweit eine weltweite „Monopolstellung" bezüglich der Darstellung von ADAMS im Internet. Eine andere Organisation, die ihren Web-Server in einem Mitgliedstaat der EU oder der EWG betreibt, wird demnach nicht diskriminiert.

---

[837] *Simitis/Dammann*, BDSG, § 1 Rn. 223; *Duhr/Naujok/Peter/Seiffert*, DuD 2002, S. 5 (7).

[838] *Simitis/Dammann*, BDSG, § 1 Rn. 223.

[839] *Simitis/Dammann*, BDSG, § 1 Rn. 223.

[840] *Duhr/Naujok/Peter/Seiffert*, DuD 2002, S. 5 (7).

[841] *Scheja*, Datenschutzrechtliche Zulässigkeit (2005), S. 90.

[842] Siehe dazu die Informationen zur Datenverarbeitung in ADAMS; die deutsche Fassung ist abrufbar über die Homepage der NADA unter http://www.nada-bonn.de/fileadmin/user_upload/nada/ADAMS/ADAMS_DP_notice_DE_FINAL.pdf, letzter Aufruf am 18. März 2010.

Allerdings verkennt diese Literaturansicht prinzipiell, dass durch die Daten-eingabefelder nicht nur die Form der Dateneingabe beeinflusst, sondern vor allem auf die Art und den Inhalt der einzugebenden Daten eingewirkt werden kann.[843] Gerade bei der Nutzung von ADAMS wird dies deutlich. Dem nut-zenden Athleten oder der nutzenden Anti-Doping-Organisation wird durch die Eingabefelder in ADAMS detailliert vorgegeben, welche Daten an welcher Stelle eingegeben werden sollen. Damit nimmt der Anbieter entscheidenden Einfluss auf die Art und den Inhalt der einzugebenden Daten.[844] Die Nutzer haben nur einen eingeschränkten Entscheidungsspielraum, der im Hinblick auf die Anti-Doping-Regeln des WADA-Codes 2009 und den entscheidenden Meldepflichtbestimmungen der Testpool-Athleten weiter reglementiert ist. Der Athlet hat zum Beispiel lediglich die Möglichkeit, die geforderten Daten einzutragen, die Verbindung zum Server zu beenden, falsche Angaben zu ma-chen oder die Abgabe von Informationen zu unterlassen. In den beiden letzt-genannten Varianten hat der Athlet dagegen aufgrund der bestehenden Anti-Doping-Bestimmungen sogar entsprechende Sanktionen in Form von Melde-pflichtversäumnissen zu befürchten.[845] Das Verlassen der Website oder der Abbruch der Verbindung zum Server käme letztlich dem Verhalten bei feh-lenden Eintragungen gleich. Auch das nicht oder nicht rechtzeitige Eintragen der entsprechenden Angaben zu Aufenthaltsort und Erreichbarkeit („Wherea-bouts") durch den Athleten kann letztlich zu einem im Wege des Ergebnis-managementverfahrens der NADA zu ahndenden Meldepflichtversäumnis führen. Aufgrund dieser maßgeblichen Vorgabe, die Datenfelder in ADAMS entsprechend einzutragen, besteht für den Internetanbieter eine entscheidende Möglichkeit, die Zielrichtung der Datenerhebung zu bestimmen. Gleiches gilt auch für die Steuerung der Datenerhebung, die durch die Anti-Doping-Organisationen erfolgt. Entschließen sich die Anti-Doping-Organisationen, entsprechend dem Agreement mit der WADA[846], zum Datenaustausch über ADAMS, sind sie gehalten, im Wege vertragsgemäßen Verhaltens, die Da-tenbank regelmäßig zu nutzen.

Ebenso greift die Argumentation zu kurz, der Internetanbieter habe keine Vorstellung davon, wer mit welchen Daten von seinem Internetangebot Ge-brauch mache, im Falle der ADAMS-Nutzung. Die Zugriffsmöglichkeit auf

[843] *Scheja*, Datenschutzrechtliche Zulässigkeit (2005), S. 90.

[844] *Scheja*, Datenschutzrechtliche Zulässigkeit (2005), S. 90.

[845] Siehe hierzu „International Standard for Testing" der WADA, abrufbar über die Homepage der WADA unter http://www.wada-ama.org/rtecontent/document/IST_En_2009.pdf; oder den Standard für Meldepflichten der NADA, abrufbar über die Homepage der NADA unter http://www.nada-bonn.de/fileadmin/user_upload/nada/Recht/Codes_Vorlagen/Standard_fuer_Meldepflichten__endg ueltige_Version.pdf, letzter Aufruf jeweils am 18. März 2010.

[846] Siehe dazu auch 1. Teil, C. IV.

ADAMS ist notwendig beschränkt. Nur diejenigen Athleten, die dem Dopingkontrollsystem der Anti-Doping-Organisationen unterstehen sollen, erhalten eine Zugriffsberechtigung. Auch die Zugriffsmöglichkeit der Anti-
Doping-Organisationen auf die Datenbank ist begrenzt. Die Berechtigung,
Zugang in Form von Lese- oder Lese-/Schreibrechten zu erhalten, ist darüber
hinaus innerhalb einer Anti-Doping-Organisation auf diejenigen Stellen beschränkt, die für die Abwicklung des Geschäftszwecks einen entsprechenden
Zugriff benötigen. Bereits auf diese Art und Weise erfolgt eine deutliche Ka-
nalisierung des Adressatenkreises und somit eine direkte Einflussnahme der
WADA. Letztendlich kann festgehalten werden, dass der Internetanbieter seinen konkretisierten Willen, die personenbezogenen Daten erheben zu wollen,
deutlich zum Ausdruck bringt. Die Aufforderung an einen Nutzer, im Rahmen
eines Internetangebotes in Dateneingabefelder bestimmte Eingaben zu machen, basiert auf dem konkretisierten Erhebungswillen des Internetanbieters.

cc.) Invitatio ad offerendum

Schließlich wird in der Literatur vertreten, dass die Aufforderung des Zusen-
dens von personenbezogenen Daten im Rahmen eines Internetangebotes generell einer unverbindlichen invitatio ad offerendum entspreche.[847] Die invitatio
ad offerendum ist die Aufforderung an andere, hier die Nutzer des Internetan-
gebots, ihrerseits ein Angebot zur Erhebung der personenbezogenen Daten zu
machen. Zu berücksichtigen ist dabei, dass der Begriff aus der Rechtsgeschäftslehre stammt.[848] Verkannt wird, dass die Bestimmung der Datenerhebung nach § 3 Abs. 3 BDSG keinerlei Bezugspunkte zu vertraglichen Bin-
dungen aufweist. Die Datenerhebung im Sinne des Beschaffens von Daten,
erfordert weder das für die Einigung erforderliche Konstrukt von Angebot
und Annahme, noch einen entsprechenden Rechtsbindungswillen. Eine Beteiligung der Betroffenen ist nicht ausschlaggebend, sondern kann auch mit Zu-
tun Dritter oder auf alleinige Initiative erfolgen.[849] Das Beschaffen von Daten
über den Betroffenen kann unabhängig von dessen Entscheidungsfreiheit erfolgen. Aufgrund der Tatsache, dass diese Ansicht in unzulässiger Weise
Elemente der Rechtsgeschäftslehre auf den datenschutzrechtlichen Erhe-
bungstatbestand anwendet, kann diesem Ansatz nicht gefolgt werden. Insbesondere im Hinblick auf die Erhebung personenbezogener Daten, in Form von
Aufenthalts- und Erreichbarkeitsdaten der Athleten über ADAMS, sowie die
von den Anti-Doping-Organisationen dort einzupflegenden Informationen,
sind vertragsrechtliche Aspekte für den unmittelbaren Erhebungsvorgang

---

[847] *Simitis/Dammann*, BDSG, § 1 Rn. 223.
[848] Siehe unter anderem *Brox*, BGB AT, Rn. 170.
[849] *Scheja*, Datenschutzrechtliche Zulässigkeit (2005), S. 92.

nicht relevant. Inwieweit die Vereinbarung zum Datenaustausch auf einer in-dividual-vertraglichen Basis zwischen WADA, den Anti-Doping-Organisationen und den Athleten erfolgt, ist für den datenschutzrechtlichen Erhebungsvorgang unerheblich. Die Ansicht ist daher im Ergebnis abzuleh-nen.

c.) (Zwischen-) Ergebnis

Mithin ist es für die Anwendbarkeit des BDSG nicht ausschlaggebend, ob das Internetangebot der WADA auf einem Server im Drittland Kanada, in einem anderen Mitgliedstaat oder im Inland „gehostet" wird. Maßgeblich ist auch nicht der Standort des Servers, sondern der Standort des Clients. Der in Kana-da befindliche Internetanbieter, der über ADAMS personenbezogene Daten von inländischen Athleten und Anti-Doping-Organisationen erhebt, wirkt auf den inländischen Client des Nutzers zum Zwecke der Datenerhebung gezielt ein. Deshalb ist nach § 1 Abs. 5 Satz 2 BDSG das Bundesdatenschutzgesetz auf die Übermittlung personenbezogener Daten über die ADAMS-Datenbank anwendbar.

2. Ermächtigungsgrundlage zur Übermittlung von Daten

Des Weiteren muss die Übermittlung auf einer ordnungsgemäßen Legitimati-onsgrundlage beruhen. Der grenzüberschreitende Datenaustausch zwischen den Anti-Doping-Organisationen über die weltweit eingesetzte ADAMS-Datenbank ist für die nationalen Anti-Doping-Organisationen nur zulässig, wenn dieser gemäß BDSG legitimiert wird. Unabhängig von der Verwirkli-chung eines Erlaubnistatbestands gemäß §§ 28 ff. BDSG kann eine zulässige Übermittlung von personenbezogenen Daten in ein Drittland auch erfolgen, wenn die betroffene Person ihre Einwilligung ohne jeden Zweifel gegeben hat.[850] Soweit die Einwilligung den Anforderungen an § 4a BDSG genügen kann, liegt eine wirksame Legitimationsgrundlage für die Übermittlung von personenbezogenen Informationen vor.

3. Angemessenes Datenschutzniveau beim Empfänger

a.) Voraussetzungen

Datenübermittlungen dürfen gemäß § 4b Abs. 2 Satz 2 BDSG – unabhängig von einer legitimen Rechtsgrundlage – nicht übermittelt werden, wenn

---

[850] So im Wortlaut auch Art. 26 Abs. 1 lit. a) Datenschutzrichtlinie.

schutzwürdige Interessen des Betroffenen am Ausschluss der Übermittlung entgegenstehen. Mit dieser Regelung soll der Schutz der Grundrechte und Grundfreiheiten und insbesondere der Schutz der Privatsphäre natürlicher Personen bei der Verarbeitung ihrer Daten in Drittländern gewährleistet werden.[851] Schutzwürdige Interessen des Betroffenen stehen der Übermittlung entgegen, wenn bei der empfangenden Stelle ein angemessenes Datenschutzniveau nicht gegeben ist.[852] Das europäische Datenschutzniveau könnte durch innergemeinschaftliche verantwortliche Stellen umgangen werden, indem diese personenbezogene Daten unter geringeren Anforderungen in Drittländer übermitteln könnten, um sie dort einer Verarbeitung oder Nutzung zu unterziehen, die innerhalb der Europäischen Gemeinschaften unzulässig wäre.[853] Für eine zulässige Übermittlung personenbezogener Daten an Stellen in Drittländern ist daher grundlegend erforderlich, dass im Vergleich zum Datenschutzniveau innerhalb der Europäischen Gemeinschaften auch im Drittland ein angemessenes Schutzniveau gewährleistet ist.[854]

b.) Datenschutzniveau

Nach § 4b Abs. 3 BDSG ist das Datenschutzniveau unter Berücksichtigung aller Umstände zu beurteilen, die bei einer Datenübermittlung oder einer Kategorie von Datenübermittlungen von Bedeutung sind. Insbesondere können die Art der Daten, die Zweckbestimmung, die Dauer der geplanten Verarbeitung, das Herkunfts- und das Endbestimmungsland, die für den betreffenden Empfänger geltenden Rechtsnormen sowie die für ihn geltenden Standesregeln und Sicherheitsmaßnahmen herangezogen werden.[855] § 4b Abs. 3 BDSG orientiert sich inhaltlich eng an Art. 25 Abs. 2 Datenschutzrichtlinie, dessen Kriterien für die Beurteilung des angemessenen Schutzniveaus vollumfänglich übernommen wurden.[856]

aa.) Beurteilungsgrundlage

Zunächst ist allerdings zu klären, ob es für die Beurteilung der Angemessenheit des Datenschutzniveaus in einem Drittland vorrangig auf das jeweilige nationale Datenschutzniveau des Mitgliedstaates oder auf das Datenschutzniveau der Datenschutzgrundlage abzustellen ist.

---

[851] *Scheja*, Datenschutzrechtliche Zulässigkeit (2005), S. 110.
[852] *Ellger*, CR 1993, S. 2 (9); *Simitis/Simitis*, BDSG, § 4b Rn. 52.
[853] *Bunz/Heil*, Euro-Guide, S. 24; vgl. auch *Kilian*, Europäisches Wirtschaftsrecht, Rn. 960.
[854] *Dammann/Simitis*, EG-Datenschutzrichtlinie, Einleitung Rn. 29; *Simitis/Simitis*, BDSG, § 4b Rn. 52.
[855] *Bergmann/Möhrle/Herb*, Datenschutzrecht, § 4b Rn. 27; *Gola/Schomerus*, BDSG, § 4b Rn. 11.
[856] *Scheja*, Datenschutzrechtliche Zulässigkeit (2005), S. 110.

Vertreten wird, dass bei Übermittlungen in Drittländer und Weitergaben, die nicht das Gemeinschaftsrecht tangieren, die Zulässigkeit am Datenschutzniveau im Empfängerland festzumachen sei.[857] Eine Übermittlung müsse immer dann unterbleiben, wenn kein angemessener Schutz der Betroffenen garantiert sei. Maßstab für die Einordnung sei zunächst das BDSG, aber mittelbar auch die Datenschutzrichtlinie. Den im BDSG konkretisierten und weiterentwickelten Anforderungen an den Umgang mit personenbezogenen Daten ist zu entnehmen, ob der Schutz im Empfängerland einen Grad aufweist, der eine Weitergabe rechtfertigt.[858]

Zwar kann dieser Ansicht zugute gehalten werden, dass die Bestimmung des Schutzniveaus unter Berücksichtigung der Vorgaben der Datenschutzrichtlinie am nationalen Recht und somit am BDSG festzumachen ist. Dass der grenzüberschreitende Datentransfer der verantwortlichen Stelle aus Deutschland infolgedessen aber ausschließlich nach den Maßstäben des BDSG zu beurteilen ist[859], ist nicht begründet. Wäre für die Beurteilung des Datenschutzniveaus in Drittländern auf die jeweils geltenden nationalen Datenschutzgesetze abzustellen, könnte dies schon aufgrund des von der Datenschutzrichtlinie gewährleisteten freien Datenverkehrs zwischen den EU- und EWR-Mitgliedstaaten dem Grunde nach zu einer Umgehung des nationalen Datenschutzrechts führen.[860] Übermittlungen personenbezogener Daten in Drittländer könnten somit gezielt über Umwege innerhalb der EU und des EWR erfolgen, um so einen Datenexporteur als verantwortliche Stelle auszuwählen, der in einem Mitgliedstaat belegen ist, nach dessen nationalem Datenschutzrecht die geringsten Anforderungen an das zu gewährleistende Datenschutzniveau im Drittland zu stellen sind.[861] Um derartige Umgehungen zu vermeiden, wäre es eher geboten, hinsichtlich der Bewertung des Datenschutzniveaus in Drittstaaten auf das einheitliche europäische Datenschutzniveau abzustellen.[862] Der nationale Gesetzgeber hat in § 4b Abs. 3 BDSG die Anforderungen an die Beurteilung des Datenschutzniveaus in Drittländern deshalb ausnahmslos aus der Datenschutzrichtlinie übernommen.

---

[857] *Simitis/Simitis*, BDSG, § 4b Rn. 7.

[858] *Simitis/Simitis*, BDSG, § 4b Rn. 7.

[859] So *Simitis/Simitis*, BDSG, § 4b Rn. 38; auch *Gola/Wronka*, Handbuch zum Arbeitnehmerdatenschutz, S. 273.

[860] Zur Gefahr der Umgehung nationalen Datenschutzrechts aufgrund des freien Datenflusses innerhalb der EU und des EWR siehe auch *Bunz/Heil*, Euro-Guide, S. 24.

[861] *Scheja*, Datenschutzrechtliche Zulässigkeit (2005), S. 111.

[862] So auch *Scheja*, Datenschutzrechtliche Zulässigkeit (2005), S. 111.

Auch die Gesetzesbegründung zu § 4b Abs. 3 BDSG verweist ausdrücklich auf Art. 25 Abs. 2 Datenschutzrichtlinie.[863] Schließlich hätte die Beurteilung des Datenschutzniveaus in Drittländern anhand der Datenschutzrichtlinie den Vorteil, dass die EU-Kommission gemäß Art. 25 Abs. 6 Satz 1 Datenschutzrichtlinie feststellen könnte, ob ein Drittland ein angemessenes Datenschutzniveau aufweist. Bei diesen Entscheidungen berücksichtigt die Kommission nicht das einzelstaatlich umgesetzte, nationale Datenschutzrecht, sondern das europaweit harmonisierte Datenschutzniveau der Datenschutzrichtlinie.[864] Zudem sind die Mitgliedstaaten gemäß Art. 25 Abs. 6 Satz 1 Datenschutzrichtlinie aufgefordert, die infolge der Feststellung der EU-Kommission gebotenen Maßnahmen zu treffen. Damit sind die Mitgliedstaaten auch insoweit an die Berücksichtigung des europaweit einheitlich geltenden Datenschutzniveaus nach der Datenschutzrichtlinie gebunden. Mit *Scheja* ist demnach bei der Beurteilung der Angemessenheit des Datenschutzniveaus in einem Drittland primär auf das Datenschutzniveau nach der Datenschutzrichtlinie abzustellen und nicht auf das nationale Datenschutzniveau eines Mitgliedstaates.[865]

bb.) Angemessenheit

Der Begriff der „Angemessenheit" ist mit der Datenschutzrichtlinie neu in das europäische Datenschutzrecht aufgenommen worden.[866] Die Richtlinie definiert den Begriff der Angemessenheit selbst allerdings nicht.[867] Daneben enthält Art. 25 Abs. 2 der Datenschutzrichtlinie auch keine derartige Definition. Der Art. 25 Abs. 2 der Datenschutzrichtlinie listet lediglich Merkmale auf, die bei der Bestimmung des Schutzniveaus zu berücksichtigen sind, beschreibt aber nicht, wann ein angemessenes Schutzniveau erreicht ist.[868] Demzufolge ist auf die Erwägungsgründe zur Richtlinie abzustellen.[869] Neben der Berück-

---

[863] *BT-Drucks.* 14/4329; vom 13.10.2000 abrufbar unter
http://dip21.bundestag.de/dip21/btd/14/043/1404329.pdf, letzter Aufruf am 18. März 2010;
vgl. auch *Dammann/Simitis*, EG-Datenschutzrichtlinie, Art. 25 Rn. 1 ff.; *Ehmann/Helfrich*, EG-Datenschutzrichtlinie, Art. 25 Rn. 12 ff.
[864] Vgl. dazu die Feststellungen der EU-Kommission für die Schweiz, Argentinien, Kanada, Guernsey und die Isle of Man; abrufbar unter:
http://ec.europa.eu/justice_home/fsj/privacy/thridcountries/index_de.htm, letzter Aufruf am 18. März 2010.
[865] *Scheja*, Datenschutzrechtliche Zulässigkeit (2005), S. 111; so auch *Kilian*, Europäisches Wirtschaftsrecht, Rn. 978.
[866] *Scheja*, Datenschutzrechtliche Zulässigkeit (2005), S. 112.
[867] Schon im Vorfeld der Verabschiedung der Richtlinie wurde der Begriff der Angemessenheit wegen seiner Unbestimmtheit heftig kritisiert; vgl. insoweit *Dippoldsmann*, KJ 1994, S. 369 (377 f.); *Ellger*, CR 1993, S. 2 (8ff.); *Körner-Dammann, RDV* 1993, S. 14 (17 f.).
[868] *Ehmann/Helfrich*, EG-Datenschutzrichtlinie, Art. 25 Rn. 3; ähnlich auch *Dammann/Simitis*, EG-Datenschutzrichtlinie, Art. 25 Rn. 8.
[869] *Ehmann/Helfrich*, EG-Datenschutzrichtlinie, Art. 25 Rn. 4.

sichtigung aller Umstände im konkreten Einzelfall gemäß Art. 25 Abs. 2 Hs. 2 der Datenschutzrichtlinie ist das angemessene Datenschutzniveau unter Gewährleistung des Schutzes der Grundrechte[870] und der Achtung der Privatsphäre[871] zu bestimmen. Werden darüber hinaus die Anforderungen des Art. 25 Abs. 2 der Datenschutzrichtlinie, aber auch von § 4b Abs. 3 BDSG bei der Bestimmung der Angemessenheit berücksichtigt, kann der ursprünglich unbestimmte Begriff durch die entsprechenden Interpretationshilfen rechtskonform konkretisiert werden. Die Frage, wann ein Drittstaat ein angemessenes Datenschutzniveau erreicht, ist dagegen grundsätzlich durch Auslegung zu ermitteln.

(1) Wortlaut

Maßgebliche Grundlage der Auslegung ist der Wortsinn. Damit ist die Bedeutung eines Ausdrucks im üblichen Sprachgebrauch gemeint.[872] Der Wortsinn ist regelmäßig auch die Grenze der Auslegung.[873] „Angemessen" bedeutet sinngemäß „richtig bemessen" und „adäquat".[874] Die Bedeutung „richtig bemessen" ist im Zusammenhang mit der Definition und Festlegung von Grenzen und Werten des maßgeblichen Datenschutzniveaus untauglich. Die richtige Bemessung zielt dabei vornehmlich auf das quantitative Maß des beschreibenden Subjekts ab. Der Wortsinn „adäquat" hingegen lässt einen Rückschluss auf das zu gewährleistende Niveau des Datenschutzes im Drittland im Vergleich zum innergemeinschaftlichen zu.[875] Der lateinische Begriff „adäquat" ist gleichbedeutend mit „entsprechend" und steht gleichzeitig für die Begriffe „gleichwertig" und „ebenbürtig".[876] Folglich kann das Datenschutzniveau eines Drittlandes nach dem Wortsinn von „angemessen" nur dann dem innergemeinschaftlichen Datenschutzniveau entsprechen, soweit es gleichwertig und ebenbürtig ist.[877]

Der Vergleich mit anderssprachigen Fassungen der Datenschutzrichtlinie stärkt die Auslegung des Wortsinns. In der englischen Fassung der Datenschutzrichtlinie[878] wird der Begriff „adequate" verwendet, der im Deutschen

---

[870] Erwägungsgründe 1 und 2 der Richtlinie.

[871] Erwägungsgrund 2 der Richtlinie.

[872] *Larenz/Canaris*, Methodenlehre, S. 141.

[873] Auch wenn der EuGH den Grundsatz „in claris non fit interpretationem" nicht anwendet, vgl. *EuGH*, Urteil vom 6. Oktober 1982, Rs. 283/81 (C.I.L.F.I.T), *Slg.* 1982, 3430, Rn. 16 ff.; siehe auch *Draf*, Art. 25, 26 der EG-Datenschutzrichtlinie, S. 84.

[874] *Duden*, Das großes Fremdwörterbuch, S. 186.

[875] *Scheja*, Datenschutzrechtliche Zulässigkeit (2005), S. 112.

[876] *Duden*, Sinn- und sachverwandte Wörter, S. 206.

[877] *Büllesbach/Däubler*, Datenverkehr, S. 83.

[878] Abrufbar unter http://eur-lex.europa.eu/LexUriServ/LexUriServ.do?uri=CELEX:31995L0046:EN:HTML, letzter Aufruf am 18. März 2010.

mit dem Begriff „entsprechend" übersetzt werden kann. In der französischen Version der Datenschutzrichtlinie[879] wird der Begriff „adéquat" verwendet, der ebenfalls mit „entsprechend" übersetzt werden kann.[880] Schließlich ist der Rückgriff auf das Lateinische angebracht. Zwar zählt Latein nicht zu den offiziellen, in Art. 248 EGV als verbindlich festgelegten Sprachen[881], bildet aber dennoch den grammatikalischen Ursprung des Wortes „adäquat". Auch der englische Begriff „adequate" und das französische „adéquate" gehen auf das lateinische Verb für „gleichmachen"[882] zurück.

Fraglich ist, warum sowohl die deutsche Übersetzung der Datenschutzrichtlinie, als auch die entsprechende Umsetzung im BDSG den Begriff „angemessen" verwenden, anstatt ebenfalls auf den Begriff „adäquat" zurückzugreifen. Die redaktionelle Ungenauigkeit im Rahmen der deutschen Übersetzung der Richtlinie und die – nicht hinterfragte – Umsetzung im BDSG[883] greift zu kurz. Auch wenn die deutsche Sprache gegenwärtig (noch)[884] nicht im Grundgesetz verankert ist, ist der nationale Gesetzgeber gehalten, bei der Etablierung und Über- bzw. Umsetzung von Rechtsgrundlagen, Normen und Ausführungsbestimmungen die deutsche Sprache zugrunde zu legen.[885] Der Begriff „adäquat" ist lateinischen Ursprungs und lässt sich daher in vielen romanischen Sprachen entsprechend anwenden. Der deutsche Gesetzgeber hat durch den Wortsinn „angemessen" eine Begrifflichkeit gewählt, die dem Ursprung des Begriffs „adäquat" letztlich entsprechen kann. Gründe, die einer vorrangigen Verwendung der Begriffe „entsprechend" oder „gleichwertig" entgegen stehen, sind allerdings nicht ersichtlich.

Nach dem Wortsinn des Begriffs „Angemessenheit" in § 4b Abs. 3 BDSG und in Art. 25 Abs. 2 der Datenschutzrichtlinie lässt sich festhalten, dass die

---

[879] http://eur-lex.europa.eu/LexUriServ/LexUriServ.do?uri=CELEX:31995L0046:FR:HTML, letzter Aufruf am 18. März 2010.

[880] *Langenscheidt*, Taschenwörterbuch Französisch.

[881] Bis zur Auflösung des Heiligen Römischen Reiches Deutscher Nation im Jahre 1806, war Latein Reichssprache.

[882] Lat. „aequare" von aequus, -a, -um + facere (gleich + machen).

[883] So aber *Scheja*, Datenschutzrechtliche Zulässigkeit (2005), S. 112 f.

[884] Siehe Artikel in *Welt-Online* vom 8. Oktober 2009, abrufbar unter http://www.welt.de/politik/bundestagswahl/article4775446/Koalition-will-Deutsch-im-Grundsatz-verankern.html, letzter Aufruf am 18. März 2010.

[885] Für die Behörden und Gerichte ist auf einfachgesetzlicher Ebene eine Regelung getroffen worden. Siehe § 23 Abs. 1 Verwaltungsverfahrensgesetz (VwVfG), § 87 Abgabenordnung (AO 1977), § 19 I des Zehnten Buchs des Sozialgesetzbuch (SGB X); gemäß § 184 Gerichtsverfassungsgesetzes (GVG) ist Deutsch als Gerichtssprache festgelegt.

Übermittlung personenbezogener Daten in ein Drittland, bezogen auf das Datenschutzniveau somit „gleichwertig" sein müssen.[886]

(2) Materiell-rechtliche Anforderungen

In materieller Hinsicht ist für die Gewährleistung eines angemessenen Datenschutzniveaus nach Art. 25 Abs. 2 der Datenschutzrichtlinie und § 4b Abs. 3 BDSG nicht nur der Wortlaut der Regelungen heranzuziehen, sondern zu prüfen, ob das durch diese gewährleistete Schutzniveau sichergestellt wird. Eine „Gleichheit" des Schutzes ist nicht erforderlich.[887] Bedeutend für die inhaltliche Beurteilung des angemessenen Schutzniveaus sind somit alle Umstände der konkret in Aussicht gestellten Übermittlung. Unterschiede im Datenschutzniveau können sich in zulässiger Art und Weise schon bei der Ausgestaltung des Schutzniveaus ergeben. Es ist zu akzeptieren, dass es durchaus unterschiedliche Wege geben kann, den Schutz der Betroffenen zu gewährleisten. Die Gleichwertigkeit bedeutet nicht Deckungsgleichheit.[888] Eine vergleichende Bewertung[889] ist vorrangig das zu erreichende Ziel, welches in Einklang mit dem Schutz der Privatsphäre des Betroffenen zu bringen ist.

Auch die Art. 29-Datenschutzgruppe hat die Grundsätze für ein angemessenes Datenschutzniveau auf der Grundlage europaweit einheitlicher Regelungen und Grundprinzipien zusammengefasst.[890] Die Art. 29-Datenschutzgruppe nimmt in dem bestehenden Meinungsspektrum und der nachfolgenden Untersuchung, insbesondere durch die Veröffentlichung ihrer Arbeitspapiere zu verschiedenen datenschutzrechtlichen Themen, eine bedeutende Rolle ein.[891] Diese – nicht verbindlichen[892] – Leitlinien enthalten auch Anhaltspunkte für die Bewertung der Angemessenheit und führen Mindeststandards für die Begriffsbestimmung an, die zumindest als praktische Orientierungs- und Leitlinie genutzt werden können. Für die Beurteilung, ob und inwieweit die Übermittlung personenbezogener Daten der Athleten an Drittländer unzulässig ist, kommt es somit auf die Verarbeitung im Einzelfall an. Eine Übermittlung sensibler Daten, zum Beispiel Proben eines Athleten zur Auswertung in ei-

---

[886] So auch *Simitis/Simitis*, BDSG, § 4b Rn. 52.

[887] Vgl. *Ellger*, CR 1993, S. 2 (8 ff.); *Dammann/Simitis*, EG-Datenschutzrichtlinie, Art. 25 Rn. 8.

[888] *Simitis/Simitis*, BDSG, § 4b Rn. 52.

[889] Vgl. *Simitis/Simitis*, BDSG, § 4b Rn. 52.

[890] *Art. 29-Datenschutzgruppe*, WP 12, S. 5 ff., abrufbar unter http://ec.europa.eu/justice_home/fsj/privacy/docs/wpdocs/1998/wp12_de.pdf, letzter Aufruf am 18. März 2010.

[891] *Büllesbach*, Transnationalität und Datenschutz, S. 42.

[892] *Dammann/Simitis*, EG-Datenschutzrichtlinie, Art. 30 Rn. 8f.

nem WADA-akkreditierten Labor in einem Drittland, kann zum einen unzulässig sein, da das Schutzniveau aufgrund der Gefährdung des Persönlichkeitsrechts erhöht ist. Zum anderen kann die Übermittlung einer Information über den Aufenthaltsort eines Athleten, die schon unmittelbar nach Kenntnisnahme gelöscht wird, weil sie zur Dopingkontrollplanung nicht herangezogen wird, angemessen sein. Entscheidend ist jedoch, dass die Grenzen dessen, was im Sinne einer richtlinienkonformen Auslegung einem angemessenen Datenschutzniveau entsprechen kann, durch den Wortlaut der Richtlinie festgelegt werden. Die Auslegung am Wortlaut einer Vorschrift ist entscheidend.[893] Folglich ist das Datenschutzniveau in einem Drittland nach Art. 25 Abs. 2 Datenschutzrichtlinie oder § 4b Abs. 3 BDSG nur angemessen, wenn es das innergemeinschaftliche Datenschutzniveau im Einzelfall nicht unterschreitet.[894]

(3) Angemessenes Datenschutzniveau bei der WADA

Die Frage, ob personenbezogene Daten frei und ohne zusätzliche Garantien von einer Anti-Doping-Organisation aus einem EU-Staat an die ADAMS-Datenbank der WADA übermittelt werden dürfen, hängt von der Angemessenheit des Datenschutzniveaus in Kanada ab. Die Art. 29-Datenschutzgruppe stellt in ihrer zweiten Stellungnahme[895] heraus, dass ADAMS der Zuständigkeit der kanadischen Datenschutzbehörden unterliegt. Anzuführen ist insoweit, dass die EU-Kommission – für alle EU-Staaten bindend – prüfen und feststellen kann, dass ein Drittland ein angemessenes Datenschutzniveau gewährleistet.

Positiv entschieden hat die EU-Kommission im Jahr 2000, dass die Schweiz und Ungarn ein angemessenes Datenschutzniveau gewährleisten.[896] Im Jahr

---

[893] *Larenz*, Methodenlehre, S. 322 ff. (366) m. w. N.; aber auch *Zippelius*, Methodenlehre, S. 47.

[894] *Scheja*, Datenschutzrechtliche Zulässigkeit (2005), S. 113; a.A. *Draf*, Art. 25, 26 der EG-Datenschutzrichtlinie, S. 89; *Draf* argumentiert entgegen dem Wortsinn der Norm, dass auch eine Unterschreitung des innergemeinschaftlichen Datenschutzniveaus im Drittland angemessen sei. Zur Begründung wird die historische Auslegung angeführt. Diese Argumentation ist insgesamt aber wenig aufschlussreich und kann die dargelegten Grundsätze der Methodenlehre im konkreten Einzelfall nicht eindeutig widerlegen.

[895] Siehe *Art.29-Datenschutzgruppe*, WP 162; abrufbar unter http://ec.europa.eu/justice_home/fsj/privacy/docs/wpdocs/2009/wp162_de.pdf, letzter Aufruf am 18. März 2010.

[896] *Abl. EG* 2000 Nr. L 215; weitere Feststellungen zur Angemessenheit des Datenschutzniveaus durch die EU-Kommission, sind durch die EU-Kommission für folgende Länder getroffen worden: Argentinien (*ABl. EG* Nr. L 168/19), Guernsey (*ABl. EG* Nr. L 308/27), Isle of Man (*ABl. EG* Nr. L 151/51 und Nr. L 208/47), Kanada (*ABl. EG* Nr. L 2/13), Schweiz (*ABl. EG* Nr. L 215/1), Ungarn (*ABl. EG* Nr. L 215/4) und USA (*ABl. EG* Nr. L 215/7).

2001 hat die EU-Kommission auch für Kanada ein angemessenes Datenschutzniveau festgestellt. Allerdings war die Entscheidung beschränkt auf diejenigen Bereiche, die dem kanadischen „Personal Information Protection and Eletronic Documents Act" (PIPEDA) unterfallen.[897] Die Entscheidung der EU-Kommission statuiert nur für die Fälle eine verbindliche Angemessenheit des kanadischen Datenschutzniveaus, in denen die Übermittlung in den Anwendungsbereich von PIPEDA fällt. Fraglich ist somit, ob dies für die Datenübermittlung von Anti-Doping-Organisationen aus EU-Staaten an die WADA mittels ADAMS zutrifft. PIPEDA gilt für privatwirtschaftliche Organisationen, die im Rahmen kommerzieller Tätigkeiten Daten erheben, verarbeiten oder weitergeben. Satzungsgemäß ist die WADA eine Stiftung nach Schweizer Zivilrecht. Gemäß Art. 80 Schweizer Zivilgesetzbuches setzt die Errichtung einer Stiftung die Widmung zu einem besonderen Zweck voraus.[898] Ein entscheidender privatwirtschaftlicher Erwerbscharakter liegt der Tätigkeit der WADA somit nicht zugrunde. Grundsätzlich ist der Zweck der Stiftung einer Gemeinnützigkeit gewidmet. Diese Gemeinnützigkeit zeichnet sich dadurch aus, dass ein wirtschaftliches Handeln gerade ausscheidet. Obwohl sich die Art. 29-Datenschutzgruppe in ihrer zweiten Stellungnahme zum ISPP der WADA auch mit der Frage nach dem angemessenen Datenschutzniveau der WADA auseinander gesetzt hat, blieb die Frage nach der Eingliederung der Datenübermittlung durch die WADA unter PIPEDA offen. Es wird lediglich ausgeführt, dass die kanadische Datenschutzbeauftragte in einem Schriftwechsel mit der Art. 29-Datenschutzgruppe darauf hingewiesen habe, dass nach ihrer Analyse „die Entscheidung der Angemessenheit von PIPEDA keine Anwendung auf die WADA finde, da deren übliche Tätigkeiten nicht kommerzieller Natur" seien. Allerdings wird gleichzeitig ausgeführt, dass die WADA mit einem gewerblichen Unternehmen (CGI) einen Wartungsvertrag geschlossen habe. Dieses Unternehmen falle jedoch unter den Geltungsbereich von PIPEDA.[899]

---

[897] Entscheidung der Kommission vom 20. Dezember 2001 gemäß der Richtlinie 95/46/EG des Europäischen Parlaments und des Rates über die Angemessenheit des Datenschutzes, den das kanadische „Personal Information Protection and Eletronic Documents Act" (2002/2/EG) bietet; Abl. EG 2002 Nr. L 2.

[898] Siehe Art. 1 der WADA-Stiftungsverfassung, abrufbar auf der Homepage der WADA unter http://www.wada-ama.org/Documents/About_WADA/Statutes/WADA_Statutes_2009_EN.pdf, letzter Aufruf am 18. März 2010.

[899] *Art. 29-Datenschutzgruppe*, WP 162, S. 14 ff.
siehe http://ec.europa.eu/justice_home/fsj/privacy/docs/wpdocs/2009/wp162_de.pdf, letzter Aufruf am 18. März 2010.

Da der Art. 29-Datenschutzgruppe keine weiteren Einzelheiten des Vertrages bei ihrer Stellungnahme vorlagen, sei es ihr auch nicht möglich, eine abschließende Entscheidung darüber zu treffen, ob die WADA oder ADAMS unter den Geltungsbereich von PIPEDA fallen.[900] Allerdings stellte die Art. 29-Datenschutzgruppe gleichzeitig fest, dass „die reine Tatsache, dass die WADA und ADAMS nicht unter den Geltungsbereich von PIPEDA fallen, nicht automatisch bedeute, dass die für sie zuständige Gerichtsbarkeit kein angemessenes Schutzniveau sicherstelle. Es heißt aber auch nicht, dass sie dies unbedingt tut." [901] In einer schriftlichen Stellungnahme[902] macht die für die WADA zuständige datenschutzrechtliche Aufsichtsbehörde deutlich, dass sowohl die WADA als auch ADAMS mit dortigem Datenschutzrecht vereinbar sind. Er wird deutlich, dass die privatrechtliche Tätigkeit der Stiftung im Einklang mit dem Datenschutzrecht von Quebec steht. Soweit über die Provinz Quebec hinaus ein Datentransfer erfolgt, sei dieser von PIPEDA erfasst.

cc.) (Zwischen-) Ergebnis

Im Ergebnis liegt ein angemessenes Datenschutzniveau vor, das – aufgrund der Feststellung der EU-Kommission – den Anti-Doping-Organisationen in EU und EWR eine legitime Grundlage zur Übermittlung von personenbezogenen Daten über die ADAMS-Datenbank ermöglicht. Lediglich darüber hinaus gehende, besondere Interessen des Betroffenen im Einzelfall können den Ausschluss der Datenübermittlung an die WADA rechtfertigen.

Soweit Anti-Doping-Organisationen ferner nicht nur an die WADA, sondern – unabhängig von ADAMS – personenbezogene Daten zur Dopingkontrollplanung, zum gegenseitigen Informationsaustausch oder zur Harmonisierung des Dopingkontrollsystems an Drittländer übermitteln, sind unter strenger Berücksichtigung eines angemessenen Datenschutzniveaus beim Empfänger die schutzwürdigen Interessen des Athleten anzuerkennen.

---

[900] *Art. 29-Datenschutzgruppe*, WP 162, S. 14 ff.
siehe http://ec.europa.eu/justice_home/fsj/privacy/docs/wpdocs/2009/wp162_de.pdf, letzter Aufruf am *18. März 2010.*
[901] *Art.29-Datenschutzgruppe*, WP 162, S. 15, Abrufbar unter
http://ec.europa.eu/justice_home/fsj/privacy/docs/wpdocs/2009/wp162_de.pdf, letzter Aufruf am 18. März 2010.
[902] Abrufbar auf der Homepage der WADA unter http://www.wada-ama.org /Documents/World_Anti-Doping_Program/WADP-IS-PPPI/WADA_Letter_Federal_200904_EN.p df, letzter Aufruf am 18. März 2010.

4. Ausnahmen, § 4b Abs. 2 Satz 3 und § 4c Abs. 1 BDSG

Kann ein angemessenes Datenschutzniveau beim Empfänger nicht festgestellt werden, ist eine Übermittlung dennoch zulässig, wenn entweder die zuständige Aufsichtsbehörde die Übermittlung genehmigt (§ 4b Abs. 2 Satz 3 BDSG) oder eine gesetzliche Ausnahme vorliegt (§ 4c Abs. 2 BDSG). Der Anwendungsbereich von § 4b Abs. 2 Satz 3 BDSG ist im Rahmen der Dopingbekämpfung nicht einschlägig. Nationale Anti-Doping-Organisationen sind keine öffentlichen Stellen des Bundes.[903]

In enger Anlehnung an Art. 26 Abs. 1 der Datenschutzrichtlinie könnte vor allem § 4c Abs. 1 Satz 1 BDSG, in einem der sechs abschließend[904] aufgeführten Ausnahmetatbestände, die nationalen Anti-Doping-Organisationen zur Übermittlung personenbezogener Daten an Anti-Doping-Organisationen in Drittländer ermächtigen, wenn sich herausstellt, dass das Datenschutzniveau dort nicht angemessen ist. Sinn und Zweck der Ausnahme besteht darin, den Wirtschaftsverkehr mit Drittländern nicht unangemessen zu beeinträchtigen.[905] Der Informations- und Datenaustausch zwischen europäischen und internationalen Anti-Doping-Organisationen erfüllt zwar nicht vorrangig einen wirtschaftlichen Zweck der Beteiligten. Allerdings dient der Austausch von Daten der Dopingbekämpfung und damit einem Ziel, dem sich die Staaten, nicht zuletzt durch die Verabschiedung der UNESCO-Konvention unterworfen haben. Dieses Ziel ist den wirtschaftlichen Handelsbeziehungen der EU-Staaten zu Drittländern zumindest gleichwertig. Der Anwendungsbereich der Norm ist somit eröffnet.

a.) Einwilligung, § 4c Abs. 1 Satz 1 Nr. 1 i. V. m. § 4a Abs. 1 BDSG

Die Einwilligung des betroffenen Athleten gemäß § 4c Abs. 1 Satz 1 Nr. 1 i. V. m. § 4a Abs. 1 BDSG kann eine zulässige Legitimation für die Anti-Doping-Organisationen in der EU und der EWR für die Übermittlung seiner Daten in ein Drittland ohne angemessenes Datenschutzniveau sein. Voraussetzung dafür ist, dass der Athlet ausdrücklich der Übermittlung seiner Daten an einen Empfänger ohne angemessenes Datenschutzniveau zustimmt. Hierfür ist er über die spezifischen Risiken dieser Übermittlung zu informieren. Es besteht eine gesteigerte Hinweispflicht der verantwortlichen Stelle nach § 4a Abs. 1 Satz 2 BDSG.[906] Gemäß Art. 29-Datenschutzgruppe kann das In-

[903] Siehe dazu ausführlich 2.Teil, A. II.
[904] *Bergmann/Möhrle/Herb*, Datenschutzrecht, § 4c Rn. 6.
[905] Vgl. *Gola/Schomerus*, BDSG, § 4c Rn. 1.
[906] *Bergmann/Möhrle/Herb*, Datenschutzrecht, § 4c Rn. 7; vgl. auch *Kühling/Seidel/Sivridis*, Datenschutzrecht, S. 155; *Räther/Seitz*, MMR 2002, S. 425 (432).

formationsblatt zur Datenverarbeitung in ADAMS für Athleten[907], das jene im Rahmen der Nutzung der ADAMS-Datenbank zur Kenntnis nehmen und akzeptieren, nicht die Anforderungen an diese gesteigerte Hinweispflicht genügen.[908] Das Informationsblatt enthalte „manche Bedenken hervorrufende Bestimmungen".[909] Exemplarisch wird aufgeführt, dass „die Athleten darauf hingewiesen würden, dass ihre Daten Personen und Parteien zugänglich gemacht werden können, die sich außerhalb des Wohnortes des Athleten befinden und dass die Datenschutzgesetze in manchen Ländern eventuell nicht den lokalen, nationalen Gesetzen entsprechen können".[910] Allerdings wird im Folgenden nicht ausgeführt, weshalb und in welchem Umfang diese Regelungen im Informationsblatt bedenklich seien. Aufgrund der Tatsache, dass noch weitere Beispiele aufgeführt werden, ist die pauschale Kritik der Art. 29-Datenschutzgruppe nicht nachvollziehbar. Die Offenlegung der Tatsache, dass die Daten auch an Anti-Doping-Organisationen „außerhalb des Wohnortes des Athleten", also in Länder innerhalb und außerhalb der EU übermittelt werden können, trägt zur detaillierten Aufklärung des Athleten bei. Ebenso wird er besonders informiert, wenn er weiß, dass seine personenbezogenen Daten auch in Länder transferiert werden können, die nicht mit den Datenschutzgesetzen Deutschlands oder der EU übereinstimmen und somit ein angemessenes Datenschutzniveau nicht gewährleisten können. Demzufolge erhält der Athlet einen umfassenden Überblick über die Risiken seiner Einwilligung. Da die Art. 29-Datenschutzgruppe somit nur allgemeine Kritik an der generellen datenschutzrechtlichen Zulässigkeit der Athleteneinwilligung im Rahmen der Dopingbekämpfung übt, können diese Bedenken nicht geteilt werden.[911] Soweit die aufgezeigten Hinweise entsprechend in die Einwilligungserklärungen der Athleten aufgenommen werden, kann diese grundsätzlich für die Übermittlung von Daten in Drittländer, die kein angemessenes Datenschutzniveau gewährleisten, als legitime Rechtsgrundlage herangezogen werden.

---

[907] Abrufbar auf der Homepage der NADA unter http://www.nada-bonn.de/fileadmin/user_upload/nada/ADAMS/ADAMS_DP_notice_DE_FINAL.pdf, letzter Aufruf am 18. März 2010.

[908] *Art. 29-Datenschutzgruppe* , WP 162, S. 16;
abrufbar unter http://ec.europa.eu/justice_home/fsj/privacy/docs/wpdocs/2009/wp162_de.pdf, letzter Aufruf am 18. März 2010.

[909] *Art. 29-Datenschutzgruppe* , WP 162, S. 16;
abrufbar unter http://ec.europa.eu/justice_home/fsj/privacy/docs/wpdocs/2009/wp162_de.pdf, letzter Aufruf am 18. März 2010.

[910] *Art. 29-Datenschutzgruppe* , WP 162, S. 16;
abrufbar unter http://ec.europa.eu/justice_home/fsj/privacy/docs/wpdocs/2009/wp162_de.pdf, letzter Aufruf am 18. März 2010.

[911] Siehe 2. Teil, E. I.

b.) Vertragserfüllung, § 4c Abs. 1 Satz 1 Nr. 2 BDSG

Des Weiteren ist die Übermittlung personenbezogener Daten in Drittländer ohne Gewähr eines angemessenen Datenschutzniveaus zulässig, wenn die Übermittlung gemäß § 4 Abs. 1 Satz 1 Nr. 2 BDSG für die Erfüllung eines Vertrages zwischen dem Betroffenen und der verantwortlichen Stelle oder zur Durchführung von vorvertraglichen Maßnahmen, die auf Veranlassung des Betroffenen getroffen worden sind, erforderlich ist. Insbesondere zwischen Athleten und NADA besteht kein Vertrag, sondern allenfalls ein rechtsgeschäftsähnliches Schuldverhältnis.[912] Vorvertragliche Handlungen im Sinne einer Vertragsanbahnung sind regelmäßig nicht gegeben. Einschlägig ist der Ausnahmetatbestand dann, wenn zwischen Veranstaltern großer Sportwettkämpfe oder Sport(fach)verbänden und Athleten Verträge und Vereinbarungen vorliegen. Zur Erfüllung der vertraglichen Pflicht zur Durchführung von Dopingkontrollen kann die Ausnahmeregelung zur Anwendung kommen.

c.) Vertrag zugunsten des Betroffenen, § 4c Abs. 1 Satz 1 Nr. 3 BDSG

Ein Ausnahmetatbestand im Sinne des § 4c Abs. 1 Satz 1 Nr. 3 BDSG liegt vor, wenn der Betroffene aus einem Vertrag zwischen verantwortlicher Stelle und dem Betroffenen begünstigt werden soll. Diese Alternative ist in der nationalen und internationalen Dopingbekämpfung nicht einschlägig. Zwar ist gerade in Deutschland das Modell der vertraglichen Vereinbarung zwischen NADA und den nationalen Sport(fach)verbänden die Grundlage der Zusammenarbeit. Ein Begünstigungsverhältnis zugunsten des Athleten im Sinne eines (echten) Vertrages zugunsten Dritter gemäß § 328 BGB wird damit jedoch nicht begründet. Die maßgebliche Voraussetzung einer Leistung aus einem vertraglichen Schuldverhältnis, an der ein Dritter ein (eigenes) Recht erwirbt ist nicht gegeben. Auch ein Vertrag mit Schutzwirkung zugunsten Dritter, also ein Vertragsverhältnis aus dem der Dritte zumindest eigenständige Sekundärrechte geltend machen kann, wird zwischen den Anti-Doping-Organisationen nicht begründet. Soweit ein vertragliches Rechtsverhältnis zwischen Athlet und nationalem oder internationalem Sport(fach)verband besteht, fehlt es an der Schutzbedürftigkeit des Athleten.

d.) Wichtiges öffentliches Interesses, § 4c Abs. 1 Satz 1 Nr. 4 BDSG

Schließlich kann die Übermittlung personenbezogener Athletendaten von Anti-Doping-Organisationen in Drittländer ohne angemessenes Datenschutzniveau dann zulässig sein, wenn die Übermittlung für die Wahrung eines wich-

---

[912] Siehe dazu ausführlich 2. Teil. E. II. 3 a.)

tigen öffentlichen Interesses erforderlich ist. Als Beispiele für wichtige öffentliche Interessen werden die Aufgabenerfüllung der Steuer- und Zollverwaltungen, der sozialen Sicherungssysteme und die Bekämpfung von Geldwäsche angeführt.[913] Inwieweit der Zweck der Dopingbekämpfung, der unzweifelhaft im öffentlichen Interesse steht, zugleich ein wichtiges öffentliches Interesse im Sinne des § 4c Abs. 1 Satz 1 Nr. 4 BDSG darstellt, ist angesichts der aufgeführten Beispiele fraglich. Die Dopingbekämpfung erfüllt keine straf- oder nebenstrafgesetzlichen Tatbestände, die einen dringenden Informationsaustausch rechtfertigen könnten. Sowohl der von der Dopingbekämpfung reklamierte Gesundheitsschutz, sowie die Aufrechterhaltung sportrechtlicher Grundwerte wie Fair Play und Chancengleichheit können ein öffentliches Interesse von deutlichem Gewicht (wohl) nicht begründen. Die Anwendung dieses datenschutzrechtlichen Ausnahmetatbestands ist mithin zugunsten eines Persönlichkeitsrechtsschutzes der Athleten im Anti Doping-Kampf restriktiv auszulegen.

e.) Lebenswichtige Betroffeneninteressen, § 4c Abs. 1 Satz 1 Nr. 5 BDSG

Nicht einschlägig ist der Ausnahmetatbestand gemäß § 4c Abs. 1 Satz 1 Nr. BDSG. Danach wäre die Übermittlung ausnahmsweise zulässig, wenn diese für die Wahrung lebenswichtiger Interessen erforderlich ist. Lebenswichtige Interessen sind vor allem dann betroffen, wenn medizinische Daten weitergegeben werden sollen, und der Betroffene seinen Willen (physisch) nicht zum Ausdruck bringen kann.[914] Auch wenn im Rahmen der Dopingbekämpfung infolge des Verfahrens zur Erteilung Medizinischer Ausnahmegenehmigungen Gesundheitsdaten der Athleten erhoben und verarbeitet werden, betrifft die Weitergabe der Daten grundsätzlich nicht Fälle, in denen der betroffene Athlet seinen Willen nicht mehr äußern kann.

f.) Öffentliches Register, § 4c Abs. 1 Satz 1 Nr. 6 BDSG

Ebenfalls fällt der Ausnahmetatbestand zur Übermittlung personenbezogener Daten gemäß § 4c Abs. 1 Satz 1 Nr. 6 BDSG bei der Datenverarbeitung im nationalen und internationalen Anti-Doping-Kampf nicht ins Gewicht. Gemäß § 4c Abs. 1 Satz 1 Nr. 6 BDSG müsste die Grundlage für die Übermittlung in einem Register liegen, das zur Information der Öffentlichkeit bestimmt ist. Dies ist nicht der Fall. Für öffentliche Register im Sinne der Norm gilt der

---

[913] *Bergmann/Möhrle/Herb*, Datenschutzrecht, § 4c Rn. 10; *Simitis/Simitis*, BDSG, § 4c Rn. 19 f.
[914] Vgl. *Bergmann/Möhrle/Herb*, Datenschutzrecht, § 4c Rn. 11; Gola/Schomerus, BDSG, § 4c Rn. 7.

Publizitätsgrundsatz.[915] Bei Daten, die zum Beispiel aus dem Handelsregister oder dem Grundbuch stammen, wird die Übermittlung zugelassen. Für die Einsicht in diese Register bedarf es bereits eines berechtigten Interesses. Ein öffentliches Register, das Athletendaten führt, die für die Übermittlung von Informationen zur internationalen Dopingbekämpfung erforderlich sind, existiert nicht.

5. Ergebnis

Im Ergebnis ist daher festzuhalten, dass die Übermittlung personenbezogener Daten in Drittländer im Wege der ADAMS-Nutzung den Regelungen des BDSG unterliegen kann. Die WADA besitzt die inhaltliche Ausgestaltungshoheit bezüglich des bereitgestellten Internetdienstes, den sowohl die Athleten als auch die Anti-Doping-Organisationen weltweit nutzen. Entscheidendes Kriterium für die Zulässigkeit der Datenübermittlung ist aber, dass ein angemessenes Datenschutzniveau beim Empfänger vorliegt. Unter Berücksichtigung der materiellen Vorgaben der Datenschutzrichtlinie ist zumindest ein dem europäischen Datenschutzstandard entsprechendes Schutzniveau beim Umgang mit personenbezogenen Daten im Drittland zu gewährleisten. Die EU-Kommission hat für einige Länder eine Prüfung durchgeführt und das angemessene Datenschutzniveau verbindlich festgestellt. Für Kanada ist dies partiell erfolgt. Soweit die Datenverarbeitung unter den Anwendungsbereich von PIPEDA fällt, ist die Angemessenheit sichergestellt. Für die Datenverarbeitung bei der WADA hat die zuständige Datenschutzbehörde festgelegt, dass datenschutzrechtliche Vorschriften ausreichend beachtet werden müssen. Schließlich besteht aber die Möglichkeit für Anti-Doping-Organisationen der EU, personenbezogene Daten der Athleten mit Anti-Doping-Organisationen aus Drittländern auszutauschen, auch wenn diese kein angemessenes Datenschutzniveau aufweisen. Insoweit müssen die Ausnahmetatbestände des § 4 b Abs. 2 Satz 3 oder § 4c Abs. 1 BDSG einschlägig sein. Insbesondere die informierte Einwilligung gemäß § 4c Abs. 1 Satz 1 Nr. 1 BDSG, sowie die Erfüllung vertraglicher Ansprüche gemäß § 4c Abs. 1 Satz 1 Nr. 3 BDSG bieten Grundlagen für die Ausgestaltung einer wirksamen Übermittlung.

---

[915] *Bergmann/Möhrle/Herb*, Datenschutzrecht, § 4c Rn. 12.

H. Grundsatz der Datensicherheit

Ein weiteres Prinzip des europäischen und nationalen Datenschutzrechts ist der Grundsatz der Datensicherheit. Der Grundsatz der Datensicherheit ist in § 9 BDSG verankert, der die Vorgaben von Art. 16 und 17 der Datenschutzrichtlinie umsetzt. Die verantwortlichen Stellen haben danach geeignete technische und organisatorische Maßnahmen zu ergreifen, die für den Schutz gegen die zufällige oder unrechtmäßige Zerstörung, den zufälligen Verlust, die unberechtigte Änderung, die unberechtigte Weitergabe, den unberechtigten Zugang und jede weitere Form der unrechtmäßigen Verarbeitung personenbezogener Daten erforderlich sind. Diese Maßnahmen müssen unter Berücksichtigung des jeweils aktuellen Standes der Technik und der bei ihrer Ausführung entstehenden Kosten ein Schutzniveau gewährleisten, das die von der Verarbeitung ausgehenden Risiken und die Art der zu schützenden Daten angemessen berücksichtigt. Der Gesetzgeber hat dazu in der Anlage zu § 9 Satz 1 BDSG einen Maßnahmenkatalog zur Umsetzung der Datensicherung etabliert. Den verantwortlichen Stellen wird damit eine „Checkliste" zur Verfügung gestellt, die es ermöglicht, in acht Kontrollbereichen Datensicherheit zu gewährleisten. Datensicherung beinhaltet grundsätzlich Maßnahmen und Einrichtungen, die Datensicherheit herbeiführen oder erhalten.[916] In Bezug auf die Angemessenheit des sicherzustellenden Datensicherungsniveaus muss es darauf ankommen, wie groß die Risiken sind, die den Rechten und Freiheiten der betroffenen Personen drohen.[917] Je größer die Gefahr eines Schadenseintritts, desto wirksamer müssen die Maßnahmen sein, dass die Eintrittswahrscheinlichkeit in angemessener Weise reduziert wird.[918] Für die Dopingbekämpfung sind bei der Erhebung, Verarbeitung und Nutzung besonderer Arten personenbezogener Athletendaten aufgrund des erhöhten Schutzbedürfnisses entsprechende Sicherungsvorkehrungen zu treffen. Bei der Durchführung von Dopingkontrollen sowie im Umgang mit Gesundheitsdaten im Erteilungsverfahren für Medizinische Ausnahmegenehmigungen, ist sicherzustellen, dass ein Zugriff auf die Daten durch Unberechtigte ausgeschlossen wird. Aber auch die Datenverarbeitung im automatisierten Verfahren ist durch geeignete Maßnahmen zu sichern. Der körperliche Zutritt zu Datenverarbeitungsanlagen ist durch Berechtigungssysteme zu sichern (Zutrittskontrolle). Eine unbefugte Nutzung von Datenanlagen kann zudem durch Kenn- und Passwortabfragen (Zugangskontrollen) verhindert werden. Dann haben nur tatsächlich Berechtigte unmittelbaren Zugriff. Dabei kann der Schutz vor unberechtigtem Zugang oder unberechtigter Weitergabe nicht nur

---

[916] Begriffsbestimmung nach der DIN-Norm. Vgl. *Bergmann/Möhrle/Herb*, Datenschutzrecht, § 9 Rn. 6.

[917] *Scheja*, Datenschutzrechtliche Zulässigkeit (2005), S. 128.

[918] *Dammann/Simitis*, EG-Datenschutzrichtlinie, Art. 17 Rn. 6.

durch Passwörter sondern auch durch Firewalls[919], Alarmanlagen und Schlüsselsysteme[920] sichergestellt werden. Aufgrund der Nutzung eines vernetzten Systems ist vor allem die Datenverarbeitung in ADAMS besonders vor dem Zugriff Unberechtigter zu schützen. Innerhalb automatisierter Datenverarbeitungsanlagen ist die Zugangsberechtigung so auszugestalten, dass der Berechtigte nur auf jene Daten zugreifen kann, die für seinen Anwendungsbereich erforderlich sind. Es bietet sich die Nutzung von Verschlüsselungssystemen an.[921] Eine Verschlüsselung von personenbezogenen Daten bei der Übermittlung von Daten über Datennetze in Drittländer ist eine erforderliche Maßnahme nach dem Grundsatz der Datensicherheit. Die Erstellung automatischer Protokolle ermöglicht zudem die Weitergabe- und Eingabekontrolle. Es muss feststellbar sein, ob und von wem personenbezogene Daten verändert, eingegeben oder gelöscht worden sind.[922] Die Protokollaktivitäten müssen hingegen verhältnismäßig sein, so dass sich die Aufzeichnungspflicht nur auf wesentliche Aktivitäten im Datenbestand beschränken kann.[923] Soweit Athletendaten durch externe Dienstleiter der Anti-Doping-Organisationen verarbeitet werden, ist der geschützte Umgang mit den Daten sicherzustellen. § 11 Abs. 2 BDSG führt insoweit umfangreich aus, welche Anforderungen dafür einzuhalten sind (Auftragskontrolle). Im Rahmen der Verfügbarkeitskontrolle sollen die Daten zudem gegen zufälligen Untergang durch Löschung oder Zerstörung geschützt werden. Als Schutz vor zufälliger oder unrechtmäßiger Zerstörung und dem zufälligen Verlust von Unterlagen und Dokumenten kommen bauliche Maßnahmen zum Schutz vor äußeren Einflüssen, Warnsysteme zur Erkennung von Feuer sowie die regelmäßige Erstellung von Sicherheitskopien in Betracht.[924] Die dezentrale Aufbewahrung von Sicherheitskopien bietet sich zumindest im Hinblick auf Dateien an. Das Trennungsgebot schreibt schließlich eine Separierung von Datenverarbeitungsvorgängen bei zu unterschiedlichen Zwecken erhobenen Daten vor.

---

[919] *Münch*, Technisch-organisatorischer Datenschutz, S. 280 ff.

[920] *Münch*, Technisch-organisatorischer Datenschutz, S. 255 f.

[921] Bei der internet-basierten Applikation von ADAMS bietet sich die Verschlüsselung über das SSL-Verfahren (Secure Socket Layer) an. Siehe dazu auch *Münch*, Technisch-organisatorischer Datenschutz, S. 205 ff.

[922] *Schaar*, Anforderungen des Datenschutzes an Dopingkontrollen, S. 11, abrufbar unter http://www.bfdi.bund.de/cln_134/DE/Oeffentlichkeitsarbeit/Infomaterial/BfDInformationsbroschu eren/BfDInformationsbroschueren_node.html, letzter Aufruf am 18. März 2010.

[923] *Simitis/Ernestus*, BDSG, § 9 Rn. 23 ff.

[924] *Scheja*, Datenschutzrechtliche Zulässigkeit (2005), S. 128.

J. Zusammenfassung und Ergebnisse

Systematik des Sports, Anti-Doping-Regeln und Dopingkontrollsystem

- In Deutschland ist der Sport im Vereins- und Verbandswesen organisiert und in einem hierarchischen System strukturiert. Es gilt das Ein-Platz-Prinzip. Der nationale Sport(fach)verband hat ebenso wie der internationale Sport(fach)verband eine Monopolstellung in der jeweiligen Sportart inne.

- Der Sport ist unabhängig und staatsfern. Die Verbandsautonomie ist grundgesetzlich in Art. 9 GG verankert und gewährt den Sport(fach)verbänden, die Richtlinien und rechtlichen Grundlagen in ihrem Aufgaben- und Zuständigkeitsbereich innerhalb der Grenzen des rechtlich Zulässigen selbst festzulegen. Ausgangspunkt der gesetzlichen Vorgaben bilden die § 21 ff. BGB. Verbände sind als nicht wirtschaftliche Vereine organisiert. In diesem Rahmen geben sie sich eigene Satzungen und Rechtsgrundlagen. Die Unabhängigkeit der Sport(fach)verbände in Deutschland gilt nicht uneingeschränkt. Gerade im Hinblick auf die jährliche finanzielle Unterstützung in Millionenhöhe durch Bund und Länder im Rahmen der Sportförderung wird die vollumfängliche Autonomie des Sports in Frage gestellt.

- Die nationale und internationale Dopingbekämpfung im Sport basiert auf der gegenseitigen Anerkennung privatrechtlicher Regelungen. Die maßgeblichen Anti-Doping-Regelwerke, der WADA-Code und dessen Umsetzung in Deutschland, der NADA-Code, sind Statuten und Regelwerke, die von privatrechtlichen Organisationen etabliert und in die Verbandsregelwerke umgesetzt werden. Sowohl die Welt-Anti-Doping-Organisation (WADA) als auch die Nationale Anti Doping Organisation Deutschland (NADA) sind Stiftungen des Bürgerlichen Rechts.

- Völkerrechtlich wurde mit dem Übereinkommen der UNESCO gegen Doping im Sport im Jahre 2005 erstmals ein weltumspannender Vertrag gegen Doping im Sport auf den Weg gebracht. Ausgehend von den Anti-Doping-Regeln des WADA-Codes erlangte vor allem die Liste verbotener Substanzen und Methoden („Prohibited List") eine allgemeine rechtliche Verbindlichkeit im Sport. Die Liste beinhaltet die nach den jeweils aktuellen sportwissenschaftlichen und -medizinischen Erkenntnissen die im Leistungs- und Wettkampfsport verbotenen Substanzen und Methoden.

- Mit der Ratifizierung des UNESCO-Übereinkommens erkennen die Staaten den WADA-Code verbindlich an und verpflichten sich zu dessen Umsetzung. Deutschland ist den Verpflichtungen vor allem durch umfangreiche finanzielle und strukturelle Maßnahmen nachgekommen. Im Jahre 2002 wurde die NADA als nationales Kompetenzzentrum zur Bekämpfung des Dopings im Sport in Deutschland gegründet. Zu ihren Kernaufgaben gehören die Etablierung eines Dopingkontrollsystems, die Entwicklung und Aufrechterhaltung der Dopingprävention, die medizinische Betreuung des Anti-Doping-Kampfes sowie die Umsetzung des WADA-Codes in ein national verbindliches Anti-Doping-Regelwerk.

- Der WADA-Code, der erstmals im Jahre 2003 von der WADA vorgestellt wurde, hat sich nicht zuletzt in seiner zweiten Auflage 2009, zu einem weltweit anerkannten Grundregelwerk der Dopingbekämpfung entwickelt. Nicht nur die Anerkennung des Regelwerks durch die Sport(fach)verbände sondern auch dessen Umsetzung, ist für die Harmonisierung des weltweiten Anti-Doping-Kampfes entscheidend. Die NADA hat den WADA-Code sowohl in der Fassung von 2003 als auch zuletzt am 1. Januar 2009 in der aktuellen Fassung umgesetzt.

- Die rechtliche Verbindlichkeit des von der NADA etablierten Regelwerks ergibt sich nicht automatisch. Die NADA hat keine Rechtssetzungsbefugnis. Zudem ist der NADA-Code kein förmliches Gesetz sondern ein privatrechtlicher Leitcodex. Erst individualvertragliche Vereinbarungen zwischen der NADA und den nationalen Sport(fach)verbänden statuieren die (privat-) rechtliche Verbindlichkeit des NADA-Codes in Deutschland. Der Vertrag begründet ein gegenseitiges Schuldverhältnis. Gegenstand der sogenannten Vereinbarung über die Organisation und Durchführung von Dopingkontrollen ist die Verpflichtung der Verbände, den NADA-Code in seiner jeweils geltenden Fassung anzuerkennen und in ihrem Anwendungsbereich umzusetzen. Als Gegenleistung verpflichtet sich die NADA, Dopingkontrollen außerhalb des Wettkampfes in einem bestimmten und von den Sport(fach)verbänden mit zu finanzierenden Umfang zu organisieren und durchzuführen.

- Die Sport(fach)verbände sind gehalten, den NADA-Code in ihre Verbandsregelwerke aufzunehmen und die Anbindung der Athleten an die Anti-Doping-Bestimmungen sicherzustellen. Die Anbindung der Athleten kann auf unterschiedliche Art und Weise erfolgen. Eine unmittelbare Mitgliedschaft des Athleten im Sport(fach)verband scheidet in der Regel aus. Dies bedingt der hierarchische und organisatorische Aufbau des Sport- und Verbandswesen in Deutschland. Athleten sind zumeist Mitglied eines untergeordneten Vereins.

- Die Umsetzung der Anti-Doping-Regelwerke durch den Sport(fach)verband sowie die Anbindung der Athleten erfolgt in der Regel durch eine entsprechende dynamische oder statische Verweisung im Regelwerk des Sport(fach)verbandes auf den NADA- bzw. WADA-Code oder durch Umsetzung der wesentlichen Bestimmungen des Anti-Doping-Regelwerks in einer eigenen (Neben-) Ordnung. Nach hier vertretener Auffassung kann jedoch nur die entsprechende Umsetzung der wesentlichen Bestimmungen des NADA-Codes den vertraglichen Pflichten der Sport(fach)verbände aus der vertraglichen Vereinbarung mit der NADA gänzlich genügen. Durch individualvertragliche Vereinbarungen in Form von Melde- bzw. Nominierungsverträgen oder Lizenzen bzw. Athletenvereinbarungen stellen die Sport(fach)verbände zudem die Anbindung der Athleten an die Verbandsregelwerke sicher.

- Die Anbindung der Athleten an den NADA-Code über die Anti-Doping-Regelwerke des Sport(fach)verbandes ist erforderlich, um das Dopingkontrollsystem der NADA zu statuieren. Neben der Organisation und Durchführung von Dopingkontrollen innerhalb des Wettkampfes, die zumeist von den Sport(fach)verbänden eigenständig organisiert und durchgeführt werden, führt die NADA seit 2002 in Deutschland federführend Dopingkontrollen außerhalb des Wettkampfes durch. Nach einem Testpoolmodell, das die unterschiedlichen Sportarten und Athleten in Risikogruppen aufteilt, organisiert und plant die NADA Dopingkontrollen im Training oder an regelmäßigen Aufenthaltsorten der Athleten. Die Athleten sind aktuell in drei unterschiedliche Testpools: dem RTP, NTP und ATP aufgeteilt. Die Zugehörigkeit zu einem Testpool bringt unterschiedliche Verpflichtungen mit sich, die bereits bei der Einteilung und Aufnahme der Athleten berücksichtigt werden.

- Zur Organisation und Planung der Dopingkontrollen außerhalb des Trainings muss die NADA wissen, wo sich die Athleten aufhalten. Dopingkontrollen werden unangekündigt und gezielt durchgeführt. Die NADA ist deshalb darauf angewiesen, Informationen über den Aufenthaltsort und die Erreichbarkeit der Athleten zu erhalten. Zur automatisch-technischen Generierung dieser Informationen werden die Athle-

ten des RTP und NTP der NADA an die ADAMS-Datenbank angeschlossen. Das Anti Doping Adminstration & Management System
(ADAMS), das von der WADA zur Verfügung gestellt und „gehostet"
wird, ermöglicht es den Athleten, computer- und online-gestützt, Auf-
enthalts- und Erreichbarkeitsinformationen an die zuständigen Anti-
Doping-Organisationen zu übermitteln. Die Anti-Doping-Organisationen können die Datenbank, entsprechend ihrer Zugriffs- und Nut-
zungsberechtigung, zur Dopingkontrollplanung aber auch als Informa-
tions- und Austauschmedium, z. B. über Medizinische Ausnahmegenehmigungen der Athleten nutzen.

<u>Datenschutzrechtliche Grundlagen</u>

- Die Grundlagen des nationalen und europäischen Datenschutzrechts
  sind die Europäische Datenschutzrichtlinie 95/46 EG, maßgeblich gestützt durch das mit dem Vertrag von Lissabon rechtsverbindliche europäische Datenschutzgrundrecht aus Art. 8 der EU-Charta sowie das
  Bundesdatenschutzgesetz in Deutschland.

- Weitere Quelle zur Bestimmung des anwendbaren Datenschutzrechts
  auf europäischer und nationaler Ebene sind die Stellungnahmen der
  Art. 29-Datenschutzgruppe. Eingesetzt von der Europäischen Kommission ist diese berechtigt, sich sämtlichen datenschutzrechtlichen Themen, die die Datenschutzrichtlinie betreffen, anzunehmen und Stellungnahmen abzugeben. Die Stellungnahmen erreichen dabei den Status und die rechtliche Anerkennung, die mit gerichtlichen Entscheidungen vergleichbar sind.

- Datenschutzrechtliche Bestimmungen sind zudem in den geltenden
  Fassungen von WADA- und NADA-Code enthalten. Mit der Einführung des WADA-Codes 2009 hat die WADA erstmals eine Ausführungsbestimmung zum Datenschutz bei der Dopingbekämpfung etabliert. Der International Standard for the Protection of Privacy and Personal Information (ISPP) enthält die erforderlichen Mindeststandards
  für die internationale Harmonisierung des Datenschutz im Anti-
  Doping-Kampf. Die Art. 29-Datenschutzgruppe hat sich in zwei Stellungnahmen mit der Vereinbarkeit des WADA-Codes 2009 und des
  ISPP mit der Datenschutzrichtlinie auseinandergesetzt.

Besondere datenschutzrechtliche Probleme im Anti-Doping-Kampf

- Die nationalen Sport(fach)verbände und die NADA sind für die Datenverarbeitung verantwortliche Stellen i. S. v. § 3 Abs. 7 BDSG. Die Einordnung der nationalen Anti-Doping-Organisationen als öffentliche
  oder nicht-öffentliche Stelle i. S. v. § 2 BDSG ist darüber hinaus grundsätzlich zu bestimmen. Die NADA ist eine Stiftung des Bürgerlichen
  Rechts, aufgrund des Stakeholder-Modells zwar rechtlich unabhängig,
  aber dennoch durch öffentliche Stellen des Bundes und der Länder unterstützt. Die Unterstützung bezieht sich aber überwiegend auf die finanzielle Förderung der Institution im Wege des Zuwendungs- und
  Förderungsrechts. Eine unmittelbare Wahrnehmung öffentlicher Aufgaben durch die NADA erfolgt nicht. Demzufolge ist die NADA als
  nicht-öffentliche Stelle i. S. v. § 2 Abs. 4 BDSG einzuordnen.

- Nationale (Kader-)Athleten der Sport(fach)verbände, sind – soweit sie
  dem persönlichen und sachlichen Anwendungsbereich des BDSG unterfallen – Betroffene i. S. d. § 3 Abs. 1 BDSG, wenn personenbezogene Daten von ihnen zum Zweck der Dopingbekämpfung erhoben,
  verarbeitet oder genutzt werden. Im Rahmen des Dopingkontrollsystems werden personenbezogene Daten der Athleten bei der Organisation und Durchführung der Dopingkontrollen, im Ergebnismanagement-
  und Disziplinarverfahren bei der Überprüfung eines (möglichen) Verstoßes gegen Anti-Doping-Bestimmungen sowie im Verfahren zur Erteilung Medizinischer Ausnahmegenehmigungen erhoben, verarbeitet
  oder genutzt. Soweit Gesundheitsdaten der Athleten bei der Dopingkontrolle oder zur Erteilung Medizinischer Ausnahmegenehmigungen
  erforderlich werden, werden zudem besondere Arten personenbezogener Daten gemäß § 3 Abs. 9 BDSG erhoben und verarbeitet.

- Die NADA bedient sich zur Durchführung der Dopingkontrollen eines
  externen Unternehmens (PWC), das sich auf die Ausführung von Dopingkontrollen im Sport spezialisiert hat. Das Unternehmen beschäftigt
  Dopingkontrolleure auf Werkvertragsbasis. Soweit eine Übermittlung
  von personenbezogenen Daten der Athleten zur Auftragserteilung an
  das Unternehmen erfolgt, handelt es sich um eine Auftragsdatenverarbeitung, die den Vorgaben des § 11 Abs. 2 BDSG unterliegt.

- Hinsichtlich des Umgangs der verantwortlichen Stellen mit personenbezogenen Daten statuiert das BDSG in Übereinstimmung mit der Datenschutzrichtlinie ein Verbot mit Erlaubnisvorbehalt. Die Erhebung,

Verarbeitung und Nutzung personenbezogener Daten der Athleten ist den Anti-Doping-Organisationen grundsätzlich verboten, soweit kein Erlaubnistatbestand vorliegt. Das BDSG bietet drei Alternativen zulässiger Rechtsgrundlagen: Die Einwilligung des Betroffenen, spezialgesetzliche Ermächtigungsgrundlagen oder die Ermächtigung durch das BDSG selbst. Die Einwilligung und die Ermächtigung durch Gesetz stehen sich dabei gleichrangig gegenüber. Spezialgesetzliche Regelungen gehen den gesetzlichen Bestimmungen des BDSG vor. Die §§ 28 ff. BDSG dienen als Auffangtatbestand.

- Entgegen der Auffassung der Art. 29-Datenschutzgruppe bildet die Einwilligung eine valide Legitimationsgrundlage für den Umgang mit personenbezogenen Daten der Athleten bei der Dopingbekämpfung. Eine spezialgesetzliche Ermächtigungsgrundlage existiert nicht. Weder WADA-Code noch ISPP können mangels Gesetzesqualität als gesetzliche Rechtsgrundlage herangezogen werden. Die Einwilligung der Athleten erfolgt freiwillig. Der Athlet steht der Teilnahme am Dopingkontrollsystem nicht unvorbereitet gegenüber. Eine Zwangsausübung psychischer oder physischer Art durch Dritte scheidet aus. Anti-Doping-Regeln sind als Teil der Verbandsregelwerke systemimmanent. Soweit eine umfassende Aufklärung und Information des Athleten erfolgt ist und die Einwilligung den formalen Anforderungen von § 4a BDSG entspricht, ist sie – auch in Bezug auf die Übermittlung an Drittländer und in Bezug auf sensible Daten – grundsätzlich zulässig. Aufgrund der unmittelbaren Ausprägung des Rechts auf informationelle Selbstbestimmung ist die Einwilligung flexibler und einzelfallbezogener, so dass eine Anwendung im Bereich der privat- und vertragsrechtlich ausgeprägten Dopingbekämpfung vorzuziehen ist.

- Kann die Einwilligung nicht den formalen und inhaltlichen Anforderungen genügen, ist auf die gesetzliche Grundlage der §§ 28 ff. BDSG zurückzugreifen. Der Umgang mit den personenbezogenen Daten der Athleten durch NADA und nationale Sport(fach)verbände findet auch in den Auffangtatbeständen des Bundesdatenschutzgesetzes valide Rechtsgrundlagen. Die Anbindung der Athleten an das Dopingkontrollsystem begründet ein rechtsgeschäftsähnliches Verhältnis zwischen Athleten und NADA im Sinne des § 28 Abs. 1 Satz 1 Nr. 1 BDSG.

- Ferner kann der Umgang mit personenbezogenen Daten der Athleten gemäß § 28 Abs. 1 Satz 1 Nr. 2 BDSG zulässig sein. Dazu bedarf es der Einzelfallprüfung. Die Erhebung, Verarbeitung oder Nutzung der

Daten muss zur Wahrung der berechtigten Interessen erforderlich sein. Eine Interessenabwägung – im Einzelfall – belegt, ob der Umgang mit den personenbezogenen Daten auf § 28 Abs. 1 Satz 1 Nr. 2 BDSG gestützt werden kann. Die Abwägung der entgegenstehenden Interessen von Anti-Doping-Organisationen und Athleten zeigt, dass ein Umgang mit den Athletendaten zur Dopingbekämpfung grundsätzlich nicht zu unzulässigen Eingriffen in datenschutzrechtlich gesicherte Schutzgüter der Athleten führt. Ein Eingriff in das Schutzgut der informationellen Selbstbestimmung ist gerechtfertigt, soweit er verhältnismäßig ist.

- Die Speicherung von Athletendaten zum Zwecke der Dopingbekämpfung im Dopingkontrollsystem ist zulässig, soweit die Anti-Doping-Organisationen sicherstellen, dass die Daten nach Wegfall des Erhebungszwecks gelöscht werden. Dafür sind Löschroutinen und Löschfristen einzuführen, die jedoch den multiplen Zweck der Datenerhebung bei Verfolgung und Überprüfung von möglichen Verstößen gegen Anti-Doping-Bestimmungen mitberücksichtigen.

- Die Erhebung und Verarbeitung von Aufenthalts- und Erreichbarkeitsinformationen der Athleten zur Organisation und Durchführung der Dopingkontrollen ist ebenfalls verhältnismäßig und im Rahmen des § 28 Abs. 1 Satz 1 Nr. 2 BDSG zulässig. Die Erhebung und Verarbeitung der Daten verfolgt einen legitimen Zweck und ist nach Art und Umfang geeignet und erforderlich diesen Zweck zu erfüllen. Der Umgang mit den Aufenthalts- und Erreichbarkeitsdaten der Athleten, insbesondere unter Nutzung der ADAMS-Datenbank ist verhältnismäßig, soweit die Anti-Doping-Organisationen sicherstellen, dass dadurch keine Bewegungsprofile der Athleten entstehen oder in deren Intimsphäre eingegriffen wird. Besondere Anforderungen sind insoweit an die Festlegung des sogenannten 60-Minuten-Zeitfensters durch die Athleten des RTP zu stellen. Hier kann die Verhältnismäßigkeit nur bejaht werden, wenn der Erhebungszeitraum dieser Daten jeweils auf ein Quartal im Voraus begrenzt wird. Dies wird durch die dementsprechenden Anforderungen der WADA und der NADA sichergestellt.

- Auch die Erhebung, Verarbeitung und Nutzung besonderer Arten personenbezogener Daten der Athleten durch die Anti-Doping-Organisationen ist gemäß § 28 Abs. 6 Nr. 3 und 4 bzw. Abs. 7 BDSG zulässig, soweit die gesteigerten Anforderungen an den rechtmäßigen Umgang mit diesen Daten sichergestellt werden. Im Einzelfall ist das darzulegende Interesse des Athleten mit den Interessen der Anti-Doping-Organisation abzuwägen.

- Einen Sonderfall der Übermittlung personenbezogener Daten der Athleten stellt die Veröffentlichung von Disziplinarentscheidungen durch den Sport(fach)verband bei einem festgestellten Verstoß eines Athleten gegen Anti-Doping-Bestimmungen dar. Insbesondere die Veröffentlichung der Entscheidung im Internet auf der Homepage des jeweiligen Sport(fach)verbandes ist datenschutzrechtlich bedenklich. Die Prangerwirkung mit Abschreckungsfunktion, die die Veröffentlichung erzeugt, wird durch das Medium Internet verstärkt. Die recherchierbaren Informationen sind weltweit abrufbar und potentiell geeignet, Bewegungsprofile zu erstellen.

- Mit der Auffassung der Rechtsprechung ist dennoch die grundsätzliche Zulässigkeit der Internetveröffentlichung von Sanktionsentscheidungen bei Verstößen gegen Anti-Doping-Bestimmungen durch Athleten in Deutschland zu fordern. Sport(fach)verbände in Deutschland sind nicht verpflichtet, die Entscheidungen im Internet zu veröffentlichen. Anders als der WADA-Code 2009 sieht der NADA-Code 2009 eine solche Verpflichtung nicht vor. Entscheidet sich der Sport(fach)verband jedoch für die Veröffentlichung im Internet ist diese von der grundgesetzlich verankerten Meinungsäußerungsfreiheit umfasst. Im Rahmen der Abwägung der sich gegenüber stehenden verfassungsrechtlich geschützten Rechtsgüter muss diese nicht zurückstehen. Die Gefahr der uferlosen Recherchierbarkeit von Informationen des betroffenen Athleten ist nicht ersichtlich. Eine technische Beschränkung der Informationsübermittlung auf „die, die es angeht" ist nicht erforderlich. Dies erfolgt bereits durch die bereichsspezifische Veröffentlichung auf der Homepage eines Sport(fach)verbandes und unterscheidet sich demnach nicht wesentlich von der Veröffentlichung der Entscheidung in einem Printmedium. Eine Stigmatisierung des Athleten ist in der Internetveröffentlichung der Entscheidung nicht zu sehen.

- Den Athleten stehen ferner die in den §§ 33 ff. BDSG normierten Rechte zu. Soweit sie diese zur Geltendmachung ihrer Schutzrechte beanspruchen, sind die Anti-Doping-Organisationen verpflichtet, diesem Verlangen nachzukommen, es sei denn, es stehen im Einzelfall berechtigte Interessen entgegen. Insbesondere dann, wenn ein Anspruch der Athleten erheblich in den Ablauf des Kontrollsystems eingreift oder es ad absurdum führt, ist er unverhältnismäßig. Insoweit stehen den Anti-Doping-Organisationen Abwehrrechte zu.

- Zur Harmonisierung des Kampfes gegen Doping im Sport ist ein Informationsaustausch zwischen den Anti-Doping-Organisationen über Grenzen hinaus erforderlich. Durch die Etablierung von ADAMS ist dieser Austausch für die Beteiligten vereinfacht worden. Das deutsche und europäische Datenschutzrecht macht die Übermittlung personenbezogener Daten aber von restriktiv auszulegenden Bedingungen abhängig. Die Übermittlung gerade in Drittländer außerhalb der EU ist nicht grenzenlos zulässig. Zuvor ist die Frage nach der Vergleichbarkeit und Angemessenheit des Datenschutzniveaus in den Drittländern zu beantworten. Soweit nicht von der EU-Kommission verbindlich festgelegt, hat eine Verhältnismäßigkeitsprüfung unter Berücksichtigung der Athleteninteressen zu erfolgen. Aber selbst wenn kein angemessenes Datenschutzniveau im Drittland gewährleistet werden kann, statuiert das Datenschutzrecht Ausnahmetatbestände, die dennoch eine Übermittlung zu lassen.

Ergebnis

Die Untersuchung hat gezeigt, dass die Frage nach der Vereinbarkeit von Dopingbekämpfung und Datenschutz grundsätzlich bejaht werden kann. Zwar greift die (privat-) rechtliche Ausgestaltung der nationalen und internationalen Dopingbekämpfung an verschiedenen Stellen in das informationelle Selbstbestimmungsrechts der Athleten ein. Diese Eingriffe sind jedoch nicht von vornherein rechtswidrig. Ebenso wird ersichtlich, dass der autonome Sport nicht zwangsläufig auf eine gesetzliche Ermächtigungsgrundlage zurückgreifen muss, um den Anforderungen an den Datenschutz zu genügen. Die Einwilligung des betroffenen Athleten, der freiwillig am Leistungssport und an der Dopingbekämpfung teilnimmt, bietet eine ausreichende Ermächtigungsgrundlage für den Umgang mit den personenbezogenen Daten durch die Anti-Doping-Organisationen. Als maßgebliches Verbindungsglied zwischen den beiden unterschiedlichen Rechtsmaterien steht der Grundsatz der Verhältnismäßigkeit. Obwohl beide Rechtsgebiete unterschiedliche Zielsetzungen haben, kann die Verhältnismäßigkeitsprüfung im Einzelfall sicherstellen, dass eine unzulässige Beeinträchtigung der Athletenrechte verhindert aber gleichzeitig der effektive Anti-Doping-Kampf nicht entscheidend eingeschränkt wird. Sowohl der staatsferne Sport als auch der staatliche Datenschutz lassen sich so sinnvoll und rechtmäßig vereinen.

Literatur

Adolphsen, Jens	Internationale Dopingstrafen Habilitation, Tübingen 2003 (zit.: Adolphsen, Dopingstrafen 2003, S.)
ders.	Umsetzung des Welt Anti-Doping Code in Deutschland, In: Perspektiven des Sportrechts Herausgeber.: Klaus Vieweg, Berlin 2005, S. 81 - 103 (zit.: Adolphsen, in: Perspektiven des Sportrechts (2005), S.)
ders.	Umsetzung des Welt-Anti-Doping-Code und verfahrensrechtlicher europäischer ordre public In: 3. Internationaler Sportrechtskongress, Herausgeber.: Richard Eimer, Bonn 2004, S. 333 - 354 (zit.: Adolphsen, in: Eimer (Hrsg.), Beiträge zum 3. Sportrechtskongress Bonn (2004), S.)
Alonso Blas, Diana	Towards an uniform application of the European Data Protection Rules: The role of the Article 29 Working Party, Privacy & Informatie, In: 4^e jaargang, nummer 1, Februar 2001, S. 4 – 8 (zit.: Alonso Blas, Towards an uniform application of the European Data Protection Rules, S.)
Ashenden, Michael/ Varlet-Marie, Emanuelle/ Lasne, Françoise/ Audren, Michel	The effects of microdose recombinant human eythropoietin regimens in athletes In: Haematologica/the haematology journal 2006, 91 (8), S. 1143 – 1144 (zit.: Ashenden/Varlet-Marie/Lasne/Audren, effects of microdose recombinant human erythropoietin, haematological 2006, 91 (8), S.)

Auernhammer, Herbert	Kommentar zum Bundesdatenschutzgesetz 3. Auflage, Köln, Berlin, München u.a. 1993 (zit.: Auernhammer, BDSG, § Rn.)
Baecker, Wolfgang	Zur Nachprüfbarkeit von Vereinsstrafen In.: NJW 1984, S. 906 – 907 (zit.: Baecker, NJW 1984, S.)
Baier, Reinhold	Doping im Sport – eine medizinisch- wissenschaftliche Analyse Dissertation, München 1998 (zit.: Baier, Doping im Sport (1998) S.)
Ballerstedt, Kurt	Der gemeinsame Zweck als Grundbegriff des Rechts der Personengesellschaften In: JuS 1963, S. 253 – 263 (zit.: Ballerstedt, JuS 1963, S.)
Bauknecht, Kurt/ *Zehnder, Carl August*	Grundlagen für den Informatikeinsatz 5. Auflage, Wiesbaden 1997 (zit.: Bauknecht/Zehnder, Grundlagen für den Informatikeinsatz, S.)
Bäumler, Helmut	Datenschutz für Ausländer In: DuD 1994, S. 540 – 542 (zit.: Bäumler, DuD 1994, S.)
Beckhusen, G. Michael	Der Datenumfang innerhalb des Kreditinforma- tionssystems SCHUFA Dissertation, Baden Baden 2004 (zit.: Beckhusen, Datenumfang (2004), S.)
Berendonk, Brigitte	Doping – von der Forschung zum Betrug Aktualisierte und erweiterte Neuausgabe Hamburg 1992 (zit.: Berendonk, Doping – von der Forschung zum Betrug, S.)

Bergemann, Michael

Doping und Zivilrecht
Dissertation, Frankfurt a. M. u.a. 2002
(zit.: Bergemann, Doping und Zivilrecht (2002), S.)

Bergmann, Lutz/
Möhrle, Roland/
Herb, Armin

Datenschutzrecht - Kommentar zum Bundesdatenschutzgesetz, den Datenschutzgesetzen der Länder und Kirchen sowie zum Bereichsspezifischen Datenschutz
Herausgeber: Lutz Bergmann, Roland Möhrle
Loseblattsammlung, Stand: November 2009, Stuttgart, München, Hannover u.a.
(zit.: Bergmann/Möhrle/Herb, Datenschutzrecht, § Rn.)

Bericht der Unabhängigen
Doping-Kommission

1991, ohne weitere Nachweise
(zit.: Bericht der Unabhängigen Doping-Kommission, S.)

Beuthien, Volker

Zweitmitgliedschaft wider Wille? – Mitgliedschaftsvermittlungsklausel im Vereinsrecht
In: ZGR 1989, S. 255 - 272
(zit.: Beuthien, ZGR 1989, S.)

Bizer, Johann

Forschungsfreiheit und informationelle Selbstbestimmung
Dissertation, Baden Baden 1992
(zit.: Bizer, informationelle Selbstbestimmung (1992), S.)

Blum, Verena/
Ebeling, Stephan

Dynamische Verweisungen im Arbeits- und Verbandsrecht
In: Sport, Arbeit und Statuten - Festschrift für Herbert Fenn zum 65. Geburtstag, S. 85 - 120
Herausgeber: Klaus Bepler
Berlin 2000
(zit.: Blum/Ebeling, in: FS für Fenn (2000), S.)

254

Borchert, Günter/
Hase, Friedhelm/
Walz, Stefan (Hrsg.)

Gemeinschaftskommentar zum Sozialgesetzbuch: Schutz der Sozialdaten, GK-SGB X/2
Neuwied u.a. 1989
(zit.: Borchert/Hase/Walz, GK-SGB X/2, § Rn.)

Breinlinger, Astrid

Datenschutzrechtliche Probleme bei Kunden-
und Verbraucherverträgen zu Marketingzwecken
In: RDV 1997, S. 248 - 253
(zit.: Breinlinger, RDV 1997, S.)

Brox, Hans

Allgemeiner Teil des BGB
32. Auflage, München 2008
(zit.: Brox, BGB AT, Rn.)

Brühann, Ulf

EU-Datenschutzrichtlinie – Umsetzung in einem
vernetzten Europa
In: RDV 1996, S. 12 – 18
(zit.: Brühann, RDV 1996, S.)

Buchberger, Markus

Das Verbandsstrafverfahren deutscher Sportverbände – Zur Anwendbarkeit rechtsstaatlicher
Verfahrensgrundsätze
In: SpuRt 1996, S. 122 – 125/ 157-161
(zit.: Buchberger, SpuRt 1996, S.)

Budzisch, Margot/
Huhn, Klaus/
Wuschek, Heinz

Doping in der BRD – Ein historischer Überblick
zu einer verschleierten Praxis
Berlin 1999
(zit.: Budzisch/Huhn/Wuschek, Doping in der
BRD – Ein historischer Überblick (1999), S.)

Bull, Hans Peter

Staatsaufgaben nach dem Grundgesetz
2. Auflage, Kronberg 1977
(zit.: Bull, Die Staataufgaben nach dem Grundgesetz, S.)

ders.

Aus aktuellem Anlaß: Bemerkungen über Stil
und Technik der Datenschutzgesetzgebung
In: RDV 1999, S. 148 - 153
(zit.: Bull, RDV 1999, S.)

Büllesbach, Achim

Transnationalität und Datenschutz - Die Verbindlichkeit von Unternehmensregelungen
Dissertation, Frankfurt a. M. 2008
(zit.: Büllesbach, Transnationalität und Datenschutz, S.)

Büllesbach, Alfred

Datenschutz bei Data Warehouse und Data Mining
In: CR 2000, S. 11-17
(zit.: Büllesbach, CR 2000, S.)

ders.

Datenverkehr ohne Datenschutz? Eine globale Herausforderung
Stuttgart 1999
(zit.: Büllesbach/Herausgeber, Datenverkehr, S.)

Bunz, Axel R. (Hrsg.)

Euro-Guide, Der Europäische Markt von A-Z
Loseblattsammlung, Stand: September 1996
Köln
(zit.: Bunz/Bearbeiter, Euro-Guide, S.)

Burmeister, Joachim

Sportverbandswesen und Verfassungsrecht
In: DÖV 1978, S. 9 – 11
(zit.: Burmeister, DÖV 1978, S.)

Busse, Peter

Rechtliche Grundsatzfragen des Sports
In: SGb 1989, S. 537 – 544
(zit.: Busse, SGb 1989, S.)

Calliess, Christian/
Ruffert, Matthias (Hrsg.)

EUV/EGV - Das Verfassungsrecht der Europäischen Union mit Europäischer Grundrechtscharta
3. Auflage, München 2007
(zit.: Bearbeiter, in Calliess/Ruffert (Hrsg.), EUV/EGV, Art Rn.)

Cherkeh, Rainer/
Urdze, Gunars

Der Ligabetreiber als Datenbankhersteller i. S. v. § 87a Abs. 2 UrhG – Urheberrechtsschutz für Spielpläne in Profiligen
In: Causa Sport, 2/2009, S. 127 – 132
(zit.: Cherkeh/Urdze, Der Ligabetreiber als Datenbankhersteller, Causa Sport 2/2009, S.)

Daigfuß, Rainer

Verhältnis von Vereinsmitgliedern und Nichtvereinsmitgliedern gegenüber Verbänden
Dissertation, Erlangen 1995
(zit.: Daigfuß, Verhältnis von Vereinsmitgliedern und Nichtvereinsmitgliedern (1995), S.)

Dammann, Ulrich

Internationaler Datenschutz
In: RDV 2002, S. 70 – 77
(zit.: Dammann, RDV 2002, S.)

ders.

Die Vereinigung öffentlicher Stellen nach dem neuen BDSG
In: RDV 1992, S. 157 – 162
(zit.: Dammann, RDV 1992, S.)

ders.

Der EuGH im Internet – Ende des internationalen Datenschutzes?
Anmerkung zu: EuGH, Urteil vom 6. November 2003 – c-101/10 Zur Rechtswidrigkeit der Einstellung personenbezogener Daten in das Internet
In: RDV 2004, S. 19 – 21
(zit.: Dammann, RDV 2004, S.)

Dammann, Ulrich/
Simitis, Spiros

EG-Datenschutzrichtlinie
Kommentar
Baden-Baden 1997
(zit.: Dammann/Simitis, EG-Datenschutzrichtlinie, Art. Rn.)

Däubler, Wolfgang/
Klebe, Thomas/
Wedde, Peter/
Weichert, Thilo

Bundesdatenschutzgesetz –
Basiskommentar zum BDSG
2. Auflage, Frankfurt a. M. 2007
(zit.: Däubler/Bearbeiter, BDSG, § Rn.)

Digel, Helmut	Dopingbekämpfung im internationalen Vergleich In: Das Anti-Doping-Handbuch Hrsg.: Rüdiger Nickel und Theo Rous Band 1, Grundlagen, S. 87 – 111, 2. Auflage, Aachen 2009 (zit.: Digel, Dopingbekämpfung im internationalen Vergleich in: Nickel/Rous, Anti-Doping-Handbuch (2009), Bd. 1, S.)
Di Martino, Alessandra	Datenschutz im europäischen Recht Dissertation, Baden-Baden 2005 (zit.: Di Martino, Datenschutz im europäischen Recht (2005), S.)
Dippoldsmann, Peter	EG-Datenschutz – „Zwiedenken" auf europäisch In: Kritische Justiz 1994, S. 369 – 382 (zit.: Dippoldsmann, KJ 1994, S.)
Donike, Manfred/ *Rauth, Susanne*	Dopingkontrollen 2. Auflage, Köln 1996 (zit.: Donike/Rauth, Dopingkontrollen, S.)
Dörr, Erwin / *Schmidt, Dietmar*	Neues Bundesdatenschutzgesetz 2. Auflage, Köln 1997 (zit.: Dörr/Schmidt, BDSG, § Rn.)
Draf, Oliver	Die Regelung der Übermittlung personenbezogener Daten in Drittländer nach Art. 25, 26 der EG-Datenschutzrichtlinie Dissertation, Frankfurt a. M. 1999 (zit.: Draf, Art. 25, 26 der EG-Datenschutzrichtlinie, S.)
Dreier, Horst	Kommentar zum Grundgesetz Band I, Art. 1 - 19 2. Auflage, Tübingen 2004 (zit.: Dreier, Grundgesetz, Art. Rn.)

Drews, Bill/
Wacke, Gerhard/
Vogel, Klaus/
Martens, Wolfgang

Gefahrenabwehr
9. Auflage, Köln, Berlin u.a 1986
(zit.: Drews/Wacke/Vogel/Martens, Gefahrenabwehr, S.)

Duden

Band 1: Die deutsche Rechtschreibung
24. Auflage, Mannheim u.a. 2006
(zit.: Duden – deutsche Rechtschreibung, S.)

Band 5: Das Fremdwörterbuch
9. Auflage, Mannheim u.a. 2006
(zit.: Duden – Fremdwörterbuch, S.)

Band 8: Sinn- und sachverwandte Wörter – Syn-
onymwörterbuch der deutschen Sprache
2. Auflage, Mannheim u.a. 1986
(zit.: Duden – Sinn- u. sachverwandte Wörter,
S.)

Duhr, Elisabeth/
Naujok, Helga/
Danker, Birgit/
Seiffert, Evelyn

Neues Datenschutzrecht für die Wirtschaft –
Erläuterungen und praktische Hinweise zu
§§ 27 ff. bis 46 BDSG
In: DuD 2003, S. 5 – 28
(zit.: Hamburger DuD-Kommentierung zum
BDSG, DuD 2003, S.)

Duhr, Elisabeth/
Naujok, Helga/
Peter, Martina/
Seiffert, Evelyn

Hamburger DuD-Kommentierung zum BDSG
In: DuD 2002, S. 5 – 36
(zit.: Duhr/Naujok/Peter/Seiffert, DuD 2002, S.)

Ehmann, Eugen/
Helfrich, Marcus

EG-Datenschutzrichtlinie
Kurzkommentar
Köln 1999
(zit.: Ehmann/Helfrich,
EG-Datenschutzrichtlinie, Art. Rn.)

Ellger, Reinhard

Datenexport in Drittstaaten
In: CR 1993, S. 2 – 12
(zit.: Ellger, CR 1993, S.)

Emanuel, Bernd

Dopingnachweis durch indirekte Nachweismethoden „Biologischer Pass"
In: SpuRt 2009, S. 195 – 199
(zit.: Emanuel, SpuRt 2009, S.)

Epping, Volker

Grundrechte
3. Auflage, Berlin, Heidelberg, New York 2007
(zit.: Epping, Grundrechte)

Erichsen, Hans-Uwe /
Ehlers, Dirk (Hrsg.)

Allgemeines Verwaltungsrecht
13. Auflage, Berlin 2006
(zit.: Erichsen/Ehlers, Bearbeiter, § Rn.)

Erman, Walter

Handkommentar zum Bürgerlichen Gesetzbuch
Band I
Hrsg.: Harm Peter Westermann
11. Auflage, Münster u. a. 2004
(zit.: Erman/Westermann, BGB, § Rn.)

Fenn, Herbert

Erfassung der Sportler durch Disziplinargewalt
der Sportverbände
In: SpuRt 1997, S. 77 – 82
(zit.: Fenn, SpuRt 1997, S.)

Fiedler, Herbert

Datenschutznovellierung – Zerreißprobe für den
Datenschutz
In: CR 1989, S. 131 – 139
(zit.: Fiedler, CR 1989, S.)

Flume, Werner

Allgemeiner Teil des Bürgerlichen Rechts
Erster Band, zweiter Teil: Die juristische Person
(1983)
Berlin, Heidelberg, New York 1983
(zit.: Flume, Juristische Person (1983), §, S.)

Franzen, Martin

Die Zulässigkeit der Erhebung und Speicherung
von Gesundheitsdaten der Arbeitnehmer nach
dem novellierten BDSG
In: RDV 2003, S. 1 – 6
(zit.: Franzen, RDV 2003, S.)

Fritzweiler, Jochen/
Pfister, Bernhard/ Summe-
rer, Thomas

Praxishandbuch Sportrecht
2. Auflage, München 2007
(zit.: Bearbeiter, in:
Fritzweiler/Pfister/Summerer,   Praxishandbuch
Sportrecht 2. Aufl., Teil, Rn.)

Geiger, Andreas

Die Einwilligung in die Verarbeitung von persönlichen Daten als Ausübung des Rechts auf
informationelle Selbstbestimmung
In: NVwZ 1989, S. 35 – 38
(zit.: Geiger NVwZ 1989, S.)

Gola, Peter (Hrsg.)

BDSG – Bundesdatenschutzgesetz
9. Auflage, München 2007
(zit.: Gola/Bearbeiter, BDSG, § Rn.)

Gola, Peter/
Klug, Christoph

Die Entwicklung des Datenschutzrechts in den
Jahren 2008/2009
In: NJW 2009, S. 2577 – 2583
(zit.: Gola/Klug, NJW 2009, S.)

Gola, Peter/
Wronka, Georg

Handbuch zum Arbeitnehmerdatenschutz
3. Auflage, Frechen 2004
(zit.: Gola/Wronka, Handbuch zum Arbeitnehmerdatenschutz, S.)

Grunewald, Barbara

Vereinsordnungen
Praktische Bedeutung und Kontrolle
In: ZHR 152 (1988), S. 242 - 262
(zit.: Grunewald, ZHR 152 (1988), S.)

Haas, Ulrich

Die rechtlichen und organisatorischen Grundlagen der Dopingbekämpfung in der Bundesrepublik Deutschland
Hrsg.: Juristische Studiengesellschaft Hannover,
Heft 38, S. 40, Baden-Baden 2004
(zit.: Haas, in: Juristische Studiengesellschaft
Hannover (Hrsg.), Die rechtlichen und organisatorischen Grundlagen der Dopingbekämpfung
(2004), S.)

ders.

Zur Einführung von Schiedsklauseln durch Satzungsänderungen in Vereinen
In: ZGR 2001, S. 325 – 349
(zit.: Haas, ZGR 2001, S.)

Haas, Ulrich/
Adolphsen, Jens

Sanktionen der Sportverbände vor ordentlichen Gerichten
In: NJW 1996, S. 2351 - 2353
(zit.: Haas/Adolphsen, NJW 1996, S.)

dies.

Verbandsmaßnahmen gegenüber Sportlern
In: NJW 1995, S. 2146 – 2148
(zit.: Haas/Adolphsen, NJW 1995, S.)

Haas, Ulrich/
Prokop, Clemens

Aktuelle Entwicklungen der Dopingbekämpfung
In: SpuRt 2000, S. 5 – 8
(zit.: Haas/Prokop, SpuRt 2000, S.)

Haug, Tanja

Die Geschichte des Dopinggeschehens und der Dopingdefinitionen
In: Das Anti-Doping-Handbuch
Hrsg.: Rüdiger Nickel und Theo Rous,
Band 1, Grundlagen, S. 34 – 49, Aachen 2007
(zit.: Haug, Die Geschichte des Dopinggeschehens und der Dopingdefinitionen in Nickel/Rous, Anti-Doping-Handbuch (2009), Bd. 1, S.)

Heermann, Peter

Die Geltung von Verbandssatzungen gegenüber mittelbaren Mitgliedern und Nichtmitgliedern
In: NZG 1999, S. 325 – 333
(zit.: Heermann, NZG 1999, S.)

ders.

Neue Hintertüren für Athleten bei der Sanktionierung von Dopingverstößen
In: SpuRt 2009, S. 231 - 234
(zit.: Heermann, SpuRt 2009, S.)

Heil, Helmut

Die Art. 29-Datenschutzgruppe
In: DuD 1999, S. 471 - 472
(zit.: Heil, H., Die Art. 29-Datenschutzgruppe, DuD 1999, S.)

Heß, Burkhard	Hochleistungssportler zwischen internationaler Verbandsmacht und nationaler Gerichtsbarkeit In: ZZPInt. 1996, S. 371 – 393 (zit.: Heß, ZZPInt. 1996, S.)
ders.	Voraussetzungen und Grenzen eines autonomen Sportrechts unter besonderer Berücksichtigung des internationalen Spitzensports In: Heß, Burkhard/ Dressler, Wolf-Dieter, Aktuelle Rechtsfragen des Sports, Juristische Studiengesellschaft Karlsruhe 1999 (zit.: Heß, in: Juristische Studiengesellschaft Karlsruhe (Hrsg.), Aktuelle Rechtsfragen des Sports (1999), S.)
Hillenbrand-Beck, Renate/ Greß, Sebastian	Datengewinnung im Internet In.: DuD 2001, S. 389 – 394 (zit.: Hillenbrand-Beck/Greß, DuD 2001, S.)
Hoeren, Thomas	Internetrecht Stand: Februar 2010 (zit.: Hoeren, Internetrecht, S. ; abrufbar unter http://www.uni-muenster.de/Jura.itm/hoeren/)
ders.	Das Telemediengesetz In: NJW 2007, S. 801 – 806 (zit.: Hoeren, NJW 2007, S.)
Hoffmann-Riem, Wolfgang	Weiter so im Datenschutzrecht? In: DuD 1998 S. 684 – 689 (zit.: Hoffmann-Riem, DuD 1998, S.)
ders.	Tendenzen in der Verwaltungsrechtsentwicklung In: DÖV 1997, S. 433 – 442 (zit.: Hoffmann-Riem, DÖV 1997, S.)

Hofmann, Karsten

Zur Notwendigkeit eines institutionellen Sportschiedsgerichtes in Deutschland – Eine Untersuchung der nationalen Sportgerichtsbarkeit unter besonderer Beachtung der §§ 1025 ff. ZPO
Dissertation, Bonn 2009
(zit.: Hofmann, Zur Notwendigkeit eines institutionellen Sportschiedsgerichtes in Deutschland (2009), S.)

Hohl, Michael

Rechtliche Probleme bei der Nominierung von Leistungssportlern
Dissertation, Bayreuth 1992
(zit.: Hohl, Nominierung (1992), S.)

Humberg, Andreas

Die Förderung des Hochleistungssports durch den Bund – Verfassungsrechtliche Zulässigkeit und Verwendung als Regelungsinstrument zur Dopingbekämpfung
Dissertation, Hamburg 2006
(zit.: Humberg, Förderung des Hochleistungssports durch den Bund (2006), S.)

ders.

Dopingbekämpfung mittels Förderbewilligungsbescheid
In: GewA 2006, S. 462 – 465
(zit.: Humberg, GewA 2006, S.)

Jakob, Anne/
Berninger, Anja

Die wichtigsten Änderungen des WADA-Codes
In: SpuRt 2008, S. 61 - 62
(zit.: Jakob/Berninger, Die wichtigsten Änderungen des WADA-Codes, SpuRt 2008, S.)

Jakobs, Michael Ch.

Der Grundsatz der Verhältnismäßigkeit mit einer exemplarischen Darstellung seiner Bedeutung im Atomrecht
Dissertation, Köln, Berlin, Bonn, München 1985
(zit.: Jakobs, Verhältnismäßigkeitsgrundsatz, S.)

Jarass, Hans D./
Pieroth, Bodo

Grundgesetz für die Bundesrepublik Deutschland
Kommentar
10. Auflage, München 2009
(zit.: Jarass/Pieroth, GG, Art. Rn.)

Kemper, Franz-Josef

Die Rolle des Staates bei der Dopingbekämpfung
In: Das Anti-Doping-Handbuch
Hrsg.: Rüdiger Nickel und Theo Rous
Band 1, Grundlagen, S. 243 – 255,
2. Auflage, Aachen 2009
(zit.: Kemper, Die Rolle des Staates bei der Dopingbekämpfung in: Nickel/Rous, Anti-Doping-Handbuch (2009), Bd. 1, S.)

Kern, Bastian

Internationale Dopingbekämpfung – Der World Anti-Doping Code der World Anti-Doping-Agency
Dissertation, Mainz 2006
(zit.: Kern, Internationale Dopingbekämpfung (2006), S.)

Kilian, Wolfgang

Europäisches Wirtschaftsrecht
2. Auflage, München 2008
(zit.: Kilian, Europäisches Wirtschaftsrecht, Rn.)

ders.

Juristische Entscheidung und Elektronische Datenverarbeitung – Methodenorientierte Vorstudie
Dissertation, Frankfurt a. M. 1974
(zit.: Kilian, Juristische Entscheidung und Elektronische Datenverarbeitung, S.)

Klug, Christoph

BDSG-Interpretation – Materialien zur EU-konformen Auslegung
3. Auflage, Frechen 2007
(zit.: Klug, BDSG-Interpretation, S.)

Kohler, Stefan

Mitgliedschaftliche Regelungen in Vereinsordnungen
Dissertation, Heidelberg 1992
(zit.: Kohler, Mitgliedschaftliche Regelungen (1992), S.)

Kopp, Ferdinand/ *Ramsauer, Ulrich*	VwVfG – Verwaltungsverfahrensgesetz 10. Auflage, München 2008 (zit.: Kopp/Ramsauer, VwVfG, § Rn.)
Körner, Harald Hans	Doping: Der Drogenmissbrauch im Sport und im Stall In: ZRP 1989, S. 418 – 422 (zit.: Körner, ZRP 1989, S.)
Körner-Dammann, Marita	Der zweite Entwurf einer EG-Datenschutzrichtlinie In: RDV 1993, S. 14 – 22 (zit.: Körner-Dammann, RDV 1993, S.)
Kotzenberg, Jochen	Die Bindung des Sportlers an private Dopingregeln und private Schiedsgerichte Dissertation, Marburg 2007 (zit.: Kotzenberg, Die Bindung des Sportlers an private Dopingregeln und private Schiedsgerichte (2007), S.)
Kramer, Philipp/ *Herrmann, Michael*	Auftragsdatenverarbeitung, Zur Reichweite der Privilegierung durch den Tatbestand des § 11 Bundesdatenschutzgesetz In: CR 2003, S. 938 – 941 (zit.: Kramer/Herrmann, CR 2003, S.)
Krey, Volker/ *Heinrich, Manfred*	Strafrecht – Besonderer Teil BT/1 – Besonderer Teil ohne Vermögensdelikte 14. Auflage, Trier, Kiel 2008 (zit.: Krey/Heinrich, BT/1, S.)
Kühling, Jürgen	Datenschutz in einer künftigen Welt allgemeingegenwärtiger Datenverarbeitung Die Verwaltung 2007, S. 153 – 172 (zit.: Kühling, Die Verwaltung 2007, S.)
Kühling, Jürgen/ *Seidel, Christian/* *Sivridis, Anastasios*	Datenschutzrecht Frankfurt a. M. 2008 (zit.: Kühling/Siedel/Sivridis, Datenschutzrecht, S.)

Lackner, Karl/
Kühl, Kristian

StGB – Strafgesetzbuch
Kommentar
26. Auflage, München 2007
(zit.: Lackner/Kühl, StGB, § Rn.)

Langenfeld, Hans

Wie Sport in Deutschland sich seit 200 Jahren
organisatorisch entwickelt hat.
In: Sport im Verein und Verband
Hrsg.: Helmut Digel, Schorndorf 1988
(zit.: Langenfeld, in: Digel/Dickhuth (Hrsg),
Sport im Verein und Verband (1988), S.)

Langenscheidt

Taschenbuch Französisch
Neubearbeitung
München 2009
(zit.: Langenscheidt, Taschenbuch Französisch)

Larenz, Karl

Methodenlehre in der Rechtswissenschaft
6. Auflage, Berlin 1991
(zit.: Larenz, Methodenlehre, S.)

ders.

Zur Rechtmäßigkeit einer „Vereinsstrafe"
In: Gedächtnisschrift für Rolf Dietz, S. 45 - 59
Hrsg.: Götz Hueck; Reinhard Richardi
München 1973
(zit.: Larenz, in: GS für Dietz (1973), S.)

Larenz, Karl/
Canaris, Wilhelm

Methodenlehre der Rechtswissenschaft
3. Auflage, Berlin 1995
(zit.: Larenz/Canaris, Methodenlehre, S.)

Latty, Franck

La lex sportiva,
Recherche sur le droit transnational
Dissertation, Leiden u.a. 2007
(zit.: Latty, La lex sportiva (2007), S.)

Lindemann, Hannsjörg

Sportschiedsgerichtsbarkeit – Aufbau, Zugang,
Verfahren
In: SpuRt 1994, S. 17 – 23
(zit.: Lindemann, SpuRt 1994, S.)

Lohbeck, Eckart	Die Vereinsordnungen In: MDR 1972, S. 381 – 384 (zit.: Lohbeck, MDR 1972, S.)
Longrée, Sebastian J.M.	Dopingsperre: Schadensersatzansprüche des Sportlers Dissertation, Paderborn u.a. 2003 (zit.: Longrée, Dopingsperre (2003), S.)
Louis, Hans Walter	Grundzüge des Datenschutzrechts Köln 1981 (zit.: Louis, Grundzüge, Rn.)
Lübking, Uwe	Datenschutz in der Kommunalverwaltung Recht – Technik – Organisation Berlin 2008 (zit.: Lübking, Datenschutz, S.)
Lukes, Rudolf	Der Satzungsinhalt beim eingetragenen Verein und die Abgrenzung zu sonstigen Vereinsregelungen In: NJW 1972, S. 121 – 128 (zit.: Lukes, NJW 1972, S.)
ders.	Erstreckung der Vereinsgewalt auf Nichtmitglieder durch Rechtsgeschäft In: Festschrift für Harry Westermann zum 65. Geburtstag, S. 325 - 345 Hrsg.: Wolfgang Hefermehl; Rudolf Gmür; Hans Brox, Karlsruhe 1974 (zit.: Lukes, in FS für Westermann (1974), S.)
Lutterbeck, Bernd	20 Jahre Dauerkonflikt: Die Novellierung des Bundesdatenschutzgesetzes In: DuD 1998, S. 129 - 138 (zit.: Lutterbeck, DuD 1998, S.)
Mand, Elmar	Biobanken für die Forschung und informationelle Selbstbestimmung In: MedR 2005, S. 565 – 575 (zit.: MedR 2005, S. 565ff.)

Martens, Dirk-Reiner   Die Organisation von Schiedsverfahren im Bereich des Sports aus der Sicht der Schiedsrichter
In: SchiedsVZ 2009, S. 99 – 102
(zit.: Martens, SchiedsVZ 2009, S.)

Maunz, Theodor/   Kommentar zum Grundgesetz
Dürig, Günter (Hrsg.)   Loseblattsammlung
Band I, Art. 1- 5 (Stand: Dezember 2007)
München
(zit.: Bearbeiter, in Maunz/Dürig, GG, Art. Rn.)

Meinberg, Martin/   Gutachten über die rechtliche Möglichkeit zur
Olzen, Dirk/   Verhinderung des Doping-Missbrauchs, in
Neumann, Steffen   Schild, Wolfgang (Hrsg.) Rechtliche Probleme des Dopings, Heidelberg 1986, S. 63 – 92
(zit.: Meinberg/Olzen/Neumann in Schild, Rechtliche Fragen des Dopings, S.)

Mestwerdt, Thomas   Doping – Sittenwidrigkeit und staatliches Sanktionsbedürfnis?
Dissertation, Hamburg 1997
(zit.: Doping – Sittenwidrigkeit und staatliches Sanktionsbedürfnis (1997), S.)

Meyer, Hans/   Verwaltungsverfahrensgesetz
Borgs-Maciejewski,   2. Auflage, Frankfurt a. M. 1982
Hermann   (zit.: Meyer/Borgs-Maciejewski, VwVfG, § Rn.)

Mocker, Helmut/   Internet – Intranet im betrieblichen Einsatz
Mocker, Ute   Grundlagen, Umsetzung, Praxisbeispiele,
3. Auflage, Frechen 2000
(zit.: Mocker/Mocker, Internet – Intranet 2000, S.)

Monheim, Dirk   Sportlerrechte und Sportgerichte im Lichte des Rechtsstaatsprinzips – auf dem Weg zu einem Bundessportgericht
Dissertation, München 2006
(zit.: Monheim, Sportlerrechte (2006), S.)

Moos, Flemming	Datenschutzrecht Berlin, Heidelberg, New York 2006 (zit.: Moos, Datenschutzrecht, S.)
Münch, Ingo von/ *Kunig, Philip*	Grundgesetz Kommentar Band I; Präambel bis Art. 19 5. Auflage, München 2000 (zit.: v. Münch/Kunig/Bearbeiter, GG, Art. Rn.)
Münch, Peter	Technisch-organisatorischer Datenschutz 3. Auflage, Frechen 2007 (zit.: Münch, technisch-organisatorischer Daten- schutz, S.)
Münchener Kommentar zum *Bürgerlichen Gesetzbuch*	Band 1/Teilband 1 Allgemeiner Teil, §§ 1 – 240, ProstG 5. Auflage, München 2006 (zit.: MüKo/Bearbeiter, BGB, § Rn.)
Musiol, Stephanie	Verschärfung der Meldepflichten im Dopingkon- trollverfahren In: SpuRt 2009, S. 90 – 93 (zit.: Musiol, SpuRt 2009, S.)
Nationale Anti Doping *Agentur*	„Ich werde kontrolliert" – Der Ablauf einer Do- pingkontrolle in Wort und Bild In: Das Anti-Doping-Handbuch Hrsg.: Rüdiger Nickel und Theo Rous Band 1, Grundlagen, S. 113 – 137, 2. Auflage, Aachen 2009 (zit.: NADA, „Ich werde kontrolliert" in: Ni- ckel/Rous, Anti-Doping-Handbuch (2009), Bd. 1, S.)
Netzle, Stefan	Harmonisierung als wichtiges Konzept gegen Doping In: SpuRt 2003, S. 186 – 189 (zit.: Netzle, SpuRt 2003, S.)

Niese, Lars Holger

Sport im Wandel
Dissertation, Frankfurt a M. 1997
(zit.: Niese, Sport im Wandel (1997), S.)

ders.

Die Musterathletenvereinbarung des Deutschen Sportbundes
In: Rechte der Athleten, Akademieschrift 49, S. 7; Hrsg.: Führungs- und Verwaltungsakademie des DSB, Frankfurt am Main 1997
(zit.: Niese, in: Führungs- und Verwaltungsakademie des DSB (Hrsg.) Akademieschrift 49 (1997), S.)

ders.

Stiftung Nationale Anti-Doping-Agentur
In: Haas, Ulrich (Hrsg.), Schiedsgerichtsbarkeit im Sport,
31. Ausgabe, Stuttgart u.a. 2003, S. 61 – 74
(zit.: Niese, Schiedsgerichtsbarkeit im Sport, S.)

Nolte, Martin

Staatliche Verantwortung im Bereich Sport
Habilitation, Kiel 2004
(zit.: Nolte, Staatliche Verantwortung im Bereich Sport (2004), S.)

Ossenbühl, Fritz

Der Grundsatz der Verhältnismäßigkeit (Übermaßverbot) in der Rechtsprechung der Verwaltungsgerichte
In: Jura 1997, S. 617 - 621
(zit.: Ossenbühl, Jura 1997, S.)

Otto, Harro

Strafbare Nötigung durch Sitzblockaden in der höchstrichterlichen Rechtsprechung und die Thesen der Gerichtskommission zu § 240 StGB
In: NStZ 92, S. 568 – 573
(zit.: Otto, NStZ 1992, S.)

ders.

Zur Strafbarkeit des Dopings – Sportler als Täter und Opfer
In: SpuRt 1994, S. 10 – 16
(zit.: Otto, SpuRt 1994, S.)

Palandt, Otto	Bürgerliches Gesetzbuch 69. Auflage, München 2010 (zit.: Palandt/Bearbeiter, BGB, § Rn.)
Petri, Grischka	Die Dopingsanktion Dissertation, Berlin 2004 (zit.: Petri, Dopingsanktion (2004), S.)
ders.	Die Sanktionsregeln des World Anti-Doping-Codes In: SpuRt 2003, Teil 1 (Einführung und Vorstellung) S. 183 – 185; Teil 2 (Inhaltskontrolle anhand der §§ 305-310 BGB) S. 230 -234 (zit.: Petri, SpuRt 2003, S.)
Petri, Thomas	Datenschutzrechtliche Einwilligung im Massenverkehr In: RDV 2007 S. 153 – 172 (zit.: Petri, RDV 2007, S.)
Pfister, Bernhard	Anmerkungen zu BGH, Urteil vom 18.11.1994 („Reiter"-Entscheidung) In: JZ 1995, S. 464 – 467 (zit.: Pfister, JZ 1995, S.)
ders.	Die Autonomie des Sports, sport-typisches Verhalten und staatliches Recht In: Festschrift für Werner Lorenz zum siebzigsten Geburtstag, S. 171 – 192 Hrsg.: Bernhard Pfister, Michael R. Will Tübingen 1991 (zit.: Pfister, in: FS für Lorenz (1991), S.)
Pieroth, Bodo/ *Schlink, Bernhard*	Grundrechte 24. Auflage, Heidelberg 2008 (zit.: Pieroth/Schlink, Grundrechte, Rn.)
Podlech Adalbert / Pfeiffer, *Michael*	Die informelle Selbstbestimmung im Spannungsverhältnis zu modernen Werbestrategien In: RDV 1998, S. 139 – 152 (zit.: Podlech/Pfeiffer, RDV 1998, S.)

Prokop, Clemens

Die Grenzen der Dopingverbote
Dissertation, Baden-Baden 2000
(zit.: Prokop, Grenzen der Dopingverbote
(2000), S.)

Rehbinder, Manfred

Urheberrecht
15. Auflage, München 2008
(zit.: Rehbinder, Urheberrecht, Rn.)

Reichert, Bernhard

Handbuch Vereins- und Verbandsrecht
12. Auflage, München u.a. 2010
(zit.: Reichert, Vereins- und Verbandsrecht, Rn.)

Reimann, Christoph

Lizenz- und Athletenvereinbarung zwischen
Sportverband und Sportler
Dissertation, Frankfurt a. M. 2003
(zit.: Reimann, Athletenvereinbarung (2003), S.)

Reuter, Dieter

Voraussetzungen und Grenzen der Verbindlichkeit internationalen Sportrechts an internationale
Sportverbandsregeln
In: Einbindung des nationalen Sportrechts in
internationale Bezüge, S. 53 - 70
Hrsg.: Dieter Reuter, Heidelberg 1987
(zit.: Reuter, in: ders. (Hrsg.) Einbindung des
nationalen Sportrechts in internationale Bezüge
(1987), S.)

RGRK BGB

Das BGB mit besonderer Berücksichtigung der
Rechtsprechung des Reichsgerichts und des
Bundesgerichtshofs
Band 1, §§ 1 – 240
12. Auflage, Berlin, New York 1982
(zit.: RGRK/Bearbeiter, BGB, § Rn.)

Robbers, Gerhard

Der Grundrechtsverzicht – Zum Grundsatz „vo-
lenti non fit iniura" im Verfassungsrecht
In: JuS 1985, S. 925 - 931
(zit.: Robbers, JuS 1985, S.)

Roßnagel, Alexander

Die Novellen zum Datenschutz – Scoring und Adresshandel
In: NJW 2009, S. 2716 – 2722
(zit.: Roßnagel, NJW 2009, S.)

ders.

Das neue Recht elektronischer Signaturen
In: NJW 2001, S. 1817 - 1826
(zit.: Roßnagel, NJW 2001, S.)

ders. (Hrsg.)

Handbuch Datenschutzrecht – Die neuen Grundlagen für Wirtschaft und Verwaltung
München 2003
(zit.: Roßnagel/Bearbeiter, Handbuch Datenschutzrecht, Kap., Rn.)

Roßnagel, Alexander/
Pfitzmann, Andreas/
Garstka, Hansjürgen

Modernisierung des Datenschutzrechts
Gutachten im Auftrag des Bundesministerium des Innern
Stand: 2001
(zit.: Roßnagel/Pfitzmann/Garstka. Modernisierung des Datenschutzrechts 2001, S.)

dies.

Modernisierung des Datenschutzes
In: DuD 2001, S. 253 - 263
(zit.: Roßnagel/Pfitzmann/Garstka, DuD 2001, S.)

Schaar, Peter

Datenschutzrechtliche Einwilligung im Internet
In: MMR 2001, S. 644 – 648
(zit.: Schaar, MMR 2001, S.)

ders.

Datenschutz im Internet – Die Grundlagen
München 2002
(zit.: Schaar, Datenschutz im Internet)

Schaffland, Hans-Jürgen/
Wiltfang, Noeme

Bundesdatenschutzgesetz
Ergänzender Kommentar nebst einschlägigen Rechtsvorschriften
Loseblattsammlung, Stand: September 2009
(zit.: Schaffland/Wiltfand, BDSG, § Rn.)

Schaftt, Thomas/   Nutzung personenbezogener Daten für Werbe-
Ruoff, Andreas   zwecke zwischen Einwilligung und Vertragserfüllung - Eröffnet das Datenschutzrecht Wege zu
innovativen Geschäftsmodellen oder schützt es
den Einzelnen vor sich selbst?
In: CR 2006, S. 499 – 504
(zit.: Schafft/Ruoff, CR 2006, S.)

Schaible, Jörg   Der Gesamtverein und seine vereinsmäßig organisierten Untergliederungen
Dissertation, Baden-Baden 1992
(zit.: Schaible, Der Gesamtverein (1992), S.)

Scheja, Gregor   Die Datenschutzrechtliche Zulässigkeit einer
weltweiten Kundendatenbank – Eine Untersu-
chung unter besonderer Berücksichtigung der
§§ 4a, 4b BDSG
Dissertation, Hannover 2005
(zit.: Scheja, Datenschutzrechtliche Zulässigkeit,
S.)

Schild, Wolfgang   Sportstrafrecht
1. Auflage, Baden-Baden 2002
(zit.: Schild, Sportstrafrecht (2002), S.)

Schlosser, Peter   Vereins- und Verbandsgerichtsbarkeit
2. Auflage, Tübingen 1999
(zit.: Schlosser, Vereins- und Verbandsgerichtsbarkeit (1972), S.)

Schmidt, Judith   Internationale Dopingbekämpfung –
Grundlagen und nationalstaatliche Umsetzung
Dissertation, Stuttgart 2009
(zit.: J. Schmidt, Internationale Dopingbekämpfung (2009), S.)

Schmidt, Karsten   Gesellschaftsrecht
4. Auflage, Köln 2002
(zit.: Schmidt, Gesellschaftsrecht, §)

Schmidt, Stefan/ *Hermonies, Felix*	Dopingkontrollen und Datenschutz am Beispiel der Mannschafts-Whereabouts im Fussball In: Causa Sport 2010, S. 339 – 342 (zit.: Schmidt/Hermonies, Causa Sport 2010, S.)
Schmidt-Bleibtreu, Bruno	Kommentar zum Grundgesetz 10. Auflage, Neuwied 2004 (zit.: Schmidt-Bleibtreu, GG, Art. Rn.)
Schmidtke, Bernhard	Auftragsdatenverarbeitung und –nutzung In: Datenschutzberater 2/1993, S. 9 – 12 (zit.: Schmidtke, DSB 2/1993, S.)
Schönke, Adolf/ *Schröder, Horst*	Strafgesetzbuch Kommentar 27. Auflage, München 2006 (zit.: Bearbeiter, in: Schönke/Schröder, StGB, § Rn.)
Schricker, Gerhard	Urheberrecht 3. Auflage, München 2006 (zit.: Schricker, Urheberrecht, § Rn.)
Simitis, Spiros	Der Transfer von Daten in Drittländer – ein Streit ohne Ende? In: CR 2000, S. 472 – 481 (zit.: Simitis, CR 2000, S.)
ders.	Auf dem Weg zu einem neuen Datenschutzkonzept In: DuD 2000, S. 714 - 726 (zit.: Simitis, DuD 2000, S.)
ders.	„Sensitive Daten" – Zur Geschichte und Wirkung einer Fiktion In: Festschrift für Mario M. Pedrazzini (1990), S. 469 – 493 (zit.: Simitis, in: FS-Pedrazzini (1990), S.)

276

ders. (Hrsg.)   Bundesdatenschutzgesetz
                                 6. Auflage, Frankfurt a. M. 2006
                                 (zit.: Simitis/Bearbeiter, BDSG, § Rn.)

Simon, Dieter/ Weiß, Man-   Zur Autonomie des Individuums
fred/ Simitis, Spiros   liber amicorum für Spiros Simitis
                                 Baden-Baden 2000
                                 (zit.: Simon/Weiß/Simitis/Bearbeiter, Zur Auto-
                                 nomie des Individuums (2000), S.)

Soergel, Hanns Theodor   Bürgerliches Gesetzbuch
                                 Band 1 – Allgemeiner Teil (§§ 1 – 240)
                                 12. Auflage, Stuttgart, Berlin u.a.1987
                                 (zit.: Soergel/Bearbeiter, BGB, § Rn.)

Söns, Udo   Biobanken im Spannungsfeld von Persönlich-
                                 keitsrecht und Forschungsfreiheit – Eine Gefahr
                                 für Selbstbestimmungsrecht und Datenschutz?
                                 Dissertation, Bochum 2008
                                 (zit.: Söns, Biobanken (2008), S.)

Soyez, Volker   Die Verhältnismäßigkeit des Dopingkontrollsys-
                                 tems
                                 Dissertation, Frankfurt a. M. u.a. 2002
                                 (zit.: Soyez, Verhältnismäßigkeit des Doping-
                                 kontrollsystems (2002), S.)

Spitz, Ulrike   Die Nationale Anti Doping Agentur
                                 In: Das Anti-Doping-Handbuch
                                 Hrsg.: Rüdiger Nickel und Theo Rous
                                 Band 1, Grundlagen, S. 80 – 86,
                                 2. Auflage, Aachen 2009
                                 (zit.: Spitz, Die Nationale Anti Doping Agentur
                                 in Nickel/Rous, Anti-Doping-Handbuch (2009),
                                 Bd. 1, S.)

Staudinger, Julius von   Kommentar zum BGB
                                 Erstes Buch, Allgemeiner Teil (§§ 21 – 103)
                                 Redakteur: Herbert Roth
                                 13. Auflage, Berlin 1995
                                 (zit.: Staudinger/Bearbeiter, BGB, § Rn.)

Steinbeck, Anja

Vereinsautonomie und Dritteinfluss
Dissertation, Berlin 1999
(zit.: Steinbeck, Vereinsautonomie (1999), S.)

Steiner, Udo

Das Bundesverfassungsgericht und die Volksgesundheit
In: MedR 2003, S. 1 – 7
(zit.: Steiner, MedR 2003, S.)

Stelkens, Paul/
Bonk, Heinz J./
Sachs, Michael

Verwaltungsverfahrensgesetz
Kommentar
6. Auflage, München 2001
(zit.: Stelkens/Bonk/Sachs, VwVfG, § Rn.)

Stern, Klaus

Das Staatsrecht der Bundesrepublik Deutschland
Band III/2, München 1994

Band IV/, München 2006
(zit.: Stern, Staatsrecht, Band, S.)

Stöber, Kurt

Handbuch zum Vereinsrecht
9. Auflage, Köln 2004
(zit.: Stöber, Handbuch zum Vereinsrecht, Rn.)

Stommel, Sonja

Die Vereins- und Verbandsgerichtsbarkeit unter Berücksichtigung der Berufsverbände
Münster 2002
(zit.: Stommel, Vereinsgerichtsbarkeit (2002), S.)

Summerer, Thomas

Internationales Sportrecht vor dem staatlichen Richter in der Bundesrepublik Deutschland, Schweiz und England
Dissertation, München 1990
(zit.: Summerer, Internationales Sportrecht (1990), S.)

Teitler, Mirjam

Rechtsnatur und Anwendung des WADA-Code
In: Causa Sport 2007, S. 395 – 409
(zit.: Teitler, Causa Sport 2007, S.)

Tettinger, Peter Josef/
Vieweg, Klaus (Hrsg.)

Gegenwartsfragen des Sportrechts – Ausgewählte Schriften von Udo Steiner
Köln, Erlangen 2004
(zit.: Bearbeiter in: Tettinger/Vieweg, Gegenwartsfragen des Sports, S.)

Tinnefeld, Marie-Theres/
Ehmann, Eugen/
Gerling, Rainer W.

Einführung in das Datenschutzrecht – Datenschutz und Informationsfreiheit in europäischer Sicht
4. Auflage, München u.a. 2005
(zit.: Tinnefeld/Ehmann/Gerling, Einführung in das Datenschutzrecht, S.)

Tinnefeld, Marie-Theres/
Philipps, Lothar/
Heil, Susanne

Informationsgesellschaft und Rechtskultur in Europa: Informationelle und politische Teilhabe in der Europäischen Union
Baden-Baden 1995
(zit.: Tinnefeld/Philipps/Heil/Bearbeiter, Informationsgesellschaft und Rechtskultur in Europa, S.)

Vieweg, Klaus

Einführung in Sport und Recht
In: JuS 1983, S. 825 – 830
(zit.: Vieweg, JuS 1983, S.)

ders.

Normsetzung und -anwendung deutscher und internationaler Verbände – Eine rechtsstaatliche und rechtliche Untersuchung unter besonderer Berücksichtigung der Sportverbände
Berlin 1990
(zit.: Vieweg, Normsetzung (1990), S.)

ders.

Doping und Verbandsrecht
In: NJW 1991, S. 1511 – 1516
(zit.: Vieweg, NJW 1991, S.)

ders.	Zivilrechtliche Beurteilung der Blutentnahme zum Zwecke der Dopingkontrolle In: Schriftenreihe des Bundesinstituts für Sportwissenschaft, Bd. 86, Donike Manfred, Blut und/oder Urin zur Dopingkontrolle, Schorndorf 1996, S. 89 (zit.: Vieweg, Zivilrechtliche Beurteilung der Blutentnahme zum Zwecke der Dopingkontrolle, S.)
ders.	Disziplinargewalt und Inhaltskontrolle - Zum „Reiter-Urteil" des BGH In: SpuRt 1995, S. 97 – 101 (zit.: Vieweg, SpuRt 1995, S.)
Vieweg, Klaus/ Röhl, Christoph	Online-Veröffentlichung von Verbandssanktionen aus rechtlicher Sicht In: SpuRt 2009, S. 192 – 195 (zit.: Vieweg/Röhl, SpuRt 2009, S.)
Weber, Martina	Der betriebliche Datenschutzbeauftragte im Lichte der EG-Datenschutzrichtlinie In.: DuD 1995, S. 698 – 702 (zit.: Weber, DuD 1995, S.)
Weber, Christian	Die Sportschiedsgerichtsbarkeit nach dem World Anti-Doping-Code und ihre Umsetzung in Deutschland In: SchiedsVZ 2004, S. 193 – 198 (zit.: Weber, SchiedsVZ 2004, S.)
ders.	Die Stiftung Nationale Anti-Doping-Agentur In: Nolte, Martin (Hrsg.), Persönlichkeitsrechte im Sport Stuttgart u.a. 2006, S. 71 – 85 (zit.: Weber, Stiftung Nationale Anti-Doping Agentur, in Nolte (Hrsg.) Persönlichkeitsrechte im Sport (2006), S.)

Weichert, Thilo	Datenschutzrechtliche Probleme beim Adresshandel In: WRP 1996, S. 522 - 532 (zit.: Weichert, WRP 1996, S.)
Wiedemann, Herbert	Verbandssouveränität und Außeneinfluss In: Festschrift für Wolfgang Schilling, S. 105 - 124 Hrsg.: Robert Fischer, Wolfgang Hefermehl Berlin, New York 1973 (zit.: Wiedemann, in: FS für Schilling (1973), S.)
ders.	Gesellschaftsrecht I München 1980 (zit.: Wiedemann, Gesellschaftsrecht, S.)
Wohlgemuth, Hans Hermann	Auswirkung der EG Datenschutzrichtlinie auf den Arbeitnehmer-Datenschutz In: BB 1996, S. 690 – 695 (zit.: Wohlgemuth, BB 1996, S.)
Wuermeling, Ulrich	Umsetzung der Europäischen Datenschutzrichtlinie – Konsequenzen für die Privatwirtschaft In: DB 1996, S. 663 – 666 (zit.: Wuermeling, DB 1996, S.)
Zippelius, Reinhold	Juristische Methodenlehre 7. Auflage, München 1999 (zit.: Zippelius, Methodenlehre, S.)